本书为研究阐释党的十九大精神国家社科基金专项立项课题“大国经济视域下以高端服务业引领现代化经济体系建设研究”（18VSJ017）、教育部人文社会科学研究青年基金项目“层级分工、空间集聚与生产性服务业高质量发展研究”（19YJC790164）以及江苏省“333 工程”科研项目“新时代江苏生产性服务业高质量发展的动力机制与实现路径研究”（BRA2019066）的阶段性成果，并得到江苏现代服务业协同创新中心资助。

大国经济视域下以高端服务业引领现代化经济体系建设研究

宣烨　余泳泽　著[①]

中国经济出版社
CHINA ECONOMIC PUBLISHING HOUSE
北　京

① 感谢胡雅蓓、原小能、陈启斐、宣思源、杨青龙、唐宝庆、胡俊等同志在本书撰稿、修改过程中所做出的贡献。

图书在版编目（CIP）数据

大国经济视域下以高端服务业引领现代化经济体系建设研究／宣烨，余泳泽著．--北京：中国经济出版社，2021.7（2023.8重印）

ISBN 978-7-5136-6553-7

Ⅰ.①大… Ⅱ.①宣…②余… Ⅲ.①服务业-经济发展-研究-中国 Ⅳ.①F726.9

中国版本图书馆CIP数据核字（2021）第150142号

责任编辑 严 莉
责任印制 巢新强
封面设计 任燕飞

出版发行 中国经济出版社
印 刷 者 北京建宏印刷有限公司
经 销 者 各地新华书店
开　　本 710mm×1000mm 1/16
印　　张 24.25
字　　数 422千字
版　　次 2021年7月第1版
印　　次 2023年8月第2次
定　　价 150.00元
广告经营许可证 京西工商广字第8179号

中国经济出版社 **网址** www.economyph.com **社址** 北京市东城区安定门外大街58号 **邮编** 100011
本版图书如存在印装质量问题，请与本社销售中心联系调换（联系电话：010-57512564）

序

改革开放以来，我国产业发展主要以制造业为侧重点，通过制造业规模扩张和结构优化带动国家综合实力的提升。但由于受市场化程度不高、社会分工不足、工业优先发展战略、管理体制机制僵化、政府规制不到位等诸多因素的制约，服务业尤其是高端服务业的发展长期没有得到应有的重视。推动高端服务业发展已逐步成为我国优化产业结构和建设现代化经济体系的重要支撑。然而，与小国经济不同，大国经济具有经济规模大、产业体系全、区域差异明显、增长极较多等显著特征。大国经济完全可以依靠国内资源和国内市场来驱动，依靠自身的资源和市场来构建完整的产业体系，形成规模经济，培育产业竞争力，从而有助于形成以国内大循环为主体、国内国际双循环相互促进的新发展格局。中国作为一个发展中大国，其现代化经济体系建设必须在大国经济背景下进行。为此，南京财经大学宣烨教授的研究团队申报了研究阐释党的十九大精神国家社科基金专项立项课题“大国经济视域下以高端服务业引领现代化经济体系建设研究”（18VSJ017）并得以成功立项。经过两年多的探索和研究，形成了读者手中的这部同名书稿。

“工欲善其事，必先利其器”。在课题研究过程中，宣烨教授的研究团队非常注重搭建课题研究的理论平台和理论基础。通过构建大国经济视域下现代化经济体系建设的一般分析框架，解读大国经济视域下现代化经济体系建设的经济逻辑和运行机理，在此基础上力图拓展大国经济理论研究，并以大国经济理论作为分析现代化经济体系建设的新视角。全书立足于大国经济视域，紧密围绕“高端服务业引领现代化经济体系建设”这一核心问题展开研究。综观全书，其创新点主要体现在如下几个方面：

（1）在研究视角上，从大国经济视域研究高端服务业对现代化经济体系建设的引领作用。现代化经济体系建设是一个复杂的系统工程，涉及国内国外两个市场和两种资源，但拥有一定规模的国内市场是建设现代化经济体系的基础。在经济全球化时代，大国经济对于世界经济发展和诸多全球性问题的化解具有重要的支撑作用，从大国经济视角观察和分析经济现象显得尤为必要。但迄今为止，学界对于大国经济的相关理论研究和经验研究均较为有限，尤其是对中国现代化经济体系建设的研究尚不够系统，缺乏从大国经济视域对中国现代化经济体系的生成逻辑和运行机理的系统研究。大国区别于小国的一个重要特征是，它可以依靠庞大的内需市场来带动供给侧发展，进而实现基于本土市场的内部循环。该书以大国经济为研究视域，提炼大国经济的核心特征及其对现代化经济体系建设的影响，剖析大国经济视域下现代化经济体系的生成模式与现代化经济体系的建设思路。这一研究视角具有明显的创新意义和学术贡献。

（2）**在评价体系上，构建了较为系统的现代化经济体系的评价指标。**虽然现有文献为现代化经济体系研究奠定了一定的知识基础，但仍然不够系统，无法满足指导新时代建设现代化经济体系的实际需要。该书从大国经济特征和发展战略出发，明确界定了现代化经济体系的经济、产业、动力、创新、协调、开放、绿色等七个方面的基本特征，并据此构建现代化经济体系的评价指标体系。整体评估发现，中国现代化经济体系建设水平持续提升，但区域差异较为显著，东部地区在创新、协调等指标上领先优势明显。该书进而认为，中国现代化经济体系建设的总体目标可以概括为解决发展中不平衡不充分的问题，实现经济高质量发展，满足人民群众日益增长的美好生活需要，建设强大的社会主义现代化国家，实现中华民族的伟大复兴。

（3）**在立论方向上，从本土需求、国内价值链、全球价值链三个维度探讨高端服务业引领现代化经济体系建设的理论逻辑。**该书以高端服务业作为建设现代化经济体系的着力点，通过剖析本土需求引致高端服务业发展的逻辑，分析了高端服务业推动现代化经济体系建设的内在机制，包括如下三个方面：①本土需求促进本土市场规模扩张、产业多样化发展以及多层次需求结构形成，促进现代化经济体系建设；②国内价值链作为产业体系的核心部分，其中任意一个环节的生产能力和技术水平的提升都会通过特定的传导机制影响上下游环节，从而推动价值链整体攀升，促进现化化经济体系建设；③全球价值链通过提高地区高端服务业产业规模和发展质量，可以转变经济发展动力，增加地区创新要素和科学技术要素供给量，提高制造业产品质量，改善地区投资环境，促进现代化经济体系建设。

（4）**在研究方法上，选用较为前沿的计量经济方法对本书的主要假说展开了系统的实证检验。**目前对现代化经济体系建设的研究主要以定性分析为主，进行定量分析的文献相对较为匮乏。为此，该书在实证检验部分，利用中国 2003—2015 年 230 个地级及以上城市面板数据，重点采用计量模型方法展开经验分析。具体包括如下五个方面：①基于我国巨大内需市场规模的内向型先发优势实现过程，提出高端服务业引领型国内价值链（National Value Chain，NVC）发展方式，从国家价值链视角刻画了我国产业发展模式从“分工深化”到“迂回生产”的转变过程，考察了高端服务业引领型 NVC 推动现代化经济体系建设的实现路径。②基于我国“一带一路”倡议的外向型先发优势实现过程，提出高端服务业驱动型 GVC 发展方式，从全球价值链视角刻画了我国产业发展模式从“区域跟随型”向“全球主导型”的转变过程，考察了高端服务业驱动型全球价值链（Global Value Chain，GVC）推动现代化经济体系建设的实现路径。③在全球价值链嵌入程度的测算方面，在现有文献的基础上，测算了 2002—2013 年中国 230 个地级市的全球价值链嵌入程度，检验各城市的全球价值链嵌入程度对现代化经济体系建设的各个方面的影响，试图在区域维度上弥补现有文献的不足，对于从区域层面观察中国参与全球化程度及其变化趋势具有重要意义。④在工具变量的选取上，该书从区域层面出发展开研究，相较于从企业和行业层面寻找工具变量更具有优势。该书从国际贸易角度选择各城市到海岸线的最短距离作为全球价值链嵌入程度的工具变量，通过合适的工具变量可有效缓解内生性问题，从而更为准确地识别全球价值链的经济效应及其变化趋势。⑤利用市场潜力代表本土需求，从实证层面考察了本土需求与高端服务业发展及现代化经济体系建设的内在关系。

（5）在传导路径上，从市场完备性、服务创新和结构性财税政策等三个方面提出了高端服务业引领现代化经济体系建设的传导路径。在引入更多要素投入高端服务业领域的同时，需要通过持续创新改变高端服务业的供给模式和引领模式。在实践中，各国促进产业发展的政策侧重点多聚焦于成本和要素投入方面。但对于高端服务业而言，要充分发挥其对现代化经济体系建设的引领作用，仅关注成本和要素投入方面明显不够，需要提供更加完备的政策框架。该书创造性地提出了加快中国高端服务业发展的政策框架体系，具体包括：增强市场的完备性、加快服务创新、加大结构性财税支持。由于高端服务业具有较强的外溢性、无形性和异质性特征，它的发展对市场完备性的要求更高，政策目标不仅要弥补市场失灵，而且要加快完善市场机制；要充分发挥高端服务业的引领作用，就需要在强化高端服务业知识性、智力性和互动性等功能的基础上，使高端服务业成为经济创新的源泉，引导其他产业的效率提升；结构性财税支持则可通过引导要素投入来提升高端服务业的规模和质量。高端服务业发展的政策框架体系的三个部分相辅相成，市场的完备性可为服务创新提供更好的环境，有利于结构性财税支持达到预期目标，结构性财税政策则可以更好地引导要素流动，促进创新要素集聚。

整体而言，该书结构清晰、观点新颖、论证严密、语言流畅，不失为一部优秀的著作。通过该著作的研究，有助于科学评估高端服务业发展，全面分析大国经济优势，把握高端服务业引领现代化经济体系建设的内在机制，为现代化经济体系建设提供明确的政策方向参考。在此，我诚挚地向读者朋友们推荐这部专著，希望大家能够从中获得有益启发。

是为序。

中国社会科学院经济研究所所长

2020 年 10 月 26 日

目　录

第二篇　中国高端服务业发展与现代化经济体系建设：典型事实

导 论

第一节 研究背景与意义

一、研究背景

（一）加快建设现代化经济体系的强国方略

现代化经济体系建设对于我国经济实现可持续发展、加快由经济大国向经济强国迈进意义重大。党的十九大报告明确指出，“我国经济已由高速增长阶段转向高质量发展阶段，正处在转变发展方式、优化经济结构、转换增长动力的攻关期，建设现代化经济体系是跨越关口的迫切要求和我国发展的战略目标。”在2018年1月的中央政治局第三次集体学习会上，习近平总书记就建设现代化经济体系进行了系统化的阐述，强调要科学把握建设现代化经济体系的目标和重点，从产业体系、市场体系、收入分配体系、城乡区域发展体系、绿色发展体系、全面开放体系、经济体制等七个方面对现代化经济体系的丰富内涵进行了科学概括，全面系统阐述了建设什么样的现代化经济体系。党的十九届四中全会再次强调中国将加快建设现代化经济体系，并从坚持以供给侧结构性改革为主线、加快完善社会主义市场经济体制、完善科技创新体制等五个方面为现代化经济体系建设指明了路径。2019年12月，中央经济工作会议进一步指出，建设现代化经济体系，新发展理念必须要放在更加突出的位置，将创新、协调、绿色、开放、共享的新发展理念贯彻到底。由此可见，党和国家从目标、理念、重点、内涵、路径等维度提出并逐渐形成了现代化经济体系的政策框架，为我国当前和今后的经济工作提供了根本遵循，为我国经济高质量发展指明了前进方向。

加快现代化经济体系建设，与党的十八大以来习近平总书记关于经济

“新常态”的判断在内涵上一致且一脉相承，是在对我国经济发展现实状况做出准确判断基础上提出的战略部署。从经济学角度看，供给和需求都可能成为制约经济质量提升的主要因素。改革开放四十年来，我国充分利用了第一波经济全球化带来的发展机遇，从低端嵌入全球价值链，通过持续的大规模投资，迅速地实现了生产能力的扩张，经济总量和主要人均经济指标都有明显改进，中国实现了从站起来、富起来到强起来的历史性飞跃。与此同时，经济发展的深层次矛盾也发生了根本变化，经济常态从商品短缺转变为商品过剩。一方面，我国制造业规模在全球位居领先地位，但过度超规模的市场供给导致竞争恶性，实体经济部门的盈利水平持续下降，并且大大低于社会的平均盈利率；另一方面，伴随着要素成本持续上升，产能过剩行业只能依靠银行输血来勉强维持，形成了一大批“僵尸企业”①。国际上，2008 年爆发的金融危机促使主要发达国家开始重新考虑忽视制造业、推动制造业向国外大规模转移的发展模式，重拾实体经济，美国、欧洲等部分国家（地区）纷纷实施“再工业化”战略，出台推进高端制造领域发展政策措施，期望在更高层面强化先进制造业优势。此外，一些新兴经济体更是依托自身的成本优势，加大吸引外资的政策力度，以国际产业转移承接作为主要路径，加快推进本国的工业化步伐，致力于打造新的“世界工厂”。

在此背景下，为了改变长期以来在赶超型旧体制下形成的速度、数量偏好的粗放型发展模式，使供给结构较好地适应需求结构的快速变化和不断升级的趋势，并真正地化解过剩产能、降低经济杠杆，从而加快振兴实体经济，我国决策层与时俱进地提出了新发展理念和经济政策框架——“加快建设现代化经济体系”，也就是深化供给侧结构性改革，坚决打好防范化解重大风险、精准脱贫、污染防治的攻坚战，从而成功转向高质量发展阶段，并迈向全球价值链及产业链中高端，打造若干世界级先进制造业集群，为“基本实现现代化”奠定更为坚实的基础。

（二）加快高端服务业发展的产业升级突破口

自深圳市政府 2007 年率先提出高端服务业这一新概念以来，发展高端服务业逐渐成为我国优化产业结构的突破口。高端服务业是处在价值链高端的高技术含量、高附加值的服务行业及服务业态，是大数据、云计算等信息技术、

① 刘志彪，王宇．推动虚实平衡　强化实体经济发展[N]．中国社会科学报，2017－12－05.

互联网发展以及现代管理理念的综合产物，是现代服务业的核心领域（宣烨，2016）。在我国实施经济强国战略的背景下，加快高端服务业发展是我国在当前和今后较长时间内抢占全球经济主导地位不可逾越的重要环节。从横向上来看，2019 年，我国服务业增加值占国内生产总值的比重为 53.9%，与全球平均服务业占比在 60% 以上、高收入国家达到 70% 或 80% 相比，还是一个相对较低的数字，存在巨大的发展空间。其中，尤其是我国金融、科技服务、平台经济等高端服务业规模需要进一步扩大，逐步提升在整个服务业乃至国民经济中的占比。从纵向来看，我国高端服务业保持较快增长，2019 年，信息传输、软件和信息技术服务业，租赁和商务服务业，金融业增加值分别较 2018 年增长 18.7%、8.7%、7.2%。我国高端服务业虽处于上升通道，但整体国际竞争力偏低，有待进一步提高整体发展水平，并以此推动产业结构乃至经济转型升级、生产效率逐步攀升。

改革开放以来，我国产业发展重点主要是以制造业为突破口，偏重通过制造业规模扩张和结构升级带动国家综合实力的提升。相对而言，由于受到市场化程度不高、社会分工程度较低、工业优先发展战略、管理体制机制僵化滞后、政府规制不到位或政府短视化利益诉求等市场性因素及体制性因素的抑制性影响，服务业尤其是高端服务业发展没有得到应有的重视。高端服务业资源投入相对不足，发展相对滞后，低比重与低效率并存，这已成为我国下一阶段攻坚克难的关键任务。提高服务业在国民经济中的地位，以高端服务业引领现代化经济体系建设，是当前中国高质量经济发展阶段的重要导向之一。

为此，本书在大国经济视域下，从国内和国际两个角度分析形成高端服务业引领型增长“先发优势”的机理，进而梳理大国经济视域下高端服务业引领型增长、高端服务业驱动型 GVC 作用于现代化经济体系的基本逻辑，基于我国的经验数据，分别进行相关的实证分析，基于此，提出加快推进现代化经济体系建设的政策建议。

二、研究意义

“建设现代化经济体系是一篇大文章，既是一个重大理论命题，更是一个重大实践课题，需要从理论和实践的结合上进行深入探讨①。”本书围绕大国

① 习近平．推动我国经济发展焕发新活力迈上新台阶[EB/OL]．中国政府网，2018－01－31．

经济视域下以高端服务业引领现代化经济体系建设这一研究命题，交叉融合产业经济学、新经济地理学、国际经济学、区域经济学、制度经济学、发展经济学、计量经济学等多学科理论知识，试图推进“大国经济、高端服务业与现代化经济体系建设”的理论体系构建。同时，坚持问题导向，强化实践应用，力争在服务政府决策上有所贡献，为政府决策提供参考。

（一）学术价值

1. 拓展了大国经济视域下建设现代化经济体系的理论前提

本书在清晰界定大国经济和现代化经济体系内涵与外延的基础上，充分借鉴相关理论和文献，将现代化经济体系建设的先决条件定位于大国经济视域，这与以往文献存在较大差异。大国经济具有经济规模大、产业体系全、区域差异明显以及增长极较多等特征（宣烨、杨青龙，2018）。在大国经济特征下，发展中大国完全可以依靠国内资源和市场来驱动，构建产业体系、形成规模经济和培育产业竞争力，实现经济的内源式发展和本土属性的市场循环。在中国，现代化经济体系建设必须依托于大国经济视域。为此，本书构建大国经济视域下现代化经济体系建设的一般分析框架，解读大国经济视域下现代化经济体系建立的经济逻辑和运行机理，可以拓展大国经济理论的相关研究，并为推动现代化经济体系建设提供新的窗口和视角。

2. 刻画了发展中大国内外双向塑造“先发优势”的理论机制

针对发展中国家如何将融入全球价值链的“后发劣势”转化为“先发优势”，大多数文献从外向型经济出发展开相关研究，一定程度上忽视了内需经济在塑造“先发优势”时的重要作用。本书同时在发展中大国的国内需求条件和开放经济条件下，探讨高端服务业引领型增长通过内向型、外向型两种方式塑造“先发优势”，从产业体系、规模经济和动态比较优势等维度刻画“先发优势”的理论机制。因此，本书拓宽了发展中大国“后发劣势”转化为“先发优势”的来源和渠道，丰富了国家竞争力培育相关理论。

3. 提出了以高端服务业引领现代化经济体系建设的理论逻辑

本书从大国经济视域出发，研究高端服务业引领与现代化经济体系建设之间的理论逻辑。通过价值链升级或重构来推动现代化经济体系建设是本书提出的我国高端服务业引领经济增长的基本路径。一方面，通过高端服务业驱动国内价值链升级和重构，积极培育“链主式”本土企业，从服务于国内市场出发，逐步拓展到海外市场，并使国内价值链在空间上延伸后自然转化为全球价值链；另一方面，在全面开放新格局下，凭借“一带一路”的“先发优势”，以高端服务业为引领，以实体经济为核心，推动全球价值链从区域跟随型转换为全球主导型，最终建立起以我为主的全球价值链。本书的研究为高端服务业引领 NVC 重构并驱动 GVC 从“区域跟随”转向“全球主导”，并围绕实体经济形成一个全方位、高质量的现代化经济体系奠定了坚实的理论基础。本书取得的相应成果不仅可以丰富服务经济相关理论，也为我国高质量发展阶段现代化经济体系建设提供了新思路。

（二）应用价值

1. 科学评估高端服务业发展，为产业升级提供决策依据

当前，我国高端服务业在驱动价值链升级进而引领现代化经济体系建设方面的作用日益凸显，但仍需要进一步加强。因此，设计指标体系并采用定量方法测算我国高端服务业发展水平并判断其发展阶段，明确高端服务业的特征及其在现代化经济体系建设中的作用，可为我国进一步推进高端服务业发展提供事实基础，为国家有关部委出台建设现代化产业体系的相关政策提供决策依据，从而具有重要的应用价值。

2. 全面分析大国经济优势，为现代化经济体系建设提供政策方向参考

大国经济条件下建设现代化经济体系明显有别于小国经济。大国经济往往具有庞大的国内产品市场，可通过发挥本土市场效应，降低产品的平均生产成本（宣烨、杨青龙，2019）。通过分析大国经济优势为现代化经济体系建设提供的机遇，从市场规模、产业体系、产业布局、产业梯度分工、制度创新等方面探讨大国经济的发展条件，可为我国在设计和制定相关政策时更好地利用大国经济优势奠定基础，从而更为有效地实现现代化经济体系建设的政策目标。目前，党中央提出的构建国内大循环为主体、国内国际双循环相互促进的新发展格局，其目的在于要以国内经济循环为主，以更好地满足国内消费为立足点（鄢一龙，2020），以更好地促进中国特色社会主义市场经济的发展和生产力进步（谭浩俊，2020）。因此，本研究符合国家“双循环”战略。

3. 深入研究高端服务业引领的内在机制，为政策框架提供决策思路

从价值链视角分析大国经济视域下以高端服务业引领现代化经济体系建设

的内在机制和理论逻辑。在考察高端服务业引领型增长驱动价值链升级和重构的方向和路径时，抓住内向型“先发优势”和外向型“先发优势”两个关键方向，瞄准 NVC 重构、NVC 向 GVC 延伸以及 GVC 升级等路径，为实现 GVC 从区域追随转换为全球主导，进而实现现代化经济体系建设目标提供政策思路方面的启发。同时，通过对大国经济视域下高端服务业引领现代化经济体系构建的保障机制与政策工具的研究，为我国从高端服务业发展角度设计相关政策框架提供决策思路。研究视角独特。

第二节　文献回顾与评述

本研究涉及产业经济学、制度经济学、发展经济学、国际经济学、新经济地理学等学科，对于大国经济下高端服务业和现代化经济体系建设的国内外相关研究成果，拟从以下四个方面进行评述，即大国经济研究、高端服务业、现代化经济体系以及高端服务业与现代化经济体系建设研究。

一、大国经济研究综述

从 Smith（1776）提出市场规模问题，到 Marshall（1890）对生产规模的分析，再到 Chandler（1990）和 Porter（1990）系统研究规模经济优势，体现了西方学者对经济规模问题长期研究的思想轨迹。但大国经济概念的明确提出，发端于 20 世纪中期，Kuznets（1965，1971）在以国家为单位研究经济增长时，对国家大小影响进行了专门研究。此后，Chenery 和 Syrquin（1975），Chenery、Robinson 和 Syrquin（1986）进一步研究了“大国经济”和“大国模式”等问题，Krugman（1980）等则研究了大国“本土市场效应”。总体来看，大国经济研究渐成体系，但碎片化问题逐渐凸显，有关大国经济的基础理论相对薄弱，迄今为止的研究主要从大国经济的典型化特征、大国经济效应研究、大国创新驱动研究等方面展开，而近年来中国大国经济研究得到了国内学者的特别关注。

（一）大国经济的典型化特征

明确大国经济的典型化特征是大国经济研究的逻辑起点。人口规模和国土面积是大国两个最主要的自然特征，由此出发，在国家规模约束下大国的经济发展表现出了一系列典型化特征。Kuznets（1965）概括了大国经济发展的三个典型特征：经济差异性、较低的外贸依存度、资源及市场的规模性。Chenery 和 Syrquin（1975）提出了大国经济的内部市场主导性、高投入和高储蓄、经济结构复杂性等发展特征。Chikan、Kovacs 和 Tátrai（2005）从库存投资的视角概括出投资驱动和消费拉动两个动力协调并进的大国宏观经济特征。

欧阳峣和刘智勇（2010）认为大国经济最大的特征是多元性和适应性。蔡昉（2010）强调要把规模和异质性结合起来说明大国经济特征，大国的核心经济特征之一在于地区之间因资源禀赋、产业结构从而最终发展水平不同而具有的异质性。欧阳峣、张亚斌和易先忠（2012）总结和概括了“金砖国家”新兴大国的典型化特征，包括大国国内需求的规模性与稳定性、大国要素禀赋的异质性与适应性、大国产业部门的完整性与独立性、大国区域经济的差异性与互补性、大国经济结构的多元性与层次性、大国制度创新的实验性与渐进性。宣烨、杨青龙（2019）则认为，大国经济具有经济差异性、消费层次性、产业梯度性以及经济韧性强等方面的典型特征。

（二）大国经济效应研究

学术界对大国经济效应的显性研究始于 20 世纪 50 年代对“国家规模的经济影响”这一主题的探讨。大国经济效应实际是指从自然特征出发形成的经济效应，自然特征主要指人口规模和国土规模两个指标，主要通过本土市场、分工经济以及产业关联形成对国民收入的影响。

大国本土市场效应。大国通常都拥有较大的市场潜力和本土市场效应（Helpman & Krugman，1986；钱学锋和梁琦，2007；黄玖立和黄俊立，2008），大国经济发展的核心问题是获得市场规模利益（欧阳峣，2017）。Feenstra、Markusen 和 Rose（1998）实证检验了本土市场需求和出口之间的正相关关系，为本土市场效应的存在提供了有力证据。李由（2000）对大国经济的国家规模及其市场结构、资源禀赋、区域经济、经济开放、产业政策和管理体制等进行了系统研究。李君华和欧阳峣（2016）基于国土面积和人口规模两个大国初始特征，通过构建一般均衡分析框架，对大国效应的存在性及其发生作用的条件进行研究，指出土地面积与国家人均收入有正向关系，而人口规模与国家之间的收入差距呈“倒 U 形”关系，市场交易成本、经济结构差异以及国家之间的开放程度有可能显著地减弱和逆转大国效应。欧阳峣（2018）指出发展中大国经济的基本问题是规模与结构问题，并据此构建了大国发展经济学的逻辑体系。宣烨和杨青龙（2019）强调新时代视域下发挥本土市场效应生成规模经济优势，依托大国经济构建自主可控价值链。

大国专业化分工效应。从亚当·斯密（1972）的关于“分工受市场容量限制”的思想，到 Harris（1954）的测量市场规模的市场潜力指数，再到杨小凯的分工模型虽然并未直接提出有关大国经济的理论，但均证明了本地市场规模与分工经济间的依存关系。大国的面积规模之大、人口规模之大和人均收入提高所决定的经济规模之大，内生地决定了一国优势产业的选择和发展，只有大国才能发展的“大国产业”（张占斌和周跃辉，2015）。依托大国经济规模，通过发挥规模经济需要实现产业的专业化生产、产品的多样化生产以及分工的深化（彭向和蒋传海，2011）。在二维开放条件下，大国的产业分工分为国际产业分工和区际产业分工两个空间维度，随着产业分工的演进路径从部门间分工逐渐向部门内和价值链分工转变，从垂直型分工逐渐向水平型和混合型分工转变（柳天恩和曹洋，2015），大国可以顺应产品内分工趋势，利用价值链跨区域重组方式，在新一轮产业转移中发挥大国优势（刘友金和胡黎明，2011）。

大国产业关联效应。随着产业关联理论步入动态化、最优化和应用多元化的新发展时期（Leontief，1986；Miller & Blair，2009），投入产出分析在国家/区域内产业发展与演进、产业波及效果和产业关联效应及其分解等研究领域得到了广泛应用（中国投入产出协会课题组，2006；李晓和张建平，2010）。与小国相比，大国的产业体系相对比较完整，产业链相对能够实现互补（曹虹剑等，2017），企业通常可以在国内就可以买到大部分中间产品，以此获得成本节约效应，从而实现产业关联优势（欧阳峣，2011；杜鹏，2012）。

（三）大国创新驱动研究

大国创新驱动研究主要表现为国家规模对技术进步的影响。对此，主要可以总结为如下两条路径：一是人口众多导致技术人才多（林毅夫等，1994）。Kuznets（1957）从规模经济效应发挥出发，认为大经济体依托创新资源优势，可以实现熊彼特式增长；而小经济体依托自由贸易的专门化收益，可以实现斯密式增长。Romer（1990）的内生技术进步模型认为，虽然人口众多并非技术进步的充分条件，但沿着平衡增长的路径，人口增长影响了人力资本的增长速率，而一个经济体的人力资本的存量将导致技术变化的增长，并决定了经济增长率。Ireland 和 Schuh（2008）利用两阶段真实经济周期模型，使用“二战”

后美国的数据研究了生产率与大国宏观经济表现之间的关系，结果显示，通过技术变革带来的投资驱动以及全要素生产率的提升，可以带动大国经济规模扩张和发展水平的提升。

二是人口众多导致技术市场大。大量的研究结果显示，“内生技术变迁”的重要理论前提来源于市场利益驱动的新技术（Grossman & Helpman，1991；Kremer，1993；Aghion & Howitt，1993）。由于知识溢出效应和相互学习效应具有伴随距离的扩大衰减的特征，大国劳动者、企业数量多，劳动者、企业相对比较密集，相对于小国，大国内部的知识溢出效应更加明显，进而有利于大国的新产品创造、新产品种类数的增加，在技术创新方面更具有优势（李君华和欧阳峣，2016）。大国市场需求规模大、需求多样、层次多元，对于降低技术创新成本、减小技术创新风险意义重大；对于提高创新基础设施的效率，增加产业集群和企业集群的溢出效应作用明显（范红忠，2007；欧阳峣，2014）。

（四）中国大国经济研究

张培刚（1992）提出研究对象应以发展中大国作为主体，重点探讨“大国发展的问题，包括大国的特征、大国发展的难题和大国的特殊道路”。面对中国大国经济发展所面临的问题和挑战（卢进勇，2005；高帆，2007），学者们提出了不同的中国大国经济发展战略，包括基于后发优势的赶超战略（陆德明，1999；胡汉昌和郭熙保，2002；侯高岚，2003）；比较优势战略（林毅夫、蔡昉和李周，1999；卫兴华，2001；林毅夫和李永军，2003）；利用外生比较优势、内生（分工）优势和交易效率比较优势组成的综合比较优势战略（杨小凯、张永生，2001；魏后凯，2004）。

Jin 和 Zou（2005）以中国作为案例，以发展中大国的财政分权、收入与转移支付问题作为研究重点，实证检验了财政分权与经济增长之间的内在关联性，发现财政分权与经济增长之间的矛盾不是对立的，而是在一定程度上可以调和，其前提条件是采取有效的财政分权的体制安排。欧阳峣和汤凌霄（2017）总结中国创新道路的规律，构建大国创新道路的经济学分析框架和话语体系，包括以市场规模为基准，探讨形成大国创新优势的内在机理，以发展中大国后发追赶为基准，探讨模仿创新优势的选择依据，以发展中大国经济转型为基准，探讨自主创新优势培育的有效路径。

二、高端服务业发展研究综述

加快服务业发展，提高服务业在国民经济中的地位，是当前中国经济发展的重要导向之一。自深圳市政府2007年率先提出高端服务业这一具有中国特色的新概念以来，发展高端服务业逐渐成为我国各省市现阶段优化产业结构的突破口（李海舰，2012）。国外虽然并没有明确提出高端服务业的概念，但美国、欧盟等发达国家（地区）却对与其相近的知识密集型服务业进行了比较系统的研究与实践。结合本书的研究内容，从高端服务业的内涵与外延、高端服务业的功能、高端服务业的发展路径与高端服务业发展对策研究等四个方面进行阐述。

（一）高端服务业的内涵与外延

高端服务业是一种相对的、动态的概念，高端服务业往往相对低端服务业而言，具有服务对象和服务过程的高端性的特点（杜人淮，2007；黄刚伟和陈晓君，2009）。高端服务业具有历史性，产生于工业化较发达阶段，强调知识在经济发展中的基础地位和作用，具有知识密集型服务业的典型特征。国外研究中与高端服务业概念最接近的是知识密集型服务业（Knowledge Intensive Business Services，KIBS），自Miles等（1995）提出KIBS概念以来，国外学者普遍认同KIBS的高知识性、高专业性、高智力性和高互动性，强调知识在KIBS中的核心地位，关注服务业中知识的互动、扩散和创造（Hertog，2000；Miles，2008；Muller & Zenker，2001；Cooke & Leydesdorff，2006；Cabigiosu，2019）。

对于高端服务业的内涵，国内学术界将其界定为处在价值链高端的高技术含量、高附加值的服务行业及服务业态，是大数据、云计算等信息技术、互联网发展以及现代管理理念的综合产物，是现代服务业的核心领域（宣烨，2016）。从广义的角度将高端服务业特征概括为“四化”（智力化、资本化、专业化、效率化）、“四高”（高附加值、高聚集性、高产业带动力、高开放度）、“三密集”（技术、知识、资本密集）、“两低”（低资源消耗、低环境污染）（谢泗薪，2011；夏杰长和李文秀，2012；湛军，2015；尹燕霞，2015；申静和周青，2015）。

对于高端服务业的外延，目前还没有明确的产业细分标准。但是国外对KIBS的分类研究已相对成熟，运用开列分类法（Miles et al.，1995）、模糊定义法（Hertog et al.，1998）、指标判断法（Dathe & Schmid，2000）等方法形成了具有一定代表性的分类体系，将 KIBS 大致划分为基于技术的 KIBS（T－KIBS）、基于计算机的 KIBS（C－KIBS）和基于专业的 KIBS（P－KIBS）等。国内学者在产业层面上，对高端服务业的外延形成的较为一致的意见认为典型的高端服务业包括：现代金融业、现代信息服务业、商务服务业、科学研究和技术服务业（陈艳莹、原毅军和袁鹏，2011；湛军，2015；尹燕霞，2015；宣烨，2016）。

（二）高端服务业的功能

高端服务业的外溢效应。高端服务业最本质的功能是能够向其他行业释放出较强的外溢效应，能够有效带动服务业和制造业升级，提高经济整体竞争力（陈艳莹、原毅军和袁鹏，2011；湛军，2015）。对服务业外溢效应的实证研究集中于生产性服务业，研究结果大都支持生产性服务业能够产生稳健的外溢效应，溢出渠道包括空间集聚效应、适应居民消费结构升级、提供就业岗位、与制造业农业形成互动等方面，且存在着地区、行业的异质性（顾乃华，2011；孙晓华、翟钰和秦川，2014；盛丰，2014）。在服务业发挥外溢效应过程中，对外开放方式（对外贸易、利用外资）、地区发展路径等因素起着显著的调节作用（顾乃华，2010；李伟军、陈启斐和邢芳，2015）。

高端服务业的知识生产扩散功能。格鲁伯和沃克（1993）最早用奥地利学派的生产迂回学说阐述了生产性服务业实质上充当了人力资本和知识资本的传送器，能大大提高最终产出增加值的资本导入生产过程。KIBS 的核心资产是知识，KIBS 具有知识扩散和创造功能，主要由三个阶段构成：获取新的显性和隐性知识；将新知识和已有知识基础重新组合，转化为可以编码的知识；提供新的服务将新知识扩散给用户（Muller & Zenker，2001；Muller & Doloreux，2009）。Lee 和 Miozzo（2019）研究发现，采用基于科学的 STI（Science，Technology，Innovation）学习创新模式的 KIBS 公司相比于采用基于经验的 DUI（Doing，Using，Interacting）学习创新模式的公司，会更积极地与大学进行合作创新，如果这类 KIBS 公司也提供高度定制的服务，这种合作创新关系将会进一步加强。基于上述研究，国内外学者指出 KIBS 的多重角色：KIBS 具有很强的创新能力，是新知识的来源，其与大学、客户企业形成共生的关系，是知识的共同生产者；KIBS 承担了宏观创新系统中知识扩散子系统的功能，是知识转移者；KIBS 在客户企业的创新过程中起着“创新桥梁”的作用，通过有形的知识交换提供正式的“第一知识基础设施”，利用过程导向的无形的知识交换提供“第二知识基础设施”，是知识基础设施提供者（Hertog，2000；Czarnitzki & Spielkamp，2003；刘顺忠，2004；张玉珍，2006；魏江，2004；魏江和朱海燕，2007）。

高端服务业的价值链提升功能。服务业在全球价值链的系统整合中处于关键性地位，拥有强大的研发能力并掌控整个价值链是服务业的核心功能（Low，2013）。高端服务业对战略性资源，进而对全球经济具有非常强的控制力，能够提高整体经济竞争力和控制力（李勇坚和夏杰长，2012）。生产性服务业在全球公司对价值链的支配上处于关键性地位，是攀升价值链的关键要素与实现机制（刘志彪，2008），主要通过四种途径在价值链构建中发挥核心作用：系统整合者；专业化市场交易平台；价值链国外布局；国内外终端销售渠道（贾根良、刘书瀚，2012）。发展中国家凭借着低成本优势，通过以国际代工为基本特征的外向型经济内嵌于全球价值链（文婷、曾刚，2005；刘志彪、张杰，2009），价值链升级路径由工艺升级、产品升级、功能升级、链条升级逐步递进（Humphrey & Schmitz，2002；宣烨、孔群喜、李思慧，2011）。

（三）高端服务业的发展路径

集聚发展路径。基于 Fujita、Krugman 和 Venables（1999）等的空间集聚理论，学者们对服务业集聚的区位选择、形成机理和影响因素等问题进行了深入研究。集聚区位的选择研究发现，具有对生产“控制功能”的现代服务业高度集聚于大城市，现代服务业及其分产业集聚发展存在明显的空间正相关性，如伦敦、纽约和东京、墨尔本等世界大都市（Pandit & Cook，2003；Elliott，2005）以及我国国内一些中心城市（胡霞和魏作磊，2006；陈建军等，2009）。集聚学习与创新环境（Keeble & Nacham，2001；吴远仁，2016）、制造业商务服务外部化与“弹性生产体系”（Scott，1988）、通达性与市场临近性（Clapp，1980；Coffey，Drolet & Polèse，1996）等因素影响服务业集聚及其稳定状态。

创新发展路径。Cooke 和 Leydesdorff（2006）强调 KIBS 是创新系统的核心组成部分，提出要从创新的角度理解 KIBS。王冠凤（2017）研究了创新驱动对高端服务业结构优化的作用，发现研究与试验发展支出等创新要素对高端服务业发展影响为正，且在东、中、西部区域省份间存在着影响差异。湛军和王照杰（2017）基于“环境—对策—实施—产出”的系统观，从创新全过程的整合视角验证了创新能力对高端服务业企业绩效增长的显著促进作用，“显性”创新与隐性创新共同影响企业绩效，其中，创新决策能力、技术创新能力以及非技术性改造或再优化能力对企业绩效影响最为显著，组织系统协同能力、外部环境识别能力、信息预判解读能力、企业文化支撑能力也对绩效产生一定的正向影响。

（四）高端服务业发展对策研究

学术界从政策体制层面对中国服务业低比重、低效率进行解读，认为长期以来，在观念、体制和政策方面都存在一些不利于服务业发展的因素（江小涓和李辉，2004）。程大中（2008）指出中国生产性服务业发展的差距不只是由经济发展阶段决定的，而是在很大程度上缘于社会诚信、体制机制和政策规制的约束。李江帆和杨振宇（2012）遵循财政收入和政治收益两条线索，模拟地方政府在现行政绩考核体系激励下的策略行为，发现发展服务业耗费资源更多、见效更慢，同时回报更低，而现行服务业指标并不能产生合意的额外激励，因而服务业对大多数地方政府缺乏吸引力。

促进高端服务业发展需要从产业链和新知识经济视角，研究高端服务业的战略发展模式（谢泗薪，2011；陈玉宝、谢泗薪和吴叶兵，2010）；需要将市场机制、政府引导和非市场机制三种力量综合在一起构建系统的政策体系（原毅军和陈艳莹，2011）；需要建立以产业融合为路径、以产业聚集为载体、以技术创新为先导、以管理创新和政府转型为支撑的全方位、多层次、立体化的高端服务业高速发展运行机制（韩冬芳，2012）。近年来，在吸收和拓展由Aghion、Stiglitz、Rodrik等经济学家基于新增长理论、信息经济学等分析工具发展起来的最新产业政策研究成果的基础上，吴敬琏（2016）、贺俊（2017）、王君和周振（2017）提出“设计得当”的产业政策思维是未来深化中国产业政策研究和优化产业政策实践的正确方向，即当前我国产业政策应该由传统选择性产业政策向市场化产业政策转型。

三、现代化经济体系研究综述

“现代化经济体系”是中国语境下的创新性政策话语。自党的十九大报告中首次明确提出现代化经济体系的概念以来，引发了国内学界和社会各界对这一概念的高度关注，大量的内涵解读文章和专题研究陆续发表。本书首先对现代化经济体系进行了概念和政策溯源，并在此基础上采取定量分析与定性分析相结合的方法综述相关学术文献。

（一）现代化经济体系的概念和政策溯源

1. 现代化经济体系的概念溯源

“现代化经济体系”是由“现代化”和“经济体系”构成的合成词。现代化（modernization）是一个高度综合的概念，涵盖经济上落后国家追赶世界先进水平，工业化进程的实现，科学革命过程，心理态度、价值观和生活方式改变等多维内涵（罗荣渠，1995；罗斯托，2001）。中国科学院中国现代化研究中心（2011）将现代化分为第一次（经典）现代化和第二次（当代）现代化两个阶段。第一次现代化研究关注于从传统农业经济向现代工业经济转型过程及其变化，以工业化、城市化、民主化和理性化为特征；第二次现代化关注于从工业经济向知识经济和生态经济的转型过程及其变化，以知识化、信息化、全球化和生态化为特征。党的十八大以来，现代化的政策内涵不断丰富发展。党的十八大提出要“促进工业化、信息化、城镇化、农业现代化同步发展”，简称“新四化”。党的十九大要求“为把我国建设成为富强民主文明和谐美丽的社会主义现代化强国而奋斗”。党的十八届三中全会和党的十九届四中全会均强调了“推进国家治理体系和治理能力现代化”，为我国现代化建设提出了更高要求。

从各国经济发展的历史来看，经济现代化的实现是其他现代化目标实现的重要基础，在实现现代化中处于核心与基础地位。经济现代化理论包括工业化和市场化两大核心内容（陈争平，2016）。对中国而言，经济现代化与“发展是硬道理”一样，是当前经济发展和产业结构优化升级的重要使命，经济现代化是现代化进程不可逾越的门槛（唐家龙，2011）。在经济现代化的发展主题和战略目标下，学者们对产业体系建设、经济制度体系建设等内容分别进行了深入的探讨。

经济体系（economic system）通过协调与物资供应活动有关的各项活动，为社会秩序提供必需的商品或服务，从而把经济活动联结成一个连续的社会整体，是包括经济运行方方面面在内的完整系统（Boettke，2000；Heilbroner，2011；冯柏、温彬和李洪侠，2018）。在经济理论研究中，围绕生产和分配两大经济主题，经济体系主要回答三个问题：生产什么商品及服务、如何生产和分配商品及服务以及为谁生产和分配商品及服务。在经济体系这个概念框架下，国外有些文献将经济体系理解为经济制度体系，如资本主义或社会主义经济制度体系（Heilbroner，1986）；而有些文献将经济体系理解为资源配置的经济机制，如以集中为特点的计划经济体制和以市场为中心的市场经济体制。

结合党的十九大报告和习近平总书记的讲话精神，“经济体系”可理解为“由社会经济活动各个环节、各个层面、各个领域的相互关系和内在联系构成的一个有机整体”，它强调了经济体的整体性、系统性、内在关联性。

2. 现代化经济体系的政策溯源

现代化经济体系目前已经形成了具有中国特色的政策话语体系，产生了一系列具有政策指导意义的研究成果。现代化经济体系的提出源于新中国成立以来的一系列政策实践和理论探索，对此进行政策溯源，以回溯其形成发展史对诠释现代化经济体系的政策意涵具有重要的现实意义。

（1）现代市场体系和现代产业体系的政策话语

在现代化经济体系的政策话语提出前，我国有两条与此相关的值得特别关注的政策线索：一是现代市场体系；二是现代产业体系。从某种角度上可以说，现代化经济体系的政策话语，经过了从现代市场体系、现代产业体系到现代化经济体系的演进过程。

我国对于经济体制的选择，经历了从高度集中的计划经济体制向社会主义市场经济体制的转变过程。在经济体制改革的进程中，市场化导向的改革思路逐步明晰。1992 年，党的十四大确立社会主义市场经济体制作为我国经济体制改革的目标，这一论断的提出，是我国经济体制改革目标的历史性突破。党的十四届三中全会将党的十四大提出的经济体制改革的目标加以具体化，确立社会主义市场经济体制的基本框架，把“建立全国统一开放的市场体系”作为构建社会主义市场经济体制的五大支柱之一。随着改革开放的深入，我国对市场作用的认识不断深化。2002 年，党的十六大提出“要在更大程度上发挥市场在资源配置中的基础性作用，健全统一、开放、竞争、有序的现代市场体系”，对市场体系的要求提升到了“现代市场体系”的新高度。

现代化的动态进程从某种意义上就是在科技进步推动下，经济不断发展、产业结构不断调整的过程。针对我国经济结构中存在的突出问题，2007 年，党的十七大首次提出“现代产业体系”概念，为我国推进产业结构优化升级指明了方向。2010 年，党的十七届五中全会指出“要发展现代产业体系，提高产业核心竞争力”，科学界定了现代产业体系的五大特征——结构优化、技术先进、清洁安全、附加值高、吸纳就业能力强；清晰勾勒出我国现代产业体系的发展路径——“改造提升制造业，培育发展战略性新兴产业，加快发展服务业”，为我国转变经济发展模式、提升整个产业竞争力做出了战略部署。

总之，“现代市场体系”“现代产业体系”的提出和发展反映了我国对中国特色社会主义建设规律认识的不断突破，构成了我国经济政策话语的重要内容，但在前期的政策话语中还只是两个相对独立的提法，两者之间的关系并不明晰，需要一个概括性更强的概念来反映经济发展的现实需要（杜创和王佰川，2019）。由此，对现代化经济体系的认知提上了议事日程。

（2）党的十八大以来的宏观政策话语体系

新时代要有新话语体系。党的十八大以来，党中央立足新的时代条件和新的发展阶段要求，基于对经济形势的判断和工作思路的深化，提出了一系列重大理论和政策论述。党的十八大以来逐渐形成的现代化经济体系的宏观政策话语体系，遵循了“理论基础—现状判断—发展理念—主要措施—战略目标”的逻辑链条（杜创和王佰川，2019）。

第一，理论基础：社会主要矛盾的变化。厘定社会主要矛盾，是制定正确路线方针政策的基础，是确立发展理念和发展战略的基本依据。党的十一届六中全会提出“我国社会的主要矛盾是人民日益增长的物质文化需要同落后的社会生产之间的矛盾”。党的十九大则明确“我国社会主要矛盾已经转化为人民日益增长的美好生活需要和不平衡不充分的发展之间的矛盾”。

第二，现状判断：从“三期叠加”“新常态”到“高质量发展阶段”，形成对国内外宏观经济形势的正确分析和准确研判。党的十八大后，中央对中国经济形势做出了“三期叠加”“新常态”的重要判断。所谓“三期叠加”，是指中国经济增长速度换挡期、结构调整阵痛期、前期刺激政策消化期。近年来，我国经济“新常态”具有以下几个方面的特征：“一是从高速增长转为中高速增长。二是经济结构不断优化升级，第三产业、消费需求逐步成为主体，城乡区域差距逐步缩小，居民收入占比上升，发展成果惠及更广大民众。三是从要素驱动、投资驱动转向创新驱动。”党中央强调经济工作一定要适应新常态、引领新常态。随着对经济形势认识的进一步深化，党的十九大则明确判断“我国经济已由高速增长阶段转向高质量发展阶段”。

第三，发展理念：“创新、协调、绿色、开放、共享”五大发展理念。坚持新发展理念是新时代坚持和发展中国特色社会主义基本方略的重要原则。2015 年，党的十八届五中全会召开，鲜明地提出了“创新、协调、绿色、开放、共享”的五大发展理念。2016 年，在省部级主要领导干部学习贯彻党的十八届五中全会精神专题研讨班开班式上，习近平总书记对贯彻落实新发展理念做出系统阐释，阐明了许多关键问题。

第四，主要措施：供给侧结构性改革。2015 年，党中央提出推进供给侧结构性改革，并做出我国经济运行主要矛盾是供给侧结构性矛盾的正确判断，强调用改革的办法推进结构调整，增强供给结构对需求变化的适应性和灵活性。满足人民日益增长的美好生活需要、解决发展不平衡不充分问题、推动经济高质量发展，都要求深化供给侧结构性改革。

第五，战略目标：建立现代化经济体系。在现代化经济体系作为战略目标提出的过程中，全党对现代市场体系和现代产业体系的认识进一步深化。关于现代市场体系，党的十八届三中全会历史性地提出，发挥市场在资源配置中的决定性作用，同时要更好地发挥政府作用，两者不可偏颇，将市场在资源配置中的作用从“基础性”改为“决定性”，在这一理论创新指引下，形成了市场作用和政府作用有机统一、相互促进的局面。党的十九大报告再次强调，“坚持社会主义市场经济改革方向”“加快完善社会主义市场经济体制”，进一步明确了加快完善社会主义市场经济体制的重点任务。关于现代产业体系，习近平总书记多次强调要深化产业结构调整，构建现代产业发展新体系，党的十九大报告提出“着力加快建设实体经济、科技创新、现代金融、人力资源协同发展的产业体系”。作为上述认识不断深化的集中体现，2017 年，党的十九大报告明确指出，“建设现代化经济体系是跨越关口的迫切要求和我国发展的战略目标”，由此指导着我国经济发展和社会主义建设的实践变革。

“新常态”“新发展理念”“供给侧结构性改革”“高质量发展”和“现代化经济体系”等重要内容共同组成了习近平新时代中国特色社会主义经济思想的理论框架（胡鞍钢和周绍杰，2019），构建了具有系统性和全局性的宏观经济政策话语体系。由此推动了现代化经济体系的学术研究，促进了现代化经济体系相关学术思想、理论、观点的创新。

（二）文献计量分析

本研究文献数据来源于中国知网和“读秀”中文学术搜索。分别在中国知网学术期刊库以“现代化经济体系”为篇名，博硕士论文库以“现代化经济体系”为题名，在“读秀”以“现代化经济体系”为书名，设定检索时间范围为 2017 年至 2020 年（截止时间为 2020 年 3 月 31 日），检索到期刊论文 568 篇，学位论文 1 篇，中文图书 22 本，共计 591 条，其中 2017 年 114 条，2018 年 333 条，2019 年 135 条，2020 年第一季度 9 条（见图 1－1）。

由于该主题的相关文献主要形式为期刊论文，因此我们的文献计量分析以期刊论文为对象，并进一步将期刊论文范围限定为收入“核心期刊”和“CSSCI”的高质量期刊论文，检索得到 178 条结果，除去编者按（7 条）、检索结果重复（4 条）、会议综述（3 条）、新书评介（1 条）等 15 条结果，最后得到 163 篇期刊论文，其中 2017 年 26 篇，2018 年 95 篇，2019 年 41 篇，2020 年第一季度 1 篇。由此可知，2017 年 10 月党的十九大提出现代化经济体系后，立即受到国内学界的高度重视，在 2018 年，出现相关学术研究的高峰。

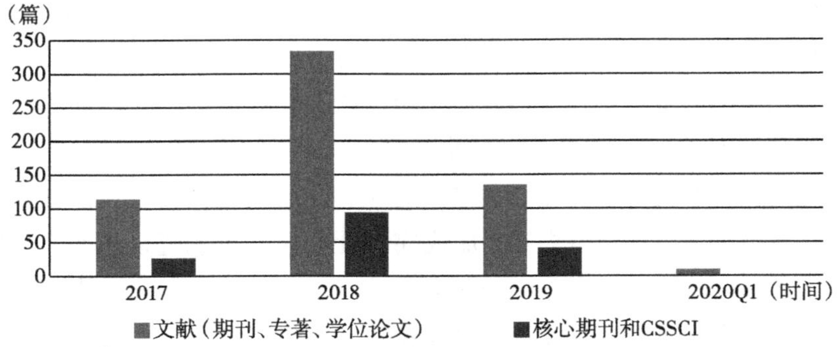

图 1－1　现代化经济体系相关文献年度发表数量统计

1. 关键词共现网络分析

借助文献计量可视化分析工具对现代化经济体系文献进行关键词共现分析，获得关键词共现知识图谱，如图 1－2 所示，“十九大”（73 次）是出现频次最高的词汇，说明党的十九大是研究现代化经济体系的中心点。排名靠前的关键词依次为“社会主要矛盾”（38 次）、“经济发展”（31 次）、“经济创新”（26 次）、“结构性改革”（22 次）、“发展阶段”（22 次）。此外，“战略目标”（19 次）、“高速增长阶段”（15 次）、“高质量发展”（14 次）、“区域发展”（13 次）、“城乡区域”（11 次）、“经济发展质量”（11 次）也是多次出现的高频关键词。在高频关键词外围，则分布着“税制改革”“技术转移”“金融风险”“人工智能”“智能制造”“产业结构”等低频关键词。

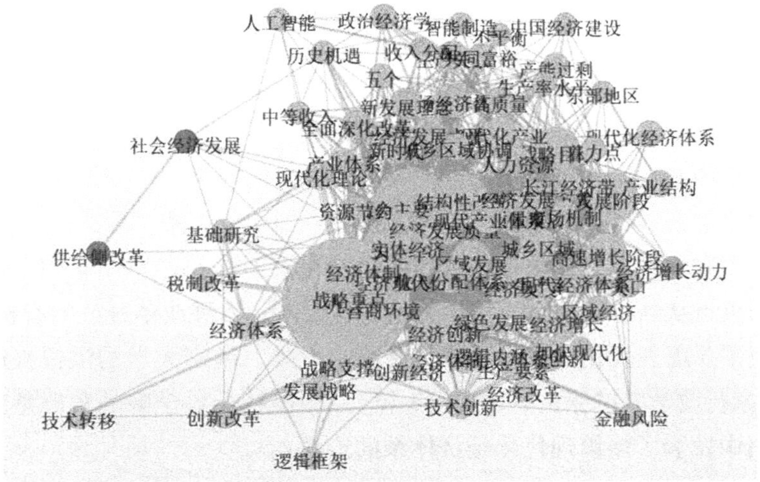

图 1－2　现代化经济体系相关文献关键词共现网络分析

2. 研究机构和核心作者分析

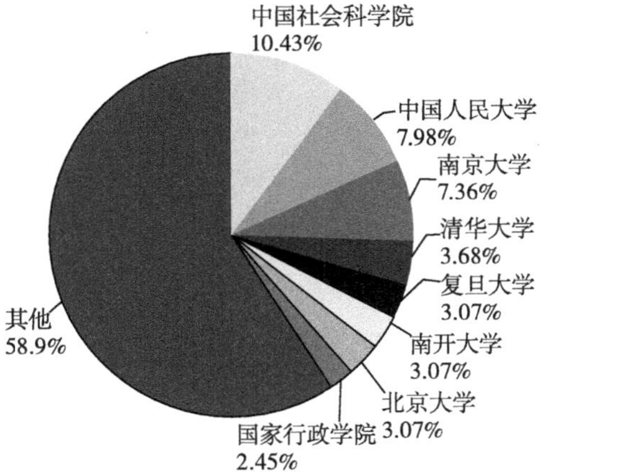

图 1－3　现代化经济体系相关文献机构分布

研究机构在相关领域的科研实力在一定程度上可以通过发文数量得以反映。以第一作者所属科研机构为分类依据，可以发现在 2017—2020 年研究期间发文数量位居前 8 位的科研机构依次为：中国社会科学院、中国人民大学、南京大学、清华大学、复旦大学、南开大学、北京大学、国家行政学院（见图 1－3）。中国社会科学院以 17 篇排在首位，占全部发文量的 10.43%，其中包括经济研究所 7 篇，工业经济研究所和马克思主义研究所各 5 篇。中国人民大学、南京大学分别以 13 篇、12 篇紧随其后，分别占发文总量的 7.98% 和 7.36% 。这反映出上述科研机构在现代化经济体系研究中的重要影响力。

从文章作者看，图 1 –4 展示了现代化经济体系文献的核心作者分布情况。国内学术界以刘志彪、刘伟、洪银兴、张占斌、黄群慧等为代表的专家学者在现代化经济体系研究领域产出了大量具有影响力的成果。南京大学刘志彪教授围绕现代化经济体系的基本框架、关键问题、构成要素、重要瓶颈、路径方略、着力点和政策重点等内容在核心期刊发表了 7 篇论文，中国人民大学的刘伟教授则重点从新发展理念、供给侧结构性改革、发展改革开放的有机统一等方面发表了 5 篇现代化经济体系相关文献。此外，南京大学的洪银兴教授（4 篇）、国家行政学院的张占斌教授（3 篇）、中国社会科学院的黄群慧教授（3 篇）也集中发表了多篇现代化经济体系的论文。

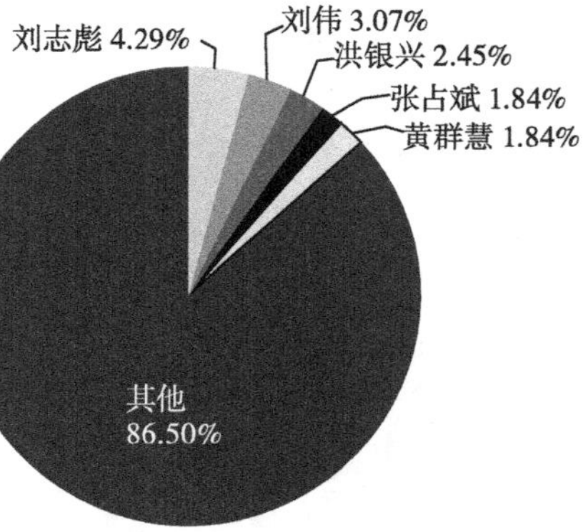

图 1 –4　现代化经济体系相关文献核心作者分布

3. 高被引文献分析

以下基于 163 篇文献的被引频次来分析现代化经济体系研究领域最具有学术影响力的文献。表 1 –1 列举了被引频次最高的 10 篇文献，其中被引频次最高的是中国经济改革与发展研究院院长迟福林发表在《行政管理改革》2017 年第 12 期的《以高质量发展为核心目标建设现代化经济体系》一文，被引频次为 44 次，作为现代化经济体系的早期文献引起了后续研究者的广泛关注。此外，绝大多数高被引文献发表于 2018 年，这与前面发现的 2018 年出现对于现代化经济体系研究的学术高潮相一致。从高被引文献的研究视角来看，这些文献多从宏观层面展开研究，多聚焦于现代化经济体系的内涵解读，试图回答现代化经济体系是什么这一最基础的理论问题，这些文献在一定程度上奠定了现代化经济体系研究的重要理论基础，成为学术界开展相关研究的出发点和依据。

表 1-1　现代化经济体系高被引文献列表

序号	第一作者	文献名称	出版年份	被引频次
1	迟福林	以高质量发展为核心目标建设现代化经济体系	2017	44
2	贺晓宇、沈坤荣	现代化经济体系、全要素生产率与高质量发展	2018	36
3	刘志彪	建设现代化经济体系：新时代经济建设的总纲领	2018	34
4	张月友、董启昌、倪敏	服务业发展与“结构性减速”辨析——兼论建设高质量发展的现代化经济体系	2018	32
5	黄群慧	浅论建设现代化经济体系	2018	27
6	高培勇等	高质量发展背景下的现代化经济体系建设：一个逻辑框架	2019	24
7	张辉	建设现代化经济体系的理论与路径初步研究	2018	24
8	石建勋、张凯文、李兆玉	现代化经济体系的科学内涵及建设着力点	2018	23
9	刘伟	现代化经济体系是发展、改革、开放的有机统一	2017	20
10	杨瑞龙	建立现代化经济体系必须处理好政府与市场之间的关系	2018	20

（三）研究热点内容综述

在上述 163 篇研究文献中，有 96 篇（58.90%）的研究以对现代化经济体系的概念阐释、战略研究等综合性理论探讨为主，其余 67 篇（41.10%）是对现代化经济体系某一专门细分领域的探讨。据此，本书将相关文献分成两大类，分别予以分析。

1. 现代化经济体系的内涵与战略研究

（1）现代化经济体系的内涵

现代化经济体系的概念具有丰富的内涵，是社会主义初级阶段生产关系在新时代的具体呈现和经济发展思想的进一步拓展（侯为民，2019）。在163篇研究文献中，有7篇对现代化经济体系的科学内涵进行了专门的研究。石建勋、张凯文和李兆玉（2018）从三个层面理解现代化经济体系的科学内涵，认为微观层面要素现代化是基础，中观层面产业体系现代化是主要目标，宏观层面经济体制现代化是制度保障。冯柏、温彬和李洪侠（2018）认为现代化经济体系是以个人、企业、社会组织、政府为经济主体，以人的共同富裕和全面发展为发展目标，以科技创新、制度变革和对外开放为发展动力，以动态升级、协同发展的产业体系为运行载体，以结构均衡、分配合理、持续发展为发展路径，以完善的市场机制和有效的调控机制为管理方式的经济运行集合体。洪银兴（2019）从新时代现代化的角度来讨论现代化经济体系的内涵，将其概括为优化经济结构的现代化经济体系、转换增长动力的现代化经济体系、现代化的国家治理体系等三个方面。

（2）现代化经济体系的逻辑框架

在内涵解读的基础上，部分文献开始从全域视角解读现代化经济体系，构建现代化经济体系的逻辑框架。高培勇等（2019）认为建设现代化经济体系本质上是从传统经济体系转换到现代化经济体系的过程，并据此建立了“四个转向”和“四个机制”逻辑框架。“四个转向”包括社会主要矛盾、资源配置方式、产业体系、增长阶段等方面的特征性变化；“四个机制”即社会主要矛盾决定了资源配置方式，资源配置方式决定产业体系特征，产业体系特征与经济增长阶段一致，高速增长引起社会主要矛盾转化。刘志彪（2018）提出我国建设现代化经济体系需要构建七个子系统，总体框架是要坚持一个方针，坚持一条主线，建设创新引领、协同的产业体系和“三有”经济体制，而壮大实体经济、构建现代产业体系是支撑这个体系和框架的物质基础。

（3）现代化经济体系的实现路径

张辉（2018）针对中国经济发展面临的创新动力不足、要素市场化程度低、产业结构亟须升级、资源环境问题突出等挑战，提出以创新引领发展方向，推进产业结构优化升级，完善要素市场改革，践行绿色发展理念，促进空间均衡布局，逐步构建现代化经济体系的发展战略路径。冯柏、温彬和李洪侠（2018）将建设现代化经济体系的路径概括为“六个转变”：即“发展目的从先富转向共富；发展动力从要素高投入和低价格转向科技创新和改革开放；产业体系从各自发展转向协同发展；市场环境要进一步优化；发展质量转向绿色发展；管理方式转向供给管理和处理好政府与市场的关系”。郭威、杨弘业、李明浩（2019）提出以供给侧结构性改革为主线建设现代化经济体系，具体从加快深化政府职能改革，完善经济体系制度保障；持续激发实体经济活力，夯实经济体系产业基础；大力推动科学技术创新，转换经济体系内生动力；着力构建现代金融体系，优化经济体系资源配置效率；注重发挥人力资源优势，强化经济体系人才支撑等五个方面阐释相应的路径选择。

2. 细分领域研究

具体地说，现代化经济体系的分类研究主要概括为产业体系、市场体系、收入分配、区域发展、绿色发展、全面开放、经济体制等七个方面的内容。相关研究的大致分布情况如图 1－5 所示。

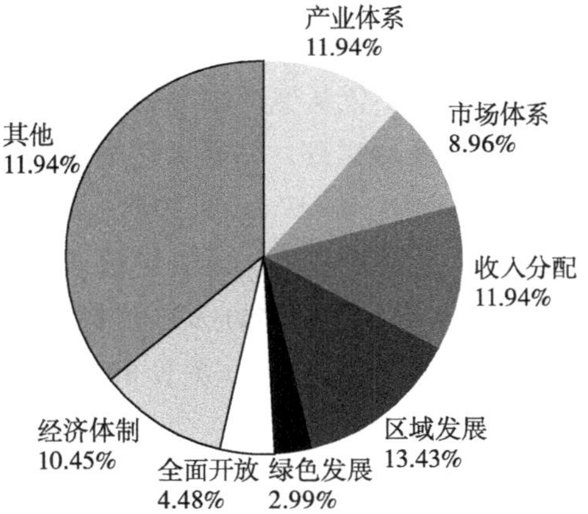

图 1－5 现代化经济体系相关文献细分领域研究分布

刘伟（2017）强调以供给侧结构性改革为主线建设现代化经济体系，一方面要为建设现代化经济体系提供制度供给；另一方面要为建设现代化经济体系提供产业载体。为此，结合本书研究主题的相关性，下面重点对产业体系研究和经济体制研究予以综述。考虑到相关研究的连续性，本书的产业体系和经济体制文献的分析不仅限于党的十九大现代化经济体系这一研究框架下，对党的十九大之前的相关文献以及国外文献也一并进行了系统梳理。

（1）现代产业体系

现代产业体系研究是在继承经典产业结构理论中的长期性、内生性和动态性等合理成分的基础上，针对深刻转变的经济现实，形成的理论和实践创新成果。现代产业体系是一个动态的与时俱进的概念，是指具有当代领先的竞争优势又面向未来发展趋势的产业体系，既有本国先天的要素禀赋带来的路径依赖，也有后天要素禀赋升级和专业化分工产生的动态比较优势（刘明宇和芮明杰，2009）。贺俊和吕铁（2015）总结了现代产业体系研究的三个方面拓展：一是在经济结构分析中引入知识的复杂性和经济活动的异质性等新维度；二是在产业分工基础上考虑技术或知识分工等更加复杂的分工形式；三是关注产业和产业要素之间的互动与融合特征。

产业互动是产业之间存在的以产业关联为基础的彼此之间相互作用和相互影响的一种社会协作关系（彭亮，2010）。工业革命以来，产业互动经历了以产业分工、产业间比例关系和产业关联为主要研究内容的产业分立互动研究阶段（Leontief，1936）以及以服务业（特别是生产性服务业）和制造业的互动关系为主要研究内容的产业交叉互动研究阶段（Pappas & Sheehan，1998；Karaomerlioglu & Carlsso，1999；Eswaran & Kotwal，2002）。以服务业和制造业产业互动为研究对象，相关文献不仅从生产率提高、中间投入、交易成本等不同理论视角揭示了两者互动发展的机理、路径、动力机制和非平衡性（Grossman & Helpman，2003；Francois & Woerz，2008；冯泰文，2009；孙畅，2020），而且利用投入产出法、SFA 模型、适应性预期动态模型、改进的 Logistic 模型等定量分析方法实证检验了两者在发展过程中存在的显著互动关系（程大中，2006；顾乃华，2010；孙晓华、翟钰和秦川，2014；于世海等，2019）。

产业融合是现代产业体系发展的新特征和趋势，管制环境变化、全球化与自由化、顾客需求变化等外在因素，以及技术创新、管理创新或战略联盟、企业基本组织原则的变革等内在因素形成产业融合的驱动力（Yoffie，1996；宋怡茹、魏龙和潘安，2017）。产业融合途径包括以市场需求为主线（Stieglitz，2003）、以知识扩散为主线（Hacklin，Marxt & Fahrni，2010）、以科学技术交叉渗透为主线（Curran et al.，2010）等路径，在产业融合过程中会涉及技术融合、产品融合、企业融合、市场融合等阶段（Alfonso & Salvatore，1998；马健，2005）。产业融合的识别与测度研究主要利用专利、并购与战略联盟、合作项目等数据，通过赫芬达尔指数法、熵指数法以及网络分析等方法对产业融合及其相互关系方面进行实证研究（Fai & Tunzelmann，2001；Curran et al.，2010；陶长琪和周璇，2015）。

（2）经济制度体系

新制度经济学将制度定义为约束谋求效用最大化的个体行为的社会博弈规则（North，1990），强调制度是决定市场结构和企业行为的关键要素（DiMaggio & Powell, 1983; Powell & DiMaggio, 1991; Scott, 1995)。制度体系是由社会所认可的非正式约束、国家所规定的正式约束、实施机制三个组成部分相互作用、相互联系结合而成的整体（田玉忠，2010）。经济制度体系是生产、交换、分配、消费等各种经济关系在制度上的反映，是一系列经济制度的总和（李建平，2016）。中国特色社会主义经济制度体系是在社会主义市场经济发展过程中逐步形成的由多层次、多因素有机结合而成的系统架构，是包括基本经济制度、经济运行制度、经济保障制度在内的完整制度体系（李太淼，2009；马耀鹏，2010；胡乐明和宁阳，2014）。

经济制度变迁是制度随着时间的推移而不断、反复地创立和变更的过程。新制度经济学根据制度变迁主体将其划分为诱致性制度变迁和强制性制度变迁两种类型。与之相适应，中国由点到面的渐进性改革采取的是自上而下由政府推动的改革（顶层设计）和自下而上诱发的边缘革命（底层创新）相结合的制度变迁方式（杨德才、郭婷婷和唐悦，2014）。李强和魏巍（2015）探讨了制度变迁对经济增长质量的作用机理，采用双重面板门槛模型实证研究制度变迁对经济增长质量的非线性效应，发现制度变迁对中国经济增长质量的影响与地区国民生产总值有关。

经济制度体系评价具有代表性的研究主要侧重于公有制经济主体地位的综合评价（国家统计局课题组，2001；裴长洪，2014），也有学者以不同所有制经济的企业效率作为评价标准（任毅、丁黄艳，2014；黄速建、李倩和王季，2017）。马立政、彭双艳和李正图（2017）构建基本经济制度的指标体系，从发展状况、发展环境以及发展功能三个维度出发，通过构建基本经济制度指数，用以观测基本经济制度演进趋势及其客观规律。

四、高端服务业与现代化经济体系建设研究综述

知识密集型高端服务业是技术变革的最主要推动者，在一定程度上可以代替物质资本的积累，成为长期经济增长的引擎（Desmarchelier, Djellal & Gallouj, 2012）。服务业尤其是现代服务业是一个国家（地区）占据全球价值链高端，引领产业竞争力的根本（Riddle, 1986），发展高端服务业能够促进经济现代化和提高经济竞争力。目前虽然尚未形成高端服务业对经济体系建设影响的系统研究体系，但服务业对产业协同发展的影响、对经济体制创新的影响、对产业竞争力提升的影响等三个方面的具体内容已经得到了学术界一定的关注。

（一）高端服务业对产业协同发展的影响

高端服务业是优化产业结构的先导，是转变经济发展方式的突破口（王小平和许永兵，2010）。服务业通过外包的形式从制造业中剥离出来，两者在需求上具有互补关系：一方面，发展高端制造业需要与之相匹配的高端服务业投入更多的专业化、生产效率更高的生产要素；另一方面，高端制造业加大对高端服务需求强度，反过来将驱动高端服务业的发展，两者的协同发展有助于促进地区产业升级和经济发展方式转变（Porter，1990，2003；曹东坡、于诚和徐保昌，2014）。吴远仁、沈利生和李淑燕（2015）基于空间面板数据和探索性空间数据分析方法分析了高端服务业、产业集聚对制造业升级的影响，结果发现，高端服务业及其分产业集聚度的提高均显著促进了制造业升级，且其影响主要表现在地区差异上，同时，我国高端服务业集聚度的提升在空间和时间两个层面均显著地促进自身竞争力的提升。

生产性服务业与制造业价值链环节上的活动相互渗透、延伸和重组，服务部门的发展有助于外包和生产分工，降低交易成本（吕政、刘勇和王钦，2006；冯泰文，2009；金晓雨，2015；Lo，2018），服务质量的改善带来产业效率的提高和要素高级化，在产品内分工过程中生产性服务业为促进制造业深化和实现产业升级创造条件（刘志彪，2008；唐海燕和张会清，2009）。生产性服务业空间聚集对制造业生产效率提升的空间外溢效应表现明显，通过改变贸易成本对制造业集聚施加影响（赵伟和郑雯雯，2011；顾乃华，2011；余泳泽、刘大勇和宣烨，2016）。

制造业服务化和服务型制造是生产性服务业与制造业产业融合的发展形式（Kucza & Gunther，2011），融合过程的实质是价值链分解和重构整合的过程（杨仁发，2013）。近年来，科学技术的发展，特别是数字技术的广泛应用，推动了服务业与制造业在市场营销、企业运营、综合管理和服务管理等领域的进一步融合（Raddats et al.，2019）。由于服务企业的知识产品与生产企业需要之间的匹配要求，生产性服务业以不同“嵌入”方式与制造业实现耦合，通过不同的耦合平台促进知识和技术在价值链节点间的溢出（高觉民和李晓慧，2011；陈国亮和陈建军，2012）。

（二）高端服务业对经济体制创新的影响

服务业具有制度密集型特征，一些服务行业本身就是制度的载体，要么就是对制度比较敏感的行业，如金融服务，既是服务行业，同时也是典型的生产性服务业。现代产权制度、社会治理结构，或者现代市场体系都离不开现代服务业，或者说，是现代服务业的重要体现（Eggertsson，2005）。

关于制度与服务业发展的研究，学者们主要从服务业管制和服务业开放两个层面进行了分析。基于服务业管制视角，现有文献主要考察了服务业进入自由化与生产率的关系（Nicoletti & Scarpetta，2003；Schiffbauer & Ospina，2010）；基于服务业开放的视角，现有文献主要考察了进出口企业的生产率差异（Muuls & Pisu，2009；Castellani，Serti & Tomasi，2010；Temouri et al.，2013）。由于服务业相对其他产业面对更为复杂的交易网络，更容易因为信息不对称而出现市场失灵，因而合同的监管和执行机构在服务业的发展中发挥着更为关键的作用。Amin 和 Mattoo（2006）对多国的实证研究发现，制度较好的国家拥有相对较大的和更有活力的服务部门。许和连和成丽红（2016）、刘胜等（2016）具体研究了中国制度环境对服务业发展的影响，发现良好的制度环境能促进服务业企业全要素生产率（Total Factor Productivity，TFP）的增长，且制度环境的改善对服务业企业创新促进 TFP 的增长具有正向调节作用，有助于克服政策不稳定性给服务业可持续性增长带来的负面影响。

针对中国式“服务业发展悖论”，市场化程度不高、社会分工程度较低、工业优先发展战略、管理体制机制僵化滞后、政府规制不到位或政府短视化利益诉求等市场性因素和体制性因素对服务业发展的抑制性作用，成为学术界研究的重要内容（程大中，2010；谭洪波和郑江淮，2012；夏杰长，2013；江波和李江帆，2013）。通过市场化改革和体制机制创新，转变政府行为方式，最大限度地释放服务业发展潜能，是迈向服务经济时代的必然要求（胡霞，2007）。学者们从打破垄断、鼓励竞争、开放市场、加强监管、完善规制等方面探讨了我国科技服务业、金融服务业等具体行业的体制改革与机制创新对策（陈杰，2014；蒋伏心、华冬芳和刘利平，2015）。

（三）高端服务业对产业竞争力提升的影响

高端服务业因富含高端生产要素从而能有助于在全球价值链上经济控制力的获得（夏杰长和李文秀，2012；Sassen，2000），能够极大地提升产业竞争力（Huiban & Musolesi，2012），建立和健全高端服务体系是现代社会维护国家经济安全的关键与核心基础（李勇坚和夏杰长，2012）。高端服务业自身是价值链的高端环节，同时还可以通过技术服务、金融服务、信息服务对其他产业产生引领支撑，提高其附加值，提升竞争力，与此同时，通过技术、金融、信息对其他分工主体形成一种控制力。正因如此，通过发展高端服务业提升产业发展层次，并以此掌握关键产业供应链的控制权，进而能够在全球分工中形成控制力、产生支配力（陈玉宝、谢泗薪和吴叶兵，2010）。高端服务业可以通过提升企业绩效、产业能级和全球价值链上的地位而提升一国或地区的产业控制力（夏杰长和李文秀，2012；马鹏和李文秀，2014）。

厘清一国/地区服务业在全球生产分工体系中所起的实际作用，才能知道该国服务业在国际竞争中所处的具体状况。投入产出分析是目前全球生产网络分工及贸易增加值领域研究的主要方法（Antràs & Chor，2013；袁志刚和饶璨，2014），运用此方法对中国服务贸易的国际竞争力进行重新评估，程大中等（2017）指出中国只是服务贸易规模意义上的大国，而非服务贸易强国，国际竞争能力不强。发展中国家为了避免重蹈南美国家曾经陷入“比较优势陷阱”和被“低端锁定”的困境，应该着力发展生产性服务业尤其是高端生产性服务业，以此提高本国产业在全球价值链的地位和影响，获得强劲的竞争实力（Humphrey & Schmitz，2002；刘志彪，2008）。

五、对已有研究成果的总体评述

综上所述，国内外学者对现代化经济体系、大国经济、高端服务业发展等方面的研究，已形成了几点共识：一是现代产业体系是现代化经济体系的核心组成部分；二是从人口和国土规模等自然特征出发形成了大国的市场和分工经济效应；三是发展高端服务业是我国优化产业结构的先导，是我国现阶段转变经济发展方式的突破口。上述研究成果为本研究的开展提供了坚实的理论基础。

但对大国经济视域下以高端服务业引领现代化经济体系建设这一主题，现有研究还存在可进一步探讨、发展或突破的空间。

（一）对大国经济视域下经济体系建设研究不够系统

从世界发展格局看，经济全球化凸显了经济大国对世界经济的主导作用，“金砖四国”的迅速崛起使大国经济成为新的国际经济现象，由此，大国经济正逐渐成为学术界关注的热点问题。虽然学者们已经充分认识到大国经济地位的重要性、大国经济特征的鲜明性、大国经济发展战略的独特性等（Kuznets，1965；Krugman，1980；欧阳峣，2014），但总体来看，关于大国经济的研究内容分散，仍呈碎片化状态，整体性和综合性的研究比较少，基础理论相对薄弱

（欧阳峣，2009）。中国是典型的发展中大国，正处于由经济大国迈向经济强国的关键阶段，需要运用大国战略思维，聚焦经济体系新部署，走出一条独特的大国发展道路。但目前对于中国大国经济发展的研究相对有限，特别是从后发大国视角，对中国经济体系建设的科学性、整体性研究尚未形成，缺乏在大国经济背景下对中国现代化经济体系的生成逻辑和运行机理的分析。考虑到大国经济可以依靠庞大的内需带动供给端发展，实现本土属性的市场循环，大国经济视域下的现代化经济体系的生成逻辑和运行机理有别于小国的这一问题，本研究将立足大国经济视域，科学总结、掌握大国经济的特征和发展规律，从大国经济研究的范畴体系和知识体系出发，深度剖析大国经济视域下现代化经济体系的经济逻辑和运行机理。

（二）对现代化经济体系的研究尚缺乏统一理解

党的十九大报告明确提出了贯彻新发展理念建设现代化经济体系的重大战略目标，之后国内学术界迅速掀起了对这一概念的研究热潮。目前，学术界对于现代化经济体系的研究尚处于较为初步的阶段，大多是对现代化经济体系的表象性解释和内涵剖析，主要回答“现代化经济体系是什么”的问题，对于“怎样加快建设现代化经济体系”的研究相对有限，且提出的建议也偏重宏观的对策研究（李兆辰和袁富华，2019）。这些虽然为现代化经济体系研究奠定了初步基础，但距离形成对现代化经济体系的科学性、系统性认识尚有很大距离，远远不能满足系统化指导当前建设现代化经济体系的现实需要。当前，我国社会主要矛盾已经发生变化，不再是人民日益增长的物质文化需要与落后的社会生产之间的矛盾，而是人民日益增长的美好生活需要和不平衡不充分的发展之间的矛盾，社会矛盾的重大变化必然会对我国经济工作提出新的要求。现代化经济体系建设就是适应这个变化的题中应有之义，也是建设新时代中国特色社会主义“最重要的步骤”。因此，本书基于大国经济对现代化经济体系新要求的剖析，系统刻画经济体系建设的一般演化规律与国际经验，在此基础上，深入探讨我国现代化经济体系的阶段性特征、目标模式与运行逻辑，科学谋划大国经济视域下现代化经济体系建设的战略安排。

（三）对高端服务业发展的研究有待深化

我国关于高端服务业的概念提出较晚，现有文献在研究内容上主要局限于高端服务业概念、特征，高端服务业发展的必要性、路径、发展政策等方面（夏杰长和李文秀，2012；王冠凤和曹键，2019），研究时学者们多从服务业，甚至制造业的理论出发，然后将这个理论框架套用到高端服务业，而没有真正做到从中国国情出发，从高端服务业的主要特征及发展模式出发，高端服务业相对于低端服务业、制造业的异质性在研究中尚未得到充分展现。现有文献多以定性研究为主，即概念、内涵、体系以及路径的探讨，定量研究的高端服务业发展文献明显不足。总之，无论是从研究广度、深度，还是从研究方法、研究手段来看，如今，我国学术界需要对高端服务业的相关研究进行深化研究。如今，我国已是世界第二大经济体，服务业重要性日益突出，作为服务业核心的高端服务业是衡量国家和地区综合竞争力和现代化水平的重要标志，高端服务业引领现代化经济体系将日益成为一种基本趋势和走向。为此，本书在准确把握高端服务业未来趋势的基础上，准确判断我国高端服务业发展阶段，并定量评估高端服务业发展水平，深入分析高端服务业发展通过影响技术创新、生态文明、价值链攀升以及全要素生产率实现引领经济增长的路径。

（四）对高端服务业与现代化经济体系关系的研究亟待展开

现代化经济体系和高端服务业的单独研究虽然均已逐渐受到学者们的较多关注，但从前述文献评估可见，已有研究对高端服务业的研究尚处于初始阶段，而对现代化经济体系的研究尚停留在认识层面，在具体的问题上则自然也就没有对现代化经济体系和高端服务业间关系的整合研究，已有文献的不足为本书的研究留下了充足的研究空间。基于大国经济下供需之间的内部市场循环，构建现代化经济体系，关键是要通过高端服务业引领经济高质量增长并推动 GVC 的重构，围绕实体经济形成一个全方位高质量发展的现代化经济体系，推动以国内大循环为主体、国内国际双循环相互促进的新发展格局逐步形成。因此，本书在前述对高端服务业发展与现代化经济体系建设分别研究的基础上，进一步厘清高端服务业引领现代化经济体系的作用机制及其关键影响因素，深入分析和检验大国经济视域下高端服务业引领型增长对现代化经济体系构建的影响路径，以及高端服务业驱动型 GVC 对构建全球主导型现代产业体系的作用渠道，设计高端服务业引领现代化经济体系构建的路径和政策。

（五）对大国经济、高端服务业与现代化经济体系内在机制缺乏探究

由前述文献综述可见，大国经济、高端服务业、现代化经济体系三个研究主题，均在近年来引起国内学界的关注。但对相关文献进行分析发现，三个研究主题文献之间相互引证并不多，主题研究相对隔离，研究之间尚未形成关联

性和系统性，特别是缺乏对大国经济、高端服务业与现代化经济体系建设内在逻辑的深刻剖析。中国步入社会主义新时代，建设现代化经济体系是我国发展的战略目标；大国经济为现代化经济体系建设提供了新机遇和新条件；现代服务业尤其是高端服务业的规模越来越大、作用越来越明显，高端服务业在引领现代化经济体系建设中扮演着关键角色。厘清并处理好大国经济、高端服务业、现代化经济体系三者之间的关系，是中国步入社会主义新时代、实现经济高质量发展的基本要求。为此，本书立足于大国经济视域，紧紧围绕如何以高端服务业引领现代化经济体系建设这一中心命题展开。其中，大国经济视域是前提、高端服务业为抓手、现代化经济体系目标成为本研究的三个核心主题词，在深刻洞悉三者各自主要特征的基础上，本书重点阐述大国经济视域下通过发展高端服务业进而引领现代化经济体系建设的内在机制和理论逻辑。

鉴于上述分析评价，本书以“大国经济视域下以高端服务业引领现代化经济体系建设研究”为主题，基于我国大国经济特征、高端服务业以及现代化经济体系建设现状的刻画，深入剖析大国经济特征、高端服务业以及现代化经济体系建设的内在价值和理论逻辑，运用相关数据对理论分析结论进行检验，提出现代化经济体系建设的推进路径和政策安排，本书对于全面阐述习近平新时代中国特色社会主义经济思想和丰富新时代中国特色的社会主义经济学的相关理论具有重要的理论价值，完全符合党中央提出的“要充分发挥我国超大规模市场优势和内需潜力，构建国内国际双循环相互促进的新发展格局”的战略部署，对于推动现代化经济体系建设、全面开启现代化建设新征程具有重要意义。

第三节 主要观点与研究框架

一、主要观点

（一）大国经济为现代化经济体系建设提供了现实起点

由于大国经济具有市场规模大、经济结构多元等特点，发展中大国有可能以国内资源和市场为驱动力，构建产业体系、形成规模经济和培育产业竞争力，实现经济的内源式发展和本土属性的市场循环。在某一适度偏大的人口区间内以及当其土地面积和资源量超出某一临界值时，大国本土市场效应将会出现。在新的时代背景下，目前中国不仅具有人口众多及面积庞大两个传统意义上大国的初始特征，同时也具有巨大的内部市场、较为完备的产业体系、区域间产业层级分工、多个经济增长极，且体制机制逐步得到完善。大国经济是我国现代化经济体系建设的现实起点。在现代化经济体系建设过程中，要充分考虑大国经济与小国经济存在的差异，准确梳理大国经济环境的特征，全面把握大国经济在市场规模、产业体系等方面为现代化经济体系建设提供的机遇和条件。

（二）高端服务业是引领现代化经济体系建设的重要突破口

中国特色社会主义已进入新时代，经济活动在满足人们基本的物质需求之外，将更多地着眼于满足人们的非物质需求。与此相适应，能够满足人们非物质需求的信息服务、科技服务、金融保险、商务服务、教育医疗等高端服务业在现代化经济体系中的地位日益突出，贡献越来越大。高附加值、高技术含量、高人力资本的高端服务业是服务业发展水平的指示器，是现代化经济体系的重要组成部分，是引领现代化经济体系建设的重要突破口。高端服务业的高质量增长成为我国重要的新动能。高端服务业发展通过“结构红利效应”促进劳动生产率提升，引致消费结构、产业结构升级；高端服务业作为制造业的中间投入品，与制造业存在协同效应；高端服务业的技术创新能提升中间投入品的技术含量，显著促进中国制造业的技术进步；高端服务业集聚能提升城市整体经济配置效率，进而推动中国的经济增长质量和现代化经济体系建设。通过高端服务业的全面发展，可重塑中国产业链、供应链和价值链，可为中国产业转型升级带来巨大动力，牵引和支撑中国迈向制造强国，推进建设现代化经济体系的动力体系、内容体系、供给体系和制度体系。

（三）我国高端服务业城市集聚趋势稳定，但区域差距显著

2003—2017 年，我国高端服务业城市集聚趋势较为稳定，城市多样化集聚在 2014 年以后有逐步加大的趋势，而专业化集聚则在 2014 年开始出现下降的趋势，由此说明高端服务业在不同城市得到了不同程度的发展，并且随着经济的发展，高端服务业在更多城市中出现较为快速的发展。具体而言，北京、上海、广州、深圳、杭州、南京、济南、西安和大连等城市的高端服务业相对其他城市而言最为发达。从区域分布情况看，高端服务业在东部地区的集聚趋势最为突出，2011 年以来，东部地区高端服务业的多样化趋势有较快的发展，

但专业化集聚却呈现下降趋势；中部地区高端服务业发展和集聚水平比东部低，但在发展趋势上与东部地区高度相似；西部地区高端服务业从业人数占比与中部地区一致，发展较为缓慢，但 2011 年之后多样化集聚出现较快增长，专业化集聚呈现较大幅度下降；东北地区高端服务业多样化集聚与专业化集聚则出现交替集聚的发展。

（四）中国现代化经济体系建设水平不断提高，但仍存在巨大提升空间

中国现代化经济体系建设水平的内容评估分为以下七个部分：一是坚持高质量发展的整体目标评价，在人均 GDP 提高满足人民美好生活需要的同时 GDP 的增长速度放缓，中国向追求质量变革和效率变革转变。二是产业体系建设的内容评价，相较于中西部地区，东部地区的技术密集型产业占比更大，产业结构相对而言更加合理，但相较于发达国家的供给结构，中国的技术密集型产业占比仍然较低。三是动力体系的评价，中国的全要素生产率极不稳定，且呈现下降的趋势。四是创新型经济水平的测度，东、中、西三大区域的专利申请量均呈现逐年增长的趋势，其中东部地区专利申请量最多，增长速度也最为迅速，中部地区次之，但是与西部地区的差距不大。五是协调型发展水平的测度，中国经济发展的区域差异主要表现在东部地区相较于中西部地区更为发达。六是绿色型发展水平的测度，工业固体废弃物综合利用水平在 80% 上下波动，而生活垃圾无害化处理呈现逐年上升的趋势。七是开放型经济水平的测度，无论是外商投资企业取得的收入总额还是实际利用外资额都呈现波动中增长的趋势，中国在鼓励外资进入的基础上逐步提高引进外资的质量。

（五）本土需求市场扩张、国内价值链长度延伸、地区全球价值链嵌入是高端服务业引领型增长的核心路径

基于大国经济下供求之间的市场循环，可以通过本土需求市场扩张、国内价值链长度延伸、地区全球价值链嵌入促进高端服务业发挥引领作用，进而可围绕实体经济形成一个全方位、高质量发展的现代化经济体系。一是较大的本土需求有利于产业结构演变升级并催生高端市场需求，有利于生产性服务业集聚发展产生规模经济优势，有利于容纳多样化的产业发展，并形成产业上下游协同发展格局，高端服务业将在本土需求的驱动下获得发展。二是依托国内市场需求，由国内企业主导原材料供应、设计、生产、成品组装、物流配送、市场营销、售后服务等多个环节，可以延伸基于地域分工生产体系的国内价值链。国内价值链的延伸会促使链条中的行业不断优化结构、提升生产力水平，从而迫使高端服务业发展升级。三是在当前国际分工日益深化的背景下，全球价值链嵌入提高了对高端服务业发展规模和发展质量的要求，全球价值链嵌入与高端服务业协同发展，有利于推动高端服务业引领型增长，加快实现现代化经济体系的建设目标。为此，本书提出我国现代化经济体系建设应以本土需求市场扩张、国内价值链长度延伸、地区全球价值链嵌入为核心路径展开。

（六）市场完备性、服务创新和财税支持是高端服务业引领现代化经济体系建设政策框架的重要支点

在大国经济体中，高端服务业的发展可以引领经济实现高质量增长并可以推动价值链升级和重构，为构建现代化经济体系奠定坚实基础。高端服务业引领现代化经济体系建设，离不开有效市场和有为政府的协同配合。一是增强市场的完备性，建设完善高端服务业发展的市场环境，政策不仅要弥补市场失灵，而且要努力提高市场的完善程度。二是加快高端服务业创新，构建激励高端服务业发展的创新体系，使高端服务业成为经济创新的源泉，不仅创新其服务产品，而且通过创新其生产体系和生产模式，引导其他产业效率提升。三是采取结构性的财税支持推动高端服务业的发展，通过选择性财税扶持与政府采购，加快高端服务业发展，充分发挥其对现代化经济体系建设的引领作用。

二、研究框架

本书研究框架如图 1－6 所示。

本书分为导论和四个篇章，具体研究内容安排如下：

导论部分明晰了本书的研究背景和研究意义，从大国经济、高端服务业发展、现代化经济体系以及高端服务业与现代化经济体系建设四个方面对国内外相关领域研究进行了归纳、梳理和评述。同时，介绍了本书的主要观点和框架结构，并说明了主要创新点。

第一篇为理论基础，构建本书研究的理论起点。本篇从本土需求、国内价值链和全球价值链三个维度出发，从理论上剖析大国经济视域下高端服务业引领现代化经济体系建设的内在逻辑。具体来看，第一章从本土需求视角入手，根据 Krugman（1980）“本地市场效应理论”，构建本土需求与现代化经济体系建设的数理模型，剖析本土需求扩张引致高端服务业发展，高端服务业通过产业结构升级、产业协同效应、多层次需求引领现代化经济体系建设的理论逻

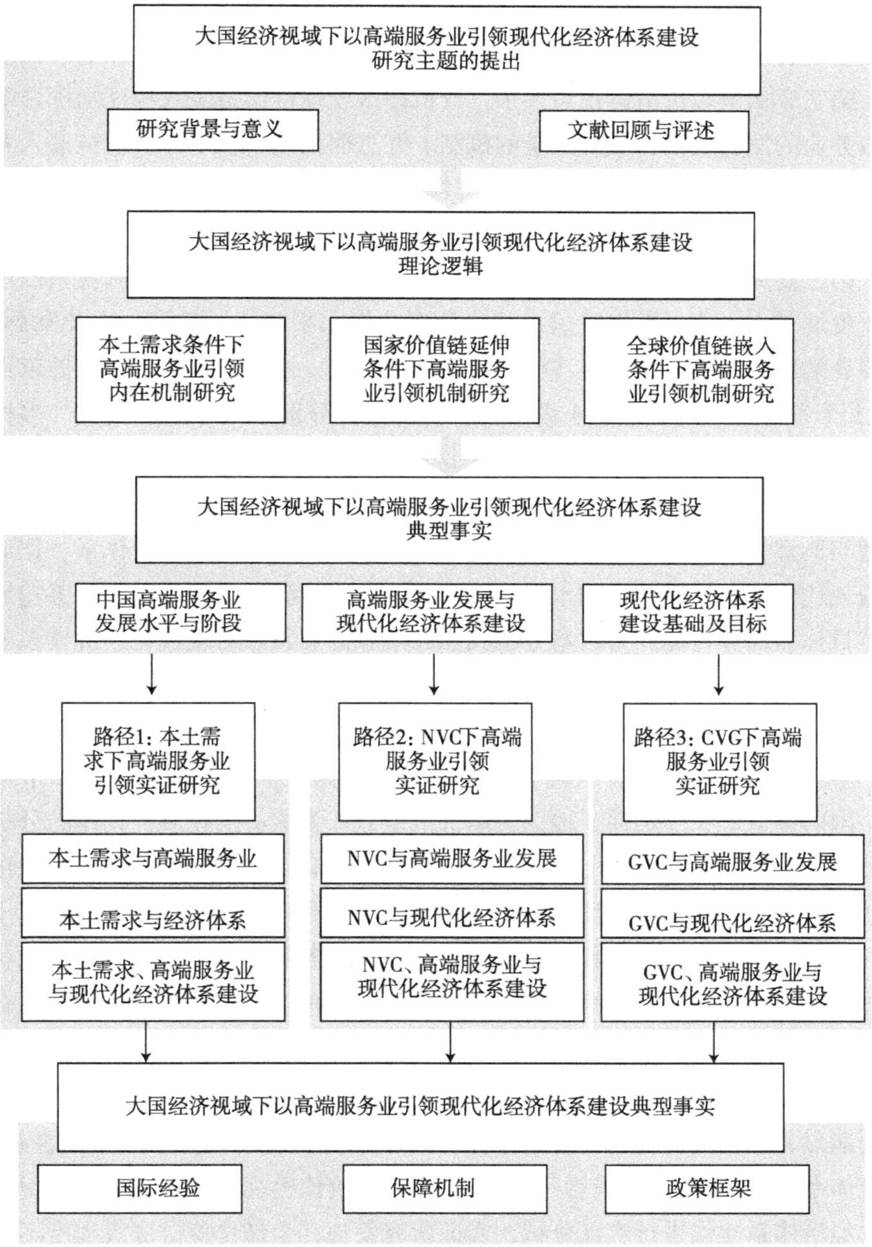

图 1－6　本书总体研究框架

辑。第二章从国内价值链视角入手，强调形成国内资源配置整合、产品链在我国产业内部布局和转移的国内价值链，充分发挥各地区的比较优势，从而形成各地区产业间的前后向增加值关联。国内价值链长度的提升通过制造业和服务业互动发展的作用机制迫使高端服务业发展升级，进而引领现代化经济体系建设。第三章从全球价值链视角入手，分析地区全球价值链嵌入程度加深影响高端服务业的发展规模和发展质量的机制，并进而构建了在全球价值链嵌入背景下，地区高端服务业发展水平提升引领现代化经济体系的动力体系、供给体系、内容体系、制度体系的理论逻辑。

第二篇为典型事实，确立本书研究的现实起点。本篇准确刻画我国高端服务业发展事实，清晰界定我国现代化体系建设水平和主要目标，在此基础上，明确高端服务业在现代化经济体系建设中的作用。本篇分为三章，第四章以我国25个省份所辖的230个地级市为研究对象，分别采用专业化指数、多样化指数等指标，具体考察我国高端服务业发展状况，由此有效识别我国高端服务业的城市空间集聚特征。第五章在明确界定大国经济和现代化经济体系内涵、外延与典型特征的基础上，构建我国现代化经济体系建设的评价体系，据此对我国现代化经济体系建设的水平进行评估，以明确我国现代化经济体系建设的总体目标和细分目标。第六章分析我国高端服务业发展对现代化经济体系建设的影响，具体分解为经济发展效益提升、经济发展方式转变与现代产业体系建设三个方面。

第三篇为经验证据，明确本书研究的核心路径。本篇以本土需求市场扩张、国内价值链长度延伸、地区全球价值链嵌入为核心路径展开具体的分析与论证。本篇分为三章，第七章对本土需求视角下高端服务业引领现代化经济体系建设进行实证分析，实证研究发现本土市场具有重大战略意义，加强本土需求开发对现代化经济体系具有积极作用；高端服务业是本土需求推动现代化经济体系建设的重要渠道。第八章对国内价值链视角下高端服务业引领现代化经济体系建设进行实证分析，实证研究发现国内价值链的提升可显著促进高端服务业占比的提升以及显著提高高端服务业的多样化集聚水平，而高端服务业发展则能显著提升现代化经济建设水平，具体而言，高端服务业从业比重越高，内容体系和供给体系建设越好。第九章对全球价值链视角下高端服务业引领现代化经济体系建设进行实证分析，实证研究发现，全球价值链嵌入程度不仅对高端服务业的多样化和专业化集聚程度产生正向影响，同时对现代化经济体系的动力体系、供给体系、内容体系以及制度体系的构建均有显著的推动作用。在全球价值链嵌入过程中，随着高端服务业多样化集聚程度和专业化集聚程度的提高，全社会全要素生产率、技术创新、产业结构优化升级以及市场化水平等均有了全面提升，为“现代化经济体系建设”提供了动力、要素供给、制度体系等方面的保障。

第四篇为实现路径，勾勒本书研究的对策方案。本篇在充分理解中国特色社会主义进入新时代的特征和现代化经济体系建设目标的基础上，基于前述理论和经验证据，剖析高端服务业引领现代化经济体系建设的可行路径。首先，构建加快中国高端服务发展、引领现代化经济体系建设的政策框架，涵盖增强市场的完备性、加快服务创新和结构性的财税支持三个方面。其次，总结和借鉴美国、欧盟、日本、印度等体量较大经济体加快高端服务业发展的国际经验。最后，明确提出加快我国高端服务业发展的具体对策，主要包括完善高端服务业发展的市场体系和市场秩序；推动高端服务业加快创新；增加高端服务业要素供给；推进高端服务业与制造业的融合；扩大高端服务业出口等。

第四节 主要创新点

本书立足于大国经济视域，紧紧围绕如何以高端服务业引领现代化经济体系建设这一中心命题展开。基于前人的研究基础，力求构建全新的分析框架，突出理论与实践的结合，从研究视角、评价体系、立论方向、研究方法以及传导路径等方面有所创新。

一、研究视角创新

从大国经济视域研究高端服务业对现代化经济体系建设的引领作用。现代化经济体系建设复杂而又系统，涉及国内外两个市场、两种资源，研究视域不同产生研究结论的差异性，但一定的国内市场规模是现代化经济体系建设的前提和基础。经济全球化凸显了经济大国对世界经济的主导作用，从大国经济视角观察和分析经济现象日益重要。但目前学术界对于大国经济发展的研究较为有限，特别是对中国现代化经济体系建设的系统研究尚未成型，缺乏从大国经济视域对中国现代化经济体系的生成逻辑和运行机理的系统分析。大国可以依靠庞大的内需市场来驱动供给端发展，进而实现基于本土市场的内部循环。因此，大国经济视域下的现代化经济体系的生成逻辑和运行机理明显有别于小国，本书以大国经济为研究视域，提炼大国经济的核心特征及其对现代化经济体系建设可能造成的影响，进而剖析大国经济视域下现代化经济体系的生成模式与现代化经济体系的构建思路。因此，从大国的视域研究现代化经济体系建设开创了现有研究视域的先河。

二、评价体系创新

构建了较为系统的现代化经济体系的评价指标。党的十九大报告明确提出了“贯彻新发展理念，建设现代化经济体系”的重大战略目标，由此引发学术界对“现代化经济体系”的高度关注。当前，学界对现代化经济体系的研究相对匮乏，现有文献要么是对现代化经济体系的概括性介绍，要么局限于现代化经济体系的某一方面或某个子系统。这些研究虽然为现代化经济体系研究奠定了一定的知识基础，但与系统的现代化经济体系研究尚存在较大差距，远不能满足指导新时代现代化经济体系建设的实践需要。为此，本书依托大国经济发展思维，从大国经济特征和发展战略出发，明确界定了现代化经济体系的经济、产业、动力、创新、协调、开放、绿色等七个方面的基本特征，并据此构建现代化经济体系的评价指标体系。整体评估发现，中国现代化经济体系建设水平持续提升，但区域评估差异显著，东部地区在创新、协调等指标上领先优势明显。通过对上述发展条件的综合判断，本书认为，中国现代化经济体系建设的总体目标可以概括为解决发展中不平衡不充分的问题，实现经济的高质量发展，满足人民群众日益增长的美好生活需要，建设强大的社会主义现代化国家，实现中华民族伟大复兴的战略目标。

三、立论方向创新

从本土需求、国内价值链、全球价值链三个维度探讨高端服务业引领现代化经济体系建设的理论逻辑。本书以高端服务业作为建设现代化经济体系的着力点，通过剖析本土需求引致高端服务业发展的逻辑，分析了高端服务业推动现代化经济体系建设的内在机制。高端服务业可通过产业结构升级、提升经济体系“韧性”、发挥与制造业协同配套作用、集聚外部性等路径驱动现代化经济体系建设。同时，厘清我国内向型先发优势和外向型先发优势的生成逻辑，基于价值链理论探究高端服务业引领价值链升级进而推动现代化经济体系建设的理论机制。全球价值链嵌入能够通过增加东道国的资本存量和促进东道国技术进步，进而推动现代化经济体系建设，有助于生产效率提升、创新要素供给增加、产品质量提升和市场化程度提高。具体包括如下三个方面：①指标本土需求扩张引领的理论逻辑。首先，本土需求促进本土市场规模扩张，通过“市场促创新”培育企业高级生产要素发展能力、降低技术学习成本并形成自主创新能力，由此引致高端服务业发展，促进产业结构升级，进而促进现代化经济体系建设。其次，本土市场规模扩张引致产业多样化发展，并形成产业上下游协同发展的格局。作为制造业的中间投入品，高端服务业与制造业发展存在协同效应，高端服务业的技术创新能够提升中间投入品的技术含量，显著促进中国制造业的技术进步，提升经济体系的“韧性”，进而促进现代化经济体系建设。最后，巨大的本土需求产生多层次需求结构，其中高端市场需求将引致高端服务业集聚发展，形成专业化集聚外部性和多样化集聚外部性，进而促进现代化经济体系建设。②国内价值链长度延伸引领的理论逻辑。国内价值链把国内各个产业联系成有机主体，是产业体系的核心部分，价值链中任一环节的生产能力和技术水平的提升都会通过特定的传导机制影响上下游环节，从而推动价值链整体攀升。国内价值链长度提升通过制造业与服务业互动发展的作用机制推动高端服务业发展升级。高附加值、高技术含量、高人力资本的高端服务业拥有新技术、新方式和新业态，发展高端服务业是实现现代化经济体系建设的重要突破口，国内价值链和高端服务业升级对现代经济体系的技术内容体系和供给体系的促进作用较为显著。③全球价值链嵌入引领的理论逻辑。伴随着我国对外开放的进一步扩大，地区全球价值链嵌入程度不断加深，全球价值链嵌入不仅提高了对地区高端服务业产业规模的要求，也提高了对高端服务业发展质量的要求。在全球价值链嵌入的背景下，地区高端服务业发展水平的提高可以转化为经济发展动力，促进生产效率进一步提升；增加地区创新要素和科学技术要素供给量；提高制造业产品质量，推动企业升级；促进地区投资环境改善，推动市场化进程和进一步扩大对外开放程度。在此基础上，高端服务业发展可对建设现代化经济体系的动力体系、供给体系、内容体系、制度体系产生积极影响。

四、研究方法创新

选用较为前沿的计量经济方法对本书的主要假说展开了系统的实证检验。目前对现代化经济体系建设的研究主要以定性研究为主，进行定量研究的文献相对较为匮乏。为此，本书在实证检验部分，利用中国2003—2015年230个地级及以上城市面板数据，重点采用计量模型方法展开经验分析。具体包括如下五个方面：①本书基于我国巨大内需市场规模的内向型先发优势实现过程，提出高端服务业引领型 NVC 发展方式，从国家价值链视角刻画了我国产业发展模式从分工深化到迂回生产的转变过程，考察了高端服务业引领型 NVC 推动现代化经济体系建设的实现路径。②本书基于我国“一带一路”倡议的外向型先发优势实现过程，提出高端服务业驱动型 GVC 发展方式，从全球价值链视角刻画了我国产业发展模式从“区域跟随型”向“全球主导型”的转变过程，考察了高端服务业驱动型 GVC 推动现代化经济体系建设的实现路径。③在全球价值链嵌入程度的测算方面，现有文献主要关注微观企业、行业和新兴经济体层面的全球价值链嵌入程度，而对于区域层面参与全球价值链的研究相对较少，尤其缺乏从城市层面对全球价值链嵌入程度的研究，从而无法客观测度城市参与全球化的程度。因此，本书在现有文献的基础上，测算了 2002—2013 年中国 230 个地级市的全球价值链嵌入程度，检验城市全球价值链嵌入程度对现代化经济体系建设的各个方面的影响，试图在区域维度上弥补现有文献的不足，对于从区域层面观察中国参与全球化程度及其变化趋势具有重要意义。④在工具变量的选取上，考虑到全球价值链嵌入程度与现代化经济体系建设之间具有明显的因果内生关系，现有文献主要关注微观企业、行业层面的全球价值链嵌入程度，难以寻找有效的工具变量，导致实证研究结果的精确性和可信度有所减弱。本书从区域层面出发展开研究，相较于从企业和行业层面寻找工具变量更具有优势。本书从国际贸易角度选择各城市到海岸线的最短距离来作为全球价值链嵌入程度的工具变量，通过寻找合适的工具变量，可有效缓解内生性问题，从而更加准确地识别全球价值链的经济效应及其变化趋势。⑤利用市场潜力代表本土需求，从实证层面考察了本土需求与高端服务业发展及现代化经济体系建设的内在关系。在此基础上，进一步采用门槛模型，考察在不同本土需求门槛值下，本土需求对现代化经济体系建设的影响及本土需求视角下高端服务业对现代化经济体系建设的影响。实证研究表明，更大规模的本土需求更有利于现代化经济体系建设，更大的高端服务业占比会放大本土需求对现代化经济体系建设的促进作用。

五、传导路径创新

从市场完备性、服务创新和结构性财税政策等三个方面提出了高端服务业引领现代化经济体系建设的传导路径。要充分发挥高端服务业的引领作用，不仅需要提升高端服务业的规模、质量和竞争力，而且需要强化高端服务业与其他产业的融合和互动。因此，在引入更多要素投入高端服务业领域的同时，需要通过持续创新改变高端服务业的供给模式和引领模式。在实践中，各国促进产业发展的政策侧重点多聚焦于成本和要素投入方面。但是，对于高端服务业而言，要充分发挥其对现代经济体系建设的引领作用，仅关注成本和要素投入方面明显不够，需要提供更完备的政策框架。本书创造性地提出了加快中国高端服务业发展的政策框架体系，该体系包含三个基本内容：增强市场的完备性、加快服务创新以及加大结构性财税支持。由于高端服务业具有较强的外溢性、无形性、异质性的特征，其发展对市场完备性的要求更高，政策目标不仅要弥补市场失灵，而且要加快完善市场机制；要充分发挥高端服务业的引领作用，就需要在强化高端服务业知识性、智力性和互动性等功能的基础上，使高端服务业成为经济创新的源泉，引导其他产业的效率提升；结构性财税支持则可通过引导要素投入来扩大高端服务业的规模和质量。高端服务业发展的政策框架体系的三个部分相辅相成，市场的完备性可为服务创新提供更好的环境，有利于结构性财税支持达到预期目标，结构性财税政策则可以更好地引导要素流动，促进创新要素集聚。

第一篇

大国经济视域下高端服务业引领与现代化经济体系建设：理论基础

第一章　本土需求视角的高端服务引领现代化经济体系建设机制

第一节　本土需求与高端服务业发展

一、本土需求、需求结构与高端服务业发展

（一）本土需求通过引致高端需求促进高端服务业发展的基本逻辑

自 Krugman 首次将 Harris 的市场规模（市场潜力）思想引入新经济地理理论以来，较多学者的研究结果均发现一个地区的市场规模是产业发展的重要动力。Krugman（1980）提出“本土市场效应”假说（Home Market Effects），该理论认为，存在规模报酬递增和垄断竞争以及贸易成本的情形下，能够提供差异化产品的净出口国的国家往往国内需求较大，并且会拥有较高的工资水平。其实质是通过扩大内需重新实现国内外资源的优化配置，从而能够对出口市场产生一种积极效应。与 Krugman（1980）思想所不同的是，本书所建立的本土市场需求概念，强调的是本土市场规模以及本土需求足以大到任何一种新产业均可以内生于这个市场的内部，关键在于产业或高端服务业是本土市场内生化的结果。如果大国的土地面积非常大，就可以容纳更多的人口，减小“拥挤效应”的负面影响，大国土地资源优势可以强化其人口优势。人口规模大和土地面积广兼备的国家，是可以称得上真正意义上的大国，有利于本土市场效应的形成。2010 年中国 GDP 规模超越日本成为世界第二大经济体，中国具有人口庞大、市场规模巨大、区域差异显著、产业体系比较完整、增长极多元等特征，是继美国之后的世界第二大消费品市场。2014—2018 年，我国社会消费品零售总额稳定增长，5 年间年均复合增长率超过 10%（宣烨、杨青

龙，2019）；2019 年，我国全年社会消费品零售总额达到 411649 亿元[①]，这就是所谓的“超大规模市场优势”，它是我国经济发展中形成的核心比较优势，依托国土辽阔、人口众多的基础，通过不断推进国内市场容量、规模和结构的成长，拉动现代经济增长、促进专业化分工、虹吸生产要素和创新资源（杜宇玮，2020）。

在一个开放经济框架下，在需求层面上，一个地区的市场需求大致由两个组成部分构成，主要来自本地市场需求以及国外市场需求。对于一个国家，本土市场需求包括整个国内市场需求。在国家内部的地区层面，一个地区的市场需求大致也可以分为本土市场需求和本土外部地区市场需求。本书中本土需求概念更加强调的是产业或高端服务业发展是本土市场内生化的结果。

一般来说，随着经济发展、产业结构不断优化提升以及人们生活水平的提高，产业部门尤其是制造业对服务业的市场需求将发生变化。具体来说，人均国内生产总值的提升将产生对高端生活性服务业的需求；同时，“需求引致”理论认为作为追求利润的经济活动，产业发展受到市场需求的引导和制约（任保全等，2016）。产业结构演变升级，尤其是高端制造业发展将产生对生产性服务业或者高端服务业的需求。市场需求作为产业发展的重要动力，其变动将引致产业供给变化，即服务业本身需要适应市场需求的变化，加大高端服务业供给。值得注意的是，鉴于中国超大的本土需求规模以及当下经济发展区域之间、城乡之间的不平衡性，中国产业体系具有低端、中端和高端产业并存的多层次结构特征。与此同时，大国经济的非均衡发展特征十分明显，不同区域的发展差异显著，人均收入水平以及人均资本存量都存在明显差别（宣烨、杨青龙，2019）。

总之，根据“市场范围”假说，随着市场规模的扩大，分工与专业化程度会不断提高，促进产业结构演变升级，推动产业结构逐渐由“一二三”向“三二一”转变。同时，当市场需求逐步扩大时，本土市场规模也将随之扩大，在利润驱动下，厂商会加大研发投资以推动技术创新，加速推动服务业内部生产性服务业或高端服务业发展。因此，只要本土市场需求达到一定程度，就会产生足够大的市场规模，高端服务业将在本土需求的驱动下取得发展。

---

① 数据来源于国家统计局《2019 年国民经济和社会发展统计公报》。

（二）本土需求引致高端服务业发展的影响因素

1. 交易成本

交易成本是影响市场发育程度的重要因素。国内不同区域之间的贸易障碍、风俗习惯上的差异、产权边界的不清晰和信息的不透明、规则的缺失、信任的缺乏、地方保护主义的存在以及交通设施条件的不完善程度都可能影响交易成本（杨依山，2014）。在有较高的交易成本情形下，可能会导致市场发育程度较低，也就是说，将抑制本土市场规模扩张。市场规模作为产业分工的重要动力，较小的市场规模会减小产业发展空间、阻碍产业结构演变升级，产业结构难以从农业向非农产业转型，对高端服务业发展产生抑制作用。值得注意的是，在一个存在交易成本的经济模型中，当地区间或国家间的交易成本较高时，企业将选择本地市场进行销售，产业发展主要将内生于本土需求和本土市场规模。也就是说，当存在较高的交易成本时，本土市场与本土外部市场会产生显而易见的市场分割，本地市场或本土需求将是产业发展的主要需求来源。

2. 产业部门在价值链中嵌入环节

根据 Krugman（1980）的“本土市场效应”假说，一般产业发展和产品生产是在一个国家或地区内部销售之后才能进入国际市场。企业初期利益的获得受本土需求或国内市场规模的影响和制约。一个产业部门当通过本地市场需求的引致功能促使产业生产率和竞争力提升后，才会将产品出口到本国其他地区或全球市场。当本地企业主要采取代工形式进行生产时，产业需求主要来源是本土外部市场，其所需要的仅仅是国外市场规模，而与本国市场规模关联性不大，缺乏价值链的“链”联系。因此，以代工形式作为一个地区的产业部门发展主要动力可能会阻断本土需求对高端服务业的影响，那么最终将导致一个结果，虽然拥有超大规模的本土市场需求，但也难以引致本国高端服务业的有效发展。与此同时，当本土产业主要基于本土外部市场或国外市场需求时，本土产业发展较易受到国外市场限制，产业技术升级将极为艰难。本土产业通过代工形式参与全球分工获得利益并实现发展，产业升级或在全球价值链中的攀升会受到压制。探究其原因，当一个国家产业嵌入价值链是在被“俘获”型的 GVC 低端环节时，本土高端需求将被国外产业部门生产的产品或服务填补，也即，发达国家将通过“市场窃取效应”抑制中国产业转型升级（时磊和田艳芳，2011）。此时，本土产业部门的市场需求将主要集中在低端市场需求，产业高端发展所需要的高端市场需求会被阻断，因为代工企业的价值链高端尤其是价值链两端的生产性服务业环节来自国外跨国公司，从而难以在发达国家主导的 GVC 下进行升级。“国内价值链”（ National Value Chain，NVC）理论就是指培育基于国内市场空间的国内价值链，将有助于中国代工企业摆脱 GVC 俘获型网络，通过主动引领型的价值链分工，推动向高端价值链的攀升（刘志彪和张杰，2006）。综上所述，超大规模的本土需求有利于催生高端本土需求，即对高端生产性服务业的需求，进而通过需求引致高端服务业发展。而交易成本、产业部门在价值链中嵌入环节是影响本土需求引致高端服务业发展的重要因素。

二、本土需求、产业集聚与高端服务业发展

（一）本土需求通过引致产业集聚促进高端服务业发展的基本逻辑

经济活动中产生的规模经济主要通过专业化的生产获得，并且为了追求外部规模经济，大量厂商具有在某一区位进行集聚的动力。与此同时，不应忽略广阔的市场规模是产业获得规模经济的重要条件，对于厂商来说，相对较大的市场需求意味着相对较大的市场规模，在运输成本存在的条件下，只有在产品和服务能够通过市场需求获利时才能实现产业部门生产循环，厂商往往更容易聚集在市场规模相对较大的地区。Head 和 Mayer（2004）指出市场潜力或市场需求规模对经济活动空间集聚和产业布局具有显著正向作用。宣烨、杨青龙（2019）从市场空间与要素市场培育的角度，探讨了空间集聚的关系，认为相对于小国而言，大的国内市场规模更加容易发生要素的频繁流动并产生“虹吸效应”，也更容易发生产业集聚现象。我国的较多学者也利用新经济地理框架分析了市场需求规模对产业区位布局的影响。如，刘修岩和张学良（2010）引入市场潜力变量实证检验了市场需求空间分布对产业空间集聚的作用，研究结果表明市场潜力或市场需求规模对产业空间集聚具有显著的正向作用。因此，在具有超大规模的本土市场需求情况下，本土需求将引致产业在邻近市场或邻近原材料的地区进行集聚，以获取产业集聚带来的集聚外部性。

集聚理论认为产业集聚外部性主要来源于三个方面：劳动力蓄水池效应、中间投入品的规模经济、专业技术和知识的外溢效应（Marshall，1890）。处于同一产业区位中或地理邻近的厂商可以根据产品市场需求的变化高效地获得所需的劳动力，而技术工人也能够在较大的劳动市场中随时找到需要自己技能的专业工作；大量厂商集聚产生对中间产品的需求，为中间产品生产提供了实现

规模经济的中间市场，而具有规模经济、数量品种丰富的中间产品厂商则为最终产品生产节约了成本，并通过产业迂回分工提高了中间产品质量和生产效率；技术工人通过正式或非正式的面对面交流更加容易获得经验和技术，提高了生产率和竞争力。

根据新经济地理理论模型，在规模报酬递增和运输成本的作用下，经济活动倾向于在大型市场附近集中（Krugman，1980）。因此，在较大的本土市场需求情况下，高端服务业倾向进行集聚发展。根据集聚理论，高端服务业集聚会产生劳动力蓄水池效应、中间投入品的规模经济、专业技术和知识的外溢效应等外部溢出效应，而集聚外部性以及产业内规模经济将推动高端服务业产业技术进步、产业规模扩张、劳动生产率和产业竞争力提升。反过来，高端服务业劳动生产率提升会强化本土市场效应，引致累积循环因果效应，进而加速高端服务业发展。

（二）本土需求引致产业集聚促进高端服务业发展的影响因素

1. 地方保护主义

服务业尤其是高端服务业受政府政策影响明显，其中地方保护主义是影响高端服务业发展的重要政策之一。地方保护主义主要通过影响本土需求规模作用于高端服务业发展。具体来说，地方保护主义导致了市场分割，阻碍了服务频繁流动，导致要素价格难以逼近自身的边际生产力，降低了资源配置效果，限制了本土需求规模的扩张，进而抑制了地区增长极或大型集聚中心的形成。一般来说，庞大的国内产品市场对各类厂商实现规模经济提供了良好条件，刺激企业从事创新活动的动机，同时也更方便于企业得到社会资金支持，从而能够获得更多的创新租金和创新利润。如果能够建立跨区域的大市场，大的市场规模激发企业创新欲望并可能减少技术创新风险（宣烨、杨青龙，2019）。

地方保护主义或者区域间贸易壁垒的居高不下将使厂商自主创新所获取的利润减少，从而市场引致的技术创新功能迟迟难以充分发挥，使得中国高端服务业发展和现代化经济体系建设之路困难重重。Krugman（1992）根据 Harris 市场潜力的思想构建了理论模型，分析了市场需求的空间分布对产业集聚的作用，研究结果显示，规模经济是决定经济活动空间集聚的关键因素。而较大的市场需求规模是规模经济形成的重要基础，理论上地区间市场壁垒的破除能够扩大市场规模、降低交易成本，并且可以促进资本积累与知识溢出，进而有助于专业化产业集聚（袁冬梅和魏后凯，2011）。总之，区域间经济紧密联系和市场开放有利于企业运用比较优势开展专业化生产，推进产业专业化程度的提高和规模经济的形成，但地方保护主义的存在抑制了这一过程。

2. 信息传输成本

信息在服务业发展中的作用越来越突出，合适的信息传输成本是推动高端服务业或现代生产性服务业发展的催化剂。一部分高端服务业或生产性服务业是一种无形产品或服务，传统技术水平下，无形产品和服务贸易往往会受到地理距离的限制。但随着信息通信技术（ICT）的广泛应用，无形产品在空间上的交易可以通过无形的网络进行，诸如软件信息服务、金融服务、设计咨询服务等提供的服务和产品能够依托信息技术、互联网手段进行现代化传输，而不需要“面对面”的交易，从而大大扩展了高端服务业的服务范围、服务对象，进而能够促使地理上并不相邻的城市主导产业与相关的产业集群实现有效对接，按产业链条、供应链条组成多个分布在更广泛地域范围的跨区域的产业集群。Charlie Karlsson（2004）指出，市场需求规模与高端服务业集聚存在显著正相关关系。原因在于，借助于现代化信息手段，大大降低了地理上的交流成本，从而拓展了区域范围，为发挥规模经济优势的企业提供了广阔的发展视域，也就是说，信息传输成本的降低促进了市场需求规模的扩大。

3. 交易成本

Harrington（1995）认为各种生产要素的可获得性及其成本是影响生产性服务业布局的重要因素之一。成本包括交易成本和生产成本。在相当程度上，国内市场交易成本的大小能够反映国内市场的发育程度。交易成本会影响一个地区对产业资源的集聚能力，在一个地区交易成本较低或市场发育程度较高情况下，该地区在产业发展过程中将推动较小地区或小国的一部分产业活动转移到较大地区或大国，集聚和吸纳更多的生产要素或产业资源。Fan 和 Scott（2003）认为，引发其他地区产业向该地区集聚的根本原因在于降低本地市场交易成本，较低的本地市场交易成本能够促使一个小国家或较小地区的产业向另一个大国家或较大地区进行转移及集聚。综上所述，较大的本土需求有利于生产性服务业集聚发展，促进产业部门的生产率提升；产业集聚产生的规模经济优势会进一步强化“本土市场效应”，进而加速高端服务业发展。

三、本土需求、产业协同与高端服务业发展

基于超大规模的本土市场需求，产业发展具有充足的市场资源，对于高端

制造业规模扩张和产业发展十分有利，高端制造业规模不断扩张和产业发展又将衍生对高端服务业的需求，即高端制造业产生的市场需求自然会推动生产性服务业或者高端服务业发展。与此同时，生产性服务业大多数是从制造业服务部门分离出来的、为制造业提供中间投入品的产业部门。高端服务业的技术水平提高和生产效率改进必然会促进中间产品生产成本降低或技术含量提升，导致更具技术含量的中间投入品进入生产制造领域（江静等，2007），有助于制造业高质量发展。因此，生产性服务业与制造业行业具有显著的关联效应。

高端制造业与高端服务业之间的产业协同效应有利于推动高端服务业发展，在一定程度上，反映了社会分工是一个产业发展的重要动力。本质上，产业结构变迁就是分工不断深化的过程（李传健，2010）。从分工的角度来说，随着技术进步，产业生产环节会被不断拆分，即分工越来越细，于是大量新兴的部门不断产生，生产过程中不同环节的专业化得以加强。分工专业化效应会逐渐提高生产技术，并且在每个生产环节中，基于追求利润最大化的动机，企业会对产业技术的提升和创新采取主动措施，进而将促进产业整体生产率提升。因此，作为制造业的关键中间投入品，那些具有更高技术含量的产品和服务投入制造业生产活动中，会推动制造业技术进步和产业升级，反过来，制造业升级也会扩大对高端服务业的市场需求，最终形成累积循环因果效应，二者相互促进、共同发展。综上所述，超大规模的本土市场需求有利于容纳多样化的产业发展，并形成产业间协同共生的发展格局。而制造业与高端服务业之间的产业协同效应有利于促进高端服务业发展。

总之，中国具有人口众多及国土面积庞大两大特征，可以称得上真正的大国，有利于本土市场效应的形成。首先，根据 Krugman（1980）“本土市场效应”或“市场范围”假说，市场规模扩大有利于产业结构演变并催生高端市场需求，庞大的国内产品市场对于厂商规模经济的实现促进作用明显，便于比较优势及竞争优势的发挥，获得更高利润的可能性增强。在此情况下，企业开展创新活动的动机更加强烈（宣烨、杨青龙，2019），加速推动服务业内部生产性服务业或高端服务业发展。因此，只要本土市场需求达到一定程度，进而会产生足够大的市场规模，高端服务业将在本土需求的驱动下获得发展。其次，较大的本土需求有利于生产性服务业集聚发展，产业集聚产生的规模经济优势会进一步强化“本土市场效应”，进而加速高端服务业发展。此外，较大的本土市场需求有利于容纳多样化的产业发展，并形成产业上下游协同发展格局，产业协同有利于促进高端服务业发展。

第二节　本土需求与现代化经济体系建设

一、本土需求与现代化经济体系建设的基本逻辑

（一）本土需求、技术创新与现代化经济体系建设

探寻谋求现代化经济体系建设构建的有效路径，必须建立在有效识别各种影响因素的基础上。国内外学术界为此开展了许多的有益探索，并取得了丰富成果。但目前较多文献主要聚焦于“供给侧”层面，着重探究如何从生产视角重塑经济发展动能，进而推动中国现代化经济体系建设。实际上，影响供给层面的决定因素除了要素禀赋外，需求因素同样也是经济发展的重要影响因素，尤其在国际贸易环境不佳的情况下更是如此，进而成为影响现代化经济体系建设的关键因素之一。Romer（1990）研究认为，受市场利益的驱动，市场规模和需求共同决定新技术的产生。Zweimuller 和 Brunne（2005）研究认为，如果市场需求空间大且高速增长，那么无须借助外部市场需求，通过超大规模的本土市场需求规模对技术创新引致功能，将内生地培育出其本土企业高级要素的发展能力，这就是所谓的“需求所引致的创新”。该理论认为创新活动也是一种经济行为，其本质在于追求利润，其行为必然会受到市场需求的制约。因此，市场需求对技术进步及技术创新具有十分重要的影响。具体来说，在市场需求与技术创新的关系中，市场需求占据主导地位，市场需求对技术创新的牵引和制约作用明显。正如联合国一项调查研究报告所指出，需求市场是仅次于要素禀赋影响一国或地区经济发展的重要因素（UNCTAD，2013）。

一般来说，本土需求规模与技术学习成本存在负向相关关系，而技术学习成本与产业技术创新之间又存在负向相关关系（刘洪伟等，2016；徐润东，2019），因而超大规模的本土需求将通过降低技术学习成本促进产业技术创新，其具体逻辑如下：超大规模的本土市场与需求条件相互对应，市场需求不仅可以刺激厂商技术学习的动力，同时，也将提升技术学习的动机进而促进产业化或商业应用的可能性。此外，从技术学习的企业成本来说，超大的本土需求规模与产业集聚相辅相成，产业集聚能够促进产业内部或产业之间的技术溢出（专业化外部性和多样化外部性），从而弱化不同行业厂商间知识学习和信息

交流的信息不对称程度，促使隐性知识的显性化，进而促进技术学习过程中的交易成本降低（马歇尔，1920）。此外，从技术学习的社会成本来说，伴随一个国家或地区市场规模的持续扩张，该区域必然会逐渐增强对投资者、厂商的吸引力，受此激励地方政府对于基础设施建设以及产业政策支持等方面的投入也会随之增大，营商环境和技术学习环境也会随之更加优良（刘洪伟，2007）。因此，在本土市场需求规模更大的背景下，企业发展所需要的公共产品将主要由当地政府提供，不需要依靠企业自身进行投资，因而企业所需要承担的技术学习成本会随之更低。本质上，技术学习是一个"消化、吸收现有知识，并创造新知识的过程"（徐万里和钱锡红，2010），因而已有的知识社会积累是技术学习的基础和前提，当某一国家或地区的内部市场环境恶化达到一定程度后，技术学习成本将不断提高，随之对于厂商吸引程度也将持续减弱，无论对于技术创新还是地区经济长远发展都是负面影响。

综上所述，本土需求是影响一国或地区经济发展的重要因素。在超大规模的本土需求情况下，本土需求将通过"需求引致创新"、降低技术学习成本等机制推动现代化经济体系建设。

（二）本土需求、规模经济与现代化经济体系建设

超大规模的本土市场需求有利于产生规模经济效应。Krugman（1980）曾使用垄断竞争模型研究了市场需求与规模经济之间的关系，结果显示拥有相同技术及要素禀赋的两个国家，在具有规模收益递增特性的产业中，拥有相对更大国内需求或市场规模的国家往往是净出口者，这就是所谓的"本地市场效应理论"。企业要获得竞争优势的关键，就是尽快达到必要的产业规模，而本地市场的大小和效率的高低在其中起着至关重要的作用。本地市场规模越大，依托本地市场的企业就越容易形成规模，达到专业化生产门槛规模的企业就越多（在这个规模上，企业生产能够维持在盈亏平衡点以上），经济就越有活力（赵燕箐，2006）。

大量研究发现，经济活动中的规模经济效应主要来源于两个方面，即规模收益递增以及集聚外部性。一方面，市场规模扩张有利于企业扩大规模，在干中学效应下，有利于提升企业生产力水平，进而推动形成规模收益递增效应。另一方面，本土需求或本土市场规模扩张有利于集聚区域内资金、资源和技术、人才等生产要素，是厂商减少流通成本以及扩大生产规模的基础条件，进而将推进产业集聚，集聚外部效应推动厂商技术创新加速，最终推动现代化经

济体系建设。专业化外部性（MAR 外部性）是市场规模扩展过程中所形成的一种溢出效应。在同一产业内部，厂商依托“相互学习和模仿，技术、资源和人才要素流动”等方式形成知识溢出。而市场规模扩张提高了同一产业内部厂商集中程度，营造了厂商间的技术学习的良好环境，产业内部知识和技术溢出的效率得到提升。市场规模扩展过程中所形成的另一种溢出效应便是多样化外部性（Jacobs 外部性）。多样化产业集聚也能够推动产业技术创新，其内在机理在于，同一区域内多样化产业集聚创造了不同厂商间资源组合条件，为产业间的技术学习和创新合作提供可能。此外，市场规模扩张能够使不同产业和厂商在同一地理空间集中，将提高公共基础设施建设的集中程度和利用效率，进而使厂商能够将更多资源投入技术创新。综上所述，本土需求促进本土市场规模扩张，本土市场规模扩张有利于企业规模扩张和产业集聚，推动企业形成规模报酬递增效应以及集聚外部性（专业化集聚外部性和多样化集聚外部性），进而促进现代化经济体系建设。

（三）本土需求、竞争效应与现代化经济体系建设

超大规模的本土需求可以容纳大量的企业开展大规模的经营活动，因此，庞大的本土市场需求是企业生存和发展的土壤。在一个可以容纳大量企业的市场中，大量的企业之间会产生“竞争效应”，市场会对企业产生“适者生存”选择效应，激励每个企业进行技术创新或采用先进的技术，从而引致企业生产率的提升，而这一过程有利于现代经济体系建设。大量的实证研究结论也表明，更大程度的竞争环境将提高生产率。例如，Nickell（1996）发现英国制造企业面临着更多的竞争对手，生产率增长率更高。Schmitz（2002）研究表明，20 世纪 80 年代铁矿石行业竞争压力的增加可以解释一些国家的生产率增长率高达 100%。更大的竞争程度和更高的生产率与市场规模有关。例如，Syverson（2004）在对美国水泥行业的一项研究中指出，存在大城市的公司生产效率更高的现象。Luzio 和 Greenstein（1995）以及 Lewis（2004）的研究结论表明，在巴西计算机和汽车行业的贸易壁垒减少后，厂商的生产率获得了大幅提高。该研究结论也表明，更大的市场和更高的竞争程度如何促进技术创新的问题在很大程度上是一个开放的问题，间接反映了市场需求规模在提升企业生产率中的重要作用。总之，较大的市场规模方便于形成大量企业并存发展的市场结构，大量企业并存发展的市场结构对于保持同一地域内企业的发展和竞争活力具有促进作用。

Porter 外部性理论认为推动厂商技术进步及全要素生产率（TFP）提升的重要力量来自充分竞争的市场。该理论强调，在本土市场需求规模将不断扩大条件下，越来越多的同质企业将聚集在同一地域内，厂商为了占据更有利的市场地位和更大的市场份额，将会通过增加研发投入和技术创新来保持竞争优势。

在超大规模的本土市场规模中，企业倾向于采用先进技术的一个重要原因在于较大的本土市场规模有利于消化先进技术带来的高产出（余泳泽，2012；冯伟等，2014）。对不同技术而言，虽然先进技术供给成本较高，但一般而言，先进技术是更高产出水平的增函数。如果市场需求规模大到能够消化吸收先进技术而带来的高产出，那么企业采取更先进技术的前期投入和所面临的风险将被分摊，与落后技术相比，先进技术的预期收益可能更大。在较小的本土市场需求规模中，无论是高技术研究，还是技术开发和产业化都需要投入大量资金和人力，高投入必然要求有相应的经济回报，否则难以实现良性的高技术投入循环，但如果本土市场需求量较小，则带来的利润可能较少甚至亏损，企业选择先进技术需要承担失败的风险可能性就大。

市场丛林会引致企业进行创新，当在一定的本土市场规模中容纳的企业数量越多，市场竞争将越激烈，而这可能会进一步激励企业进行技术创新（李思慧和周天宇，2018）。这个结论是耐人寻味的：为什么在既定的本土规模的市场中，当存在相对更加激烈的市场竞争状态时，企业会有更加强化技术创新的动机。一方面，由于在既定的技术水平下，“价格战”等恶性竞争方式被采用，“价格战”的直接后果是企业生产利润下降，企业生存困难，出于生存的考虑，市场竞争会更加激烈。另一方面，企业进行技术创新的直接效果在于行业进入门槛的提升，并且采用技术创新的企业获得垄断利润的可能性增大。此时，一些采用高投入、高风险的技术创新方式，并且生产率相对较高的厂商可能试图跳出恶性竞争，通过承担较高的技术创新成本，以期通过创新技术获得垄断利润。

综上所述，本土需求促进本土市场规模扩张，大量企业间会产生市场“竞争效应”，而市场会对企业进行“适者生存”选择，激励各个企业进行创新或采用先进的技术，引致企业生产率的提升，进而促进现代化经济体系的建设。

（四）本土需求、自主创新能力形成与现代化经济体系建设

关于一个国家或地区自主技术创新能力如何培育的问题，“需求拉动”是一个颇具影响力和解释力的观点。该观点认为，内需或本土需求在自主创新能

力形成过程中发挥着十分重要的作用（徐康宁和冯伟，2010；戴翔等，2017；冯伟和李嘉佳，2018；杨先明和马娜；2018）。本质上来说，从内需扩大或本土市场规模角度来探讨现代化经济体系建设问题，重点是依托本土市场需求，通过规模经济、技术创新获取自主创新能力的提升，进而支持现代化产业构建和经济发展。近年来，尤其是在经历中美贸易摩擦对中国开放型经济造成巨大冲击之后，围绕中国开放型经济发展模式，国内学术界和实体经济部门展开了广泛而又深入的讨论，一些颇具代表性的观点认为，出口危机暴露了中国外向型经济发展模式的脆弱性，进而提出产业发展应该由“外需驱动”向“内需主导”的发展模式转变，引发国家层面提出了“双循环”的战略格局（加快构建以国内大循环为主体、国内国际双循环相互促进的新发展格局）。在这场针对“扩内需”还是“重外需”的激烈争论中，学术界普遍认可的代表性观点是，扩大内需的发展战略，其关键攻坚点在于依托消费升级驱动科技创新和产业链关键环节攀升及其突破，推动本土产业自主创新能力的提升，并有助于突破本土厂商价值链被低端锁定（徐宁等，2014）。依托本土需求以及本土厂商的国内价值链构建，将内生地培养起本土厂商主导价值链的能力，进而从根本上扭转低端嵌入的不利分工格局。

在一定程度上，这个观点认为外源式技术进步难以支撑自主创新能力建设。技术模仿或技术引进是外源式技术创新，而仅依靠外源式技术创新实现产业和经济发展是脆弱的。在当下全球分工体系下，发展中国家更加依赖于为发达国家生产中间产品来获利，并通过“干中学”实现技术进步。但随着部分发展中国家工资水平的提升、资源性能源的枯竭以及环境治理成本的上升，发达国家的企业将不再愿意继续合作下去，会通过中间产品的重新“发包”将中间产品的生产转移到其他工资水平更低的地区，所有这些都使得发展中国家通过“干中学”获得技术进步的空间越来越小（陈小文和蒋荣兵，2005）。并且仅通过“干中学”效应获取技术进步，这种技术仅是生产性的一般技术，即使通过所谓的技术发展，发展的技术大多数是模仿性、跟随性技术，缺乏引领性技术，将使中国技术水平长期被“锁定”在GVC低端环节，受制于其他国家，技术难以自主可控，中国产业升级及现代化经济体系建设将无从谈起。也就是说，自主可控的产业体系是现代化经济体系建设的重要内容，中国厂商技术进步必须从“干中学效应”向“母市场效应”转变。因此，本土需求作为自主创新能力形成的重要影响因素，超大规模的本土市场需求有助于引致自主创新能力的形成。中国现代化经济体系的构建，应依托足够大的本土市场规模推动自主创新能力形成，尤其是自主可控的创新体系的形成。

（五）本土需求、产业多样化与现代化经济体系建设

超大规模市场需求在很大程度上决定着创新活动的速率和方向，高速成长且规模巨大的市场能够支撑本土企业对全球创新资源的汇聚、利用与整合，从而产生集聚创新要素的“虹吸效应”（杜宇玮，2020），推动大量优质的生产要素不断在本土市场集聚。优质生产要素在中国的集聚为厂商技术进步和创新发展提供了条件，助力高新技术企业、高成长性产业发展，支撑现代化经济体系建设。尤其在当下贸易条件恶化以及中国经济处在加快经济转型、产业升级的关键时期，内需市场或本土需求的重要性愈加凸显。只有在拥有庞大的本土需求情况下，才能有效挖掘并发挥“超大规模市场优势”，推动多样化产业结构发展，进而支撑现代化经济体系建设。

其一，大国市场中多样化的产品和产业结构能够增强经济体系的“韧性”，减弱贸易条件恶化的负向作用，增强经济体系抵抗外部贸易冲击的能力（欧阳峣，2014）。所谓经济韧性（resilience），是指经济系统恢复至干扰发生前状态的速度，当经济增长受到冲击后，有韧性的经济体通常具备较强的自我恢复和调节机能，能够较快地回归之前的增长路径或者重新配置资源以拓展新的增长路径（徐圆，2019）。对经济韧性比较准确和受认可的界定来自 Martin 等（2016）的研究，该研究认为，区域经济应对衰退冲击的韧性主要包括四个方面，即抵抗力、恢复力、重新调整能力和经济增长路径的创造能力（冯苑等，2020）。经济韧性更强调一个国家或地区在遭受外部冲击时，经济体系做出适应性调整的动态过程。而产业多样化将构建相对完整的产业体系，有助于缓解区域过于依赖某一产业、某几个产业，因此，其具有自动稳定器的特征以及快速实现自我修复的能力，能够提升现代化经济体系的“韧性”。

其二，一个国家或地区超大规模的本土市场需求有利于带动专业化生产中间品产业及相关配套产业的完善，形成成本优势效应和供应链优势。本土市场规模引发或者吸引众多生产中间产品的配套厂商汇聚、培育，从而会提高中间产品多样化水平并降低下游产业厂商的生产成本，有助于厂商将更多资源投入技术创新中。也就是说，靠近大型市场，一方面，下游产业厂商能够快速采购物美价廉、品种多样的中间品，进而获取成本优势，有助于厂商扩大其利润空间；另一方面，在供应链较为完善的情况下，厂商能够专注和聚焦于核心业务，最终会提升现代化经济体系的技术创新能力和平均生产率水平。

其三，多样化产业部门有助于提升地区经济活力。与同一产业在某地区集聚相比，多样化产业部门集聚更能促进经济发展。主要原因在于多样化产业结构汇聚了不同类型的知识，将促使形成多样化的技术池。创新作为经济发展的关键动能，不同行业间知识进行交流和碰撞将加速知识溢出与创新，有助于提升现代化经济体系活力。而超大本土市场规模有利于引致产业多样化发展，增强地区经济发展活力，进而将促进现代化经济体系建设。

总之，除了要素禀赋等决定供给层面的因素外，需求因素同样能够成为经济发展的重要来源，进而成为影响现代化经济体系建设的关键因素之一。中国具有人口众多及经济规模庞大两大特征，可以称得上真正的大国，大国有利于庞大的本土需求市场形成。在庞大的本土需求条件下，本土需求大致能够通过以下五个机制推动中国现代化经济体系建设：一是庞大的本土需求条件下，无须借助外部市场需求，通过本土市场需求规模对技术创新的引致功能，将内生地培育出本土企业高级要素的发展能力，同时，庞大的本土需求将促进产业集聚以及推动构建更加低成本的技术学习环境，即本土市场规模通过“需求引致创新”及降低技术学习成本推动现代经济体系建设。二是本土需求促进本土市场规模扩张，本土市场规模扩张推动企业生产规模扩张和产业集聚，有利于企业形成规模报酬递增效应和集聚外部性（专业化集聚外部性及多样化集聚外部性），进而促进现代化经济体系建设。三是庞大的本土需求促进本土市场规模扩张并将推动大量企业集聚，在此过程中，大量企业间会产生“竞争效应”，市场会对企业进行“适者生存”选择，激励各个企业进行创新或采用先进的技术，引致企业生产率和技术水平提升，进而促进现代化经济体系建设。四是本土需求作为自主创新能力形成的重要影响因素，依托足够大的本土市场规模有助于引致自主创新能力形成，加速中国厂商技术进步必须从“干中学效应”向“母市场效应”转变，进而促进现代化经济体系建设。五是本土市场规模扩张引致产业多样化发展，能够提升经济体系的“韧性”，减弱贸易条件恶化的负向作用，增强经济体系抵抗外部贸易冲击的能力，进而促进现代化经济体系建设。

二、本土需求与现代化经济体系建设的理论模型

现代化经济体系涉及经济现代化、产业体系现代化和经济制度现代化等众多方面。一般来说，现代化分为第一次（经典）现代化和第二次（当代）现

代化两个阶段。第一次现代化研究关注于从传统农业经济向现代工业经济转型的过程及其变化，第二次现代化研究关注于从工业经济向知识经济和生态经济转型的过程及其变化。现代产业体系是一个动态的与时俱进的概念，通常是指具有当代领先的竞争优势又面向未来发展趋势的产业体系。经济制度体系是生产、交换、分配、消费等各种经济关系在制度上的反映，是一系列经济制度的总和（李建平，2016）。经济制度也是一个动态的与时俱进的概念，会随着时间的推移而不断、反复地创立和变更。

现代化经济体系是一个高度综合性的概念，具备复杂性和多元化特征（汪克强，2018；刘泉红，2020；李双金，2020）。为了运用理论模型考察本土需求与现代化经济体系建设之间的关系，这里有必要对现代化经济体系进行抽象化处理，尽可能地将现代化经济体系具备的众多特征归一到某个核心变量。考虑到生产率和创新能力必然是现代化经济体系所应具备的核心要素，而技术创新又是推动生产率提升和创新能力形成的关键影响因素，因此，这里采用技术创新作为表征现代化经济体系的数理变量。

本部分将从企业角度出发建立数理模型，研究中国本土（国内）需求或者本土市场规模扩张是否能够为本土产业带来足够多的研发与创新激励，进而提升中国经济平均生产率和创新能力。在数理模型中，核心解释变量是本土需求规模变量，以消费者数量进行表示。如果本土需求对技术创新存在促进作用，那么，本土需求将通过引致技术创新推动生产率提升和创新能力的形成，进而推动现代化经济体系建设。

借鉴 Desmet 和 Parente（2010）的做法，构建如下数理模型。该模型由两个国家组成，称为本国和外国，并以 $i=H$，F 表示。每个国家包含一个商业部门和一个家庭部门。商业部门具有垄断竞争性，生产一系列差异化产品。每一个差异化的商品生产者都扮演着垄断者的角色，每个生产过程或技术的唯一投入是劳动力。家庭部门向商业部门提供劳动力，并用其收入购买差异化商品。家庭是异质的，商品可以跨国家运输。这里研究的是一个单期（one - period）模型，因为市场需求对技术创新的影响可以在不引入动态的情况下表现出来。

（一）家庭部门

在每一个国家，每户家庭向商业部门非弹性地供应，当产品 v 离一个家庭理想的产品 $\tilde{v}$ 越远，v 的单位消耗量产生的效用就越低。$d_{v\tilde{v}}$ 表示 v 类和家庭理想 $\tilde{v}$ 类之间的最短距离。借鉴 Hummels 和 Lugovskyy（2008）的做法，家庭效

用是通过消费 c_v 数量品种 v 获得的。

$$\frac{c_v^i}{1 + d_{v\tilde{v}}^{\beta}} \tag{1-1}$$

其中，c_v 为家庭提供与其理想品种的一个单位相同效用的品种 v 的数量。参数 $\beta>0$ 决定了一个家庭的效用随距离理想产品的距离而递减的速度。

效用最大化。令 v 为世界上生产的品种。效用函数（1-1）意味着每个家庭只能购买一个品种。对于给定的品种 v，相当于一个家庭理想品种的一个单位的数量为 $1+d_{v\tilde{v}}^{\beta}$，那么它的成本是 p_v^i（$1+d_{v\tilde{v}}^{\beta}$），其中 p_v^i 是国家 i 中品种 v 的价格。为了使成本最小化，拥有理想品种 v'满足：

$$v' = \arg\min[p_v^i(1 + d_{v\tilde{v}}^{\beta}) \mid v\epsilon V] \tag{1-2}$$

令 w^i 表示居住在国家 $i = H$，F 中的家庭的工资收入，这是家庭收入的唯一来源。根据家庭的预算约束，在 $i = H$，F 的家庭中，消费品种 v'的消费量为：

$$c_{v'}^i = \frac{w^i}{p_{v'}^i} \tag{1-3}$$

（二）商业部门

每个国家的商业部门都具有垄断竞争优势，并生产出一系列差异化的商品，这些商品可以在国际上交易，但要付出一定的代价，贸易成本属于冰山一类。要向海外交付一个给定品种的一个单位，需要装运 $\tau\geqslant 1$ 个单位。

企业可以在以字母 $\gamma\geqslant 0$ 为指标的规模报酬递增技术的连续体之间进行选择，以生产其差异化产品。劳动是每项技术的唯一投入。技术的边际劳动生产率和使用技术的固定成本是不同的。更具体地说，与技术 γ 相关的劳动边际产品为 A（$1+\gamma$），而操作技术 γ 的固定劳动成本为 $ke^{\phi\gamma}$。设 Q_v^i 为企业在 $i=H$，F 国使用技术 γ 生产的品种 v 的数量，并设 L_v^i 为其雇用的劳动单位，那么：

$$Q_v^i = A(1 + \gamma)(L_v^i - ke^{\phi\gamma}) \tag{1-4}$$

我们假设 $\phi>0$ 且 $k>0$，因此固定成本是该技术的递增函数，这里将 $\gamma = 0$称为“基准”技术。

（三）利润最大化

固定的人工成本意味着无论使用何种技术每个产品品种都将由一家公司生产。为了最大限度地提高利润，公司采取不合作的行为。出于篇幅考虑，我们仅提出本土公司面临的利润最大化问题。特别是，我们使用双上标来区分给定品种的生产位置和消费位置，其中第一个上标指的是生产位置，第二个上标指的是消费位置。例如，C^{HF}表示本地生产品种的国外消费，而C^{HH}表示本地生产品种的国内消费。用生产函数（1-4）以及企业的总产出满足国内外消费者需求的事实，即：

$$Q^H = C^{HH} + \tau C^{HF} \tag{1-5}$$

本土公司的利润可以写成：

$$\Pi^H = p^{HH}C^{HH} + p^{HF}C^{HF} - \omega^H\left[ke^{\phi\gamma} + \frac{C^{HH} + \tau C^{HF}}{A(1+\gamma)}\right] \tag{1-6}$$

其中，p^{HH}和p^{HF}是本国和国外市场上本地生产的产品的价格。一家本地公司选择（p^{HH}，p^{HF}，γ）来最大化上述公式，这取决于本地市场的需求和国外市场的需求，并取工资ω^H为给定值。在标准垄断问题中，每个市场的利润最大化价格是边际单位成本ω^H/A（$1+\gamma$）的加价，因此：

$$p^{HH} = \frac{\omega^H}{A(1+\gamma)}\frac{\varepsilon^{HH}}{\varepsilon^{HH}-1} \tag{1-7}$$

$$p^{HF} = \frac{\omega^H}{A(1+\gamma)}\frac{\varepsilon^{HF}}{\varepsilon^{HF}-1} \tag{1-8}$$

其中，ε^{HH}和ε^{HF}是母国和外国对品种v的需求的价格弹性。即：

$$\varepsilon^{HH} = -\frac{\partial C^{HH}}{\partial p^{HH}}\frac{p^{HH}}{C^{HH}} \tag{1-9}$$

$$\varepsilon^{HF} = -\frac{\partial C^{HF}}{\partial p^{HF}}\frac{p^{HF}}{C^{HF}} \tag{1-10}$$

与技术选择相关的一阶必要条件γ为：

$$-\phi ke^{\phi\gamma} + \frac{C^{HH} + \tau C^{HF}}{A(1+\gamma)^2} \leqslant 0 \tag{1-11}$$

式（1-11）中的不等式对应于角点解，即$\gamma=0$。

（四）求解均衡

这里只关注对称纳什均衡。在本节的对称纳什均衡中，所有公司都使用相同的技术，并且所有商品在单位圆上的间距相等。此外，每个本地生产的品种都被两个外国生产的品种包围。由于在对称的纳什均衡中，世界上生产的所有品种在单位圆上的间距都是相等的，因此，给定本地品种的总需求仅取决于单位圆右侧和左侧最接近的邻居的位置和价格，这些邻居都是外来品种。由于这两个外国生产的相邻品种各自与本地生产的品种位于相同的距离d处，因此我们无须区分它们，用v^F表示每个品种。首先确定母国家庭的总需求，用p^{HH}和

p^{FH}分别表示国内市场中 v^H 和 v^F 品种的价格。对购买品种 v^H 和 v^F 无差异的家庭是这样一种家庭，就国产商品而言，其理想品种的一个单位的数量当量的成本等于其理想品种的数量当量的外国产品的成本。因此，购买 v^H 和 v^F 无差异的家庭是位于距离 v^H 的 d^{HH}处的家庭。其中，

$$p^{FH}[1+(d-d^{HH})^{\beta}]=p^{HH}[1+(d^{HH})^{\beta}] \tag{1-12}$$

鉴于这种无差别的条件适用于 v^H 的左右两边的家庭，因此 $2d^{HH}$的家庭住户消费了 v^H 品种。

由于每个家庭将全部工资收入花在单个品种上，因此，家庭住户将消费品种 v^H 的 C^{HH}单位，其中：

$$C^{HH}=\frac{2d^{HH}\omega^{H}L}{p^{HH}} \tag{1-13}$$

这是本土市场对 v^H 的需求。

接下来，我们类似地得出外国家庭对品种 v^H 的需求。用 p^{HF}和 p^{FF}分别表示国外市场中 v^H 和 v^F 的价格。如果贸易成本严格为正，则这些价格与母国的价格不同，即 $p^{HF}\neq p^{HH}$和 $p^{FF}\neq p^{FH}$。同理，对购买 v^H 和 v^F 无差异的外国家庭与 v^H 的距离为 d^{HF}，其中：

$$p^{FF}[1+(d-d^{HF})^{\beta}]=p^{HF}[1+(d^{HF})^{\beta}] \tag{1-14}$$

同理，由于这种无差别条件适用于 v^H 的左右两边，因此，外国家庭 $2d^{HF}$ 的份额消耗 v^H。因此，在国外市场上消费的品种 v^H 的总量为：

$$C^{HF}=\frac{2d^{HF}\omega^{F}L}{p^{HF}} \tag{1-15}$$

这是国外市场对 v^H 的需求。

由式（1-13）和式（1-15）得出：

$$-\frac{\partial C^{HH}}{\partial p^{HH}}\frac{p^{HH}}{C^{HH}}=1-\frac{\partial d^{HH}}{\partial p^{HH}}\frac{p^{HH}}{d^{HH}} \tag{1-16}$$

接下来，我们通过取式（1-12）关于 p^{HH} 的总导数来求解偏导数 $\partial d^{HH}/\partial p^{HH}$。

$$\varepsilon^{HH}=1+\frac{p^{HH}[1+(d^{HH})^{\beta}]}{[p^{HH}\beta(d^{HH})^{\beta-1}+p^{FH}\beta(d-d^{HH})^{\beta-1}]d^{HH}} \tag{1-17}$$

类似的，本土企业在国外市场所面临的弹性为：

$$\varepsilon^{HF}=1+\frac{p^{HF}[1+(d^{HF})^{\beta}]}{[p^{HF}\beta(d^{HF})^{\beta-1}+p^{FF}\beta(d-d^{HF})^{\beta-1}]d^{HF}} \tag{1-18}$$

描述母国企业利润最大化决策的为式（1-7）、式（1-8）、式（1-9）、

式（1-17）和式（1-18），描述与母国品种相关的效用最大化的为式（1-12）、式（1-13）、式（1-14）和式（1-15）。除了效用最大化和利润最大化之外，如式（1-5）所示，每个品种的市场都处于均衡状态。每个国家的劳动力市场也必须均衡。由于 d 是单位圆上任意两个品种之间的最短弧距，因此世界上生产的品种数为 $1/d$，每个国家生产 $1/2d$ 个品种。给定生产函数(1-4)，每家本土公司都使用 $ke^{\phi\gamma}+(C^{HH}+\tau C^{HF})/[A(1+\gamma)]$ 劳动单位，因此，母国的劳动力市场均衡条件为：

$$L=\frac{1}{2d}\left[ke^{\phi\gamma}+\frac{C^{HH}+\tau C^{HF}}{A(1+\gamma)}\right] \tag{1-19}$$

每个国家都必须满足一个最终的均衡条件：零利润条件，这是自由进出的结果。位于母国公司的零利润条件为：

$$p^{HH}C^{HH}+p^{HF}C^{HF}-\omega^{H}\left[ke^{\phi\gamma}+\frac{C^{HH}+\tau C^{HF}}{A(1+\gamma)}\right]=0 \tag{1-20}$$

零利润条件决定了本国生产的品种数量。外国存在式（1-5）和式（1-6）至式（1-20）的类似表达式。

对称平衡的定义。对称平衡是元素（p^{ii*}，ε^{ii*}，p^{ij*}，ε^{ij*}，w^{i*}，$d*$，d_{ii*}，d_{ij*}，i_*，C_{ii*}，C_{ij*}，γ_{i*}），其中对于任何满足条件（1-5）的变量 $x*$，i，$j\epsilon\{H, F\}$，$i\neq j$，$x_{ii*}=x_{ij*}$，$x_{ij*}=x_{ji*}$，$x_{i*}=x_{j*}$。

（五）均衡的性质

由于本节的目的是研究技术选择如何取决于市场规模。在此，我们主要研究人口数量表征市场规模，也就是说，我们将分析技术采用如何取决于人口规模，考察人口规模视角下市场规模对技术选择的影响。在模型中，在开放经济世界以及零运输成本条件下，一个拥有 2L 人口的一国封闭经济体相当于一个拥有零冰山成本和 L 人口的两国开放经济体。

我们首先证明，对于任何人口规模都有独特的对称均衡，随后证明了 γ 的均衡值会随着市场规模的增大而增大。

命题1-1　对于每个人口规模，都有一个特定的对称均衡。

除了技术选择外，我们的模型与 Hummels 和 Lugovskyy（2008）研究的模型相同。他们的结论表明，对于给定的技术和总体规模，对称均衡由式（1-5）和式（1-7）至式（1-20）唯一地确定，也就是说，由对称均衡定义中除式（1-11）之外的所有条件唯一确定。因此，一旦我们对技术过程进行了内生化，我们只需要证明存在一个唯一的满足技术选择的一阶条件的 γ［见式（1－11）]。为此，我们简化了式（1－11）。注意，在冰山成本为零的情况下，$C_{ii}=C_{ij}=C$。简化的第一步是将价格表达式式（1－7）和式（1－8）加入零利润条件式（1－20）中，得到 $2C=A(1+\gamma)(\varepsilon-1)ke^{\phi\gamma}$。第二步是把这个表达式代入式（1－11）中，这样关于 γ 的一阶必要条件变为：

$$ke^{\phi\gamma}\left(\frac{\varepsilon-1}{1+\gamma}-\phi\right)\begin{cases}=0 & if\quad \gamma>0\\ <0 & if\quad \gamma=0\end{cases} \tag{1-21}$$

式（1－21）可以进一步简化为：

$$\varepsilon\begin{cases}=1+(1+\gamma)\phi & if\quad \gamma>0\\ <1+(1+\gamma)\phi & if\quad \gamma=0\end{cases} \tag{1-22}$$

证明存在唯一平衡等于证明存在满足式（1－22）的唯一 γ。我们用 $\gamma*$ 表示 γ。为了证明这一点，可以证明 ε 是 γ 的严格减函数，$1+(1+\gamma)\phi$ 是 γ 的严格增函数。$1+(1+\gamma)\phi$ 在 γ 中增加的事实是显而易见的。关于 ε，在对称和零冰山的代价下，弹性表达式式（1－17）和式（1－18）都简化为：

$$\varepsilon=1+\frac{1}{2\beta}\left(\frac{2}{d}\right)^{\beta}+\frac{1}{2\beta} \tag{1-23}$$

一家企业的总产量为 $ke^{\phi\gamma}A(1+\gamma)(\varepsilon-1)$，而总人口为 $2L$，因此，世界上的企业总数为 $n=2L/(ke^{\phi\gamma}\varepsilon)$，其中 $n=1/d$，代入式（1－23）得到：

$$\varepsilon=1+\frac{1}{2\beta}\left(\frac{4L}{ke^{\phi\gamma}\varepsilon}\right)^{\beta}+\frac{1}{2\beta} \tag{1-24}$$

现在将式（1－24）重写为 $2\beta\varepsilon^{\beta+1}-(2\beta+1)\varepsilon^{\beta}-(4L/ke^{\phi\gamma})^{\beta}$，并取该表达式关于 γ 的导数，得到：

$$\frac{\partial\varepsilon}{\partial\gamma}=\frac{\beta4L^{\beta}k^{-\beta\phi}e^{-\phi\gamma\beta}}{2\beta(\beta+1)\varepsilon^{\beta}-(2\beta+1)\beta\varepsilon^{\beta-1}} \tag{1-25}$$

由式（1－18）和式（1－19）我们得到 $\varepsilon>1$，因此式（1－25）严格为负。ε 在 γ 中减小，而 $1+(1+\gamma)\phi$ 在 γ 中增大，这意味着存在一个完全满足 $\varepsilon=1+(1+\gamma)\phi$ 的 γ 值。存在满足一阶条件（1－22）的唯一 γ。

证明了存在唯一的对称均衡后，我们现在来看 γ 的均衡值如何取决于人口规模大小的问题。我们首先证明需求价格弹性 ε 是人口的增函数。我们可以得出结论，均衡技术选择 $\gamma*$ 和均衡弹性 $\varepsilon*$ 都随着人口规模的增加而增加。

命题 1－2　在零冰山成本的对称均衡中，γ 会随着人口规模增加而提高。

我们再次将式（1－24）改写为 $2\beta\varepsilon^{\beta+1}-(2\beta+1)\varepsilon^{\beta}-(4L/ke^{\phi\gamma})^{\beta}$，并相对于 L 求微，同时保持 γ 的值固定，得到：

$$\frac{\partial \varepsilon}{\partial L} = -\frac{(4L/ke^{\phi\gamma})^{\beta}\beta L^{\beta-1}}{2\beta(\beta+1)\varepsilon^{\beta} - (2\beta+1)\beta\varepsilon^{\beta-1}} \qquad (1-26)$$

由于 $\varepsilon > 1$，因此上述偏导数严格为正，因此 L 的增加导致任意给定 γ 的需求弹性更大。从命题 1－1 我们知道，对于每个人口规模，都有一个唯一的 $\gamma*$，它是式（1－22）的解。在证明的第一部分中，我们证明了 ε 在 L 中正在增加。在忽略公司的技术选择条件下，随着人口的增加，更多的公司进入品种领域。最终，需求的价格弹性增加，加价幅度下降。

为了达到收支平衡，企业必须出售更多的商品，这也导致企业规模扩张。每个公司的工人均衡人数为 $ke^{\phi\gamma}\varepsilon$，并且 ε 是 L 的递增函数，所以人口规模越大，产生的商品和就业人数就越多。关于 γ 的一阶条件有两个作用：γ 的增加会增加公司的固定成本，而边际成本会降低。前者（负面）效应与公司规模无关，而后一个（积极的）效应是公司规模的增加。这解释了为什么大公司选择更高的 γ 值，也就是说，我们解释了为什么会在更大的市场中偏爱更具生产力的技术，从而在人口规模和技术进步之间产生正相关。弹性机制对于这些结果至关重要。从式（1－22）中可以明显看出，这是公司技术选择的首要条件。

在本小节中，我们将市场规模解释为人口规模扩张，进而考察了市场规模扩张对技术创新的影响，解释了在更大的市场中企业将采用更具生产力的技术。换个角度，我们也可以将市场规模解释为贸易自由化。我们注意到，如果将贸易自由化解释为从自给自足转变为自由贸易，那么这等同于人口规模的增长，也就是市场规模的扩张。贸易自由化会减少贸易成本，这在一定程度上是探讨在较低的贸易成本条件下，市场规模如何影响技术采用。具体来说，贸易成本的下降可能会加剧本国和外国在本地和外地厂商之间的竞争，更激烈的竞争的结果会促使企业采用更加先进的技术。市场规模与创新之间存在正向关系的根本原因在于更大的需求弹性使企业规模更大，而当边际成本下降时，对利润的影响更大，这使创新更具吸引力。这也表明，在本土市场存在较大的贸易成本（地方保护主义、运输成本等）条件下，本土市场规模引致创新的作用将会受到抑制。

结论 1－1：本节通过将 Lancaster（1979）偏好嵌入产品和工艺创新的标准模型中，我们使价格弹性依赖于市场规模。数理模型推导结果表明，更大的市场规模可以增加竞争并促进创新。从更大内需的意义上讲，更大的市场规模会支持更多种类的商品，可能会导致更拥挤的产品空间。这提高了需求的价格弹性，并降低了加价幅度。加价幅度较低时，企业必须出售更多商品才能实现收支平衡，因此，公司规模会增加，并且由于较大的公司可以将研发成本摊派到更多商品上，这有助于技术创新。对此有许多经验证据支持这种观点。例如，Atack 等（2008）发现，较大的公司更可能采用先进技术。在研究开发方面，Cohen 和 Klepper（1996）研究发现，研发支出会随着公司规模的扩大而增加。实际上，模型的一个重要理论含义是，较大市场规模将加速技术创新和生产率提升。

结论 1－2：本土落后厂商要想赶超发达国家的厂商，可以通过本土市场需求规模扩张来实现。中国巨大的本土市场规模降低了产业的进入门槛，为那些尚处于培育期的厂商提供了生存空间。市场需求导向是诱致产业持续发展的关键拉力，只有新技术、新产品和新模式获得消费者认可，厂商的前期 R&D 和生产投入才能得到补偿，引发市场规模大进而形成产业规模大的产业增长路径。根据推导过程可以看出，依靠较大本土需求或者市场规模，发展中国家较为落后的厂商通过加大研发投入的路径，拥有实现技术水平和产业水平超越的机会。

综上所述，运用数理模型考察本土需求对现代化经济体系建设的影响，模型推导结果显示，“以市场促创新”的假说整体上是成立的，也就是说，本土市场规模扩张有利于促进一个国家或地区的技术创新，进而会促进生产率提升和创新能力形成，最终将推动现代化经济体系建设。

第三节　本土需求、高端服务业发展与现代化经济体系建设

一、高端服务业发展、产业结构优化与现代化经济体系建设

根据前文分析可知，超大规模的本土需求有利于引致高端服务业发展，而高端服务业的发展将进一步带动产业结构升级，进而推动现代化经济体系建设。具体作用机制如下：

超大规模的本土市场需求将加速劳动力在某一区域集中，进而推进一个城市的规模扩张，带动城市化建设。城市规模的扩大将推动形成“劳动力蓄水池”，有利于降低企业对劳动力的搜寻成本，与此同时，城市规模的扩大意味

着更多的就业机会、更好的居住条件和更丰富的文化娱乐活动，这些都将吸引劳动力迁入城市。城市规模扩张，或者说城市化率的提高往往促使城市内部产业结构发生重大变化（宣烨，2013），如城市化在不同的发展阶段，制造业和服务业将先后交替成为城市的主导产业，在城市发展的初期阶段，制造业是城市化的主要动力，但随着城市化水平的进一步提高，城市化的主要内容已经发生实质性的变化，使得服务业在城市中的地位明显上升（陈建军等，2006），将表现为“优二进三”“退二进三”，城市逐渐过渡到“三二一”产业结构，城市服务功能不断增强，服务业在城市持续集聚，逐渐推动现代化经济体系建设。超大规模本土市场中更易产生不同层次市场需求，催生对高端服务业的需求，继而推进高端服务业发展。高端服务业的发展也会优化提升服务业内部产业结构。服务业包括生产性服务业、生活性服务业，因而服务业内部结构升级的重要表现之一就是生产性服务业或高端服务业在服务业中的比重不断提高，也就是说，高端服务业发展会通过促进服务业结构升级推动现代化经济体系建设。值得注意的是，服务业发展在推动城市化建设过程中，也会促进劳动报酬增加，改善收入分配结构（江小涓，2011），进而促进消费结构升级，实现经济增长由“投资驱动”向“消费驱动”转变。消费结构升级将引致社会投资结构转变，优化社会资源配置、提升产业结构以及促进经济高质量发展，进而加速现代化经济体系建设（杨天宇和陈明玉，2018；吴振华，2019；陈冲和吴炜聪，2019）。

高端服务业发展通过“结构红利效应”促进劳动生产率提升，进而推动现代化经济体系建设。产业结构变化是经济增长和生产力提高的重要来源，较多研究也表明，产业结构变革升级会产生“结构红利”现象。所谓“结构红利”，是指劳动和资本转移中存在促使全要素生产率提高以及促进经济增长的现象（余泳泽和刘冉，2014；朱旭强和王志华，2016）。当产业结构变动引起生产要素在产业间流动，要素从生产率较低的产业流入生产率较高的产业时，会带来全要素生产率的提升、技术进步和经济增长，这被称为“结构红利”；若要素从全要素生产率较高的产业部门流入生产率较低的产业，则会使整体全要素生产率降低，最终导致“结构负利”（郭进和杨建文，2014）。

本质上，“结构红利”或产业结构优化升级是分工深化导致产业生产环节出现裂变的外在表现。余泳泽等（2016）研究表明，三次产业结构变迁过程中要素流动存在阶段性的“结构红利”现象。整体来看，劳动和资本等生产要素从第一产业流向第二、第三产业，将有效提高整个社会的劳动生产率和全要素生产率。现代经济体系建设不仅包括了产业规模增长，更重要的是生产效率提高，也就是所谓的全要素生产率（TFP）。实际上，TFP 概念更多是对生产要素综合使用效率的体现。全要素生产率包括除了要素投入量之外的技术进步、资源配置、规模效率等因素对产出的共同作用，在经济研究中往往被认为是技术进步的表现。高端服务业通过推动我国产业结构的升级，不仅会带动服务经济规模增长，也将通过“结构红利”推动产业经济效率的提高和技术的进步，最终将推动现代化经济体系建设。总之，（高端）本土需求会引致高端服务业发展；高端服务业又将提升优化产业结构，形成协同发展的产业体系，进而促进现代化经济体系建设。

二、高端服务业发展、制造业升级与现代化经济体系建设

建设创新引领、协同发展的产业体系是现代经济体系建设中的核心内容之一，高端服务业发展推进制造业升级，进而加速现代化经济体系建设。目前，较多学者认为高端服务业对制造业生产率、竞争力提升和产业结构升级之间存在显著的促进作用。如，江静等（2007）基于地区和行业视角实证检验了生产性服务业对制造业效率的提升，结果表明，生产性服务业对提升制造业竞争力具有重要作用。而高端服务业发展有利于促进制造业技术进步，提高制造业生产效率，增加制造业产品附加值，进而实现制造业在全球价值链的攀升。

那么，高端服务业通过引致制造业发展和转型升级，进而推动现代经济体系建设的实现机制是怎样的呢？具体来说，其作用机制如下：

其一，高端服务业或生产性服务业通过协同效应促进制造业升级。相关产业具有的地理邻近性、成本的持续降低以及生产要素保持较好的流动性的特征构成了高端服务业和制造业协同的基本条件。作为制造业的中间投入品，高端服务业的技术创新能够提升中间投入品的技术含量，进而显著促进中国制造业的技术进步，尤其是信息技术服务业、研发服务以及商业服务等中间投入品的作用最为显著，并且高端服务业的技术创新能够降低制造业企业生产成本，从而将更多的资源投入研发投入中，最终将促进制造业技术进步和产业升级。若使高端服务业提供的中间投入品与制造业生产过程充分结合，将提高制造业在中间产品中蕴含的先进技术的吸收能力，还能获得可持续的“二次创新”研发能力，从而加速促进制造业技术进步和产业升级。

其二，高端服务业通过集聚外部性促进制造业结构升级。Marshall（1890，

1961）强调，同一产业的集中分布和专业分工更有助于产生集聚经济外部性。高端服务业专业化集聚能够产生“规模经济”和“技术外溢”两种效应。由于生产性服务业与制造业存在产业关联性，高端服务业的集聚外部性能够通过产业链条传导至制造业。一方面，高端服务业专业化集聚所形成的中间服务市场能为制造业提供专业化的生产性服务，包括技术服务、商务服务、法律服务等，多样化集聚能够提供支撑区域发展所需的多样化中间服务品，利用位置邻近等便利条件，节约运输成本和交易成本，形成规模经济和范围经济；另一方面，专业化集聚促使掌握相似生产性服务技术的员工在生产性服务业内部以及生产性服务业与制造业之间展开正式或非正式的学习交流，多样化集聚也有利于互补企业形成“知识溢出”和“集体学习”，实现互补性和差异化知识创造、积累与扩散传递信息和技术，进而促进制造业企业技术创新和生产率提高。也就是说，高端服务业专业化集聚、多样化集聚可以通过发挥规模经济效应和技术外溢效应，对地区制造业结构升级产生显著的促进作用（韩峰、阳立高，2020）。

综上所述，本土（高端）需求扩张会引致高端服务业发展，作为制造业上游产业，高端服务业空间集聚可通过中间投入的“规模经济效应”和“知识外溢效应”等机制（Venables，1996；刘奕等，2017），推进制造业专业化分工、延伸产业价值链、降低交易成本、提高技术进步水平，实现制造业结构变革提升，有利于形成创新引领、协同发展的现代产业体系，进而推动现代化经济体系建设。

三、本土需求扩张、高端服务业集聚与现代化经济体系建设

生产性服务业是从制造业内部分离出来的，并以金融服务、信息服务、科技服务、商务服务等为主导产业，具有知识密集、技术密集、信息密集等特征（李平等，2017）。生产性服务业作为现代服务业和高端服务业，其自身集聚发展能够带动经济增长。同时，较多文献研究表明，高端服务业集聚有利于现代化经济体系建设。如，曾艺等（2018）采用中国283个地级市面板数据进行了计量分析，考察了生产性服务业集聚对地区经济增长质量的影响，实证研究表明，生产性服务业集聚显著提升了地区经济增长质量。也就是说，高端服务业集聚有利于提升中国经济增长质量，以质量的提升促进协同的产业体系形成。总而言之，巨大的本土需求会产生多层次需求结构，多层次需求结构包括

高端服务需求，服务需求规模的扩大将引致高端服务业集聚发展，而高端服务业集聚会催生科技创新、新兴行业（业态）的发展，进而对现代化经济体系建设起到促进作用，其具体机制如下：

第一，高端服务业空间集聚能够有效促进经济结构升级，进而推动现代化经济体系建设。服务业尤其是高端服务业在产业体系中比重不断提升，将推动经济结构不断升级，促进全球经济从“工业经济”向“服务经济”转变。与此同时，高端服务业空间集聚能够促进先进制造业与现代服务业的深度融合进程，促进产业结构的优化升级。

第二，生产性服务业集聚能通过提高地区劳动生产率等途径提升城市整体经济配置效率，进而推动中国的经济增长质量和现代化经济体系建设。一方面，产业集聚具有吸纳劳动力的作用。高端服务业集聚会加速相关配套产业汇聚，产业的汇聚促进人口的地区集中，集聚化的人口集中，便于不同产业、企业间员工正式与非正式面对面交流合作（江瑶等，2020），面对面交流合作便于知识、技术的传播，也就是说，高端服务业集聚外部性将有利于提高地区人力资本水平。另一方面，高端服务业集聚将带来高端人才集聚，因此产生高端人才的“学习效应”和“竞争效应”，依托“学习效应”和“竞争效应”提高地区整体的人力资本水平和劳动生产率水平。人力资本汇聚、高端人才集聚有利于促进产业结构优化、企业生产效率提升。而人力资源本身也是现代经济体系中产业体系的重要组成部分。

第三，作为制造业重要的中间投入品，生产性服务业往往与制造业进行协同集聚。在这种情况下，生产性服务业或者高端服务业内部各部门与制造业会呈现互动、协同发展关系（高觉民和李晓慧，2011；陈国亮和陈建军，2012），二者协同集聚将深化社会分工，高端服务业集聚带来的规模经济和技术溢出效应有利于降低制造业相关成本以及促进制造业进行技术创新，进而促进制造业升级。与此同时，制造业升级或制造业高端化发展将加大对高端服务业的市场需求，为高端服务业发展创造新动能，最终将形成累积循环因果关系。累积循环效应推进服务业和制造业产业协同升级，进而促进现代化经济体系建设。

第四，高端服务业集聚通过空间溢出效应促进现代化经济体系建设。首先，高端服务业作为一种典型的知识和技术密集型行业，聚集了大量优质人力资本、创新要素等资源。而人力资本具有极强的流动性特征，那些先进的生产技术会伴随人力资本流动而产生空间溢出效应。其次，高端服务业能够通过产业链关联以及与邻近地区产生经济贸易联系，形成产业结构互补和行业联动发展，进而产生空间溢出效应（李春梅等，2020）。最后，高端服务业集聚发展存在规模经济和集聚外部性，依托规模经济和集聚外部性将促进全要素生产率提升和技术进步，进而将推动现代化经济体系建设。

综上所述，本土需求扩张通过高端服务业发展引致现代化经济体系建设的内在机制如下：首先，本土（高端）需求扩张将引致高端服务业发展，而高端服务业发展将促进产业结构升级、产业协同发展和创新引领、协同发展的产业体系建设。其次，作为制造业的中间投入品，高端服务业或生产性服务业与制造业存在协同效应，并且高端服务业的技术创新能够提升中间投入品的技术含量，有利于降低制造业相关成本以及促进制造业进行技术创新，进而促进制造业升级和现代化经济体系建设。最后，巨大的本土需求产生多层次需求结构，因此形成高端服务业、高端制造业累积循环因果关系。累积循环效应推进服务业和制造业产业协同升级，进而促进现代化经济体系建设。

第二章　国内价值链视角的高端服务业引领现代化经济体系建设理论逻辑

第一节　国内价值链与高端服务业发展

一、高端服务业内涵

党的十九大工作报告指出我国社会主要矛盾已经转化为人民日益增长的美好生活需要和不平衡不充分的发展之间的矛盾。人民群众在维持基本物质需求的前提下，衍生出更加多样化的需求。更好的教育、更高水平的医疗服务、更加舒适便捷的居住环境、更丰富的精神文化生活等高端服务业成为人民群众现阶段的追求。需求决定供给，人民群众不断增长的美好生活需求催生了高端服务业的发展。同时，党的十九大提倡大力发展现代服务业，以高质量服务业引领制造业发展，双引擎驱动经济转型升级，从供给端彰显了高端服务业的重要性。因而，研究高端服务业具有一定的现实意义。

对于高端服务业的概念和内涵，学术界目前尚未形成统一看法。李文秀和夏杰长（2011）提出，高端服务业是服务业中的“牛鼻子”，能够引领经济发展方向、带动产业升级，是处在价值链高端的具有高附加值、高技术含量的服务行业和服务业态。原毅军和陈艳莹（2011）认为高端服务业是具有外溢效应，能够有效带动制造业和服务业产业升级，从而提升整体经济竞争力的服务行业的集合。宣烨等（2019）认为高端服务业是从制造业或者生产性服务业的产业链上有效分解或进一步深化衍生的业态。不难看出，高端服务业是知识技术密集型产业，具有较强的产业带动性。高端服务业产生于工业社会较为发达的阶段，以先进管理经验为依托，其产品和服务占据价值链和品牌高端。高端服务业包括金融保险、法律、研究与开发以及政府服务、教育、医疗保健、旅游、文化娱乐等，可以概括为四个重点研究领域，即商务服务业、信息服务业、研发服务业、金融服务业。不同于低端服务业，高端服务业虽然市场容量较小，但是市场潜力大，因而利润率也较高；产品技术含量较高，因而存在一定进入壁垒。具体而言，高端服务业主要具有以下两大特点：首先，高端服务业具有高专业人力资本投入、高知识溢出特征。行业高端定位决定高端服务业技术含量高，因而对于高素质、高专业人才需求旺盛，在服务于其他行业时，由于产品具有无形性，高技术人员的流动以自愿或非自愿的方式带来了知识溢出。其次，具有高产业带动能力，随着专业化分工和服务外包的不断兴起，制造业竞争力更加取决于技术研发、物流配送等高端服务业的发展，高端服务业贯穿制造业发展始终，高端服务业发展越强劲，制造业在国际上的话语权越多。

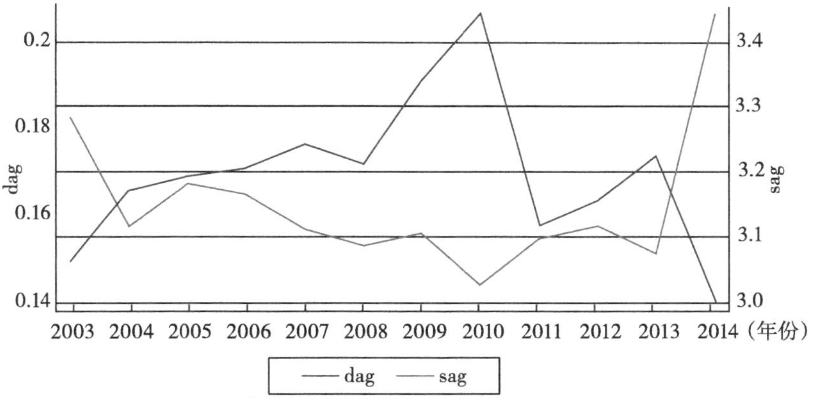

图 2－1　高端服务业空间集聚时间变化图

注：本图由 Stata14 软件绘制而成，高端服务业发展数据来源于《中国城市统计年鉴》和 EPS 数据库。

服务业发展水平是衡量一国经济发展状况的重要指标，而高端服务业则是服务业发展的风向标。本部分基于宣烨等（2019）对我国 25 个省所辖的 228 个地级市 2003—2014 年的研究数据论述我国目前高端服务业发展现状。其中，从高端服务业多样化集聚（dag）和专业化集聚（sag）两个指标衡量高端服务业的空间集聚情况。从图 2－1 中我们可以看出，高端服务业多样化集聚随着时间的推移，呈现先上升后下降的“倒 U 形”趋势，在 2010 年达到最大值。对空间集聚与经济增长之间的关系，国内外学者早有研究，Dekle 和 Eaton（1999）、范剑勇（2006）、Brulhart 和 Sbergami（2009）、魏守华等（2016）通过经验分析两者之间的关系。周圣强和朱卫平（2013）、苏红键等（2014）、李佳洺等（2014）、邵宜航和李泽扬（2017）研究发现，空间集聚与经济增长之间呈现“倒U形”关系。多样化集聚具体指地区要素丰裕程度，一个地区掌握顶尖技术、专利，拥有不同专业知识的高素质劳动力越多，多样化集聚水平越高，相应的经济发展水平越高。而一个地区资源承载力是有限的，在2010年达到顶峰值以后，多样化集聚随之降低，这可能源于土地成本过度上涨和基础设施与公共服务的拥挤效应。而高端服务业专业化集聚则呈现先下降后上升的“U形”趋势，大部分专业化集聚水平在3.1上下波动，2010年高端服务业的专业化集聚水平最低，2014年达到最高。所谓专业化集聚，指一个地区中高端服务行业会聚特定专业化人才满足企业发展需要。如软件业对高质量技术人才的大量需求、金融业对高素质人才的需求。专业化集聚先下降后上升的趋势表明，随着我国经济快速发展，企业对于拥有丰富专业知识和科学技术的高级生产要素的需求不断增加。图2－2是高端服务业在整个服务业中占比的时间趋势图，从图2－2中我们可以发现，高端服务业在整个服务业中的占比不断上升。高端服务业占比越高，表明我国第三产业服务业发展势头越强劲，我国服务业发展不再是仅仅依靠技术含量低、市场增长潜力小的低端服务业，而是更加依赖于技术含量高、市场增长潜力巨大、产业带动能力强的高端服务业发展。高端服务业的不断发展，表明我国服务业结构不断优化，而服务业结构不断优化促使我国三大产业分布更加合理、我国经济发展水平不断提高、经济发展状况不断向好。

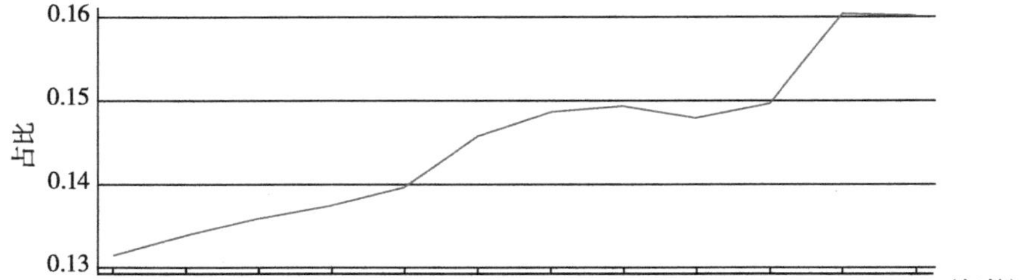

图2－2　高端服务业在服务业中占比时间变化图

注：本图由Stata14软件绘制而成，高端服务业发展数据来源于《中国城市统计年鉴》和EPS数据库。

二、国内价值链现状

2008 年经济危机后，尤其 2012 年之后，全球贸易和中国贸易进入低速增长的“新常态”。2012 年以来中国贸易一直处于低于经济增长速度阶段，2015 年和 2016 年甚至出现负增长。贸易保护主义、孤立主义、民粹主义抬头，逆全球化思潮蔓延，尤其以 2018 年 3 月美国总统特朗普签署对总价值 600 亿美元中国进口产品征收关税的总统备忘录事件为甚，这些势必不利于中国贸易的发展。早期应运全球化发展浪潮而生的全球价值链（Global Value Chain，GVC）在面临我国生产要素成本、劳动力成本上升情况下，可能会向其他发展中国家转移，而不会向我国内陆不发达地区转移，形成发展中国家价值链低端竞争局面。同时，我国在全球价值链中大多承接技术含量低的加工组装任务，容易致使我国陷入低端“锁定陷阱”。因而，依托国内市场需求，由国内企业主导原材料供应、设计、生产、成品组装、物流配送、市场营销、售后服务等多个环节，形成的一国地域分工生产体系的国内价值链（National Value Chain，NVC）应运而生。我国是经济、人口、地理大国，14 亿的国内市场需求不容小觑，由本土企业掌握本国核心环节，掌握品牌和销售终端渠道以及拥有自主研发创新能力。同时在面临国际经济环境动荡时，我国有足够时间缓冲危机带来的损害。国内价值链强调国内资源的配置整合，产品链会在我国产业内部布局和转移，充分发挥各地区的比较优势，从而形成各地区产业间的前后向增加值关联，带动上下游产业发展。具体而言，上游地区—产业供应的中间品中包含知识、技术和信息要素被本地区产业吸收，促进其生产工艺改进，产品质量和生产效率的提升；本地区还可以获得上游地区产业劳动力、技术指导、研发人员指导而获得知识溢出，产生供给驱动的前向溢出效应。而价值链中游环节的地区和产业，在吸收前后向溢出效应的基础上产生激烈的追赶和竞争，从而迫使价值链上游和下游进行新的附加值更高的生产环节和产业形态创造，并将已有的生产环节向价值链中端转移，既有助于国内价值链向高级化跃升，也促进价值链两端知识、技术和信息要素向中端扩散和传播，使国内价值链各参与主体实现技术进步和经济增长。在“碎片化”生产分工网络体系下，产业链上的各个企业和行业被分割成独立个体，负责生产流程中的某一道工序，生产效率和产品质量大幅度提升。

对于国内价值链研究主要集中在以下几个方面：首先，研究国家价值链与全球价值链两者的关系。刘志彪和张杰（2009）研究认为，从融入价值链到构建国内价值链的转变是我国实现产业升级的新思路；张少军（2009）利用投入产出表测度广东省和江苏省国内价值链和全球价值链水平，发现两省融入全球价值链的倾向高于融入国内价值链的倾向；李跟强和潘文卿（2016）基于增加值视角研究国内价值链如何嵌入全球价值链，研究发现，中国在1997—2007年，尤其是在2001年加入世界贸易组织后垂直专业化程度显著加深，各区域生产也由内向型垂直专业化转变为外向型垂直专业化。其次，研究国内价值链与经济发展之间的关系。邵朝对等（2018）提出价值链贸易是“需求—供给效应”互补品贸易，生产方式迂回，分工专业化，国内各地区经济体紧密联结为一体，具有协同波动特征；苏丹妮等（2019）分析不同市场化程度下，国内价值链发展对经济增长的促进作用，研究发现，市场化程度高能够促进国内价值链三种溢出机制显著发挥作用，从而促进经济增长。学者们还关注外包与国内价值链之间的关系，许和连等（2018）认为，外包可以提升价值链地位；陈启斐和刘志彪（2018）通过实证得出，服务外包对中国制造业价值链升级具有显著促进作用。

参考 Antras 等（2012）对价值链的物理位置测度方法，测算了我国 25 个省份 228 个地级市 17 个行业 2003—2014 年上游度数据，U 即表示上游度，代表国内价值链长度。分别从中国整体价值链情况、17 个行业价值链在 2003 年到 2014 年期间变动情况、23 个省份平均价值链情况、东中西三大区域平均价值链四个方面重点阐述我国价值链发展趋势和现状。

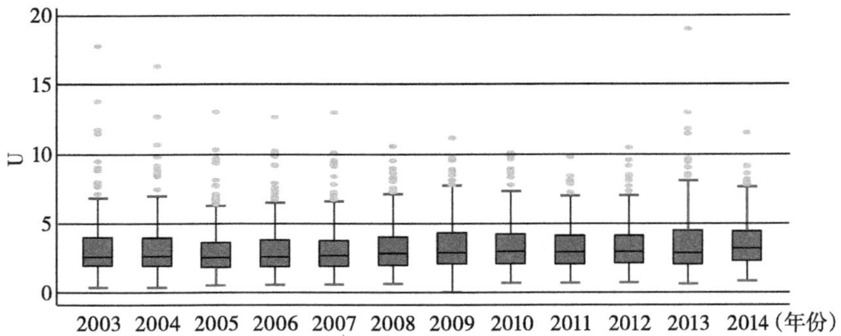

图 2－3　我国平均上游度箱线图

注：本图由 Stata14 软件绘制而成，国内价值链长度基于 30 个省份以及国家投入产出表计算所得，数据来源于国家统计局、国研网。

经计算得到 228 个地级市 2003—2014 年上游度均值变化箱线图，具体分布结果如图 2－3 所示。从图 2－3 中我们可以发现，我国各城市产业上游度均值大都分布在2.5~3.5，行业整体上处于价值链中游位置。我国作为世界各国的“制造工厂”，依托劳动力优势，承接许多来自发达国家生产订单，从事处于价值链中端的加工组装任务。从图2-3中我们可以看到，还存在一些上游度较大的异常值（10~20），每个城市之间经济发展状况、资源禀赋、产业分布状况都存在异质性，因而测量出的上游度之间会存在较大差异。同时，由于测算过程中采用的投入产出表并非连续而是国家统计局每5年统计一次上游度测算中的进出口贸易、总产出数据，统一使用相关统计年鉴中经过统一口径计算后的17个行业的总产出、出口和进口数据等，都会造成些许极端值的出现。改革开放以来，依托人口红利和资源优势，我国成为“世界制造工厂”，主要从事价值链中低端生产活动，从而陷入发达国家“低端锁定陷阱”，这不利于我国产业结构优化升级。近年来，我国加大力度调整产业结构，注重国内价值链构造，创造属于中国的品牌和技术。无论从中位数、上四分位数还是下四分位数来看，我国行业价值链长度随着时间的推移呈现稳态上升趋势。这表明我国产业链长度在不断延伸，不再仅仅处于中游阶段，价值链不断向研发设计、科技服务等上游环节攀升。

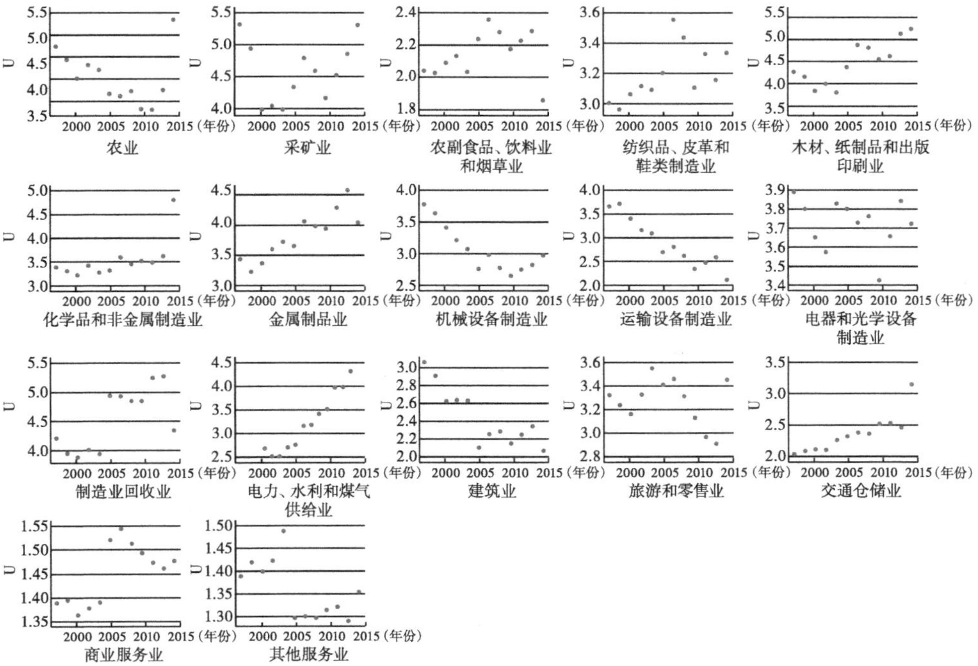

图2-4　17个行业价值链长度动态图

注：本图由Stata14软件绘制而成，国内价值链长度基于30个省份以及国家投入产出表计算所得，数据来源于国家统计局、国研网。

进一步考察我国 17 个行业上游度动态变化情况，总体而言，处于价值链上游的行业主要有采矿业，制造业回收业，木材、纸制品和出版印刷业，价值链上游行业大都属于原材料供应和能源开采的资源型行业。处于价值链中游的行业主要有化学品和非金属制造业，运输设备制造业，纺织品、皮革和鞋类制造业，价值链中游行业大都属于机械设备的制造型行业。处于价值链下游的行业主要有商业服务业、交通仓储业、其他服务业，价值链下游行业大都属于服务型行业。不同行业上游度存在差异，这主要由于行业属性所导致。上游度表示一个行业距离最终产品的距离，资源型行业产品通常作为其他生产部门的中间投入，难以成为最终产品投入市场，因而上游度较高；而服务业产品具有无形性且为人服务的特征，非常接近消费者，因而上游度较低。从图 2 -4 中可看出，采矿业，农副食品、饮料业和烟草业，纺织品、皮革和鞋类制造业，木材、纸制品和出版印刷业，金属制品业，电力、水利和煤气供给业，交通仓储业的价值链长度在平稳中上升。而农业、机械设备制造业、运输设备制造业、建筑业、其他服务业价值链长度在不断下降。价值链上下游链条再不断向外延伸，我国价值链整体长度在伸长，链条结构在不断优化。同时，受 2008 年汶川地震、南方特大雪灾、全球金融危机等一系列大事件的冲击，制造业回收业 、旅游和零售业、商业服务业在 2008 年左右上游度开始不断下降，不过上游度均值依然略高于 2008 年之前。

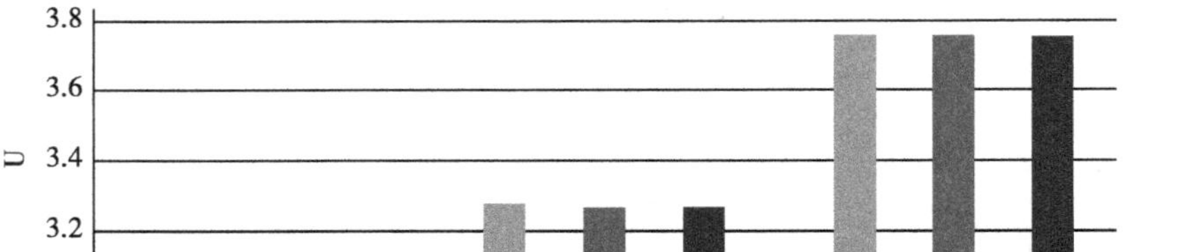

图 2 -5　东部、中部、西部价值链分布图

注：本图由 Stata14 软件绘制而成，国内价值链长度基于 30 个省份以及国家投入产出表计算所得，数据来源于国家统计局、国研网。

按照国家分类标准，将本部分的 23 个省份划分为东部地区、中部地区、西部地区[①]。图 2 -5 即为东部、中部、西部地区 2003 年、2007 年、2012 年上

① 按照《国家统计局网站》，由于西藏地区数据缺失问题，本部分的 23 个省份划分如下：东部地区——北京、上海、天津、江苏、浙江、广东、福建、山东、河北、辽宁。中部地区——安徽、湖北、湖南、吉林、黑龙江、山西、河南、江西。西部地区——四川、贵州、云南、陕西、广西。

游度分布情况，从图 2－5 我们可以发现，三个地区的平均行业上游度水平大约为 3，这表明三个地区行业产品至少需经过三个生产阶段才能到达最终消费者手中。三个地区上游度水平具有明显差异，西部地区上游度水平最高、中部地区次之，东部地区上游度最低。东部地区地处沿海，经济发展水平较高，积极参与全球价值链分工，而全球价值链可能会抑制现代服务业的发展，两头在外的是价值链高端环节，即现代生产性服务业在外，知识技术密集的产业在外，价值链处于低端锁定状态。而中西部地区自然资源密集，西部地区能源、矿产资源极为丰富。中西部地区原材料、能源开采类行业居多。行业“自然属性”造成中西部地区行业上游度居高。同时，东部、中部、西部地区之间经济发展条件差异明显，具有开展专业化分工的条件。东部地区为了实现产业升级，把制造业向中西部地区转移，自身发展上游度较低的服务业。上游度是我们关注的重点，但是上游度值不是衡量经济发展水平的唯一标准，我们需要把研究重点放在提升价值链长度方面。中西部各地区应该因地制宜，根据自身特点有节奏、有方向地提升价值链长度。具体而言，中部地区具有连接东西、贯穿南北的区位条件，产业体系较为完整，主要发展交通物流方面以及价值链中端行业。东部地区是中国经济发展的示范区、先行区，对全国经济都发挥着重要的引领和辐射带动作用，应打造具有国际影响力的创新高地，率先实现价值链长度的攀升，引领新兴产业，实现产业升级。

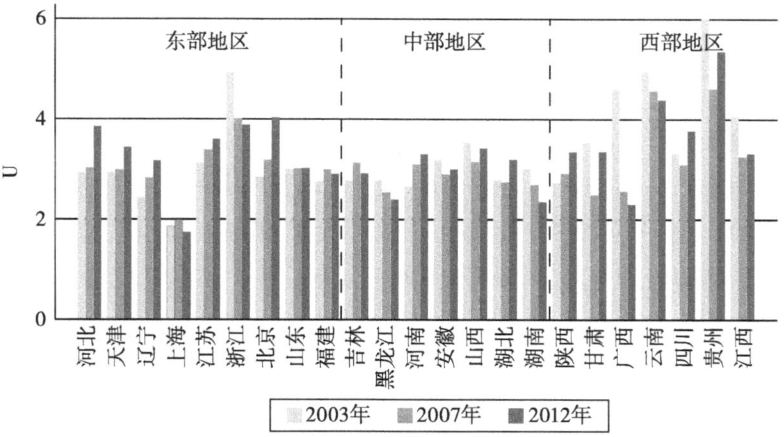

图 2－6　中国 23 个省份平均价值链长度

注：本图由 Stata14 软件绘制而成，国内价值链长度基于 30 个省份以及国家投入产出表计算所得，数据来源于国家统计局、国研网。

中国各个省份地理位置、人口环境、政策导向、产业布局都存在较大差异，具体分析各个省份价值链长度，对认清产业发展现状、实现产业升级具有现实意义。在图 2－5 的基础上更为细致地绘制了中国 23 个省份 2003 年、2007 年、2012 年平均价值链长度。从图 2－6 可以看出相比于 2003 年，2007 年东部绝大部分省份的价值链长度都有所增加，江苏、上海、北京、福建、辽宁的增长幅度较大，这几个地区充分利用自身区位优势、工业基础和政策支持，吸收大量拥有高技术含量、高专业知识的高素质人才，提升人力资本质量，带动地区创新研发能力，促进产业价值链向上延伸。大部分东部省份价值链都是趋于上升趋势，东部地区拥有得天独厚的地理环境以及较好的经济发展水平，已经率先实现产业升级。这些省份价值链在不断延伸，掌握价值链中核心环节、关键技术。中部地区省份中安徽、山西、湖北的价值链长度呈现先下降后上升的趋势，而黑龙江和湖南价值链长度在不断下降，河南则与之相反，价值链呈现不断上升趋势。中部各省份价值链变化情况差异性较大，但是价值链长度落在较小的区间范围内，价值链长度值波动较为平缓。相较于其他省份而言，西部地区中的云南和贵州 2003 年、2007 年、2012 年的价值链长度都处于较高水平，云南和贵州地处云贵高原，自然资源比较充裕，从事价值链上游的生产活动居多。整体上看，西部各个省份的价值链长度都略高于东部和中部省份价值链长度。

三、国内价值链与高端服务业发展

服务业是经济发展的黏合剂，联结各个价值链节点，同时其作为各个生产环节的中间投入品影响价值链各个环节运行以及链条中附加值的高低（黄繁华等，2019）。服务业贯穿产品设计研发、生产组装、质量管控、物流运输、市场营销、品牌管理等环节。研发服务、创意设计、品牌管理等在内高端服务业具有高知识含量、高技术含量、高附加值特征，其是提升价值链生产环节增加值和竞争力的关键因素，能够提升效率，扩展增加值增长空间。信息服务水平的提升，可以消除价值链上不同企业之间的信息不对称，促进企业信息共享和协同运作。物流服务效率的提升，推动企业间生产流程分工合作的深化，改进和优化空间布局。同时，国内价值链的延伸为高端服务业的发展提供一套标准，国内价值链长度的增加表明价值链上各行业在不断进行自我升级，未升级、技术水平落后，产业内部不合理的行业将会被淘汰，相应会促使链条中的行业不断优化结构、提升生产力水平，也即国内价值链的提升可以促进我国高端服务业的发展。图 2－7 中 proportion 表示高端服务业在服务业中的占比，dag 和 sag 分别表示高端服务业多样化集聚和专业化集聚，U 是用上游度衡量的国内价值链长度。样本量为全国 230 个地级市 2003—2014 年的平均化数据。从中可以清晰看到我国国内价值链长度越长，我国高端服务业发展水平越高，也即国内价值链长度的提升可以阻碍我国高端服务业的发展。具体看来，国内价值链对高端服务业占比的促进作用最大，对高端服务业的专业化集聚促进作用次之，而高端服务业的多样化集聚促进作用最小。国内价值链与高端服务业空间集聚化指标之间存在的正相关关系，明显弱于高端服务业发展的直观指标高端服务业占比。

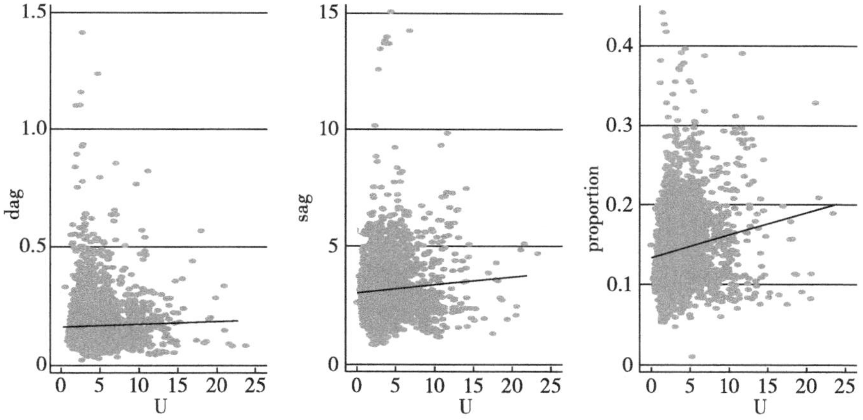

图 2－7　高端服务业与国内价值链关系图

注：本图由 Stata14 软件绘制而成，国内价值链长度基于 30 个省份以及国家投入产出表计算所得，数据来源于国家统计局、国研网。高端服务业发展数据来源于《中国城市统计年鉴》和 EPS 数据库。

具体再从细分行业制造业角度考察国内价值链对高端服务业的影响。制造业价值链长度（manufacture）对高端服务业发展的影响结果见图 2－8。从图 2－8 中我们可以清晰看到制造业价值链与高端服务业在服务业中占比正相关性最强，与高端服务业的专业化集聚水平相关关系次之，而与高端服务业的多样化集聚则呈现负向相关关系。比较图 2－7 和图 2－8，我们发现制造业价值链对高端服务业占比以及高端服务业多样化集聚促进作用明显强于整个国内价值链；而对高端服务业多样化集聚则从国内价值链的正向促进作用转变为制造业价值链的负向阻碍作用。我国早期制造业在全球价值链中处于中低端环节，行业附加值低。我国基于此现状，着力调整产业结构、转变发展方式，致力于让“中国制造”转变为“中国创造”。制造业作为我国三大产业中的重点产业，单独研究其对高端服务业的发展具有现实意义。高端服务业与制造业联系紧密，制造业为金融、技术服务、科学研究、医疗保健等方面提供中间产品。我国现如今大力提升制造业发展质量，制造业价值链的长度和深度都在不断延伸，由此而引致整个链条中处于顶端的高端服务业的发展，也即本部分用高端服务业占比所表示的指标。制造业价值链发展对服务业发展的风向标高端服务业占比的促进作用最大。制造业价值链发展对高端服务业发展中的集聚指标呈现两极化。对专业化集聚指标呈现促进作用，制造业价值链提升，链条上的各个生产环节所包含的技术、工艺流程等都得到大幅提升。整个生产质量上升促使下游高端服务业需以更高的标准要求自身产品。高端服务业就会根据上游制造业具体类型产生集聚：大量同类的高端服务业聚集一起，专注于发展擅长领域，以求获得更好的竞争地位，承接上游高质量制造业的中间产品，以更高的标准质量提供服务。而制造业价值链对高端服务业的多样化集聚会产生负效用，制造业价值链的提升对链条顶端的高端服务业的促进作用主要体现在专业化、高技术人员比例等方面的提升。而多样化集聚只是简单的高端服务业的行业集聚，同时多样化集聚容易造成地区资源紧张，人员过于密集造成拥挤效应，反而不利于高端服务业的发展。总而言之，制造业价值链对高端服务业占比和高端服务业专业化集聚都有较强的促进作用。

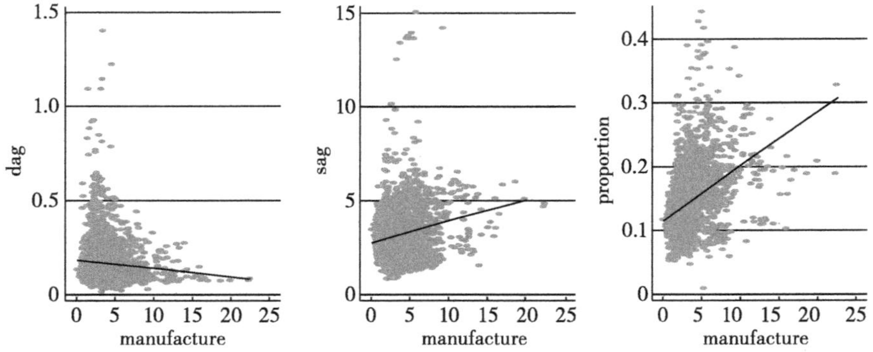

图 2-8　高端服务业与制造业价值链关系图

注：本图由 Sata14 软件绘制而成，国内价值链长度基于 30 个省份以及国家投入产出表计算所得，数据来源于国家统计局、国研网。高端服务业发展数据来源于《中国城市统计年鉴》和 EPS 数据库。

国内价值链的延伸对高端服务业发展的影响和作用机制归纳起来主要表现在以下几个方面：

第一，制造业和服务业的互动发展。国内价值链是专业化分工的产物，生产过程碎片化，提升企业效率，每个部门各尽其能，减少不必要的企业间交流和学习成本。对于制造业而言，制造业企业将如财务管理、人力资本管理、制造加工、生产设计等部分业务外包出去，将有限的内部资源专注于自身核心业务，从而提升产品质量。与上述外包相对立的形式是内购，制造业可选择购买服务作为中间投入品。这一方面有利于生产部门全面把控生产过程，提升产品质量，购入服务中间环节产品用于自身生产，不仅可以省去企业部分生产过程，还便于企业经营管理，生产过程由自己全程监控。另一方面，内购服务中间环节产品可以把服务的创新模式、创新要素融入制造业生产过程中，从而可以提升生产技术。在与外部人员交流合作时，知识溢出效应发挥作用，外部人员以自愿或非自愿的方式传播专业技术，企业内部人员通过“干中学”不断提升自身专业化知识，从而更好地投入企业的生产制造。以上是服务业向制造业中注入优质技术、知识、信息与高级生产要素的方式。价值链不同环节，所嵌入的服务业有所差异，处于价值链上游的主要是研发和人力资源服务；处于价值链中游的主要是创新商务服务、质量控制服务；而处于价值链下游的主要是市场营销、物流和售后服务。对于服务业而言，从制造业部门单独分离出去的高端服务业可以在专业化服务企业得到更好的专业化发展，由此可以产生巨大的规模效应。制造业内部的服务部门内部人员的专业知识必然没有专业化服务企业的业务能力强，服务业从制造业中抽离出去不仅有利于提升自身专业能力，而且可以提升制造业生产效率。

第二，国内价值链长度的提升迫使高端服务业发展升级。“微笑曲线”用来描述产品从研发到制造再到生产营销的整个链式循环和价值增值过程，这个概念最早由宏基集团董事长施振荣于 1992 年提出，我国产业大部分处于“微笑曲线”中间部分，两头高附加值、高技术含量环节较为薄弱。早期我国致力于参与全球价值链，大量承接发达国家低技术含量的订单，我国产业容易陷入“低端锁定”的陷阱。为了取得长远发展，我国开始着力于构建国内价值链，依托国内巨大市场，以东部地区为价值链的链主，加大科研创新投入，推动链条两端不断向外延伸，链条内各个产业不断转型升级，国内价值链长度不断延伸，这会反过来促进价值链条中的各行业产生危机感。如果要在更长、附加值更高的链条中存活下来，而不被淘汰到低附加值、低技术含量的初级链条中，各行业就要不断优化产业内部结构，提升产业科技水平，与其他产业实现合理有效融合。高端服务业虽然自身在国内价值链中处于高端地位，但是为了抢占中级甚至高级国内价值链中高端地位，高端服务业需不断发展。近年来，我国高端服务业依托互联网发展浪潮，实现与互联网融合，将服务随时随地带到千家万户。“高端服务业＋互联网”的新模式给高端服务业发展带来新的发展思路、新的发展方向，是高端服务业向更高级价值链链条延伸的途径之一。

第三，国内价值链和高端服务业互为因果的相互促进。国内价值链整个链条的构建，无疑会倒逼链条中的高端服务业的发展。高端服务业只有技术含量、附加值等更高才能适应更高级的国内价值链，在更大的平台上获得长远高效益的发展。如果高端服务业不愿迎合价值链升级，那么自然而然会被淘汰到低端产业链中。而高端服务业作为国内价值链中重要一环，对国内价值链的发展起到举足轻重的作用。高端服务业本身处于价值链的顶端，属于链条中的链主，拥有较高的“话语权”。可以通过技术溢出途径，来使链条中其他行业技术含量提升。高端服务业在服务于其他行业过程中无形或者有形中会把自身行业高技术、高质量、高标准的方法渗透在交流行业中。首先，高端服务业对服务业本身的影响。王恕立和胡宗彪（2012）认为不同服务业对于信息技术的反应力不同，研究发现信息技术主要通过直接效应、融合效应和扩展效应以及拉动效应作用于服务业。何德旭和姚战琪（2006）研究认为，高端服务业中的金融服务业是服务业的核心。金融业在国民经济运行中发挥的作用如下：维持金融体系稳定、为其他产业融通资金、作为维持国民经济中产业结构均衡发展的服务性产业。目前金融业前向关联产业逐渐由钢铁制造业、纺织业、工业化学、食品饮料等传统制造业向批发零售业、房地产业、运输和仓储业等服务业延伸，为服务业自身发展提供更好的服务。其次，高端服务业对制造业的影响。江静等（2007）研究表明，服务业对制造业竞争力提升具有促进作用。高端服务业中内含的高知识资本、技术资本和人力资本可以提升制造业附加值和竞争力。而高端服务业和制造业的融合发展是当今产业发展的重要趋势，制造业服务化是未来制造业转型升级发展的主流趋势。高端服务业又作为服务行业中的核心，其技术溢出效应带来的效应高于同行业中的其他行业，对制造业的促进作用更加强劲。国内价值链和高端服务业之间相辅相成、互相促进、共同发展。

第二节　国内价值链对现代化经济体系建设的影响

现代化建设是我国不懈追求的目标，早在20世纪60年代，我国第一次提出了建设社会主义现代化强国的伟大构想。20世纪80年代，党的十三大再次提出了建设社会主义现代化的"三步走"发展战略，即到1990年国民生产总值比1980年翻一番，解决人民的温饱问题；到20世纪末国民生产总值再增长一倍，人民生活达到小康水平；到2035年我国基本实现社会主义现代化，到21世纪中叶，把我国建设成富强民主文明和谐美丽的社会主义现代化强国。

总而言之，现代化经济体系是由社会经济活动的各个层面、各个环节、各个领域的相互关系以及层面、环节、领域的内在联系构成的经济体系，体现了经济的整体性和系统性（高培勇等，2009；沈开艳等，2018；冯柏等，2018；刘志彪等，2018）。而国内价值链则是以国内市场需求为依托，国内企业充分整合国内资源即原材料供给、零部件生产、产品组装、物流运输、市场营销等环节，从而形成一套完整的产业生产分工体系。现代化经济体系和国内价值链有异曲同工之妙，现代化经济体系涉及社会经济活动的方方面面，国内价值链包括产业部门的整个生产活动。现代化经济体系建设是实现中国梦的途径之一，加快完成现代化建设具有现实意义，而完善国内价值链建设是实现现代化建设的必经之路，因而研究国内价值链与现代化经济建设具有一定的现实意义。

一、现代化经济体系的内涵与特征

国内价值链的相关内涵在上一小节已做简要概述，本小节不再重复论述。本小节重点论述现代化经济体系的内涵和特征以及国内价值链对我国现代化经济体系建设的推进作用。我国现代化经济体系总体框架，概括来说就是要坚持一个方针、坚持一条主线，建设创新引领、四位协同的产业体系和"三有"的经济体制（刘志彪，2018）。具体来说，一个方针即强调质量第一、效率优先。一条主线就是要坚持供给侧结构性改革深化。供给侧结构性改革旨在调整经济结构，提高供给质量。不再以数量为唯一目标，数量是基本要求，质量是根本。创新引领、四位协同的产业体系建设，也就是要建设实体经济、科技创新、现代金融、人力资源协调发展的现代化产业体系。其中根本和目标在于实体经济发展，任何脱离实体经济的发展轨道，出现房地产过剩的泡沫经济倾向，必然会影响中国国民经济可持续发展、稳健发展；其中，实体经济发展的第一驱动力在于科技创新，经济活力来自科技创新，创新是激发经济活力的原动力；保障经济健康运行的血液系统是现代金融；现代化经济体系建设的第一生产力则是人力资本。建设“三有”的经济体制即市场机制要有效率、微观主体要有活力、宏观调控要有度（周莹，2019）。现代化产业体系包含以下七大方面内容，即市场体系、产业体系、城乡区域发展体系、绿色发展体系、收入分配体系、开放体系以及政府和市场的经济体制等（刘志彪，2018）。这七个方面相辅相成、有机整合、相互促进。

习近平总书记在2018年1月中共中央政治局第三次集体学习时明确指出：产业要实现实体经济、科技创新、现代金融、人力资源协同发展的产业体系；市场体系要做到统一开放、竞争有序（荆林波，2018），具体要“实现市场准入通畅、市场开放有序、市场竞争有序充分、市场秩序规范”；收入分配体系必须实现公平有效，“实现收入分配合理、社会公平正义、全体人民共同富裕，推进基本公共服务均等化，逐步缩小收入分配差距”；城乡区域发展体系要做到优势突出、协调联动，“实现区域良性互动、城乡融合发展、陆海统筹整体优化，培育和发挥区域比较优势，加强区域优势互补”；绿色发展体系必须做到环境友好和资源节约，“实现绿色循环低碳发展、人与自然和谐共生、牢固树立和践行绿水青山就是金山银山的理念”；开放体系要做到多元平衡、安全高效，“发展更高层次开放型经济，推动开放朝着优化结构、扩展深度、提高效益方向转变”；现代化经济体系建设要做到以市场作用为主体、以政府作用为辅体，做到市场机制有效与微观主体有活力以及宏观调控有度三者间的协同（蒋梦惟，2018）。

现代化经济体系建设的核心和基础是现代产业体系建设。产业体系建设包括实体经济、科技创新、现代金融、人力资源等四个方面，落脚点在于实体经济发展，其他三个方面都是手段、方式。四个方面相互协同是现代化产业体系内在要求，最终目标是实体经济规模不断壮大、实力不断增强，推动新一代信息技术、绿色低碳、数字经济、生物医药、高端装备制造、新材料发展，并且要让科技创新在实体经济发展中的贡献强度不断增强，金融服务实体经济的能力不断提升，人力资源保障实体经济壮大的效应不断强化。现代化经济体系建设的最终目标是实现发展更高质量、更有效率、更加公平、更生态绿色（沈开艳，2018）；功能性目标是推进质量变革、效率变革、动力变革。实现质量变革，顾名思义，即实现产品及服务质量的提高，国民经济各领域、各层面素质的全面提升；实现效率变革，即替补原来高速度发展的低效率洼地；实现动力变革，即由原来劳动力数量和成本红利转变到质量红利，由成本价格优势向标准、品牌、质量、技术、服务为核心的核心竞争优势转变。中国供给体系产能十分强大，但大多数满足于中低端、低质量、低价格的“三低”需求（高培勇，2019）。从工业主导转向服务业主导，从低端结构逐步转向中高端结构。第一阶段为工业化，劳动力从农业部门转移出来，进入工业部门；第二阶段为服务化过程，服务业成为国民经济的支柱产业，成为吸纳就业的主要产业。产业部门内部从低端向中高端转变。主要表现在服务业内部结构高级化，推动教育、医疗、文化、专业服务等知识密集型服务业发展；建设制造业强国，发展先进制造业，推动互联网、大数据、云技术、人工智能和实体经济深度融合；构建现代化农业生产体系、产业体系、经营体系，培育新型农业经营主体，健全农业社会化服务体系，实现现代科技与农业融合以及小农户和现代农业发展有机衔接。

二、国内价值链对现代化经济体系建设的影响

我们进一步通过散点图来研究国内价值链构建对现代经济体系的影响。本部分分别从内容体系、动力体系和供给体系来刻画现代经济体系。内容体系指制造业升级，我国第二产业目前占比依然较高，制造业升级不仅可以优化产业结构，还能为经济体系发展注入活力。资本、劳动力、技术是经济发展的基础，是每个国家经济发展水平存在差异的根本原因。本部分选取三大指标，即工业产值资本密集型比重（cappro）、工业产值劳动力密集型比重（labpro）、工业产值技术密集型比重（techpro）来表示现代化经济建设中的内容体系建设。动力体系在本部分采用全要素生产率（tfp）和绿色全要素生产率（gtfp）来衡量。动力体系采用 Deap2. 1 软件计算得来，其中资本采用永续盘存法计算，固定资产折旧率采用单豪杰（2008）文章中所采用的 10. 96% 。同时为更加切合绿色理念，本部分测算了绿色全要素生产率，借鉴匡远凤（2012）和陈诗一（2009）的方法，将污染作为一种投入，纳入生产函数中。全要素生产率是衡量企业生产率的综合指标，也即生产力，全要素生产率提高了，产业结构就会升级，生产力水平就会提升。用专利申请来衡量现代经济体系的供给体系，专利数量提升，表示我国各产业科研创新能力提升。专利申请方面的指标主要有专利申请总量（toalpalent）、发明专利申请量（invent）、外观设计申

请量（appearance）、实用新型申请量（function）。首先，我们分析国内价值链对现代经济体系内容体系的影响，结果如图2-9所示。国内价值链与内容体系的三大指标cappro、labpro、techpro有正相关关系，即国内价值链长度延伸可以促进经济体系中的内容体系优化，也即有利于制造业升级。我国国内价值链长度的延伸是各个产业协同发展所带来的效应，制造业是我国的重点产业，是我国经济健康稳定发展的支柱产业。制造业发展和国内价值链长度之间的促进作用是相辅相成的。制造业作为国内产业链条中的重要一环，处于价值链中游。当制造业转型升级时，自身技术含量提升迫使上游产业也必须提升产品质量来迎合中游市场需求，而下游市场购入上游高质量的中间产品投入生产，相应的下游生产部门的产品在质量和外形设计等方面都有所提升，因而整个产业链条都有质的提升。而产业链长度的延伸则是多方面带来的，如前文研究的高端服务业的发展提升了整个链条的科研创新水平。国内价值链长度延伸为整个产业部门营造了高品质、高技术含量、高效率的生产环境。大环境驱使制造业必须转型升级，我国制造业在全球化发展浪潮的影响下，承接来自发达国家的技术含量低的生产订单，现如今这个局面遏制住了制造业发展的“喉咙”，同时也不利于制造业在国内价值链中发展。制造业把部分服务外包出去，这可以让制造业通过服务外包获得知识溢出效应。服务外包承接来源国大都是发达国家，它们对产品质量要求高，同时科研创新能力强，在外包过程中发生产品和人员流动，“干中学”效应发挥主导作用，制造业获得外部技术水平，而内部用有限的资源发展核心业务，制造业实现升级转化。从图2-9中也可以明确看出工业产值技术密集型比重（techpro）对现代经济体的促进作用最大，具体来说，当国内价值链长度延伸1%，工业产值技术密集型比重将会延伸0.08%。国内价值链长度延伸，链条整体创新水平提升，而创新则是现代化建设的主要驱动力。

其次，我们分析国内价值链对现代经济体系动力体系的影响。从图2-10可以看出，国内价值链与现代经济体系的动力体系并无明显关系，但这不能表明，国内价值链的提升对全要素生产率没有影响，只能说明两者之间没有直接关系，而是通过某个渠道来间接影响全要素生产力。国内价值链长度延伸最直观的表现是各产业技术水平的提升，本部分认为国内价值链通过技术渠道来间接影响全要素生产率和绿色全要素生产率。本部分全要素生产率测算中投入的只是劳动和资本，技术并没有作为其投入要素，但科研创新能力的提升能够提升劳动力效率以及使资本实现最大化利用，从而提升全要素生产率。国内价值

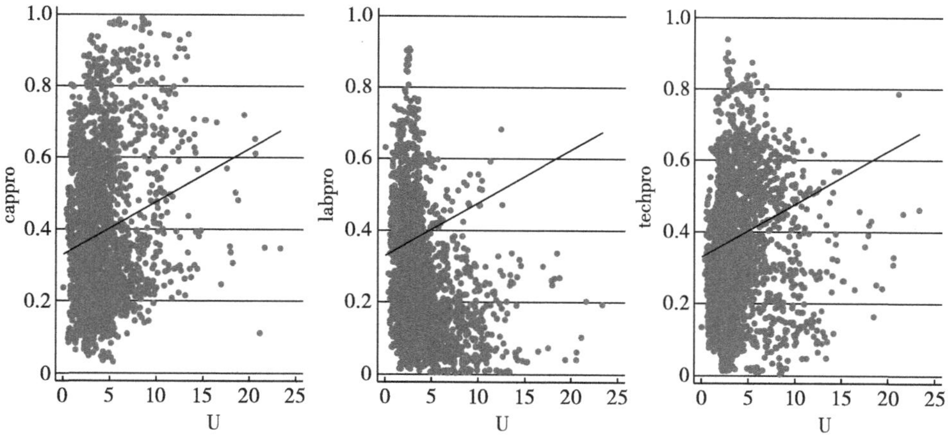

图2－9　国内价值链对现代化经济体系内容体系的影响

注：本图由Stata14软件绘制而成，国内价值链长度基于30个省份以及国家投入产出表计算所得，数据来源于国家统计局、国研网。内容体系（制造业升级）由工企数据库整理而得。

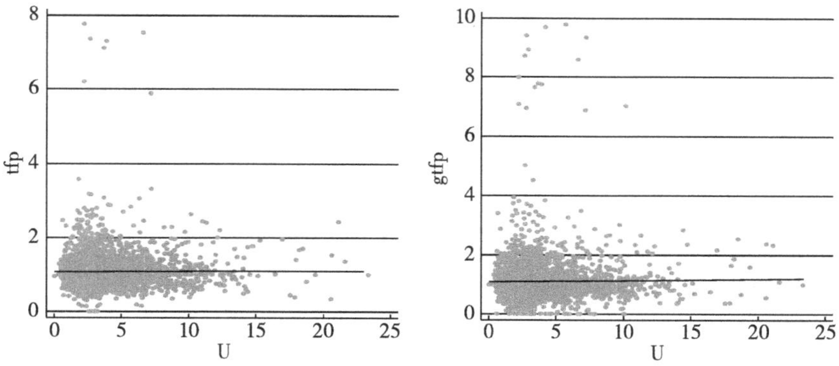

图2－10　国内价值链对现代化经济体系动力体系的影响

注：本图由Stata14软件绘制而成，国内化价值链长度基于30个省份以及国家投入产出表计算所得，数据来源于国家统计局、国研网。动力体系中能源消费量数据来源于《中国能源统计年鉴》，城市污染数据和投入、产出数据由《中国城市统计年鉴》整理而得。

链对我国经济体系中的供给体系的影响如图2－11所示。从图2－11中我们可以看出，国内价值链对用四种不同形式的专利刻画的供给体系都存在促进作用。从图中拟合线的斜率我们可以看出，国内价值链对用发明专利申请数量刻画的供给体系促进作用最大，其次是实用新型申请量，对外观设计申请量的促进作用最小。国内价值链的提升表明整个产业链条对产品技术、质量的要求在不断提升。为了在高附加值、高产出的链条中生存下来，国内产业链中的微观主体必须不断提升科研创新能力。这引发各行业微观主体从被国内价值链升级迫使科研创新，向各行业微观主体为了适应链条发展主动加大科研投入转变。微观企业主体如果想要在高水平价值链条上存活下来，一方面需加大科研创新投入，以技术获取竞争力；另一方面还需迎合巨大的国内市场需求，根据消费者要求定制化生产产品，因而国内价值链长度延伸对实用新型申请量增加的促进作用较大。与此同时，人民群众对于美好生活愿望的要求日益高涨，不仅需要产品实用，也要求产品外观赏心悦目，因而对于外观设计的申请量也会随之上升。党的十九大报告指出："加快实施创新驱动发展战略，强化现代化经济技术体系建设。"创新可以促进国内价值链长度的延伸，相应的，国内价值链长度的延伸要求链条中各参与主体科研创新水平提升。

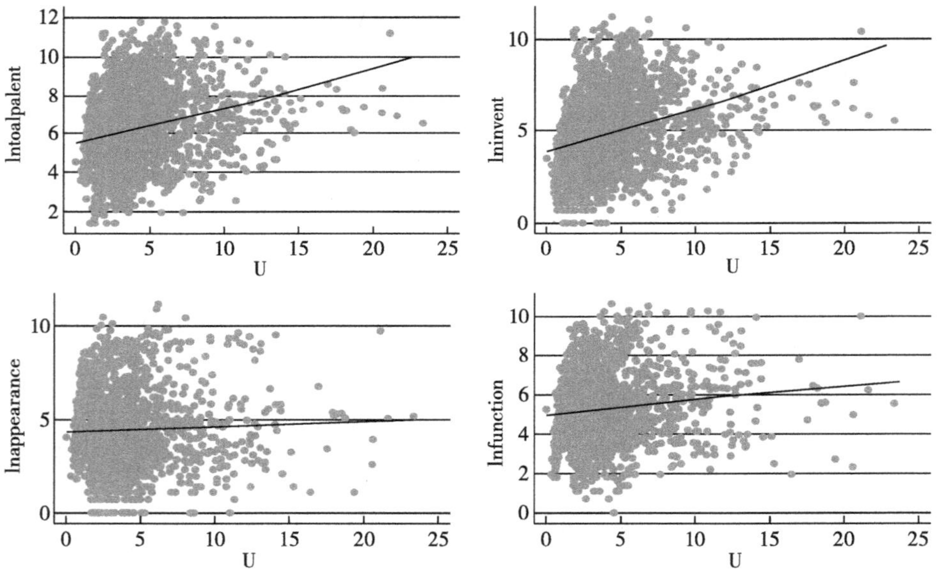

图 2－11　国内价值链对现代化经济体系供给体系的影响

注：本图由 Stata14 软件绘制而成，国内价值链长度基于 30 个省份以及国家投入产出表计算所得，数据来源于国家统计局、国研网。供给体系中的专利数据由《中国城市和产业创新力报告》和中国知识产权数据库整理而得。

总而言之，国内价值链对现代经济体系的内容体系和供给体系的促进作用较明显，而对动力体系的影响并不明显。国内价值链能够把国内各个产业联系成有机主体，而不是两端核心产业在外。这可以促进我国掌握链条中各个环节的核心业务，建立自有品牌，拥有技术、产品、品牌等绝对话语权。国内价值链中任一环节的生产能力、技术水平的提升都会通过传导机制影响上下游部门，从而促进整个价值链条的提升。国内价值链是现代产业体系的核心部分，国内价值链不断升级促使产业体系持续优化，不同产业内部各部门协调发展。其中，产业体系是现代化经济体系建设的核心和关键，实体经济、科技创新、现代金融、人力资源四个方面的要素相互协同、共同发展。产业体系依托国内价值链推动现代化经济体系建设目标的实现。

第三节 国内价值链、高端服务业发展与现代化经济体系建设

高培勇等（2019）在高质量发展背景下的现代化经济体系建设研究中指出，从传统经济体系转变到现代化经济体系，主要包括社会主要矛盾、资源配置方式、产业体系、增长阶段四个方面的转变；四个方面相互依赖、自成一体，社会矛盾的特征决定了资源配置方式的选择，资源配置方式决定了产业体系的特点，产业体系特征与经济增长阶段一致，经济的快速增长引发社会主要矛盾的转变。社会主要矛盾的转变主要表现在两个方面：一是需求范围的扩展，即除了物质文化生活需求，还有民主、法治、公平、正义、安全、环境等要求；二是层次质量提升，更加关注产品和服务质量，美好生活需要呈现出多样性、个性化的特征。服务业发展水平是衡量经济发展状况、质量的重要指标，而高端服务业则是服务业发展水平的指示器。高附加值、高技术含量、高人力资本的高端服务业拥有新技术、新方式、新业态，发展高端服务业是实现现代化经济体系建设的重要突破口。接下来，详细分析高端服务业对现代化经济体系建设的内容体系、动力体系和供给体系的影响。

一、高端服务业与现代化经济体系建设的内容体系

基于 Stata 软件，得到高端服务业对用资本衡量的内容体系的回归结果，在95%的置信区间下提取每年回归系数做折线图，得到图 2 - 12。从图 2 - 12 中我们可以清晰地看到，高端服务业专业化集聚（sag）对用资本衡量的内容体系（cappro）的回归系数为负，这表明高端服务业专业化集聚不利于现代化经济体系中内容体系的建设。高端服务业多样化集聚（dag）对用资本衡量的内容体系（cappro）的回归系数在0 左右波动，这表明多样化集聚对内容体系

的影响作用不显著。高端服务业在服务业中的占比（proportion）对用资本衡量的内容体系（cappro）的回归系数由正转负，在经济建设初期，高端服务业占比越高越有利于内容体系的建设，当经济发展到一定阶段时高端服务业占比的提高不利于内容体系的建设，因而，在发展过程中不仅需要不断提升高端服务业的比重，同时还应优化服务业内部各细分行业。

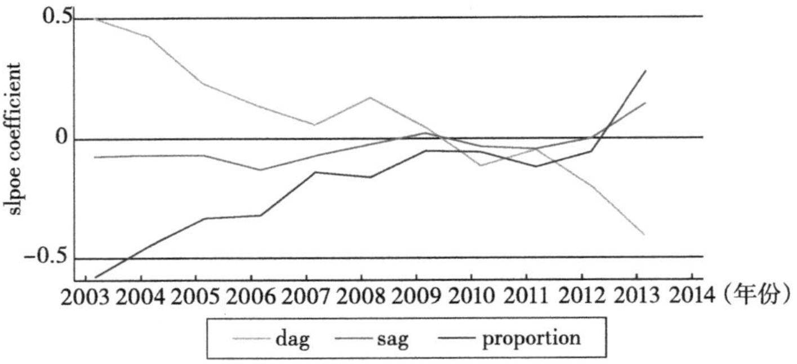

图2－12　高端服务业对内容体系（资本）回归系数时间趋势图①

注：本图由Stata14软件绘制而成，内容体系（制造业升级）由工企数据库整理而得，高端服务业发展数据来源于《中国城市统计年鉴》和EPS数据库。

图2－13是高端服务业对用劳动力衡量的内容体系回归系数随时间变化趋势图，从图2－13中可以看出，高端服业专业化集聚（sag）和多样化集聚（dag）的回归系数为正，而高端服务业占比（proportion）的回归系数则为负。具体而言，高端服务业专业化集聚（sag）和多样化集聚（dag）水平越高，则越有利于用劳动力衡量的内容体系建设，高端服务业专业化集聚和多样化集聚则表明大量高素质人才会聚，高端服务业在整个产业中的比重提升，相应的劳动力质量水平得到大幅提升。而高端服务业占比（proportion）越高，则相对会阻碍内容体系建设进程。

图2－14是高端服务业对用技术衡量的内容体系回归系数随时间变化趋势图，从图2－14中我们可以发现，高端服务业多样化集聚（dag）和高端服务业占比（proportion）的回归系数在波动中上升，并且两者的变化趋势相对一致，而高端服务业专业化集聚（sag）的回归系数则呈现在波动中下降的趋势。具体来讲，高端服务业专业化集聚（sag）的回归系数都为正，对技术内容体

① 为了消除回归中多重共线性、内生性等问题，本小节对自变量和因变量都取对数，得到更为精确的系数时间趋势图。

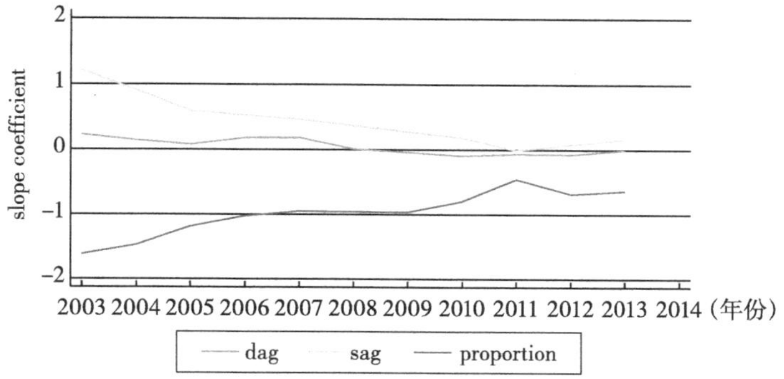

图 2－13　高端服务业对内容体系（劳动力）回归系数时间趋势图

注：本图由 Stata14 软件绘制而成，内容体系（制造业升级）由工企数据库整理而得，高端服务业发展数据来源于《中国城市统计年鉴》和 EPS 数据库。

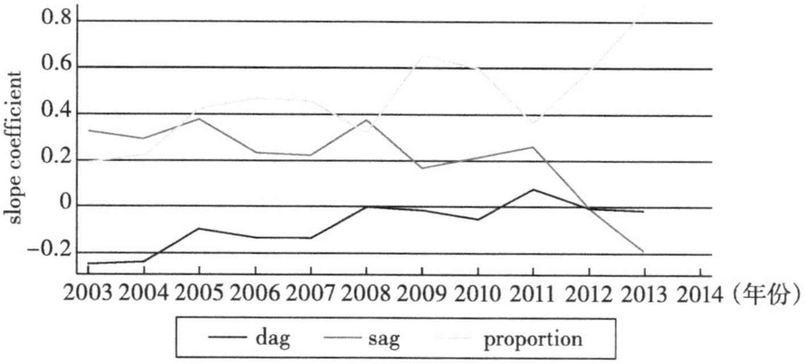

图 2－14　高端服务业对内容体系（技术）回归系数时间趋势图

注：本图由 Stata14 软件绘制而成，内容体系（制造业升级）由工企数据库整理而得，高端服务业发展数据来源于《中国城市统计年鉴》和 EPS 数据库。

系建设（tech）具有促进作用，但是随时间的推移促进程度在不断降低；高端服务业多样化集聚（dag）对技术体系建设（tech）具有阻碍作用，但是随着时间的推移阻碍不断转变为促进作用；高端服务业占比（proportion）越高，越有利于技术内容体系建设（tech），同时高端服务业占比对技术内容体系建设的促进作用最大。高端服务业技术含量越高，比重越高，行业的技术水平也就越高。创新是经济发展的动力，技术水平越高越有利于现代化经济体系建设。

二、高端服务业与现代化经济体系建设的动力体系

图 2－15 为高端服务业对动力体系的回归系数随时间变化趋势图，图上半部分是全要素生产率（tfp）衡量的动力体系系数结果，从图 2－15 中我们可

以清晰地看到，高端服务业专业化集聚（sag）与多样化集聚（dag）的系数变化趋势一致，并且在 0 上下波动。高端服务业占比（proportion）的系数同样也在 0 上下波动，在 2014 年系数下降幅度较大，长远来看，高端服务业占比提升可能对全要素生产率具有抑制作用。而高端服务业多样化集聚和专业化集聚的系数在 2014 年上升幅度较大，长远来看，专业化和多样化集聚水平的提升有利于全要素生产率的提升。为了更加符合绿色生产理念，图 2 – 15 为绿色全要素生产率的动力体系回归结果，从中可以看出无论是高端服务业专业化集聚、多样化集聚还是高端服务业占比的系数都在 0 上下剧烈波动，这表明衡量高端服务业发展的三种指标与绿色全要素生产率之间的关系可能并不显著。在 2014 年高端服务业发展的三种指标都变为正，长期来看，高端服务业对绿色全要素生产率的提升可能具有促进作用。全要素生产率实际上是一种投入产出比，是劳动力、资本、技术的开发利用效率，是技术进步对经济发展的综合反映。而衡量服务业发展水平的三种指标与技术进步之间可能存在间接关系，因而，无论是和全要素生产率还是和绿色全要素生产率都无明显稳定的相关关系。

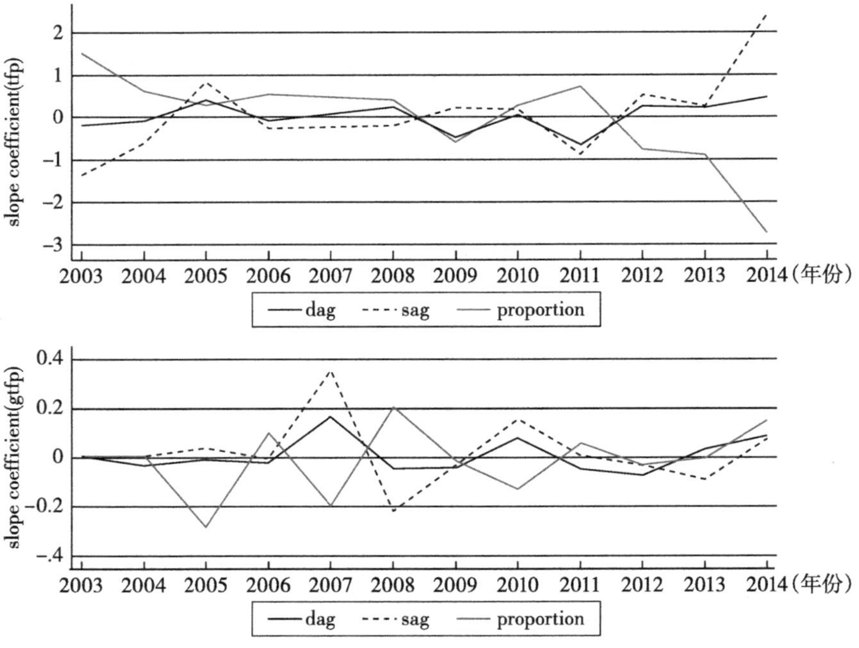

图 2 – 15　高端服务业对动力体系回归系数时间趋势图

注：本图由 Stata14 软件绘制而成，动力体系中能源消费量数据来源于《中国能源统计年鉴》，城市污染数据和投入、产出数据由《中国城市统计年鉴》整理而得，高端服务业发展数据来源于《中国城市统计年鉴》和 EPS 数据库。

三、高端服务业与现代化经济体系建设的供给体系

图 2－16 为衡量高端服务业的三种指标对专利申请总量的供给体系的回归系数随时间变化趋势图。从图 2－16 中可以发现，高端服务业占比（proportion）对专利申请总量的供给体系（appearance）的回归系数为正，并且系数值较大，表明高端服务业占比越高，越有利于供给体系的建设。高端服务业占比越高，行业结构越合理化，我国科研创新氛围越浓厚，各行业的科研投入越多，则专利申请量就越多。

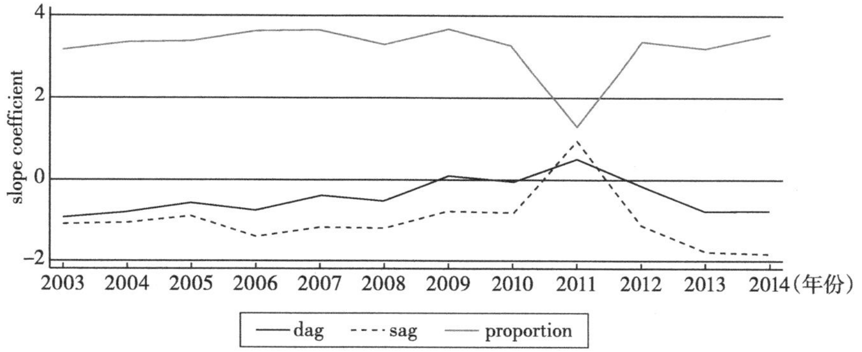

图 2－16　高端服务业对供给体系（专利申请总量）回归系数时间趋势图

注：本图由 Stata14 软件绘制而成，供给体系中的专利数据由《中国城市和产业创新力报告》和中国知识产权数据库整理而得，高端服务业发展数据来源于中国城市统计年鉴和 EPS 数据库。

高端服务业多样化（dag）、专业化（sag）集聚水平变化趋势相一致，在 2011 年以前系数呈现由负变正不断上升的趋势，而在 2011 年后系数则不断下降，就图中折线图而言，高端服务业多样化、专业化集聚水平不利于我国现代化经济体系的供给体系建设。衡量高端服务业发展水平的三种指标的回归系数在 2011 年都发生较大的波动，2011 年国际形势较为复杂多变，国内产业转型受阻等问题发生，对我国经济造成一定程度的影响。把我国现代化经济体系建设中供给体系，细分为用发明专利申请量（invent）、外观设计申请量（appearance）、实用新型申请量（function），高端服务业多样化（dag）、专业化集聚（sag）以及高端服务业占比（proportion）分别对其进行回归，得到随时间变化趋势图，如图 2－17 所示。从图 2－17 中我们可以清晰看出，高端服务业三种衡量指标对供给体系的三种刻画指标的影响趋势大致相同。高端服务业占

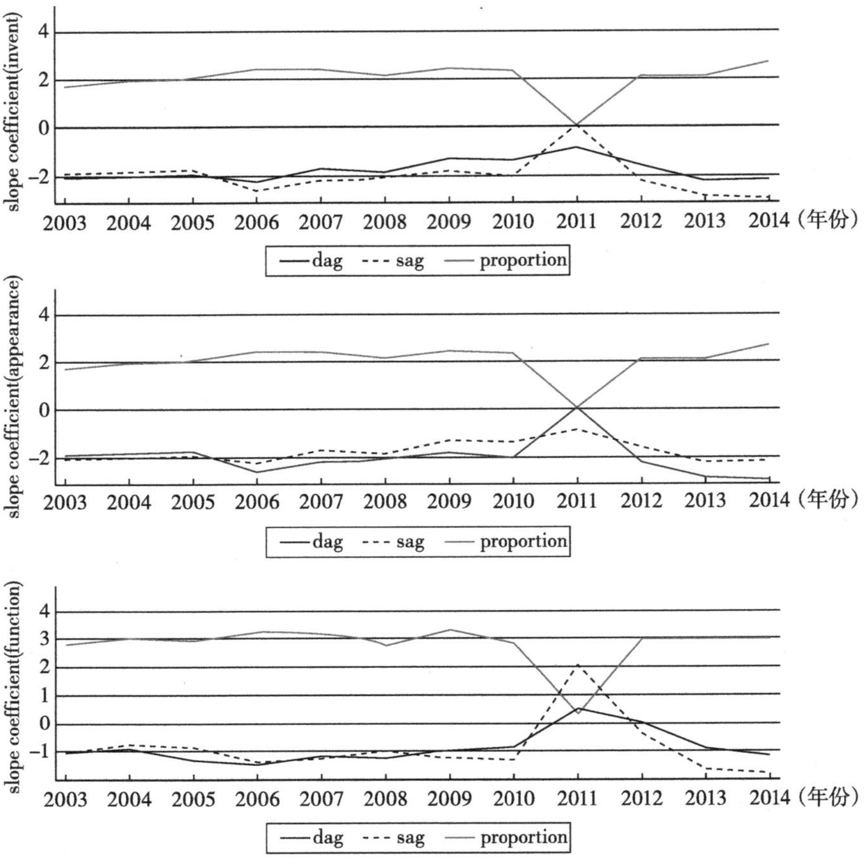

图2-17　高端服务业对供给体系（发明、外观、实用）回归系数时间趋势图

注：本图由Stata14软件绘制而成，供给体系中的专利数据由《中国城市和产业创新力报告》和中国知识产权数据库整理而得，高端服务业发展数据来源于《中国城市统计年鉴》和EPS数据库。

比对发明专利申请量、外观设计申请量、实用新型申请量的促进作用最大，这表明高端服务业发展水平的提升对我国经济建设中供给体系建设有明显促进作用。高端服务业的发展有利于激发各行业创新活力，提升各行业技术含量。而专业化、多样化集聚对供给体系建设具有一定程度的阻碍作用，从图2-17中可以看出阻碍作用并不大，影响较为细微。高端服务业专业化、多样化集聚可能存在一定的负面影响，大量产业集聚，导致技术在同一地区随着人员抑或生产活动发生流动，这可能一定程度上不利于新技术的产生，不利于科研创新的发展。

高端服务业贯穿中下游三个阶段，但是为了适应更高级的国内价值链发展要求，需不断优化自身产业结构、提升产业技术水平、与其他产业融合，实现从产业链内部发展到价值链产业间全面发展的提升。高端服务业的发展是我国经济发展水平的重要风向标，我国现代化经济体系建设是一个宏伟的目标，涉及我国经济社会的方方面面，以高端服务业发展为切入口，是构建我国现代化经济体系的有力途径。2015 年，习近平总书记在阐释“十三五”规划框架时明确指出：“要加快改造提升传统产业，推进信息化与工业化深度融合，着力培育战略性新兴产业，大力发展服务业特别是现代服务业，构建现代产业发展新体系。”可见高端服务业发展的重要性。高端服务业具有高技术含量、高附加值、高人力资本的特征，国家之间的经济竞争一定程度上是技术的较量，技术水平高的行业发展前景良好、自身实力雄厚，在产业中拥有绝对话语权，对经济体系构建具有极大的促进作用。服务业发展过程可能存在鲍莫尔的成本病，经济增长长期陷于停滞。因而服务业主导经济的过程必然伴随着服务业内部结构高级化的过程，以科教文卫等知识密集型服务业为主导，避免发展过程非连续性，实现增长跨越和高质量发展。由此可见高端服务业的发展不仅有利于服务业长期稳定的发展，还有利于经济体系水平的提升。也即高端服务业促进服务业结构优化，进而推动三大产业结构合理化，实现产业优化升级，最终为现代化经济体系建设贡献力量。

第三章　全球价值链视角的高端服务业引领现代化经济体系建设理论逻辑

第一节　全球价值链与高端服务业发展

一、全球价值链嵌入与高端服务业发展

改革开放四十多年来，随着对外开放程度的进一步提高，中国各地区进出口总额和外商直接投资总额呈现不断攀升的态势，地区全球价值链嵌入程度不断加深，成为全球价值链分工体系的重要组成部分。出于实现产业结构升级的考虑，全球价值链分工体系把发展重点落脚于拥有最多“高级要素”投入的现代生产性服务业的发展，尤其要高度重视高端服务业的发展。在全球价值链升级的过程中，产业结构的空心化程度往往取决于其是否占据 GVC 的高端环节，并且作用于非实体性经济活动（屠年松和曹宇芙，2019）。此外，产业结构的“空心化”过程将帮助一个国家获得更具优势的全球利益分配。生产者驱动型价值链的升级完善了国际劳动分工，而采购者驱动型价值链则激励了技术创新。在两者共同驱动的产业转移与政府及其他社会公共服务的混合作用下，依托于制造业的发展而发展的生产性服务业将出现空间集聚现象。

首先，全球价值链嵌入提高了对地区高端服务业发展规模的要求。全球价值链中的分工体系最为直接的表现就是跨国的产业转移，有助于发展中国家形成区域性的产业集聚，从而使得国际分工更加有效率。这种由发展中国家组成的产业集群不仅受益于国际贸易的推动，更会因占据主导地位的跨国企业的国际投资而形成得更加迅速。空间上形成的产业集群不仅有助于细化产业分工，同时还将衍生出众多服务业，以协助支持制造业实现更高水平的生产发展。全球价值链嵌入程度在很大程度上取决于地区高端服务业的发展规模。在产业集

群与国际分工的形成过程中，最大的受益者无疑是聚焦于发展实体经济的生产性服务业，不仅会得到蓬勃发展的机会，更会与制造业在空间上实现双向嵌入（冯泰文，2009）。生产性服务业往往需要耗费大量的知识资本和人才资本，在与制造业实现空间上的双向嵌入的过程中，这些智力资本能够大规模提升制造业生产的专业化水平，尤其表现在质量和数量方面，进而能够经由流通环节实现价值链的攀升。同时，生产性服务业是制造业中拥有最为密集的知识技术等高级要素投入的产业，其集聚的规模越大，就越有助于制造业生产成本的降低，从而在客观上实现制造业整体向全球价值链的更高位攀升（刘胜等，2019）。生产性服务业和制造业之间的关联还体现在生产性服务业是在制造业发展的基础上衍生，并在达到一定水平后分化出来的。生产性服务业借助于外部更加专业化的生产组织为实体经济的发展提供所必不可少的服务，这在很大程度上降低了制造业整体的生产与交易成本（刘胜和陈秀英，2020）。与此同时，生产性服务业还可以通过重新整合生产条件和生产要素、建立运行有效的生产网络体系、帮助价值链内的企业及时把握市场上稍纵即逝的盈利机会，从而研发新工艺、制造新产品、开拓新市场，助力企业与产品的品牌形象塑造。

其次，全球价值链嵌入提高了对高端服务业发展质量的要求。不同于消费性服务业，高端服务业是知识密集型的生产性服务业，高端服务业的发展质量在一定程度上受制于地区人力资本水平。中国制造业之所以能够在国内以及全球范围内形成营销网络，是营销人才和产品研发人才大规模聚集的结果，同时也是一个集运输服务、储存服务和金融服务于一体开拓市场的过程。在这一过程中，服务需求随时产生于不同产品的模块节点。但是，生产性服务既不能直接用于提高生产活动的效率，更不能用于直接进入消费领域。因此，生产性服务业并不是最终产出，而只是一种中间投入，通过扮演中间人的角色助力其他产品的生产，对于最终产品质量水平和竞争力的高低具有不可忽视的重要决定作用。

二、高端服务业供给与全球价值链攀升

随着国际贸易的发展，国际市场竞争的压力日益加大，但是长期以来中国的产品附加值都处于偏低的状态，即使对外贸易量保持持续高速增长态势，也并没有扭转中国本土产业处于产业链低端的局面。全球价值链的低端锁定并不会带来人均 GDP 和居民收入水平的提升，长此以往还将陷入“贫困化增长”

的不良格局。在此背景下，党的十九大报告中指出：“支持传统产业优化升级，加快发展现代服务业，瞄准国际标准提高水平。促进我国产业迈向全球价值链中高端，培育若干世界级先进制造业集群。”从而高度强调了高端服务业发展对区域全球价值链攀升的重要作用。

借鉴历史经验，发达国家之所以能够长期占据微笑曲线两端附加值较高的位置，是因为这些国家致力于增加现代高端服务业所必不可少的人力、知识与技术资本，使产业结构整体不逐渐趋于“软化”。从根本上讲，高端服务业供给质量的提升对全球价值链攀升的正向促进作用主要通过以下两个途径来实现：

第一，高端服务业的发展能够促进制造业企业内部制造环节和服务环节的分离，从而降低了企业固定成本，有利于企业增强核心竞争力及全球价值链的攀升。激烈的全球经济竞争迫使企业尝试最大限度地实现资源的优化配置，使得“外包”逐渐成为大型企业提升生产效率的重要途径。在全球价值链的分工体系下，采用“外包”方式配置资源的优势主要体现在降低企业经营成本上（张振刚等，2014；江静和刘志彪，2007）。制造业企业通常更加关注核心技术研发的制造业务和有助于实现经济利益的部分营销等服务活动，而倾向于将其非核心的服务活动外包给其他企业，从而达到将这些非核心环节逐步从企业中分离出去的目的。制造业企业之所以会这样做，主要在于服务等非核心环节的装置成本相对来说是比较高昂的，而专注于研发的制造业企业本身也不太擅长经营，因此可以将这些不擅长且发生频率较低的服务环节外包给更加专业的服务企业，通过将部分固定成本转化为可变成本实现成本的降低，从而有助于制造业企业提高生产效率。而高端服务业的发展为制造业企业的“外包”活动创造了条件，从而降低制造业企业的成本，有助于提高全球价值链层级，推动企业产品质量和附加值的提升。

第二，高端服务业的发展能够促进制造业和服务业在产业关联度上形成良性的互动，从而推动了规模经济的形成，有助于企业全球价值链的攀升。制造业企业的经济价值实现主要依赖于服务环节，现代经济增长实质上就是由服务业主导、推动的增长过程。学者们研究发现，位于高端的服务环节也逐渐成为全球价值链最为主要的增值空间所在。与此同时，加工组装等生产环节虽然作为制造业企业的中间环节，其增值空间却日益缩小，越来越受制于微笑曲线两端的服务业环节。作为制造业的中间投入，高端服务业往往蕴含着大量的人才资本、技术资本和智力资本，这些资本有助于提高制造业的附加值，增强中国制造业在国际市场上的竞争力。并且依托高端服务业的发展，推动先进制造业与现代服务业的深度融合，制造业的生产环节得以注入高水平的技术资本，通过生产效能的提升降低制造业企业的生产成本，从而有助于实现中国制造业在全球价值链的攀升。

三、全球价值链嵌入与高端服务业协同发展

综合上文分析可知，伴随着我国对外开放的进一步扩大，地区全球价值链程度逐步加深，对高端服务业发展的要求也在不断提高，主要体现在产业规模和发展质量上。生产性服务业往往需要耗费大量的知识资本和人力资本，在与制造业实现空间上的双向嵌入的过程中，这些智力资本能够大规模提升制造业生产的专业化水平，尤其表现在质量和数量方面，进而能够经由流通环节实现价值链的攀升。生产性服务业在制造业生产中拥有着最为密集的知识、技术、资本等高级要素投入，其集聚的规模越大，就越有助于制造业生产成本的降低，从而在客观上实现制造业整体向全球价值链的更高位攀升。此外，企业由于参与全球分工体系。积极开展对外贸易和直接投资而产生知识溢出效应和创新外溢效应有助于提升制造业企业人力资本水平，降低企业研发成本，推进企业技术创新水平的提升。与此同时，高端服务业也会对地区全球价值链嵌入产生影响。在全球价值链的分工体系下，采用“外包”方式配置资源能够降低制造业企业经营成本，破解相关企业融资约束难题，有助于企业更加关注核心技术研发的制造业务，有助于实现经济利益的部分营销等服务活动，从而通过逐步将非核心环节从制造业企业中分离的途径提升企业产品技术含量，提高产品附加值。此外，高端服务业是典型的知识密集型产业，作为制造业的中间投入，往往需要耗费大量的知识资本、人力资本和技术资本，这些资本能够提升制造业企业的出口技术复杂度，提高产品技术含量。这种高质量的技术服务嵌入制造业的生产环节能够提升企业技术创新水平，降低企业经营成本，进而有助于实现制造业产业升级和全球价值链的攀升（余泳泽、容开建，2019）。

第二节　全球价值链与现代化经济体系建设

一、全球价值链嵌入与现代化经济体系建设的动力体系

长期以来，我国经济的持续高速增长主要依赖于投资驱动和“高投入”“高耗能”与“高污染”的发展模式。大量研究结果显示，全要素生产率对经济增长的贡献维持在10%～30%。因此，作为衡量国家竞争力的重要核心指标，努力提升地区全要素生产率即生产效率是我国历届政府提升经济增长质量、实现经济高质量发展的重要战略任务。与此同时，伴随着经济全球化的持续深入，作为世界制造业工厂的中国，在国际市场上的竞争力不断增强，在全球价值链新型国际分工中的地位变得举足轻重，嵌入程度也日益加深。那么，我国全球价值链嵌入又将如何促进国民经济的生产效率提升？

对此问题的回答，现有部分文献研究发现，我国目前的全球价值链嵌入方式能够降低全要素生产率，对地区生产效率的提升存在“挤出效应”。首先，在全球价值链分工体系下长期的低端锁定不利于我国全要素生产率的提升。就现实情况而言，为了巩固其领导地位，处在微笑曲线两端位置、以技术研发为主营业务的发达国家企业为了维持其竞争力，避免核心技术外溢，往往会将核心技术锁定。相反，它们只会将技术含量较低的低端环节，比如一般性加工、简单装备等外包给发展中国家企业，而将附加值高的高端环节封锁在国内，并实施近乎严苛的防泄露措施，从而阻碍了技术扩散并增大了研发难度，迟滞了地区全要素生产率的提升，这就造成了发展中国家企业只能停滞在全球价值链低端的困窘局面。其次，发展中国家长期以来对发达国家的技术资金依赖不利于全要素生产率的提升。而当发展中国家的本地企业试图提高在全球价值链的地位时，发达国家企业普遍会凭借其主导全球价值链的垄断地位以及自身的技术优势，通过不断构筑国际市场的进入壁垒，从而迫使发展中国家的本地企业支付高额代价向发达国家引进高质量的生产技术，这就使得发展中国家的本地企业陷入“引进—出口—壁垒提高—再引进—再出口—壁垒再提高”的死循环中（余泳泽、容开建，2019），这也使得发展中国家无法实现在全球价值链的地位攀升，自主创新能力缺失也使得发展中国家深陷贫困化增长陷阱无法自拔。

与此同时，也有学者认为，全球价值链嵌入有利于提升地区生产效率。首先，全球价值链嵌入能够通过国际贸易的外溢效应提升地区全要素生产率。一方面，国际贸易能够通过“进口学习效应”提高中国制造业的生产效率。长期以来，企业选择进口一些拥有更为先进的生产技术和制造理念的中间产品，这有助于企业缩短学习先进技术和理念的时间，降低掌握先进技术和理念的成本。与此同时，企业的研发费用大幅度降低，生产和制造理念实现革命性的创新，这极大地促进了企业生产效率的提高。另一方面，国际贸易能够通过增大国内市场的竞争激烈程度来“倒逼”企业提升全要素生产率。国际市场的中间产品作为国内市场中间产品的竞品，会在很大程度上冲击国内的中间产品市场，使得中间产品市场的竞争逐渐白热化，迫使国内生产中间产品的企业不得不花费更多时间和成本提高产品质量，提升生产效率。根据异质性企业贸易理论，基于生产成本的异质性，出口企业相较于非出口企业有着更高的生产效率。该理论还将这种更高的生产率归因于国际和国内双重市场的长期竞争。出口贸易方都希望在更广阔的国际市场上占据一席之地，这就使得他们面临国际消费者高质量需求和国际市场高标准准入的双重压力。为了适应这双重压力并在此基础上增加该企业产品在国际市场的竞争力，企业不得不舍弃传统高污染、高能耗的生产方式，开发生产率更高、产品质量更好的生产技术，进而提高自身产品的竞争力。此外，就中国的实际情况来看，可能还存在着激励效应。中国现阶段充当着发达国家的制造工厂，主要从事一般化加工、简单装配等环节，在国际市场上的竞争力偏弱，仍处于全球价值链的低端。而处于全球价值链主导地位的发达国家企业往往对中间产品的质量有着较高的要求，这就会刺激中国制造业企业更加积极主动地接受和学习发达国家企业先进的生产技术以提升企业的生产效率和产品质量，进而扩大在加工贸易国际市场上的市场份额。

其次，全球价值链嵌入还能够通过外商直接投资的外溢效应提升地区全要素生产率。在改革开放的历程中，外商直接投资在推动和实现中国全要素生产率提升中的作用越来越突出。学者通过研究发现，外商直接投资最为突出的作用就是“技术外溢效应”。通过“技术外溢效应”，外商直接投资在极大程度上实现了东道主国家的技术进步和技术效率的提高，从而有助于东道主国家实现全要素生产率的提升。其一，FDI 不仅能够给东道主国家提供充足的发展资金，同时还可以引进更高水平的生产技术、企业管理理念以及运营模式等，这有助于东道主国家企业通过模仿、学习实现自身全要素生产率的提升，这种现象可以称为“模仿学习效应”。其二，FDI 的进入会对东道主国家市场带来一定程度的“竞争效应”。从宏观层面来看，FDI 会打破东道主国家市场的现有均衡，白热化制造业间的行业竞争甚至会对行业垄断造成冲击，打破行业进入壁垒，进而有利于生产要素的优化配置；从微观层面来看，FDI 的进入会造成东道主国家市场的竞争力加大，这就必然会促使东道主国家的制造业企业开展研发活动，革新生产技术，从而提高全要素生产率。

二、全球价值链嵌入与现代化经济体系建设的供给体系

党的十九大报告指出，创新是引领发展的第一动力，也是建立现代化经济体系的战略基础。加大科技要素供给，提升中国企业自主创新对于建设现代化经济体系具有不容忽视的重要作用。关于融入全球要素分工体系，进而促进地区技术发展提升的问题，现有文献暂未得到一致的回答。

部分学者研究发现，GVC 的嵌入是发展中国家发挥比较优势参与国际分工、推动技术进步的重要机会。其一，全球价值链嵌入能够缓解企业融资约束，进而为企业研发活动提供资金支持。外商直接投资能够缓解企业的融资约束问题，从而为企业技术研发提供资金支持。世界银行发展报告显示，融资约束问题是发展中国家企业（尤其是中小民营企业）运营过程中遇到的最大、最常见的难题。国务院发展研究中心发布了《2016 中国企业经营者问卷跟踪调查报告》，根据这一报告，可以得知由于融资约束问题的存在，中国企业面临的平均融资成本高达 8.33%。而融资缺口（funding gap）也是阻滞企业技术研发的最重要原因。当企业面临严重融资约束时，企业往往会将有限的资金投入能够在短期内回笼资金且风险较低的领域，例如房地产投资、证券投资，等等，从而造成了对企业研发投入的挤占效应，不利于企业技术创新活动的持续进行。

在全球价值链分工体系的背景下，全球价值链嵌入能够通过增加企业的外商直接投资、提高地区金融发展水平两个途径来缓解企业面临的融资约束问题，从而为企业运营活动提供一定的资金支持，增大企业研发投入（汪德华等，2010）。在外商直接投资方面，企业通过实现全球价值链的攀升，占据国际分工体系的有利地位，基于比较优势理论开展生产活动，提高企业生产的国际化和规范化水平，从而吸引更多的外商直接投资的进入。反过来外商直接投资则能够通过“技术外溢效应”“垂直效应”“学习效应”以及“水平效应”

和扩大产品市场来缓解中国企业的融资难题，降低融资成本。关于地区金融发展水平，现有研究表明，全球价值链嵌入程度与地区实际人均 GDP 正相关。企业通过嵌入全球价值链，提升企业生产效率，带动企业升级换代，能够促进地区金融发展水平的提升。而金融发展水平的提高能够缓解地区企业的融资约束问题，保障企业技术创新活动的有效进行。

其二，外商直接投资潜在的技术溢出效应能够为企业研发活动提供技术支持。为了迎合产业链上游企业高标准的产品要求，在国际市场上占有更大的市场份额，东道主国家企业倾向于提高中间产品的质量、优化产品生产的技术服务。另外，由于产业链下游企业的生产技术水平普遍较低，生产的中间产品质量难以达到外商企业的要求，基于二者之间的产业关联，外商企业出于能够在东道国获得稳定、廉价和优质的产品从而达成交易的目的，会选择为下游企业提供相应的技术支持，譬如提供先进的生产经验、派出技术骨干等，以使下游企业能够快速而高效地融入产品生产的全球价值链中，这在客观上有助于提高东道主国家企业的生产水平和全要素生产率。

其三，全球价值链嵌入所带来的“联合研发”模式也能够显著促进中国企业自主创新能力的提升。产品研发和设计服务是全球价值链高端环节最主要的表现，因此，技术创新理所当然地成为企业竞争全球价值链主导地位的关键因素。但是技术创新是一项高风险、高投入且跨期长的活动，企业单独开展研发活动似乎是不甚明智的选择。因此，企业间的研发合作和联合开发已然成为国内企业实现技术创新的最为重要的手段。一方面，中国企业与占据全球价值链主导地位的企业之所以能够实现经济合作，是基于“以资金换技术”“以市场换技术”“以环境换技术”等方式通过以让渡资金、市场和环境为代价，获得国外先进的生产技术和生产设备。这些合作方式大大减少了中国企业进行创新研发所需的投入，同时也大大降低了企业在创新研发过程中所要承担的风险（白清，2015），而且还能获得国外的先进技术，提高企业的全要素生产率进而逐步实现价值链的攀升。另一方面，国内企业也可以通过与国外进行研发投资的企业寻求合作，参与到技术研发的过程中来，以一种积极主动的姿态来提升技术创新水平。正如前文分析的那样，在全球价值链占据主导地位的发达国家企业为了维持竞争力，普遍将核心技术锁定在本土市场，而中国企业通过与这些主导价值链的企业进行研发合作不仅为自己争取到了接触这些核心技术的机会，而且还能够更及时地跟进和把握发达国家前沿的生产技术以及发展方向（余泳泽、容开建，2019），这为中国企业实现在全球价值链的攀升提供了便利。同时中国企业还能借此机会引进国外的高技术人才，通过人力资源的流动效应，实现企业生产效率的提升，同时提高全要素生产率。

其四，技术转移也是提升中国企业自主创新能力的重要途径。在全球价值链分工体系下，发达国家凭借资金和技术优势往往在全球价值链中占据主导地位。为了达到长期主导全球价值链的目的，发达国家往往会将低附加值的产业在全球范围内进行转移，例如采取在发展中国家成立子公司、分公司，或者在发展中国家境内寻找合作伙伴的手段。为了支持这些分公司、子公司或者本土合作伙伴发展生产，发达国家企业还会向其转移部分技术，这在客观上有助于发展中国家实现技术进步。同时全球产业转移不可避免地会带来一定的专业化分工效应。具体来说，在全球化产业转移的过程中，参与全球价值链分工体系的各国可以根据自身比较优势选择能够实现成本最小化的生产环节，这样一方面有助于提高企业生产活动的专业性，实现专业化分工效应；另一方面有助于降低企业的生产成本，提高企业的生产效率，实现规模效应。

然而，与上述乐观情绪相反，现有部分学者研究指出，我国目前 GVC 嵌入方式不利于企业技术进步，且这种阻碍作用主要通过以下两个途径来实现：一方面，我国企业主要以出口技术密集型或者劳动密集型的产品为主，容易被主导全球价值链的国际大购买商或者大型跨国公司所“俘获”，从而导致我国企业容易被锁定在较低附加值、高耗能和高污染的加工组装环节，进而形成路径依赖，抑制企业技术进步和创新能力的提升。另一方面，影响地区企业技术吸收能力的因素很多，包括知识的可获得性、经济发展水平、社会文化因素，等等。从正式制度的层面来看，我国知识产权保护制度及其相应的执行机制仍然相对滞后，严重制约了中国企业的吸收和创新能力。而从非正式制度层面来看，即从区域社会文化视角出发，我国社会信用制度体系建设仍处在初级阶段，社会信用水平仍然有待提高。良好的社会信用文化对企业的经营管理行为具有很强的规范和约束功能。而社会信用缺失则能够增大交易不确定性，进而增大企业交易成本，不仅不能有效吸收外资先进技术，反而会对企业 R&D 活动造成阻碍，如抑制研发投入、人才流失等。

三、全球价值链嵌入与现代化经济体系建设的内容体系

随着我国经济进入新常态，经济增长速度的下行压力不断加大，经济增长方式由原先的粗放型向集约型逐渐转变，推动产业结构升级和产品质量提升是

建立现代化经济体系的核心内容，同时也是经济高质量发展的应有之义。因此，在全球分工的经济背景下，进一步厘清产业升级的含义以及识别全球价值链嵌入如何影响企业升级和产品质量提升便显得尤为重要。

首先，产业升级是指企业生产从一个低附加值活动不断迈向具有更高附加值的生产阶段的动态研究过程。就企业行为而言，产业升级由最开始的产业整体层面的升级不断调整为产品内工序、任务层面的升级。基于传统的生产与贸易方式的产业升级，主要是指产业或部门间升级，如从低附加值和低技术的资源密集型或劳动密集型部门向高附加值的重工业及高技术部门转移（曾艺等，2019）。而在新型的生产与贸易方式下，产业升级主要是指产业链或产品链内不同功能间的升级，如从低附加值的加工组装环节向高附加值的设计、研发、品牌、营销环节移动，或跨价值链间的工序升级。

其次，就全球价值链嵌入与产业升级和产品质量提升两者之间的关系而言，在全球价值链深度嵌入的国际分工格局下，产业升级的表现涵盖从小到大的三方面，即工艺升级、功能升级和价值链升级三个层面。第一，全球价值链嵌入的分工格局的形成能够通过促进工艺升级来实现产业升级。如前所述，企业通过实现全球价值链的攀升，占据国际分工体系的有利地位，基于比较优势理论开展生产活动，提高企业生产的国际化水平和规范化标准，这在很大程度上增加了企业对外商直接投资和国际贸易的吸引力（白清，2015）。而外商直接投资和国际贸易的技术溢出效应则能够有效地促进企业技术创新能力和生产率的提升。在产品的生产过程中，基于上述原因形成的技术创新和生产率提升，企业有能力进行生产流程的重塑，开发更有效率的生产方式，提高生产产品的质量，降低次品率。在此基础上，企业甚至有能力开展更复杂、更高附加值的交易。这一生产过程还会关系到生产设备的更新换代、质量标准的严格化和规范化、交易期限的有利缩短，以及资源配置的优化、降低能耗的具体措施。第二，全球价值链嵌入的分工格局的形成能够通过功能升级来实现产业升级。在某种程度上，可以把产品升级定义为企业通过革新技术提升自身生产效率，生产出更优质量和更复杂技术的产品。或者说，产业升级是指制造业企业由于技术和实力的提升不断向着“微笑曲线”两端附加值更高的阶段移动（姚远等，2019）。也就是说，当企业还处于生产阶段时，功能升级就是指企业向上游环节，例如研发、设计和品牌塑造方向转移以提升产品附加值。以东亚一些国家或地区承接产业转移并发展的过程为例，最初这些国家从事的都是低端加工，以此为契机嵌入全球价值链，在此基础上通过实力提升争取到做贴牌生产供应商的机会，随着生产技术的改进，这些国家的企业逐步开展原始设计生产和原始品牌生产等具有更高附加值的活动，最后企业逐渐成熟化，把企业经营的重点聚焦于产品设计和自有品牌的运营，实现产业的转型升级。第三，全球价值链嵌入的分工格局的形成能够通过价值链升级来实现产业升级，即企业在成长过程中不断转移到一条产品附加值更高、技术水平更先进的“微笑曲线”价值链上。价值链升级的本质要求企业的生产在跳出已有的价值链的基础上，实现向更高附加值和更具革新性的价值链转移。这条更高附加值的价值链可能并未脱离原有的生产部门，也可能是转向一个具有关联关系或者毫不相关的行业，如从生产计算机配件升级为生产笔记本电脑，或者从生产医疗设备升级为电脑芯片。

四、全球价值链嵌入与现代化经济体系建设的制度体系

在国际分工日益碎片化的今天，地区全球价值链嵌入程度的逐步加深以及中外联系的日益紧密能够帮助中国政府及国内企业通过“学习效应”接触到外国先进的管理方式、管理理念等，从而起到优化国内营商环境、提升市场开放水平的作用。总的来说，全球价值链嵌入对国内制度环境的影响主要包括两个方面：一是全球价值链嵌入能够促使地方政府简政放权，优化地区营商环境，进而推动市场化进程。二是全球价值链嵌入能够迫使政府改善贸易政策，加大投资和贸易的便利化，从而进一步提高区域市场对外开放水平。

首先，全球价值链嵌入能够优化地区营商环境，推进区域市场化进程。在全球价值链的分工体系下，长期以来处于价值链领导地位的是来自发达国家的跨国公司。在其进行投资决策时，东道国的投资成本是非常重要的考量因素。东道国良好的地区营商环境有利于企业降低开办成本和经营成本，即外资企业进入的流程越简化、越便利，意味着外资企业进入所需花费的时间成本、人力成本和资金成本越少，对外商的投资吸引力也就越大。因此，地区全球价值链嵌入水平的提升能够倒逼地方政府加大简政放权力度，促进地区营商环境进一步改善，加速市场化进程。

其次，全球价值链嵌入还能够通过推动地区贸易政策的改善来促进市场开放水平进一步提升。严苛保守的贸易政策和壁垒增大了跨国公司的进入难度，不利于资本、人才等生产要素在国家间的自由流动，同时也阻滞了地区对外开放水平的进一步提高。有鉴于此，各地方政府为了吸收外商直接投资、增大对

外贸易总量，以促进地区经济增长，往往会及时调整对外贸易政策和投资政策、优化相关检测标准等，降低跨国公司的进入和退出门槛，加速生产要素在区域间的流动，进一步提高市场开放水平。

一是全球价值链嵌入能够“倒逼”政府出于实现贸易便利化的目的调整其贸易政策。相较于传统交易，贸易便利化在世界交易中的推动作用更加显著，因此贸易便利化措施在全球价值链中的地位举足轻重（张向阳和朱有为，2005）。现阶段国际化生产难以实现的原因主要有各国之间的保护性关税、低水平和低质量的物流运输服务、低效率的边境治理以及差别化的进出口监管，这些现实情况极大地增加了国际贸易的成本，阻碍贸易便利化的实现。贸易便利化措施之所以有助于塑造全球价值链，原因主要有三个：减少物流运输以及通关的费用、节省国家间贸易的时间成本、增加交易实现的透明度与可预测性。快速而高效的通关流程是供应链平稳运转的关键所在，它有助于企业根据世界市场的需求变化及时调整生产，减少对存货的储备，从而将更多的资金用于开展多样化生产。简化入关措施有助于降低一国在国际化分工生产中的贸易准备金，降低经营成本，从而能够使其在参与全球价值链的过程中实现利益最大化。

二是全球价值链嵌入能够“倒逼”政府出于实现投资自由化的目的，调整其贸易政策。在全球价值链体系下，投资和贸易存在着相互依存的关系，因此外商直接投资能够通过“技术外溢效应”实现知识、技术和人力资本的国际转移，从而有助于帮助一国提升其在全球价值链的地位。国际上目前通行的贸易政策特点之一就在于投资与诸多备受关注的国际议题之间有着密不可分的交融性，包括但不限于知识产权保护、竞争政策、环境、劳工等。由此可见，通过优化投资环境实现国际投资的自由化和便利化，是塑造全球价值链的重中之重。具体而言，首先，要简化吸引投资的准入程序和审批手续，降低国际投资壁垒，给予外国投资者准入前国民待遇，放宽部分自然人流动限制，尤其要促进商业服务人员的自由流动，调整外汇兑换和利润汇回的相关法律法规；其次，要通过调整国内关于资金征用和国有化的法律法规将对外国投资的保护纳入重点调整范围；最后，进一步完善保护外国投资者合理权益的争端解决机制，减少外国投资者的后顾之忧。

三是全球价值链嵌入能够“倒逼”政府出于实现检测标准国际化的目的，优化质量和安全标准。不同国家所设定的质量和安全标准体系存在异质性，如何协调这些产品标准和认证体系是本土企业进入全球价值链面临的最主要的困难之一。毋庸置疑的是，随着越来越多产品标准和认证体系的确立，试图参与到全球价值链分工体系的企业需要花费大量的生产与协调成本。为了使企业能够参与到全球价值链中，解决安全标准难题，可行的办法之一是依据最具权威的国际标准改革本国的质量和安全标准，同时与尽可能多的国家开展合作确立普遍认同的标准和认证要求（黄永明等，2009）。

第三节　全球价值链、高端服务业与现代化经济体系建设

一、全球价值链、高端服务业与现代化经济体系建设的动力体系

如前所述，增强现代化经济体系中动力体系建设的主要目的在于不断推动我国全要素生产效率的提升，改变长期以来高投入、高耗能与高污染的传统经济增长模式，提高要素利用效率。这既是建设资源节约型、环境友好型社会的必然要求，同时也是转换发展动力、实现经济高质量发展的必由之路。现有研究结果表明，地区高端服务业和生产性服务业的发展能够促进全要素生产率的提升。而高端服务业的发展可以从高端服务业产业发展水平的提升（包括规模的扩张和质量的提升）与高端服务业空间集聚水平的提升两个层面来理解。

第一，高端服务业产业发展水平的提升有利于提高企业生产效率。高端服务业提高生产效率的途径之一在于不断地调整、扩大生产规模。新古典经济学的观点也表明一个地区的行业生产规模越大，该地区的行业生产效率越高。知识溢出效应、劳动市场中存在大量熟练的劳动力以及与外部市场的联系密切是制造业得以形成外部规模经济最为主要的三个因素（崔鑫，2009）。其中，知识溢出效应不仅仅将这种知识溢出阐述为制造业内部各企业之间的知识溢出，更包括跨行业的知识溢出效应，例如生产性服务业向制造业的知识溢出。而后两种因素表明制造业外部规模经济之所以能够形成是依赖于区域间共享的劳动力市场以及产品生产之间的关联。一方面，生产性服务业产业不断扩大生产规模能够实现中间产品在质量、数量以及种类上的提升，这在很大程度上有助于制造业企业发扬自身的比较优势，使得制造业生产的分工不断走向专业化，生产效率不断提升，最终实现制造业价值链的延伸与提升。另一方面，基于生产性服务业之间的竞争关系，其产业规模扩张最为直观的表现就是生产性服务业

的企业数量不断增加，这种激烈的竞争关系是提升服务业生产效率的关键，同时也有助于提高对制造业企业的知识溢出水平，从而推动制造业外部规模经济的形成。

第二，高端服务业产业发展水平的提升有利于提高地区生产效率。内生经济增长理论将技术进步定义为实现经济增长的内生因素，而人力资本、智力资本以及研发创新为经济增长提供了源源不断的驱动力。技术进步在客观上会实现企业生产不断走向专业化，这也是提升制造业效率的根本动力（杨小凯和张永生，2000）。如前所述，创新活动具有耗时持久、高风险、高投入的特点。针对这一问题，制造企业往往借助于外部渠道获取其发展生产所需的科技资源（Markusen，1989）。同时，作为提供中间服务产品的产业，生产性服务业的产业发展取决于知识资本的密集度以及专业化生产的能力等高级要素。基于两者之间的关联关系，生产性服务业产业发展水平的提升主要通过以下两个方面对制造业效率的提升发挥作用：其一，推动制造企业通过产学研合作方式引进外部的智力资本，如科研机构、高校研究所等加入内部的研发过程中，专业资源的介入有助于制造企业乃至产业集群更加快速便捷地学习和积累先进的技术经验，同时减少本企业在研发方面的人力资源投入，有助于企业集中精力办大事，实现研发与生产两不误，从而突破内部范围不经济性（Alan，1997）；其二，鼓励制造企业与生产性服务业开展战略合作，帮助其实现专业化生产，通过商务咨询等方式使得制造企业能够快速而有效地掌握外部技术、市场信息与资源，并据此调整生产、革新技术。

第三，高端服务业空间集聚水平的提升有利于生产效率的提升。从定义上来说，高端服务业空间集聚是指高端服务企业在一定地理区域内的集群化发展，而这一集聚过程贯穿于整个社会再生产期间，涵盖生产、流通、分配和消费四个环节。一方面，高端服务业空间聚集水平的提升有利于规模经济的实现；另一方面，高端服务业空间聚集水平的提升能够提升制造业整体的生产效率，而主要途径在于实现专业化生产、降低交易成本和服务成本等。这一结论在宣烨（2011）研究中有所体现，而生产性服务业的空间集聚也能够提高制造业企业的生产效率（宣烨和余泳泽，2017）。而且一个地区的高端服务经济越发达，往往这个地区的制度环境也越宽松，政府的服务职能越突出，对企业的干预度越小。相应地，中介组织得以蓬勃发展，这极大地降低了制造业企业将部分业务外包的成本与风险，故而高端服务业企业更有动力将一些非核心业务外包出去，更加专注于核心业务的生产与研发（余泳泽、容开建，2019）。

相反地，一个地区高端服务业的集聚度越低，其交易成本也就越高，这会在很大程度上显著抑制高端服务业的规模扩张、技术进步以及效率提升（Eswaran and Kotwal，1989）。

因此，高端服务业发展能够通过提高产业发展和服务业空间集聚水平两个层面促进企业全要素生产率提升。那么，如何推动地区高端服务业发展便显得尤为重要。我们认为，随着我国对外开放程度的逐步加深，全球价值链嵌入对地区高端服务业发展存在明显的推动作用。综上所述，我们认为全球价值链嵌入能够推动地区高端服务业发展，有助于转化经济发展动力，促进生产效率的进一步提升。

二、全球价值链、高端服务业与现代化经济体系建设的供给体系

目前国内部分区域的政府（浙江省、成都市、深圳市等）和学术界都对高端服务业进行了界定和说明。原毅军和陈艳莹（2011）认为，高端服务业隶属于知识密集型的生产性服务业，可以以一己之力实现制造业和服务业的两业攀升。高端服务业在生产性服务业产业体系中处于核心地位，其相较于中低端服务业的优势在于，高端服务业具有带动生产性服务业整体效率提升的能力更强、高精尖的智力资本投入更多以及知识溢出效应更显著等特征。现有文献研究表明，全球价值链嵌入能够推动高端服务业发展水平提高，且主要通过改善区域要素丰裕程度的途径来实现。

首先，全球价值链嵌入有助于优化地区创新（科学技术）要素供给，形成创新外溢和知识外溢，从而促进高端服务业发展。随着企业逐渐参与全球价值链的进程，对于进口企业而言，通过进口具有先进技术和生产理念的中间品，使企业能够在短期内以较低的成本学习和掌握到先进技术（孙学敏和王杰，2016；吕越和吕云龙，2016）。这种做法不仅降低了企业的研发成本，而且有利于实现企业生产观念和技术的变革。此外，大量研究表明，外商直接投资也具有技术外溢性，对东道国的技术进步和技术效率的提升存在明显的促进作用（钱学锋等，2011）。通常来说，高端服务业即为知识密集型产业，这类企业可以通过信息技术交流实现知识和创新的外溢。知识外溢和创新外溢不具有地理空间和行业的限制，故而这种溢出作用更强、范围更大，范围经济在此过程中得以产生。为了实现这种范围经济，掌握不同专利技术知识、不同领域

的企业之间需要开展技术交流，彼此学习借鉴，从而形成产业间的知识外溢和创新外溢，进而促进地区高端服务业的发展。

其次，全球价值链嵌入能够改善地区高端劳动力要素丰裕程度，进而推动地区高端服务业发展。由于我国高端服务业正处于产业发展的成长期，拥有大量专业知识和高超技术水平的专业型人才是高端服务业在成长过程中竞争的主要资源，因此，其对于高端要素的需求主要体现在高素质的人力资源上。而全球价值链嵌入程度的加深有利于吸引国内外高端人才，拥有更加丰富的劳动力资源，从而改善地区劳动力要素的丰裕程度，为高端服务业的进一步发展奠定基础。Jacobs 外部性理论认为，劳动力分工专业化程度越高、种类越丰富，越有助于经济体之间开展交流合作并相互吸收差异化的技术和理念。因此，基于 Jacobs 外部性的高端服务业的高质量发展的关键在于在更大的高素质人才资源市场上拥有更加丰富、更加专业化的劳动力分工。MAR 外部性理论也认为，实现专业化分工的企业会广泛地开展合作，甚至在地理空间上集聚，这是高端服务业企业实现利益最大化的必然选择，因此基于 MAR 外部性的高质量发展也需要更大的高素质劳动力市场。据此，我们可以得出结论，地区高端服务业的发展得益于全球价值链嵌入程度的加深所带来的要素丰裕程度的改善。

高端服务业的发展能够增大创新要素及科学技术要素供给，有利于现代化经济体系中内容体系的建设。一方面，高端服务业发展有助于提高地区人力资本水平。生产性服务业与制造业的协同集聚能提高地区工资水平。城市经济发展水平及地区工资水平的提高，使得政府扩大教育行政性事业支出的拨款规模，增加教育投资，从而为国内居民增加教育支出提供了财力保障，这毫无疑问将有助于加快实现中国的“人才强国”战略。生产性服务业集聚提供了高端服务业人才交流学习的机会，在一定地理空间内塑造了良好的集体学习和创新环境，从而有助于该地区实现人力资本水平的提升。

另一方面，高端服务业发展有助于加大地区研发投入。生产性服务业集聚通过促进制造业技术进步，一方面提高生产质量和数量，另一方面增加产品附加值和技术复杂度，实现中国制造业在全球价值链的攀升。其一，研发创新活动具有协同效应。这一点在生产性服务业和制造业中表现尤为突出，即制造业能够通过利用生产性服务业取得的技术创新降低生产成本，扩大生产规模，占据更大的市场从而获得更多的收入以进一步加大研发投入。其二，生产性服务业的进口贸易与合作，如金融服务进口贸易、研发合作以及商业服务进口贸易，有助于实现中国制造业的技术进步。生产性服务业的进口贸易国通过将进口的生产性服务品与本国创新人力资本投入充分结合，可以以较低的成本学习和借鉴国外先进的技术和理念，有助于在此基础上形成可持续的“二次创新”研发能力。

综上所述，全球价值链嵌入程度的提升能够促进地区高端服务业发展，进而增大地区创新要素和科学技术要素供给量，有利于现代化经济体系的建设。

三、全球价值链、高端服务业与现代化经济体系建设的内容体系

构建现代化经济体系是解决我国现阶段发展不平衡和不充分的重要方案，也是实现经济高质量发展的必由之路。不断提升产品质量，促进产业结构优化升级不仅是提升产业发展质量的要求，也是建设现代化经济体系的重要内容。全球价值链嵌入水平的提升能够通过促进地区高端服务业的发展的途径推进地区产品质量的提升和产业结构的不断优化升级。

诚如上文所述，全球价值链嵌入水平的提升可以改善地区生产要素的丰裕程度。外商直接投资不仅会产生资本效应，加速地区资本积累进程，还存在知识外溢和创新外溢，从而降低制造业企业知识创造和技术创新的成本投入，进而有助于地区高端服务业发展。高端服务业发展首先能够降低制造业企业的信息搜寻成本和交易成本，有助于企业提升产品质量。根据 Porter 外部性理论，高端服务业的发展能够为制造业企业提供专业、个性化服务，提高企业选择生产性服务的明确性与适用性，从而极大地降低信息搜寻与交易成本。同时，作为知识密集型行业，高端服务业具有规模报酬递增的特性，其集聚程度越高，规模效应就越显著。更重要的是，随着服务型制造、智能制造等先进制造模式的不断发展，制造业企业愈加重视与消费者间的价值共创，而高端服务业则成为联结企业与消费者的重要桥梁。高端服务业集聚有利于制造业获取及时的市场需求反馈，促使企业最大限度依据消费者偏好进行产品的设计与生产，从而显著增强其非价格优势。

高端服务业集聚不仅具有以上对制造业发展质量影响的直接效应，还会产生影响制造业技术创新与产业结构的间接效应。现有研究发现，提升技术创新能力、软化产业结构是破解中国制造业全球价值链“低端锁定”的主要途径。技术创新与产业结构是高端服务业集聚提升制造业产品质量的重要渠道。一方面，伴随着高速发展的信息技术，高端服务业集聚不仅加快新知识、新技术的

扩散与传导，更有利于改变制造业企业的生产工艺和创新模式，这就驱动以资源消耗型与劳动密集型为主的制造业企业向以知识与技术密集型为主的产业价值链中高端攀升。尤其是高端服务业集聚区为大量专业化人才提供了高频交流与市场匹配的平台，形成了高效率的学习与创新环境，促使高端服务业与制造业之间产生“共享—匹配—学习”的传导机制。另一方面，根据 Jacobs 集聚动态外部性理论，制造业还能够凭借产业间多样化集聚将生产性服务业有针对性地嵌入其产业价值链中，不仅增加了制造业内部对知识、技术等“软要素”的需求，更加深了制造业在其转型过程中产业结构的“软化”程度。同时，高端服务业的专业化集聚，有利于加大制造业内部中高端产业的比重，这也意味着制造业企业能够更加专注于发展高产品附加值的核心业务，从而获得价值链高端环节的竞争优势，有助于企业提升产品质量和产业升级。

综上所述，全球价值链嵌入水平的提升能够促进地区高端服务业发展，进而提高制造业产品质量和企业升级，有助于现代化经济体系建设。

四、全球价值链、高端服务业与现代化经济体系建设的制度体系

现有研究表明，合理适宜的经济制度建设能够提升资源配置效率，逐渐舍弃原先“高投入”“高污染”和“低产出”的经济增长模式，转换经济发展动力，实现经济高质量发展。本书认为，在全球价值链嵌入的背景下，地区高端服务业发展水平的提升可以促进地区投资环境的改善，从而推动市场化进程和进一步扩大对外开放程度，对建设现代化经济体系也有很大的积极作用。

诚如上文中提到的，在全球价值链嵌入的背景下，外商直接投资和对外贸易的知识溢出效应和学习效应能够提高地区人力资本水平；而创新外溢效应则能够降低制造业企业研发投入，提升创新效率，从而最终推动高端服务业发展。本部分认为，高端服务业的发展能够改善外部营商环境，从而降低企业交易成本，推动地区市场化进程。而高端服务业的发展对市场化的促进作用主要通过制造业和服务业之间存在的协同定位效应来实现。一般来说，制造业和服务业在空间分布上具有协同定位效应（过晓颖和朱菲，2019）。Raff 和 Ruhr（2001）研究发现，生产性服务的 FDI 通常都追随制造业的 FDI。高端服务业和制造业空间上的依附关系降低了相关企业的信息搜寻成本和交通成本，减少了不必要的资本和时间上的浪费，能够改善地区投资环境。

国内学者在分析制造业和生产性服务业之间协同定位的原因时发现，在一定区域内，产业的区域分布差异取决于其要素倾向性。例如江静和刘志彪（2006）研究发现，中心城市集中分布的生产性服务业对交易成本较敏感，而中心城市的外围地区分布着对要素更为敏感的制造业集群，这种地理空间上的分布差异形成生产性服务业和制造业的协同定位效应。刘志彪（2006）指出，作为制造业产业的高端成分，现代生产性服务业能够在降低服务业投入成本的同时提升要素投入和产品产出的品质，而且能够在专业化和精细化层面提升制造业生产效率。顾乃华、毕斗斗和任旺兵（2006）经验分析表明，发展生产性服务业在增强地区制造业企业竞争力、降低竞争压力的同时，生产性服务业与制造业的互动关系越突出，对地区投资环境的改善作用越大，市场化程度也就越高。

第二篇

中国高端服务业发展与现代化经济体系建设：典型事实

第四章　中国高端服务业发展事实刻画

第一节　服务业总体发展状况

自 2000 年以来，随着我国工业化、城市化进程的不断加速，我国服务业进入快速发展阶段，各地区服务业主导地位逐渐凸显，成为拉动国民经济增长的重要推动力和新引擎。总体而言，在过去的 10 年间，我国服务业发展取得的成效突出表现在如下方面。

一、服务业占比稳步提升

如图 4－1 所示，2009 年以来，我国服务业增加值由 2009 年的 154765. 1 亿元增长到 2018 年的 489700. 8 亿元，年均增长 13. 6%，高出 GDP 年均增速 5. 65 个百分点，占 GDP 的比重由 44. 4% 提升到 53. 3%，跃升为国民经济第一大产业。从服务业对经济增长的贡献看，自 2009 年以来，服务业对经济增长的贡献率持续走高，从 2009 年的 43. 7% 上升到 2018 年的 61. 5%，提高了 17. 8 个百分点［《中国统计年鉴》（2019）］，这也意味着服务业已经成为拉动我国经济增长的主要动力之一。

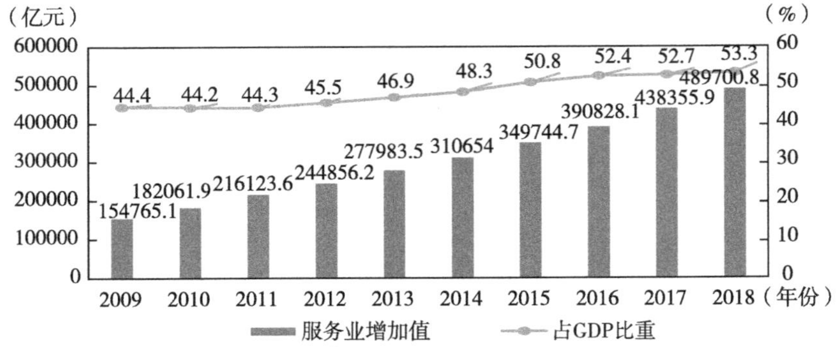

图 4－1　2009—2018 年中国服务业增加值及占 GDP 比重

数据来源：根据国家数据库整理，http：//data. stats. gov. cn/index. htm。

二、服务业法人单位数快速增加

2009 年以来，在我国服务业快速发展和商事制度改革的推动下，中国服务业市场主体活力逐步释放，法人单位数从 2009 年的 800. 4 万个增长到 2018 年的 2178. 7 万个，年均增长 11. 77%。其中，服务业企业法人单位数从 2009 年的 543. 3 万个增长到 2018 年的 1715. 9 万个，增加了近 3. 15 倍（见图 4－2）。新登记的企业数量增长速度加快，据工商和税务部门统计，2018 年，我国每天新登记注册的服务业企业平均接近 1. 5 万家，全年新登记注册的服务业企业占工商新登记注册服务业企业总数的比重接近 80%[①]。

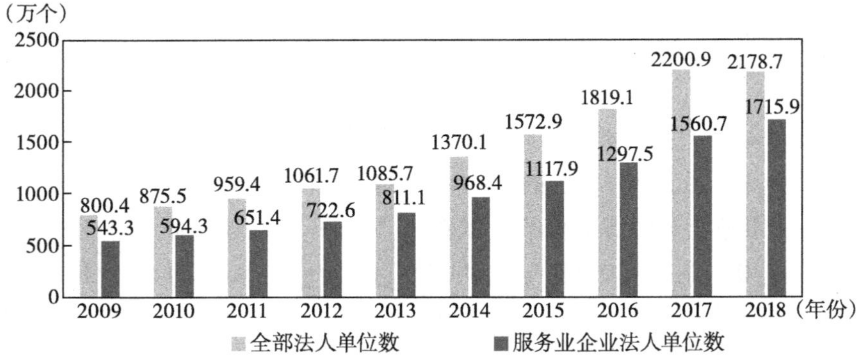

图 4－2　2009—2018 年中国服务业法人单位数

数据来源：根据《中国第三产业统计年鉴》（2010—2019）数据整理。

① https://www. sohu. com/a/328514695_114984.

三、服务业吸纳就业能力持续增强

新中国成立以来，第一产业和第二产业一直是我国吸纳就业的主体。1978年改革开放之后，伴随着我国城镇化率的提升，服务业吸纳就业人员的数量逐年增加，据统计，1979—2018 年，我国城镇服务业从业人员数年均增长 5.1%，高于同期 2.8% 的工业吸纳人数的年均增长速度。截至 2018 年底，我国服务业从业人员达到 35938 万人，比重达到 46.3%，成为我国吸纳就业最多的产业（见图 4－3）。

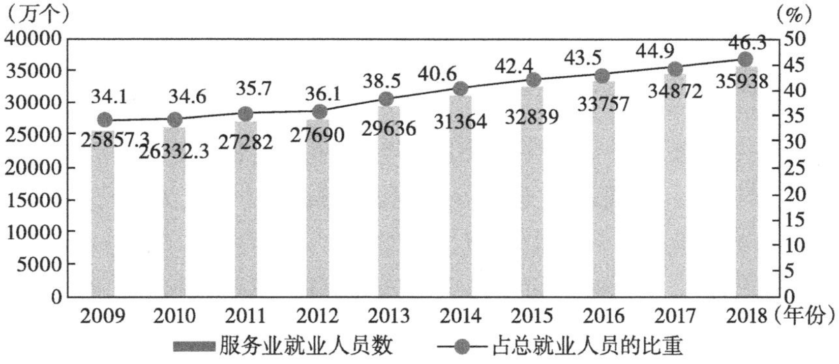

图 4－3　2009—2018 年中国服务业就业人员数及占总就业人员的比重

数据来源：根据国家数据库整理，http：//data. stats. gov. cn/index. htm。

四、服务业区域结构不断优化

改革开放以来，由于我国各地区工业化和城镇化进程的差异，以及各地区间经济发展水平的不同，我国服务业在不同的地区呈现不同的地域特点和阶段性特征。如表 4－1 所示，截至 2018 年，我国服务业主要集中在东部地区，从服务业创造的增加值（当年价）看，北京、广东、上海、江苏、浙江、山东等 6 个省市位居全国第一梯队（位居前 6 位），其中上海、北京两个直辖市服务业的增加值占 GDP 的比重分别达到 69.9% 和 81%，已经接近美欧等发达国家水平。

表 4－1　2018 年中国服务业增加值区域分布情况

服务业增加值排序	省、市、区
第一梯队	广东、江苏、山东、浙江、北京、上海

续表

服务业增加值排序	省、市、区
第二梯队	河南、四川、湖南、湖北、河北、福建、安徽、辽宁、天津、重庆
第三梯队	陕西、江西、黑龙江、广西、山西、内蒙古、云南、吉林
第四梯队	贵州、新疆、甘肃、海南、宁夏、青海

数据来源：根据《中国统计年鉴》（2019）整理。

第二节　城市服务业发展状况

一、服务业行业发展差异大

衡量服务业发展指标较多，在此，本部分用就业指标进行表征。整体而言，2009 年以来，我国服务业各行业就业人员数保持较为平稳的增长趋势，但行业内部的就业集聚趋势也很明显。如表 4－2 所示，在服务业行业中，教育业，公共管理、社会保障和社会组织这两个行业城镇单位就业人员数最多，2018 年分别达到 1735. 6 万人和 1817. 5 万人。另外，交通运输、仓储和邮政业，批发和零售业，金融业，租赁和商务服务业，卫生和社会工作业等五个行业的城镇单位就业人员数也超过 500 万人，分别达到了 819 万人、823. 3 万人、699. 3 万人、529. 5 万人和 912. 4 万人。

表 4－2　2010 年以来中国服务业分行业城镇单位就业人员数

指标	2018 年	2016 年	2014 年	2012 年	2010 年
交通运输、仓储和邮政业城镇单位就业人员（万人）	819	849. 5	861. 4	667. 5	631. 1
信息传输、软件和信息技术服务业城镇单位就业人员（万人）	424. 3	364. 1	336. 3	222. 8	185. 8
批发和零售业城镇单位就业人员（万人）	823. 3	875	888. 6	711. 8	535. 1
住宿和餐饮业城镇单位就业人员（万人）	269. 8	269. 7	289. 3	265. 1	209. 2
金融业城镇单位就业人员（万人）	699. 3	665. 2	566. 3	527. 8	470. 1
房地产业城镇单位就业人员（万人）	466	431. 7	402. 2	273. 7	211. 6
租赁和商务服务业城镇单位就业人员（万人）	529. 5	488. 4	449. 4	292. 3	310. 1
科学研究和技术服务业城镇单位就业人员（万人）	411. 5	419. 6	408	330. 7	292. 3

续表

指标	2018 年	2016 年	2014 年	2012 年	2010 年
水利、环境和公共设施管理业城镇单位就业人员（万人）	260.6	269.6	269.1	243.8	218.9
居民服务、修理和其他服务业城镇单位就业人员（万人）	77.4	75.4	75.4	62.1	60.2
教育业城镇单位就业人员（万人）	1735.6	1729.2	1727.3	1653.4	1581.8
卫生和社会工作业城镇单位就业人员（万人）	912.4	867	810.4	719.3	632.5
文化、体育和娱乐业城镇单位就业人员（万人）	146.6	150.8	145.5	137.7	131.4
公共管理、社会保障和社会组织城镇单位就业人员（万人）	1817.5	1672.6	1599.3	1541.5	1428.5

数据来源：http：//data. stats. gov. cn/easyquery. htm? cn = C01。

二、高等级城市服务业集聚显著

从不同城市的行政等级来看，服务业有逐步向直辖市、省会城市集聚的趋势，这也许与这些城市的行政等级所决定的城市功能定位相关。对于行政等级较高的城市而言，其相应地承担着更多的政治、文化等服务功能，进而这些行政等级高的城市所掌握的行政资源和权利也相对较大，因此服务业在这些城市中的发展水平也相对较高，其中 4 个直辖市都处于服务业发展水平较高行列。如图 4 -4 所示，四个直辖市中，北京服务业就业人员数占全国服务业就业人员数的比重平均在 6% 左右，重庆和上海的服务业就业人员数占全国服务业就业人员数的比重在 3% ~4%，天津服务业就业人员数占全国服务业就业人数的比重在 2% 左右。

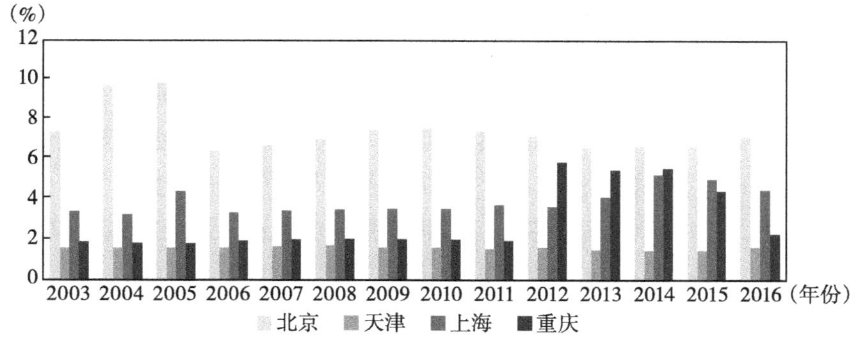

图 4 -4　2003—2016 年直辖市服务业就业人数占全国服务业总就业人数比重

数据来源：根据《中国城市统计年鉴》（2004—2017）数据整理。

如图 4－5 所示，2003 年以来，重庆和天津的服务业就业人数增长趋势较慢，特别是 2011 年后，重庆服务业就业人数增长出现较大幅度的波动，并在 2015 年和 2016 年大幅度下降。北京和上海的服务业就业人数增长态势在 2006 年以前也出现了不同程度的波动，但在 2006 年之后，两地服务业就业人数开始稳步增长，尤其是北京服务业就业人数一直呈快速增加趋势。

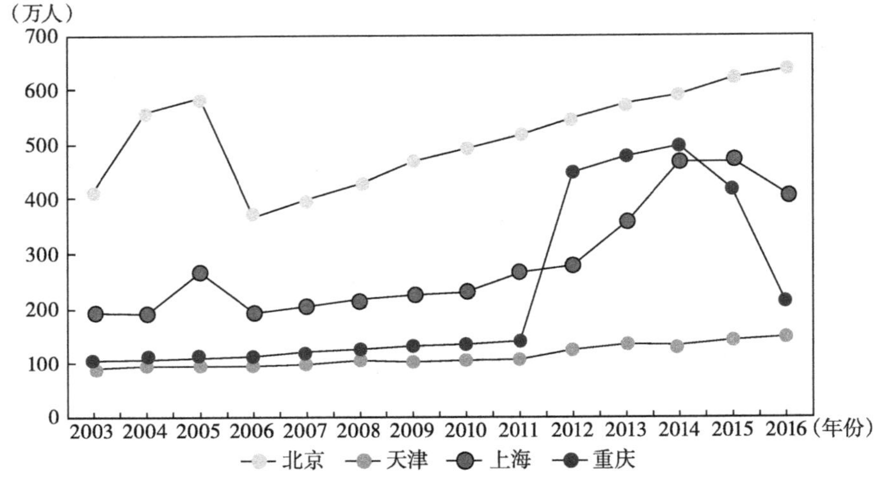

图 4－5　2003—2016 年直辖市服务业就业人员数变化情况

三、东部省会城市服务业集聚更具活力①

如果将省会城市分为东部、中部、西部和东北地区四个区域，我们也可以明显看出，我国服务业在不同地区的发展态势具有显著的差异（如图 4－6、图 4－7、图 4－8 和图 4－9 所示）。受惠于较早对外开放，东部地区服务业发展水平明显高于中西部和东北地区，东部沿海省会城市外向发展功能强，从而促进了该地区城市服务业的发展。这也表明，我国服务业的发展水平受地理区位因素的影响。此外，从不同省会城市经济发展规模看，我国服务业也主要集聚在东部经济规模大的城市，如广州、杭州、南京等城市。中西部地区和东北地区服务业中低水平的城市数量都比较多，但武汉、哈尔滨、沈阳、郑州等省会城市服务业发展水平也较为突出。成都的服务业就业人数在 2013—2016 年表现最为凸出，服务业就业人数分别为 324 万人、151 万人、342 万人和 365

① 由于拉萨和西宁的数据缺失较多，这里的省会城市不包括拉萨市和西宁市。

万人，这四年间增长幅度居于全国第一，总量仅次于广州，位居全国省会城市第二。

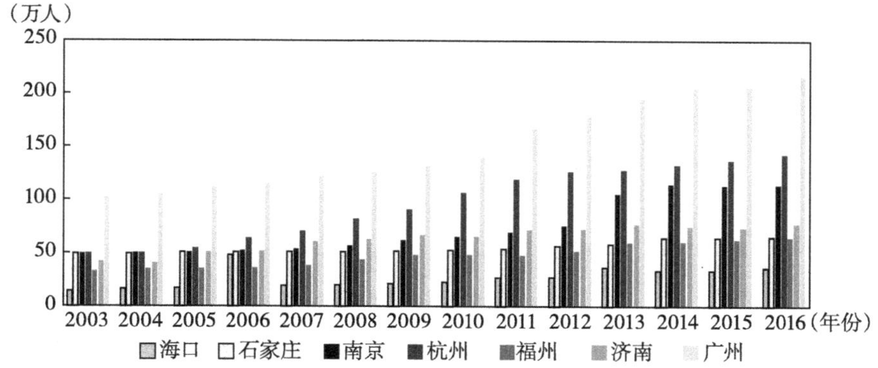

图 4－6　2003—2016 年东部地区省会城市服务业发展状况

数据来源：根据《中国城市统计年鉴》（2004—2017）数据整理。

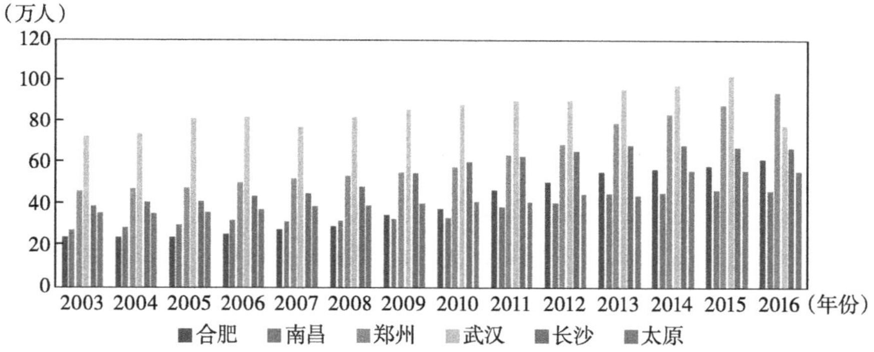

图 4－7　2003—2016 年中部地区省会城市服务业发展状况

数据来源：根据《中国城市统计年鉴》（2004—2017）数据整理。

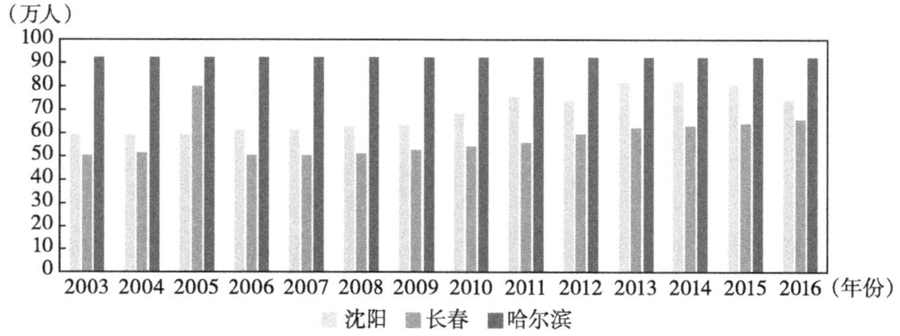

图 4－8　2003—2016 年东北地区省会城市服务业发展状况

数据来源：根据《中国城市统计年鉴》（2004—2017）数据整理。

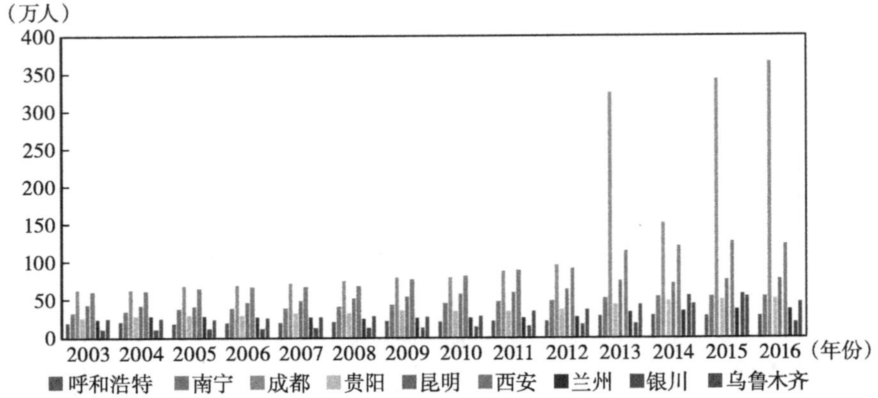

图 4 -9　2003—2016 年西部地区省会城市服务业发展状况

数据来源：根据《中国城市统计年鉴》（2004—2017）数据整理。

第三节　城市高端服务业发展状况

高端服务业是典型的知识密集、技术密集服务业，属于生产性服务业的一部分，一些学者认为我国当前的高端服务业包括商务服务业、信息服务业、研发服务业和金融服务业四大类（原毅军、陈艳莹，2011）。参照原毅军和陈艳莹（2011）对于高端服务业的分类，并考虑数据可获得性，本部分选取“金融业”“租赁和商业服务业”“信息传输、计算机服务和软件业”“科研、技术服务和地质勘查业”四大类来代表高端服务业。本部分在此使用的样本是我国 25 个省份所辖的 230 个地级市（剔除服务业从业人员少于 10 万人的城市）2003—2017 年的数据（宣烨、陆静、余泳泽，2019）。用专业化指数（sag）、多样化指数（dag）对我国地级市高端服务业的空间集聚进行分析。

对于高端服务业集聚专业化指数，本部分按照宣烨等（2019）的方法进行测算，地级市高端服务业专业化集聚指数为：

$$sag_i = \sum_s \left(\frac{E_{is}}{E_i}\right) / \left(\frac{E_s}{E}\right) \tag{4-1}$$

其中，E_{is} 代表 i 城市 s 类高端服务业的从业人员数，E_i 代表 i 城市所有产业的从业人数，E_s 代表全国 s 类高端服务业的从业人员数，E 代表全国所有产业的从业人员数。该指数越大，说明某一城市的高端服务业专业化集聚程度越高。

对于高端服务业多样化集聚指标，本部分借鉴韩峰等（2015）的测算方法进行度量，利用改进的赫芬达尔—赫希曼集中性指数来进行测算：

$$dag_i = \sum \frac{E_{is}}{E_i}\left\{\frac{1/\sum_{s' \neq s}^{n}[E_{is'}/(E_i - E_{is})]^2}{1/\sum_{s' \neq s}^{n}[E_{s'}/(E - E_s)]^2}\right\} \qquad (4-2)$$

式（4－2）中各字母含义与式（4－1）相同。该指数越大，说明某一个城市的高端服务业多样化集聚程度越高。

一、城市高端服务业发展总体状况

从图4－10采用多样化集聚和专业化集聚两种不同的集聚形式进行度量的城市高端服务业集聚状况看，2003—2017年，我国城市高端服务业城市集聚总体趋势是稳定的，且在2014年以后城市多样化集聚趋势有明显逐步增加的趋势，而专业化集聚则在2014年开始出现下降的趋势，这也说明高端服务业在不同城市都得到了不同程度的发展，并且随着经济的发展，高端服务业在更多城市也出现较为快速的发展。

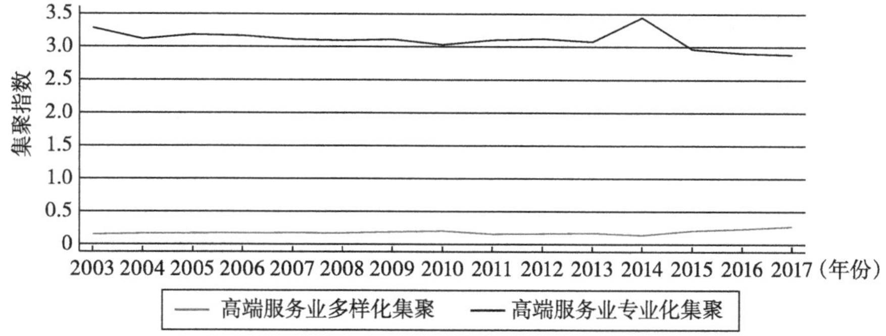

图4－10 2003—2017年中国城市高端服务业总体演进趋势

数据来源：根据《中国城市统计年鉴》（2004—2017）数据整理。

二、城市高端服务业空间格局及其演变

对2003—2017年全国高端服务业从业人员占服务业从业人员的比重进行排序整理后，从表4－3和表4－4中可以看出，2003年以来的15年中，在居于全国前十位的城市中，不同城市的高端服务业发展经历了不同的变化，在初始阶段发展处于领先地位的城市，会被后来的城市赶超。但总体而言，北京、

上海、广州、深圳、杭州、南京、济南、西安和大连等城市的高端服务业相对其他城市而言最为发达。

表4-3　2003—2017年高端服务业从业人员占服务业从业人员比重演化

年份	高端服务业从业人员占服务业从业人员比重前十位的城市
2003	佛山市、兰州市、中山市、嘉兴市、西安市、上海市、东莞市、北京市、大庆市、淮北市
2004	兰州市、佛山市、西安市、嘉兴市、上海市、东莞市、大庆市、北京市、淮北市、盘锦市
2005	杭州市、中山市、佛山市、上海市、淮北市、大庆市、湖州市、北京市、深圳市、盘锦市
2006	龙岩市、佛山市、金华市、大庆市、杭州市、深圳市、上海市、淮北市、北京市、盘锦市
2007	兰州市、东营市、龙岩市、大庆市、杭州市、深圳市、上海市、淮北市、北京市、盘锦市
2008	福州市、龙岩市、淮北市、杭州市、濮阳市、深圳市、上海市、大庆市、北京市、盘锦市
2009	西安市、白山市、龙岩市、东营市、杭州市、深圳市、大庆市、上海市、盘锦市、北京市
2010	西安市、白山市、宁波市、福州市、杭州市、大庆市、深圳市、上海市、盘锦市、北京市
2011	兰州市、长春市、龙岩市、上海市、宁波市、杭州市、大庆市、深圳市、盘锦市、北京市
2012	长春市、上海市、盘锦市、台州市、宁波市、大庆市、西安市、杭州市、深圳市、北京市
2013	大庆市、济南市、杭州市、南京市、连云港市、深圳市、东营市、西安市、北京市、上海市
2014	西安市、大庆市、大连市、杭州市、济南市、南京市、上海市、深圳市、东营市、北京市
2015	大连市、杭州市、大庆市、济南市、西安市、南京市、上海市、深圳市、东营市、北京市
2016	南京市、大连市、济南市、西安市、大庆市、杭州市、上海市、东营市、深圳市、北京市
2017	南京市、大庆市、天津市、大连市、济南市、东营市、上海市、杭州市、深圳市、北京市

数据来源：根据《中国城市统计年鉴》（2004—2017）数据整理。

表4-4　2003—2017年高端服务业专业化集聚演化

年份	高端服务业专业化集聚前十位的城市
2003	嘉兴市、合肥市、阜新市、昆明市、西安市、长沙市、杭州市、上海市、东莞市、北京市
2004	大庆市、广州市、兰州市、合肥市、长沙市、西安市、昆明市、上海市、杭州市、北京市
2005	龙岩市、大庆市、广州市、兰州市、深圳市、长春市、西安市、杭州市、上海市、北京市
2006	兰州市、长春市、龙岩市、西安市、昆明市、深圳市、广州市、杭州市、上海市、北京市
2007	西安市、蚌埠市、龙岩市、广州市、长春市、昆明市、深圳市、杭州市、上海市、北京市
2008	兰州市、广州市、昆明市、杭州市、长春市、濮阳市、深圳市、大庆市、上海市、北京市
2009	深圳市、兰州市、杭州市、昆明市、长春市、大庆市、西安市、上海市、白山市、北京市
2010	深圳市、沈阳市、杭州市、大庆市、长春市、西安市、白山市、上海市、广元市、北京市
2011	广州市、上海市、深圳市、大庆市、杭州市、长春市、沈阳市、白山市、西安市、北京市
2012	兰州市、自贡市、南京市、大庆市、沈阳市、杭州市、长春市、深圳市、西安市、北京市

续表

年份	高端服务业专业化集聚前十位的城市
2013	绵阳市、连云港市、大庆市、济南市、南京市、广州市、哈尔滨市、西安市、上海市、北京市
2014	杭州市、绵阳市、大庆市、大连市、济南市、南京市、广州市、西安市、上海市、北京市
2015	石家庄市、杭州市、大庆市、大连市、济南市、广州市、南京市、西安市、上海市、北京市
2016	大连市、绵阳市、杭州市、成都市、济南市、南京市、广州市、西安市、上海市、北京市
2017	兰州市、天津市、杭州市、南京市、大连市、济南市、广州市、西安市、上海市、北京市

数据来源：根据《中国城市统计年鉴》（2004—2017）数据整理。

三、典型城市高端服务业集聚及其演变

上文对高端服务业在城市中的集聚进行总体分析及专业化集聚排序后，我们可以看出，北京、上海等9个城市高端服务业发展位居全国前列。这里对这9个城市高端服务业集聚及其演化进行分析。图4－11展现的是北京市高端服务业专业化集聚、多样化集聚及高端服务业从业人员占全市服务业人员比重演化状况。结果显示，2003年以来，北京市高端服务业专业化集聚程度在波动中提升，而多样化集聚增长趋势较为平缓，北京市高端服务业从业人员占比则在波动中提高，这也表明北京市服务业内部结构在朝向高端化发展。

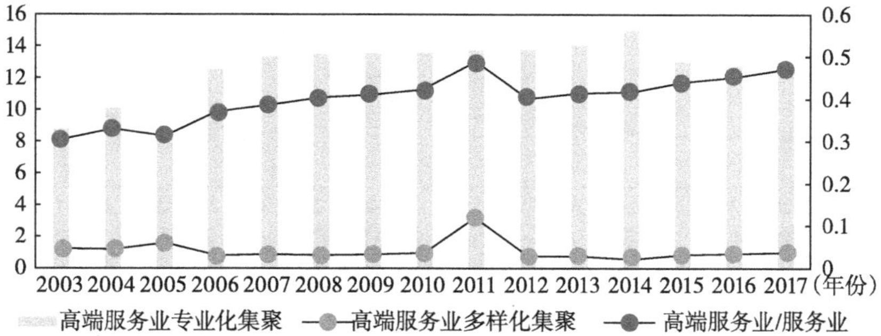

图4－11　2003—2017年北京市高端服务业集聚趋势

数据来源：根据《中国城市统计年鉴》（2004—2017）数据整理。

图4－12展示了上海市高端服务业发展状况，从图4－12中可以看出，上海市高端服务业从业人员占比增速较快，同时，与北京相比，上海市的高端服务业多样化集聚有更高的集聚度，但上海在高端服务业专业化集聚方面不具优势。

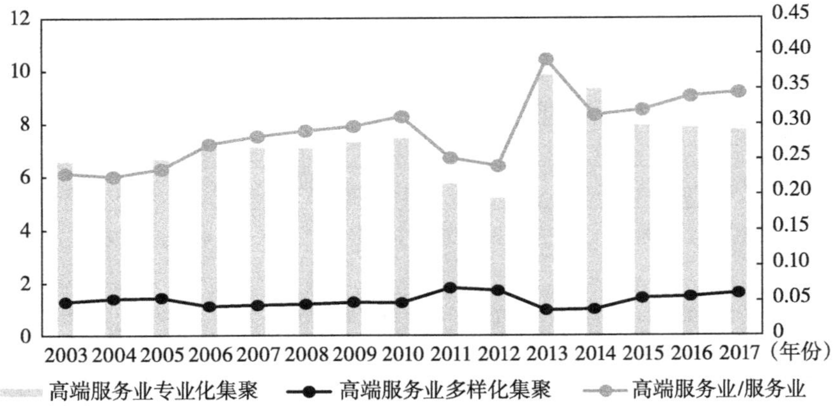

图 4－12　2003—2017 年上海市高端服务业集聚趋势

数据来源：根据《中国城市统计年鉴》(2004—2017) 数据整理。

图 4－13 展示了杭州市高端服务业发展状况。结果表明，受益于浙江经济规模及外向型经济的发展模式，杭州市高端服务业多样化集聚和高端服务业从业人员占比都有较明显的增长。结果还表明，杭州的高端服务业专业化集聚从 2003 年以来增长起伏过大，但 2015 年以来又呈现显著增长趋势。

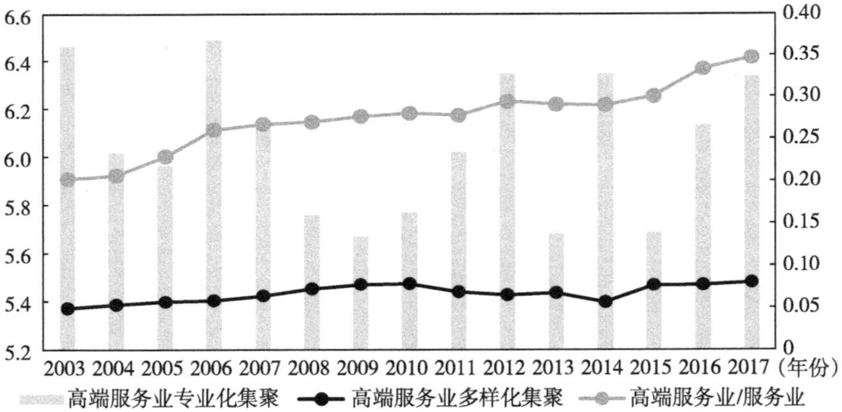

图 4－13　2003—2017 年杭州市高端服务业集聚趋势

数据来源：根据《中国城市统计年鉴》(2004—2017) 数据整理。

图 4－14 展示了广州市高端服务业发展状况。结果显示，广州市高端服务业从业人员数占服务业总就业人数的比重呈明显增长趋势，截至 2017 年，高端服务业从业人员数占服务业总人数的比重已超过 35%。同时，2003 年以来，广州高端服务业专业化集聚增长趋势较为平稳，呈现逐年增加态势，多样化集聚的发展趋势平缓，未出现大的波动。

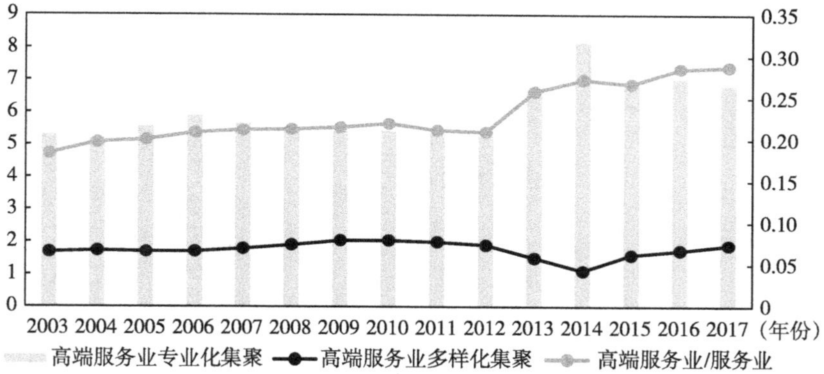

图 4－14　2003—2017 年广州市高端服务业集聚趋势

数据来源：根据《中国城市统计年鉴》(2004—2017) 数据整理。

图 4－15 展示了西安市高端服务业发展状况。作为西部地区高端服务业集聚程度最高的城市，2003 年以来，西安高端服务业进步较为明显，这表现在西安高端服务业的多样化集聚程度和专业化集聚程度都呈现平稳增加趋势。从高端服务业从业人数占服务业总就业人数的比重看，2011 年之前，西安市高端服务业从业人员占比一直在缓慢增加，但在 2011—2014 年，出现较大幅度的波动。2015 年以来，西安市高端服务业从业人员占比又开始缓慢增长。

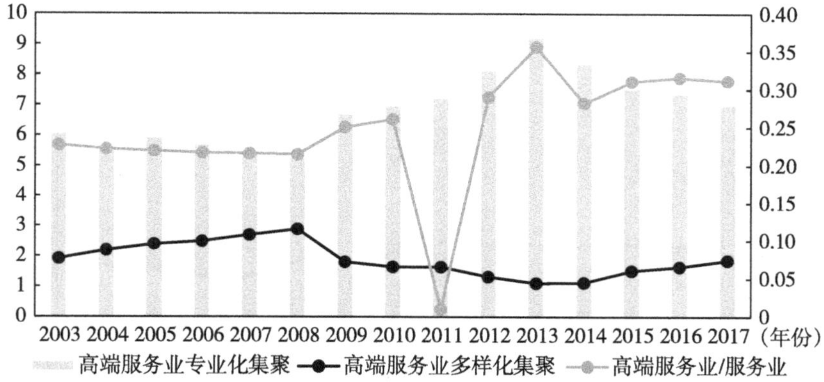

图 4－15　2003—2017 年西安市高端服务业集聚趋势

数据来源：根据《中国城市统计年鉴》(2004—2017) 数据整理。

图 4－16 展示了深圳市高端服务业发展状况。深圳是中国改革开放的"窗口"，汇集了众多高新技术企业。因此 2003 年以来，深圳的高端服务业集聚趋势明显增长，从高端服务业从业人员占比、高端服务业专业化集聚和多样化集聚三个指标看，深圳市的高端服务业相对其他代表性城市有较突出的增长。截

至 2017 年，深圳市高端服务业从业人员占服务业总就业人数的比重超过 45%，专业化集聚度超过 0.35，多样化集聚度接近 0.1。

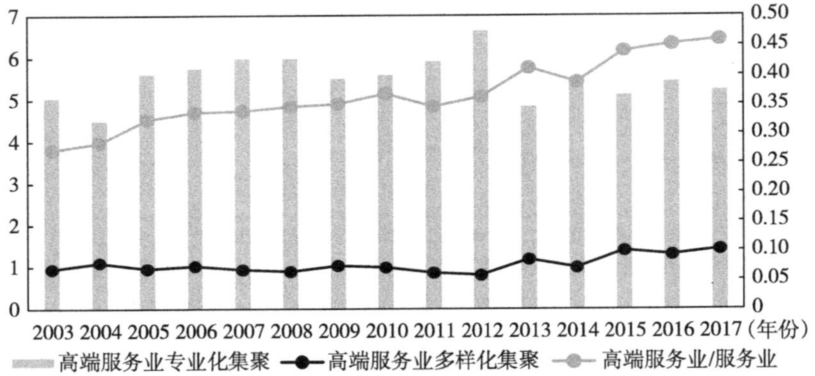

图 4－16　2003—2017 年深圳市高端服务业集聚趋势

数据来源：根据《中国城市统计年鉴》（2004—2017）数据整理。

图 4－17 展示了济南市高端服务业发展状况。从图 4－17 可以看出，2003 年以来，济南市高端服务业发展较快，其中，高端服务业从业人数占服务业总就业人数的比重接近 40%，济南市高端服务业专业化集聚度和多样化集聚度也都呈现较为明显的增长趋势。

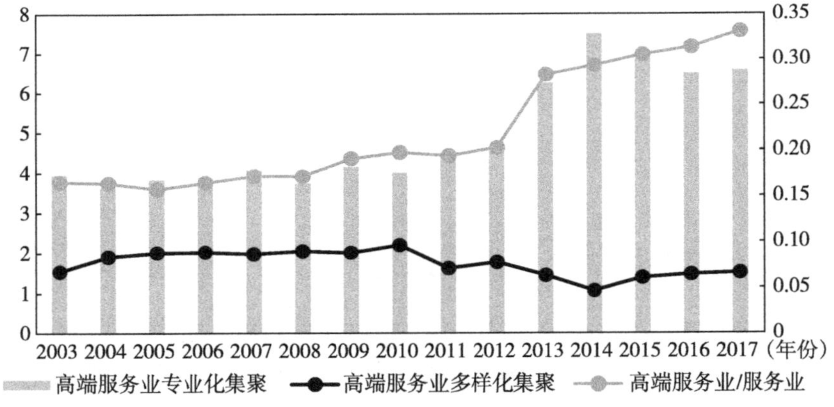

图 4－17　2003—2017 年济南市高端服务业集聚趋势

数据来源：根据《中国城市统计年鉴》（2004—2017）数据整理。

图 4－18 展示了南京市高端服务业的发展状况。从图 4－18 可以看出，南京市高端服务业从业人数占服务业总从业人数的比重在 2017 年已经接近 40%，受益于江苏较为发达的制造业，南京市高端服务业专业化集聚和多样化集聚程度也都有较为明显的增长。

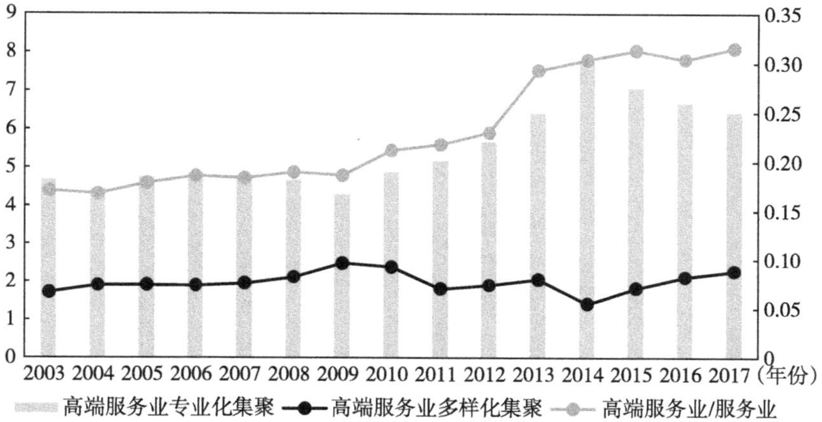

图 4－18　2003—2017 年南京市高端服务业集聚趋势

数据来源：根据《中国城市统计年鉴》（2004—2017）数据整理。

图 4－19 展示了大连市高端服务业的发展状况。作为东北地区经济发展最具活力的城市，大连市的服务外包行业一直领先于全国发展水平。从高端服务业从业人数占服务业总就业人数的比重看，截至 2017 年，该比重已经接近 40%，这和大连市的服务外包行业相匹配。同时，大连高端服务业的专业化集聚在 2003 年以来得到显著增长，高端服务业多样化集聚程度在 2003 年以来有所起伏，但波动较小。总之，大连高端服务业发展的状况与该市服务业发展现实具有较高的匹配度。

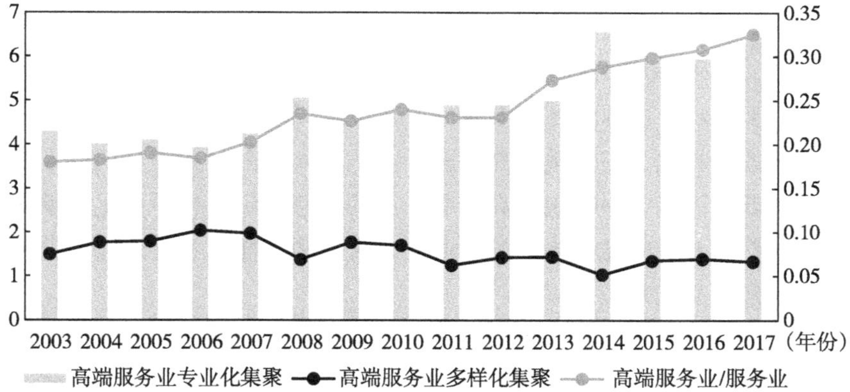

图 4－19　2003—2017 年大连市高端服务业集聚趋势

数据来源：根据《中国城市统计年鉴》（2004—2017）数据整理。

四、高端服务业空间格局的区域性演变

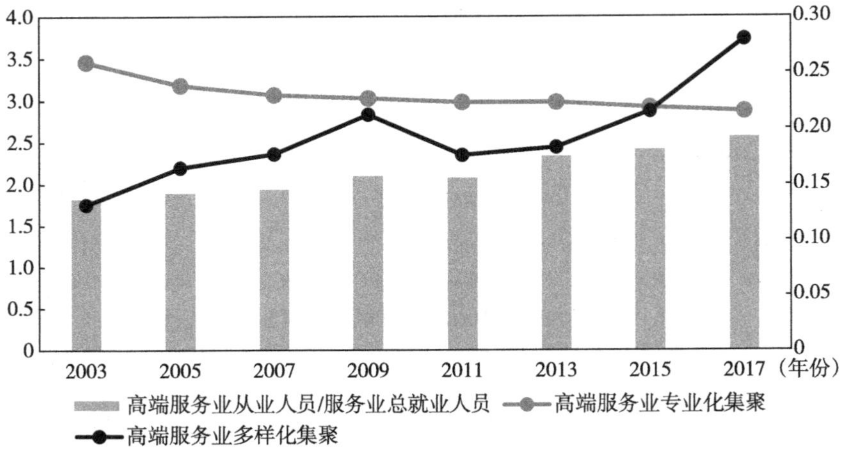

图 4－20　2003－2017 年东部地区高端服务业发展状况

数据来源：根据《中国城市统计年鉴》（2004—2017）数据整理。

从我国高端服务业的区域分布情况看，2003—2017 年，高端服务业在东部地区的集聚趋势最为突出，而且从上文的分析也发现，江苏、浙江、广东和上海四省市的服务业增加值都在 30% 以上，位居全国第一梯队。从图 4－20 可以看出，2017 年，东部地区高端服务业从业人数占服务业总就业人数的比重接近 20%，而且 2011 年以来，东部地区高端服务业的多样化集聚也有较快的发展趋势，但东部地区高端服务业的专业化集聚则呈现下降趋势。

图 4－21 显示了中部地区高端服务业发展状况。从图 4－21 可以清晰地看出，与东部地区相比，中部地区高端服务业从业人数占服务业总就业人数的比重要有所降低。同时，中部地区高端服务业的专业化集聚和多样化集聚程度也比东部地区低，并且高端服务业的专业化集聚度和多样化集聚程度在发展趋势上都与东部地区高度相似。

图 4－22 展示了西部地区高端服务业发展状况。从图 4－22 可以看出，西部地区高端服务业从业人数占服务业总从业人数的比重一直保持在 15% 左右的比重，这个比重与中部地区高度一致。这也意味着中西部高端服务业从业人数在 2003—2017 年间发展较为缓慢。同时，与中部地区不同，西部地区高端服务业的专业化集聚程度出现较大的波动，在 2011 年以后，呈现较快幅度的下降，相反高端服务业的多样化集聚程度则在 2011 年之后出现较快的增长。

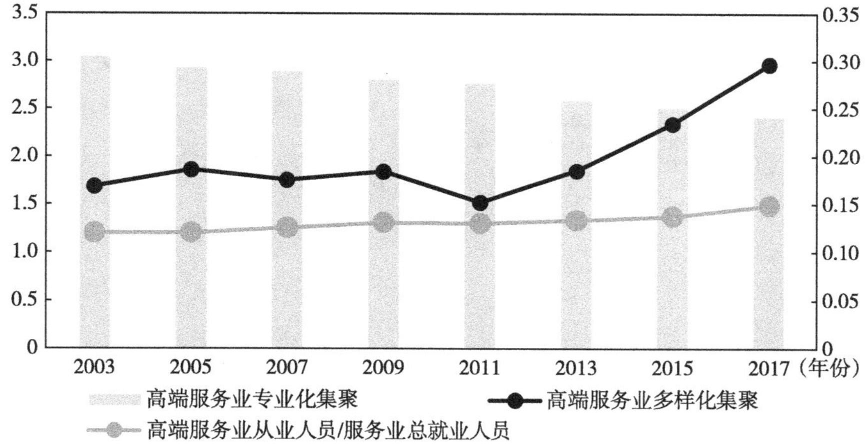

图 4 -21　2003 -2017 年中部地区高端服务业发展状况

数据来源：根据《中国城市统计年鉴》（2004—2017）数据整理。

西部地区高端服务业集聚的这种相反发展趋势可能与西部产业结构调整有关，未来西部地区高端服务业发展可能会因为东部和中部地区的更加专业化，而表现出更高的多样化集聚。

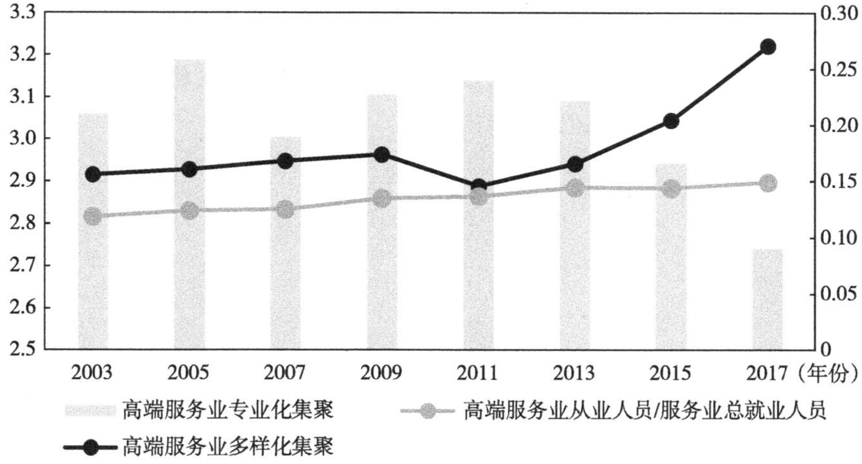

图 4 -22　2003—2017 年西部地区高端服务业发展状况

数据来源：根据《中国城市统计年鉴》（2004—2017）数据整理。

图 4 -23 展示了东北地区高端服务业发展状况。图 4 -23 显示东北高端服务业多样化与专业化集聚状况，都表现出与东部、中部及西部地区明显的差异，东北地区高端服务业多样化集聚与专业化集聚出现交替集聚的发展。在 2010 年之前，东北地区高端服务业多样化集聚程度一直高于专业化集聚程度，

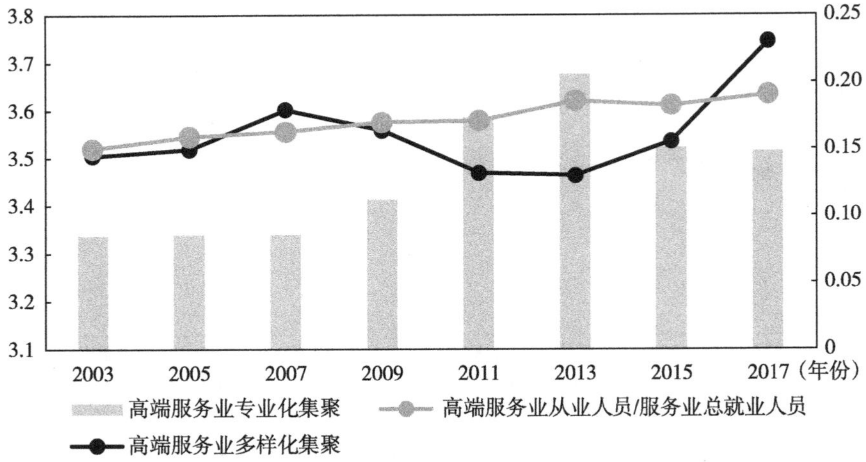

图4－23　2003—2017年东北地区高端服务业发展状况

数据来源：根据《中国城市统计年鉴》（2004—2017）数据整理。

而在东部、中部和西部地区，高端服务业多样化集聚程度都明显低于专业化集聚程度。而在2011—2015年东北地区高端服务业专业化集聚度又超过多样化集聚度，此后又呈现多样化集聚度高于专业化集聚度。从高端服务业从业人数占服务业总就业人数的比重看，东北地区高端服务业从业人数占比一直在15%以上，截至2017年，这一比重接近20%，与东部地区相差无几，这意味着东北地区高端服务业发展基础较好。

第五章　中国现代化经济体系建设的基础及目标

现代化经济体系首次提出于党的十九大报告，是习近平总书记在经济发展新阶段所做出的战略部署，适应了现阶段开启全面建设社会主义国家新征程、社会主要矛盾变化以及经济由高速增长阶段转向高质量增长阶段的要求。2018年1月30日，中共中央政治局的第三次集体学习进一步丰富和发展了现代化经济体系内涵，并将其纳入习近平新时代中国特色社会主义经济思想。作为一个发展中大国，中国国内需求的规模性与稳定性、要素禀赋的异质性与适应性、产业部门的完整性与独立性、区域经济的差异性与互补性、经济结构的多元性与层次性、制度创新的实验性与渐进性为建设现代化经济体系提供了难得的条件和机遇（欧阳峣，2014）。在大国经济特征下，发展中大国完全可以依靠国内资源和市场来驱动，构建产业体系、形成规模经济和培育产业竞争力，实现经济的内源式发展和本土属性的市场循环。在中国，现代化经济体系建设必须依托于大国经济视域。本部分将从中国现代化经济体系建设的评价体系、水平评估、主要目标三个部分对其进行探讨。

第一节　中国现代化经济体系建设的评价体系

立足于国际国内经济形势，瞄准中国是世界上最大的发展中国家这一定位，习近平总书记高屋建瓴地提出适合中国国情的大国经济发展思维。从大国经济视角出发，中国在世界上的影响力举足轻重且综合优势明显。在经济发展初期，中国凭借后发优势和比较优势实现技术赶超。但是随着经济赶超进程的推进，中国的经济发展进入转轨阶段，资源优势、人口红利和后发优势逐渐消失，边际效用递减效应日益呈现，中国的经济发展面临着“中等收入陷阱”和增长空间缩小等难关。大国经济体普遍地域辽阔、资源丰富、人口众多、国内市场巨大、工业部门体系齐全、总量经济规模较大，其在发展经济方面存在着经济规模优势、分工与专业化优势、统一市场优势及稳定性优势。在大国经济发展思维的引领下，在实现中国经济转型升级的重要关口，习近平总书记在党的十九大报告中提出建设现代化经济体系这一发展战略，不仅顺应了建设社会主义现代化强国的发展目标，而且有助于针对性地解决当前中国经济发展存在的动能转换困境、产业融合障碍、供求结构失衡、制度创新滞后等一系列问题。

一、现代化经济体系的基本内涵

习近平总书记指出："现代化经济体系，是由社会经济活动各个环节、各个层面、各个领域的相互关系和内在联系构成的一个有机整体。"现有研究对现代化经济体系的内涵做了多种解读。李文胜和陈春生（2018）将现代化经济体系定义为中国将在长期内构筑的"更高质量、更高效益的新经济形态"，并将其内涵总结为"做大、做优、做强实体经济""促进技术创新链、全球价值链和现代产业链的耦合""构建社会主义市场经济体制""实施乡村振兴和区域协调发展战略"以及"推动形成满足我国经济发展需要的全面开放新格局"五个方面。现代化经济体系牵涉国民经济系统的方方面面，是发展总量和速度、发展水平和质量、体制机制运行、开放发展程度等诸多方面呈现出与发达经济水平相适应的一种状态。刘志彪（2018）认为"现代化经济体系"融合了"现代化建设"和"经济体系"两个概念，纵向而言，"现代化经济体系"区别于农业文明和工业文明，是指工业经济高度化的动态过程；横向而言，"现代化经济体系"与构成现代化强国的其他因素，如政治、生态体系相对应，在发展速度质量、发展结构和要素、开放发展程度等诸多方面衡量现代化水平和状态，奠定现代化强国的物质基础。

本部分依托大国经济发展思维，将从大国经济特征和发展战略出发，着眼于要素禀赋与需求、经济结构与产业体系、区域差异与整体发展、创新驱动和经济体制等多个方面，明确界定现代化经济体系的内涵与外延。

总结现有研究，大国经济的典型特征可以归纳为以下七个方面：经济发展的稳定性与连续性、大国要素禀赋的异质性和适应性、区域经济的差异性与互补性、制度创新的实验性与渐进性、国内需求的规模性和内生性、大国经济结构的多元性与层次性以及产业体系的完整性与独立性（欧阳峣，2012）。与此相对应，现代化经济体系特征主要包含以下六个方面：其一，适配于中国的大国经济体定位，其经济发展具有稳定性和连续性，因此现代化经济体系下经济水平和经济增速应该具有更高效益。其二，中国作为一个地广物博、资源丰富的特大国，要素禀赋具有异质性和适应性，这也是驱动中国经济增长的主要动力，有助于提高现代化经济体系经济增长的质量。其三，大国经济体幅员辽阔，中国的区域经济存在显著的差异性和互补性，因此现代化经济体系下的城乡与区域发展应该是更加平衡的。其四，大国经济体的制度改革相较于小国往往更加审慎，制度创新往往具有实验性与渐进性，有助于现代化经济体系下的经济体制更加完善。其五，大国经济体人口众多，国内需求具有规模性和内生性，依靠内部需求可以实现经济的稳定发展，具有显著的内源特征。但是扩大外需是提高经济大国国际影响力的关键所在，因此现代化经济体系下中国的对外开放应该更加全面。其六，大国经济结构的多元特征明显，产业体系具有完整性与独立性，因此，在现代化经济体系下中国要形成更完善的现代化产业体系、空间布局结构和协调程度。

从定义来看，现代化经济体系是以政府宏观调控为主导，以大众创业、万众创新为基础，以大健康产业为核心，通过产业融合实现产业升级、经济可持续高速发展的智慧经济理论体系与智慧经济形态。从大国经济视域出发，现代化经济体系是以经济体制改革为保障，以要素和创新为驱动力，以扩大内需和全面开放为双引擎，实现产业升级、结构优化、城乡区域协调发展的更高水平的社会主义经济建设理论。

二、中国现代化经济体系建设的内容体系

综合现代化经济体系的六个实现特征，可以将其内涵归纳为微观层面的现代化动力体系、中观层面的现代化产业体系和宏观层面的现代化制度体系三大体系，其中，动力体系是前提，产业体系是核心，制度体系是保障。要顺利完成包括三大体系在内的现代化经济体系建设任务，关键要构建现代化的产业体系和价值链体系。以高端服务业为引领，通过创新驱动重塑现代化的动力体系，通过新型工业化、信息化、城镇化、农业现代化“四化”同步发展充实现代化的内容体系，通过匹配供求结构优化现代化的供给体系，通过体制机制创新完善现代化的制度体系。

党的十九大报告指出“必须坚持质量第一、效益优先，以供给侧结构性改革为主线，推动经济发展质量变革、效率变革、动力变革，提高全要素生产率”，这也是对现代化经济体系微观层面建设目标的一般描述。高质量发展是

强国之基、立业之本，更是实现现代化经济发展转型的关键所在；资源的稀缺性决定了在经济发展中要优先保障生产要素的利用效率；而随着过去依赖人口红利和资源开发的粗放式发展不再适应生产力发展的要求，更加重视创新驱动和人力资本质量优势的动力改革势在必行。而“三大改革”的根本目的在于提高全要素生产率，这也是微观层面建设现代化经济体系的重要特征和基本目标。

党的十九大报告指出“着力加快建设实体经济、科技创新、现代金融、人力资源协同发展的产业体系”，这是国家政府高层对建设现代化经济体系中观层面目标的一般描述。产业体系是经济体系的物质基础与内核，现代化产业体系应该由一系列处于全球价值链中高端的、高附加值的、高国际竞争力的、技术与知识密集型产业组成。实体经济是现代化经济建设和产业协同发展的主体，科技创新是实现产业升级的核心动力，现代金融为现代化产业体系建设提供源源不断的新鲜血液，人力资源为现代化产业体系提供高素质劳动者队伍。

党的十九大报告指出“着力构建市场机制有效、微观主体有活力、宏观调控有度的经济体制”，这概括了宏观层面建设现代化经济体系的基本目标。改革开放以来，中国的社会主义市场经济体制在发展中完善，尤其是近几年不断深化的“放管服”改革极大地释放了市场主体的活力。与此同时，政府注重创新宏观调控手段，因时制宜实施合理的宏观调控政策，采取相机调控、定向调控、区间调控以及精准调控等举措，使得经济运行始终保持平稳增长趋势。但是要达到现代化经济体系所要求的标准，当前的宏微观经济体制还存在很多需要完善和解决的方面。因此要实现建设现代化经济体系宏观层面的目标，必须舍弃不合时宜的体制和机制，摆脱旧体制的路径依赖，革旧立新。关于政府、市场之间的关系，党的十八大以来，明确了“发挥市场对资源配置的决定性作用，更好地发挥政府作用”，以此充分激发出市场微观主体的活力，搭建好现代化经济体系的制度框架。

三、中国现代化经济体系建设的评价标准与指标设置

党的十九大报告明确指出“建设现代化经济体系是跨越关口的迫切要求和我国发展的战略目标”。综合政府报告内容及其相关文献关于“现代化经济体系”的研究成果，本部分将现代化经济体系建设的基本特征总结为以下七个方面。

第一，经济建设总体水平不断提升。现代化经济体系的首要特征是经济建设达到现代化水平，这就要求中国之后的经济发展在总体上应当实现更高效益的经济水平、更快速度的经济增长以及更高质量的经济增长方式。这一特征在现代化经济体系基本特征中处于基础和前提地位。

第二，现代化产业体系不断完善。现代化产业体系是现代化经济体系的支柱，包括以现代农业为主导的第一产业、具有高附加值和高国际竞争力的先进制造业和高效优质的现代服务业。“加快建设实体经济、科技创新、现代金融、人力资源协同的产业体系”是党的十九大报告中对于中国现代化产业体系的目标概括。在中国产业发展历程中，创新要素对于产业发展的贡献乏善可陈，现代金融、人力资源等高端生产性服务业与制造融合不足，很多产业处于全球价值链的中低端。为此，在建设现代化产业体系中，首先，要发展先进制造业，打造“制造强国”形象。深度开发互联网、人工智能以及大数据等重点领域，发展优势先进制造业，形成新的经济增长点，培育位于全球价值链中高端、具有国际竞争力的一流制造企业。其次，要重点发展现代服务业，实现产业结构向高端化升级。中国服务业存在的问题突出表现在总体发展质量偏低，亟须注入创新要素，深化产业融合，推进生产性服务业向中高端和专业化发展，生活性服务业向高品质和精细化延伸。最后，要做优做强现代农业。农业现代化是国家是否真正实现现代化的重要标志，而中国农业发展的矛盾已经由总量不足转变为结构性矛盾，因此需要培育现代农业的新业态新动能，以创新为驱动力提高农业的供给质量和供给水平，构建中国特色现代农业。

第三，社会主义市场经济体制更加清晰合理。经济体制是现代化经济体系得以实现的根本保障，政府与市场的关系是现代化经济体系建设的主线。党的十九大报告强调构建微观主体有活力、宏观调控有度的现代化经济体制，这就要求从根本上强化市场，使其在资源配置方面发挥决定性作用，更好地发挥政府作用，有机地将“有效市场”与“有为政府”融合起来，继续将市场化改革向纵深推进。一方面，要优化政府机构的职能，清除各项体制机制障碍，完善公共服务管理体制，推进国家治理体系现代化建设，创新宏观调控制度，增强国家发展规划的战略导向作用，牢牢遵循“调控有度”原则。另一方面，要建立统一开放、竞争有序的市场体系。在市场准入方面，全面实施负面清单制度，简化行政审批手续，做到市场准入顺畅；在市场开放方面，积极推进行业与区域的有序开放，推进资本、能源等方面的市场化改革，扩大自贸区自主权，实现市场开放有序；在市场竞争方面，要构建统一市场，整合全行业和各区域相关资源，打破行业壁垒，清除地方保护主义政策，实现市场竞争充分；在市场秩序方面，要理顺各类市场主体之间的关系，建立合理的市场制度和有效的运行机制，做到市场秩序规范。

第四，创新能力和创新水平位居世界前列。发展动力决定发展的速度、质量和可持续性。鉴于创新作为引领发展的第一动力的战略地位，建设现代化经济体系，首先要加强创新体系建设，推动以科技创新为核心的全面创新，着力构建市场导向、企业主体、产学研深度融合的现代技术创新体系，把全社会智慧和力量凝聚到创新发展上来。要抓住自主创新这个“牛鼻子”，以此带动经济发展方式转变和经济结构调整，强化创新对于实现现代化经济水平的支撑与引领作用。

第五，城乡区域经济协调发展。城乡区域经济协调发展是中国区域经济发展的基本方向。目前中国经济发展的不平衡不充分主要表现在城乡发展以及区域发展上，因此应该从以下三个方面着手解决这一问题：一是要发挥区域间的比较优势，培育区域协调发展新格局。在区域发展过程中，应该根据各区域的实际情况及其形成的区域优势，因地制宜，给予西部地区更多的扶持，形成西部大开发新格局，更加注重相对落后地区（东北地区、中部地区）激励机制的创新，以发挥东部地区创新引领作用为抓手，进一步加大政策支持力度，以政策、制度、机制协同，推动东北老工业基地振兴和中部地区崛起战略的深入实施。二是要加速推进乡村振兴战略。农村经济发展是阻碍中国实现现代化经济体系的短板所在，“三农问题”是全党工作的重中之重。因此应该把重点放在补齐农村的短板上，振兴乡村，构建现代农业生产经营体系，城乡联动健全乡村社会化服务体系。三是要推进城镇化改革，形成协同发展的城镇格局。要贯彻落实党的十九大报告提出的改革户籍制度以及建立完善的公共服务体系等，加快农业转移人口市民化进程，构建以城市群为主体的大中小城市和小城镇协调发展的城镇格局。

第六，开放型经济体系更加完善。近年来，中国的对外开放政策纷纷围绕发展更高层次的开放型经济这一战略部署开展。在新的国际形势下，首先，要改变以欧美国家为重点的开放导向策略，重视“一带一路”在中国对外开放中的作用，“引进来”与“走出去”并举，并注重考虑两者的协调与平衡，进一步落实共商共建共享原则，形成陆海内外联动、东西双向互济的开放格局（黄晓凤，2019）。其次，在国际竞争与合作中坚持开放创新的导向，不断引进先进科技与创新要素，整合利用国际创新资源，加强与发达国家的科技合作，同时，也要注重“一带一路”沿线国家间的科技合作，在构建创新共同体的基础上推动中国的自主创新，实现中国创新能力的飞跃式提升。最后，要“瞄准国际标准提高水平”“培育具有全球竞争力的世界一流企业”，在经济全球化进程中展现更加积极主动负责的国际形象，发展更高层次的开放型经济。

第七，绿色经济形成更大规模。发展绿色经济是现代化经济体系不可或缺的一环，也是经济高质量发展的必然要求。为此，要完善环境资源保护的法律法规体系建设和生态环境监管体制；建立清洁低碳、安全高效的能源体系，规模化发展循环经济、节能环保产业、清洁生产产业以及清洁能源产业，构建以市场为导向的现代绿色技术创新体系；优化经济社会发展评价体系，坚定不移地实施主体功能区制度。

综合现代化经济体系的科学内涵与基本特征，并遵循全面性和可操作性的原则，笔者从以下七个方面构建现代化经济体系的评价指标，见表5－1。

表5－1　现代化经济体系建设水平评价指标体系

一级指标	二级指标
经济发展总体水平测度	人均GDP（元） GDP年增长率（%）
产业体系测度	工业产值资本密集型比重 工业产值劳动力密集型比重 工业产值技术密集型比重
动力体系测度	全要素生产率
创新型经济水平测度	专利申请量
协调型经济水平测度	非农产业占GDP的比重（%）
开放型经济水平测度	实际利用外资额（亿美元） 规模以上外商投资工业企业主营业务收入（亿元）
绿色型经济水平测度	工业固体废物综合利用率（%） 生活垃圾无害化处理率（%）

第二节　中国现代化经济体系建设水平的评估

一、中国现代化经济体系建设水平的内容评估

“质量变革、效率变革、动力变革”这三大变革是建设现代化经济体系的核心，也是建设现代化经济体系的新动能，其中质量变革是现代化经济体系建设的主体。习近平总书记指出：“我们不再简单以国内生产总值增长率论英雄，而是强调以提高经济增长质量和效益为立足点 。”因此，对于现代化经济体系建设的水平评估不应再是量化的数据指标，而是应该以更高层次的质化的评价指标为准。

根据建设内容和表5－1建立的评价指标体系，可以将中国现代化经济体系建设水平的内容评估分为以下七个部分：一是整体目标，“始终把握一个总体要求”，即坚持高质量发展，这是现代化经济体系建设的总目标。自改革开放以来，中国的经济发展从高速增长过渡到增速换挡，如今又逐渐转向高质量增长阶段。就需求侧层面而言，高质量增长要求满足人民美好生活的需要，提供更高质量的产品和服务供给；就供给侧层面而言，高质量增长要求转变发展方式，优化经济结构，转换增长动力，实现经济增长在质量和效益方面的改善。二是产业体系建设的内容评价。深化改革经济结构是中国现代化经济体系建设的重中之重，要深入贯彻落实以供给侧结构性改革为主线的建设逻辑，通过市场机制优化资源配置效率，实现产业结构升级，加快发展高端服务业；积极融入大数据时代和人工智能时代的发展潮流，推动实体经济与虚拟经济的融合；加快培育具有世界级领先水平的先进制造业集群。三是动力体系的评价。党的十九大报告指出“坚持质量第一、效益优先”，实现“经济发展质量变革、效率变革、动力变革”，从而建立现代化动力体系。现代化动力体系的首要特征是全要素生产率的提高，当一个国家全要素生产率的贡献率达到60%～80%时，即可视为该国建立了现代经济发展的动力体系。四是创新型经济水平的测度。加快建设创新型国家是现代化经济体系建设的应有之义。而要建设创新型国家，就要将经济增长方式由传统的以投资为驱动力转变为以创新为主要动力；将创新理念贯彻到产业化的各个环节，加大对中小企业创新的支持，促进创新成果转化。五是协调型经济水平的测度。在城乡协调发展层面，

振兴乡村战略是现代化经济体系建设的重要组成部分。党的十九大报告指出“要按照产业兴旺、生态宜居、乡风文明、治理有效、生活富裕的总要求，建立健全城乡融合发展体制机制和政策体系，加快推进农业农村现代化”。只有农业实现了现代化，才能实现城乡融合发展，从而实现国家现代化建设。在区域协调发展层面，区域发展不平衡、中西部地区发展不充分一方面是现代化经济建设必须解决的问题，另一方面也是中国经济发展潜力所在。实现区域协调发展，应该根据各区域发展的情况，因地制宜，形成区域协调发展新格局。六是绿色型经济水平的测度。绿色发展体系是现代化经济体系的重要组成部分，也是实现高质量发展的必然要求，根本目标在于实现人、自然与经济之间的和谐发展。构建绿色发展体系需要贯彻绿色发展理念，推进绿色发展和创新驱动的深度融合，培育节约能源资源和保护生态环境的产业机制。七是开放型经济水平的测度。现代化经济应该是开放的经济，中国的经济发展离不开世界的舞台，世界的繁荣增长少不了中国的贡献。以开放促发展是实现中国经济增长的不竭动力，因此在现代化经济体系建设的过程中，应该重视奉行互利共赢的开放战略，发展更高层次的开放型经济，更好地利用全球的资源与市场，以“一带一路”推动国家经济合作，提高开放的质量和效益，促使优势产业迈向全球价值链中高端。

二、中国现代化经济体系建设水平的整体评估

（一）经济发展水平的总体评估

现代化经济体系建设的目的之一在于为其他领域的现代化提供有力支撑，为满足人民对于美好生活的需要打下坚实的物质基础。如图 5 - 1 所示，本节选取了人均 GDP 和 GDP 增长率作为衡量经济发展总体水平的指标，通过 2003—2015 年的变动情况评估中国现代化经济体系建设的整体情况。

如图 5 - 1 所示，中国的人均 GDP 呈现逐年增长趋势，2015 年突破 50000 元大关，截至 2018 年中国的人均 GDP 为 64644 元。而 GDP 增长率的变化趋势为波动中逐年下降，2013 年之后中国的 GDP 增长率下降到 10 个百分点以下，此后中国的经济发展由高速增长逐渐向增速换挡变化。现代化经济体系的建设目标中对增长质量的要求有所强化，而非一味地追求 GDP 增速的高指标，即在提高人均 GDP 以满足人民美好生活需要的同时放缓 GDP 的增长速度，追求质量变革和效率变革。

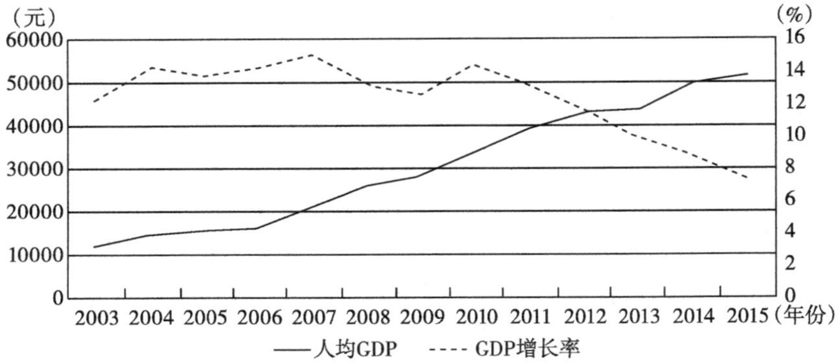

图 5-1　2003—2015 年中国经济发展水平

(二) 开放型经济水平的总体评估

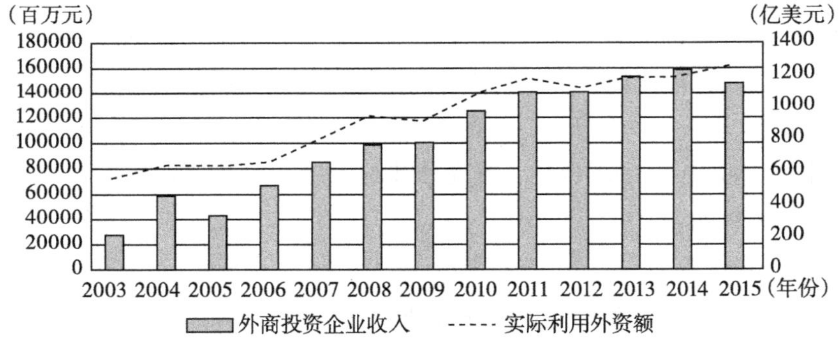

图 5-2　2003—2015 年中国外商投资情况

投资、消费和出口是拉动中国经济增长的“三驾马车”，党的十九大报告指出“中国开放的大门不会关闭，只会越开越大”。改革开放以来，中国通过对外开放吸收了先进技术和大量外资，并通过这种强有力的吸收机制实现了快速的经济增长，在世界经济舞台上占据一席之地。如图 5-2 所示，无论是外商投资企业取得的收入总额还是实际利用外资额都呈波动中增长的趋势，这主要得益于改革开放以来实施的鼓励引进外资的政策。但是大量引进外资也带来了一系列隐患，例如外商投资的产业结构不合理，现代服务业及高新技术产业所占比重较小；在吸引外资方面存在区域恶性竞争，分布不均衡；外商进入后，本地企业的自主创新能力显著降低；等等。2008 年金融危机爆发后，中国在鼓励外资进入的基础上调整了对外商的优惠政策，致力于打造中外企业平等竞争的环境，更加注重引进技术，逐步提高引进外资的质量，从而有助于中国制造业向中高端领域迈进、向技术密集型方向发展。这也是建设多元平衡、安全有效的全面开放体系所要努力的方向。

（三）绿色型经济水平的总体评估

“绿水青山就是金山银山”，绿色发展体系既是社会主义生态文明的体系，也是现代化经济体系的重要组成部分。只有践行绿色发展观，才能实现高效可持续的发展，才能在国际竞争中占据有利地位。图 5-3 反映了 2003—2015 年中国工业固体废物综合利用率和生活垃圾无害化处理率的变动情况。其中工业固体废物综合利用率在 80% 的水平上下波动，而生活垃圾无害化处理率呈现逐年上升的趋势，2015 年更是突破 90% 大关，远远高于国家要求的 50% 的标准。在工业固体废弃物方面，国家出台了一系列法律法规进行规范管理，要求对固体废弃物进行分类无害化处理。在城市生活垃圾方面，随着环保意识的普及，经济发达的大城市在分类回收方面取得一定进步，但仍处于粗放管理阶段。垃圾处理关系社会环境，是衡量生态文明程度的重要标志，打赢“垃圾无害化处理”的全民持久战是建立环境友好的绿色发展体系的必经之路。从顶层设计来看，应进一步完善相应的法律制度，对事关资源和环境的行为进行有力的规制；从具体执行来看，要依靠技术创新提高资源的产出效率，降低能源消耗量；鼓励发展资源节约、环境友好的产业，将环保产业发展作为新的经济增长点，使环保事业取得更多的经济效益。

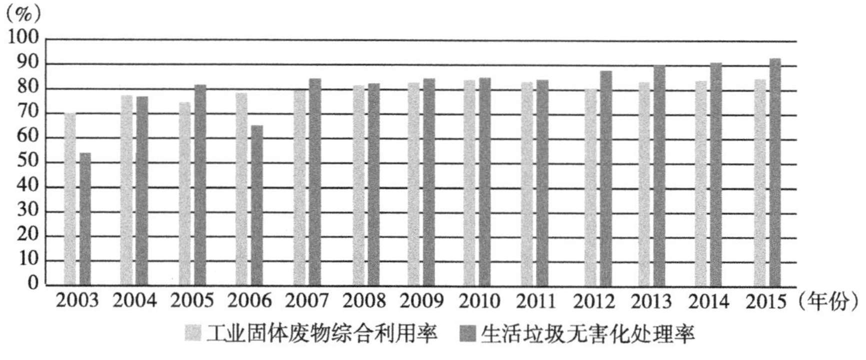

图 5-3　2003—2015 年中国工业和生活垃圾处理情况

三、中国现代化经济体系建设水平的区域评估

（一）供给体系的分区域评估

供给侧结构性改革是建设现代化经济体系的主线，而供给侧结构性改革的深入推进，需要从经济结构调整、资源要素配置优化等方面着手，进而提高供给结构对于需求结构的适应性及灵活性，提升经济增长的质量和效益。中国传统的经济发展过度依赖劳动力、土地、资源等一般性生产要素投入，而人才、技术、知识、信息等高级要素投入比重偏低，导致中低端产业偏多、资源能源消耗过多等问题。图 5 -4 所示的中国三大区域的供给体系构成情况可以作为佐证。此外，相较于中、西部地区，东部地区的技术密集型产业占比更大，所以东部地区的产业结构相对而言更加合理，但是相较于发达国家的供给结构，中国的技术密集型产业占比仍然较低。为此，必须要加快科技体制、教育人才体制等改革，优化要素投入结构，更多地实现创新驱动；以市场化为导向，减少对土地、技术、资金等生产要素的供给限制，降低行政管制对于经济发展的供给约束；深入推进财税制度改革，深化简政放权改革，完善社会服务体系建设，通过金融体系改革解除金融抑制。

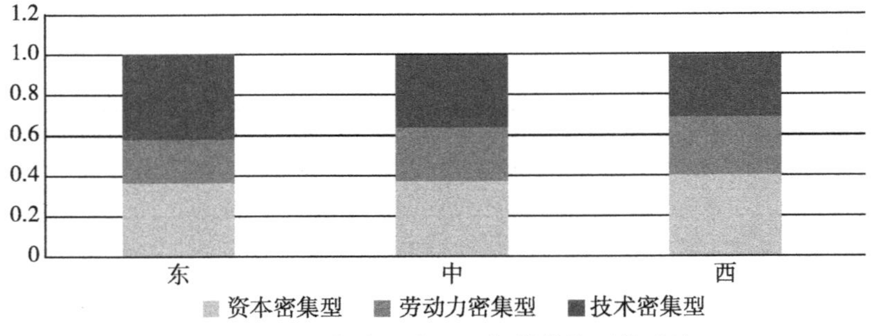

图 5 -4　2013 年东、中、西部供给体系构成情况

（二）动力体系的分区域评估

三大变革是实现经济高质量发展的根本途径，其中动力变革是基础，也是实现质量变革和效率变革的前提条件。过去中国的发展主要依靠人口红利和资源消耗，但是 2012 年以来，中国的劳动人口以平均每年两百万人的速度减少，资源能源的日渐枯竭迫使中国转变经济发展方式，如何提高全要素生产率是建设现代化经济体系所要解决的一个关键问题。图 5 -5 反映了中国 2003—2014

年三大区域全要素生产率的变动情况，可以看出，中国的全要素生产率极不稳定，且呈现下降的趋势。提高全要素生产率是一个全方位、系统性的问题，需要多方合力才能有效实现。首先，在经济目标的制定上，要更加注重质量效益、经济发展的可持续性和稳定性。其次，在经济体制的改革中，要以完善产权制度和要素市场化配置为重点，激发和保护企业家精神，创造公平合理、竞争有序的市场环境。再次，在产业发展方面，要深化供给侧结构性改革，有效降低实体经济的成本，推动产业结构优化升级。最后，在发展动力问题上，要创造一个有利于创新的环境，实现创新要素的自由流动，完善产业配套和创新基础设施建设。

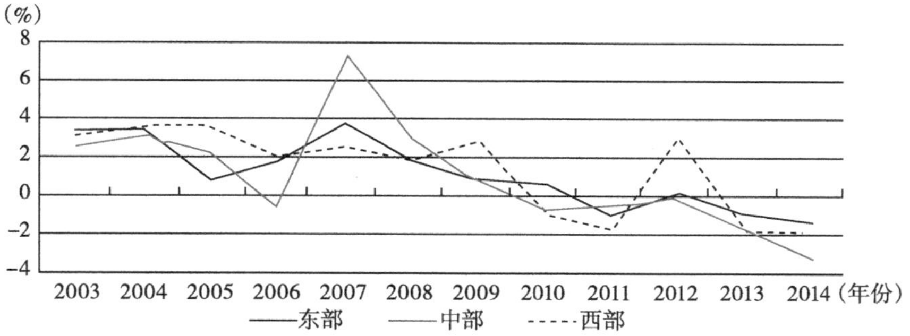

图 5-5　2003—2014 年东、中、西部全要素生产率变化情况

（三）创新型经济水平的分区域评估

创新机制体制是支撑现代化经济体系的支柱之一，也是培育经济增长动力源的关键所在。习近平总书记指出："创新发展注重的是解决发展动力问题。我国创新能力不强，科技发展水平总体不高，科技对经济社会发展的支撑能力不足，科技对经济增长的贡献率远低于发达国家水平，这是我国这个经济大个头的'阿喀琉斯之踵'。新一轮科技革命带来的是更加激烈的科技竞争，如果科技创新搞不上去，发展动力就不可能实现转换，我们在全球经济竞争中就会处于下风。"图 5-6 反映了 2003—2015 年中国三大区域的专利申请情况，可以看出，三大区域的专利申请量均呈现逐年增长的趋势，其中东部地区专利申请量最多，增长速度也最为迅速，中部地区次之，但是与西部地区的差距不大。从政策倾向看，东部沿海地区借着对外开放的便利引进了大量的先进技术，且国际竞争的激烈程度促使东部地区的企业更加重视创新；从人力资源看，东部沿海地区高校资源和科研院所众多，吸引了众多具有创新能力的高素质人才；从资金力量来看，东部地区经济更为发达，能够为本地区的创新活动提供雄厚的资金支持；从制度层面来看，东部地区知识产权保护意识更强，制度更加完善且执行力度大，这极大地激发了东部地区的创新热情。综上所述，东部地区的技术创新实力更强，能够为建设现代化经济体系提供更为有力的保障。

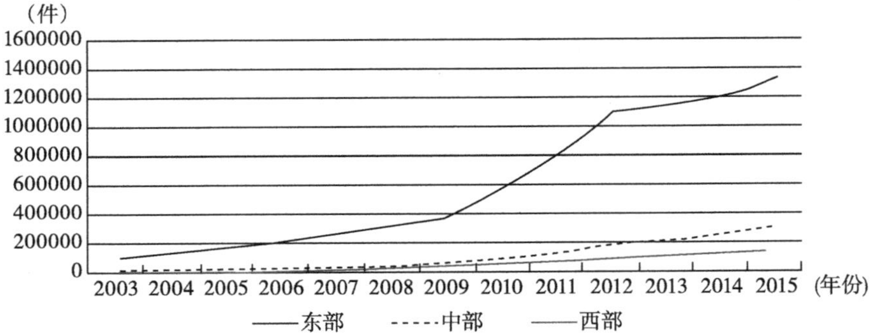

图 5－6　2003—2015 年东、中、西部专利申请情况

（四）协调型经济水平的分区域评估

如图 5－7（a）所示，中国的经济发展存在显著的区域差异，其中东部地区一骑绝尘，人均国民生产总值远远高于中西部地区，中部地区的人均 GDP 虽然高于西部地区，但是差距不是很大。图 5－7（b）显示了三大区域工业化情况，其中东部地区非农产业占比最高，中部地区次之，西部地区最低，且观察期内三大地区的非农产业占比均呈逐年增加的趋势。综合两图可以发现，中国经济发展的区域差异主要表现在东部地区相较于中西部地区更为发达，这主要是由于东部地区经济发展起步早，经济基础较好，政策倾斜度高，对外开放的条件更为便利，而中西部地区受限于经济基础、地理位置以及政策环境，发展经济的条件远不如东部地区。这是中国经济增长存在的问题，同时也是中国实现经济进一步发展的潜力所在。因此建设现代化经济体系的当务之急就是扶持中西部地区的发展，引导东部地区向中西部地区的产业转移，制定针对性的经济发展政策，激发其增长潜力。大力推进西部大开发，重组东北老工业基地建设，促进中部地区在承东启西中实现崛起，鼓励东部沿海地区发挥领头羊作用，率先完成区域优先发展。

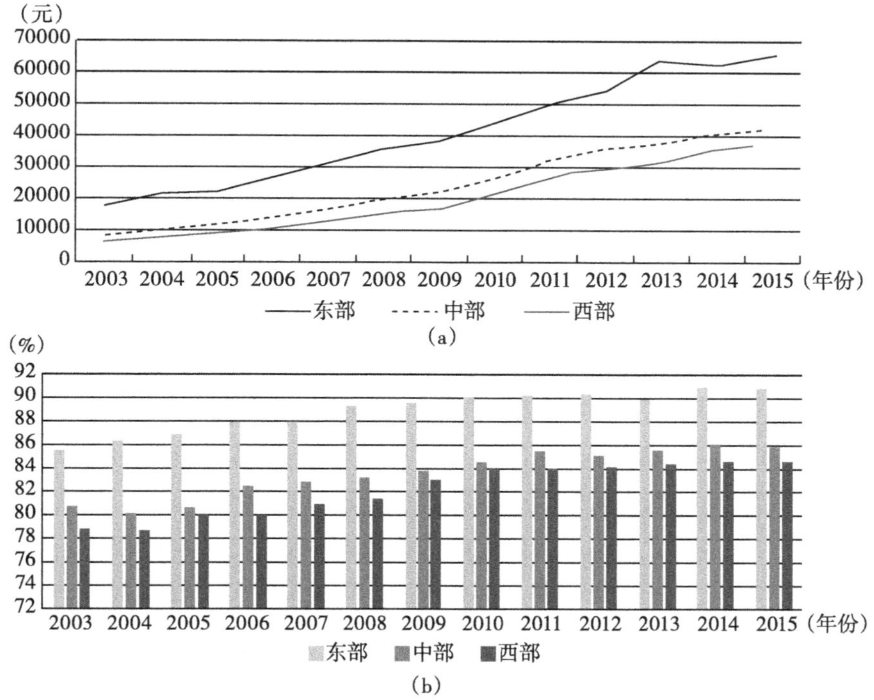

图 5－7　2003—2015 年东、中、西部人均 GDP 和非农产业占比情况

第三节　中国现代化经济体系建设的主要目标

一、中国现代化经济体系建设的整体目标

通过对国际国内形势和当前发展条件的综合判断，党的十九大报告做出了将二〇二〇年到本世纪中叶分为两个阶段的战略安排。第一个阶段是二〇二〇年到二〇三五年，基本实现社会主义现代化，经济方面的目标体现在经济与科技实力大幅跃升，在创新方面名列世界前茅；人民生活水平提高，城乡区域差异缩小，向共同富裕更进一步。第二个阶段是二〇三五年到本世纪中叶，建成富强民主文明和谐美丽的社会主义现代化强国，经济方面的要求是物质文明全面提升，我国的国家综合实力和竞争力、影响力国际领先，基本实现共同富裕，人民生活更加幸福安康。2018 年 1 月 30 日，习近平总书记在中共中央政

治局第三次集体学习时明确指出，要按照建设社会主义现代化强国的要求，加快建设现代化经济体系，确保社会主义现代化强国目标如期实现①。此外还将建设现代化经济体系的战略意义阐述为："建设现代化经济体系，这是党中央从党和国家事业全局出发，着眼于实现'两个一百年'奋斗目标、顺应中国特色社会主义进入新时代的新要求做出的重大决策部署。"

第一，现代化经济体系建设是我国主动适应经济由高速增长转向高质量发展的现实需要。经过 40 多年的改革开放，我国经济高速增长，创下 1978—2013 年年均 GDP 增长率超过 9% 的"中国式奇迹"。2006 年以来，中国对世界经济增长的贡献率连续 13 年稳居第一位，被誉为世界经济增长的"第一引擎"，为世界经济提供了强劲动力。但是以高速增长为代价的发展方式逐渐暴露了一些新问题，主要表现在以下三个方面：首先，经济增长动力亟待转变。早期的经济增长主要依靠劳动力、资本以及资源等要素的扩张，但是随着几十年经济增长对这些要素的消耗，原先的增长优势不复存在。与此相反，要素成本上升导致严重的经济失衡问题，例如人口红利消失、劳动要素紧缺、土地价格急速上涨、资源环境压力增大等。2018 年，中国科学研究与试验发展（R&D）支出为 19677.90 亿元，研究与试验发展（R&D）经费投入强度为 2.19%，技术合同成交额高达 1.77 万亿元，科技进步贡献率超过 58.5%，创新对经济增长的驱动作用由此可见一斑。这就要求我们转变经济增长动力，由主要依靠要素投入拉动转向依靠创新驱动。其次，产业机构亟须升级。2018 年，中国第三产业增加值对 GDP 的贡献度为 52.5%，而同时期的美国第三产业增加值占 GDP 的比重高达 80%，由此可见中国的产业结构相较于发达经济体还较为落后。除此之外，中国的产品市场缺乏高附加值的高科技产品，关键领域的核心技术受制于人，在全球价值链的中低端占有更大的市场份额。因此建立现代化产业体系，调整产业结构，实现"制造大国"向"制造强国"的历史性转变是中国经济转向高质量发展的关键所在。我们必须要优化产业结构，投入更多力量发展现代服务业，加快发展高新技术产业，大力发展战略性新兴产业，实现高附加值产品对低附加值产品的替代。最后，经济发展方式亟须改善。中国十几年的经济增长是低水平的经济增长，是以牺牲环境为代价的粗放型经济发展方式所实现的不可持续的增长。能源利用方面，中国的能源消费总量不断增加，从 1978 年的 5.71 亿吨标准煤增加到 2018 年的 46.40 亿吨

---

① 习近平主持中共中央政治局第三十一次集体学习[EB/OL]. 新华网,2016-04-30.

标准煤，增长幅度巨大。资源节约和环境治理方面，2017 年中国环境污染治理投资总额高达 9538 亿元，占国内生产总值的 1.16%。《2018 年全球环境绩效指数》报告中，我国的环境质量排名倒数第四。综上，中国的生态环境承载力正在遭受重大破坏，以高污染和高排放为特征的经济发展方式不可持续，在转向高质量发展的过程中，我们必须采取环境友好型的经济发展方式，走生态文明的发展道路，避免能源资源的过度消费，推动经济向可持续化发展。总而言之，中国经济实现高质量发展，就必须突破转换增长动力、调整产业结构、转变增长方式的攻关期，通过现代化经济体系突破障碍，在现代化经济体系的支撑下，鼓励科技创新，大力发展知识与技术密集型产业，推动绿色发展。大力建设现代化经济体系是实现经济高质量发展的根本保障，也是适应中国经济发展阶段变化的现实需要。

第二，现代化经济体系建设是顺应新时代我国社会矛盾变化的必然要求。随着经济发展和社会进步，以习近平同志为核心的党中央领导集体提出了“我国社会主要矛盾已经转化为人民日益增长的美好生活需要和不平衡不充分的发展之间的矛盾”的论断。新时代社会主要矛盾的新变化对经济发展进程产生了深刻的影响，也对现代化经济体系建设提出了更高的要求。一方面，人民需求结构的变化决定了建设现代化经济体系的目的。从横向来看，人民群众的需求范围不断扩大，从物质文化需要拓展到法治、环境、教育与社会保障需求等方面；从纵向来看，人民群众的需求层级不断提升。因此，现代化经济体系建设要在满足人民群众最基本的物质文化需要与数量需求之外，以增进人民群众的幸福感和获得感为目标，实现人的全面发展和社会的全面进步，达到国家富强和人民富裕、精神生活丰富、居住环境改善等多个目标。另一方面，发展的不平衡不充分问题指明了建设现代化经济体系的着力点。当前，中国发展不平衡不充分的问题突出表现在经济结构、城乡区域、社会群体和发展领域等方面。首先是经济结构的不平衡不充分发展问题。随着经济建设进入新常态，中国正处于“增长速度换挡期、经济结构调整期和前期刺激政策消化期‘三期叠加’”的关键时期，其中，解决经济结构的不平衡不充分发展问题是突破这一关键期的核心一环。中国经济结构问题突出表现为传统产业与新兴产业的发展不均衡，三大产业内部发展不充分：农业、制造业“大而不强”，服务业对经济的贡献度与发达国家差距大，现代服务业与高端服务业发展不充分。现代化经济体系建设必须以供给侧结构性改革作为主线，通过供给质量提高、产业结构优化，推动经济向高质量发展。其次是城乡区域的不平衡不充分发展问题，具体表现在城市与农村、发达地区与欠发达地区、沿海与内地之间发展不均衡问题。为此，建设现代化经济体系，必须补齐农业农村发展短板，缩小城乡差距；实施区域协调发展战略，增强区域发展协同性；发挥各区域的比较优势，提高资源在空间上的配置效率，实现城乡、海陆以及区域间的一体化发展。再次是社会群体的发展不平衡不充分问题，主要表现在社会分层分化现象严重，不同社会群体的收入悬殊。解决这一问题有两大思路：一是精准脱贫、精准扶贫，增大对低收入群体和贫困人口群体的扶持力度，坚决打赢脱贫攻坚战，让改革发展成果更多更好地惠及全体人民；二是完善收入分配制度，在分配中更加注重公平，形成更加合理有序的收入分配格局。最后是发展领域的不平衡不充分发展问题。中国特色社会主义必定是全方位发展的社会主义，是经济建设、政治建设、文化建设、社会建设和生态文明建设“五位一体”总体布局同步推进的过程。改革开放以来，中国的经济建设发展较快，政治、文化和社会建设稳步推进，但是存在诸多短板，而生态文明建设明显滞后。因此在建设现代化经济体系的过程中，必然要加大生态环境的保护力度，推动经济建设由高能耗产业向低能耗产业转变，由传统工业向新兴工业转变，实现经济生态化，这也是实现社会主义建设全局性和可持续性的关键所在。

第三，现代化经济体系建设是推进我国社会主义现代化强国的必要路径。习近平总书记在中共中央政治局第三次集体学习时强调：“只有形成现代化经济体系，才能更好地顺应现代化发展潮流和赢得国际竞争主动，才能为其他领域现代化提供有力支撑①。我们要按照建设社会主义现代化强国的要求，加快建设现代化经济体系，确保社会主义现代化强国目标如期实现。”综合分析中国当前的经济发展现状可以发现，“大而不强”是中国经济的典型特征，科技、人才等关键要素的水平与发达国家存在较大差距，在国际市场上的竞争力总体上还不够强。因此，必须要把建设现代化经济体系作为提升综合国力的战略任务，构建现代产业体系、动力体系、内容体系和制度体系，不断优化经济结构，促进要素自由流动，不断壮大国家经济实力。现代化经济体系适应了当下生产力发展的要求，以实现全体人民共同富裕为目标导向，与建设社会主义现代化强国的价值理想契合，充分显示了社会主义制度的优越性。

综上所述，从战略意义出发，现代化经济体系建设适应了我国经济由高速增长转向高质量发展的现实需要，适应了新时期社会主要矛盾的新变化，顺应

---

① 习近平主持中共中央政治局第三十一次集体学习[EB/OL]. 新华网,2016-04-30.

了建设社会主义现代化强国的要求。因此，现代化经济体系建设的总体目标可以概括为解决发展中不平衡不充分的问题，实现经济的高质量发展，满足人民群众日益增长的物质文化需要，建设社会主义现代化强国，实现全体人民共同富裕的伟大目标。

二、中国现代化经济体系建设的细分目标

习近平总书记将现代化经济体系概括为六大体系和一个体制：一是现代产业体系，即创新引领、实体经济、现代金融、人力资源四个要素协同发展，其中，科技创新在实体经济发展过程中的贡献份额持续提升，现代金融在服务实体经济过程中支撑能力持续强化，人力资源引领支撑在实体经济发展过程中的作用持续优化；二是现代市场体系，即市场统一开放、竞争有序，并且准入畅通、开放有序、竞争充分和秩序规范，企业公平竞争自主经营、消费者自主消费自由选择、商品和要素平等交换自由流动；三是现代分配体系，即促进公平、体现效率，收入分配合理、社会公平正义、全体人民实现共同富裕，收入分配差距逐步缩小；四是现代城乡区域发展体系，即优势彰显、联动协调，区域间实现良性互动、城乡融合发展、陆海统筹，区域比较优势培育成效显著、发挥充分，区域间优势互补进一步加强，基本公共服务实现了均等化，基础设施通达程度高并且相对比较均衡，人民群众基本生活水平大体相当；五是现代绿色发展体系，即资源节约、环境友好，人与自然实现和谐共生、绿色循环生态发展；六是构建全面开放体系，即多元平衡、安全高效，实现更高层次、更深领域的开放型经济，实现对外开放的结构优化、深度拓展、效益提高；七是现代经济体制，即市场作用充分发挥、政府作用更好发挥，市场机制运行有效、微观主体充满活力、宏观调控高效有度（付保宗、周劲，2018）。准确科学地把握现代化经济体系建设的目标和重点，需要从产业、市场、收入分配、城乡区域、绿色发展、全面开放等六大体系和市场经济体制入手，结合现代化经济体系水平的评价指标，共同构建中国现代化经济体系建设的细分目标。

（一）构建创新引领、协同发展的产业体系

产业体系建设是现代化经济体系建设的基础和前提，习近平总书记高度重视产业体系的建设和经济结构的优化。2012 年在党的十八届一中全会上，习近平总书记指出“切实把推动发展的立足点转到提高质量和效益上来，促进工业化、信息化、城镇化、农业现代化同步发展，全面深化经济体制改革，

推进经济结构战略性调整”。2013 年 3 月在参加十二届全国人大一次会议上海代表团审议时，习近平总书记指出“要加快经济结构战略性调整，坚持三二一产业融合发展，整体提高先进制造业水平”。2015 年习近平总书记在华东七省市党委主要负责同志座谈会上指出“促进经济增长由主要依靠投资、出口拉动向依靠消费、投资、出口协调拉动转变，由主要依靠第二产业带动向依靠第一、第二、第三产业协同带动转变，由主要依靠增加物质资源消耗向主要依靠科技进步、劳动者素质提高、管理创新转变”。随着经济转向高质量发展阶段，产业体系的内容更加具体完善。习近平总书记在党的十九大报告中指出“建设现代化经济体系，必须把发展经济的着力点放在实体经济上，把提高供给体系质量作为主攻方向，显著增强我国经济质量优势”。而在 2018 年中共中央政治局的第三次集体学习会议上，习近平总书记明确强调“要建设实体经济、科技创新、现代金融、人力资源协同发展的产业体系”。由此可以看出，现代化经济体系建设的第一个目标就在于构建创新引领、协同发展的现代产业体系。

实体经济是一国经济的根本所在，是创造财富的不竭源泉。以供给侧结构性改革为主线，提高供给体系的质量和效益，是建设现代化经济体系所要解决的重要问题。创新是引领发展的第一动力，科技创新通过革新技术要素，对经济发展的贡献度日益突出。以科技创新为主力推动实体经济的发展，有助于提升制造业的质量和效益，构建工业化、信息化协同发展的现代产业体系。现代金融的发展为科技创新提供了更为充足的资金支持，有助于通过资本提升实体经济的发展水平；而人力资源通过改善劳动力结构，提升劳动力素质，为科技创新提供更优质的人才支撑，有助于通过劳动力提升实体经济的发展质量。由此可见，通过深度融合科技创新、现代金融和人力资源等要素可以显著促进实体经济的高质量发展。因此建设现代化经济体系，必须通过提升生产要素的供给质量和协同深度，增强全要素生产率在经济发展中所发挥的作用，建设一个坚实有序的现代化产业体系。

（二）构建统一开放、竞争有序的市场体系

党的十九大报告明确指出：“经济体制改革必须以完善产权制度和要素市场化配置为重点，实现产权有效激励、要素自由流动、价格反应灵活、竞争公平有序、企业优胜劣汰。”中国当前的市场体系仍存在很大的完善空间，其中，部分领域垄断、政府行政审批以及价格市场机制发挥不充分等因素严重影

响资源配置的效率，这些问题归纳起来主要表现在以下三个方面：首先是市场体系透明度明显不足，定价机制存在缺陷，市场监管规则公开披露得不彻底，一些信息法规健全度不够，部分领域“寻租空间”的存在导致市场交易成本过高；其次是价格机制不能灵活地协调市场供需矛盾，易受政府垄断、价格管制等政府行为的影响，市场在资源配置中的决定性作用得不到充分发挥，从而使得价格无法充分映射供求关系；最后是市场准入和退出机制不合理，阻碍公平竞争和市场统一的“潜规则”严重破坏了部分市场主体的合法权益。为此，在建设现代化经济体系的过程中，一方面，要以提升中国市场的整体效益为目标，构建统一开放的市场环境。对外开放激活了中国发展经济的后发优势，使知识和人力资源积累中的外溢效应得以充分发挥，学习了国外先进的革新技术和管理经验。在进一步推进国际经济合作和国际贸易发展的过程中，积极完善市场交易规则和市场准入制度，满足多元化的投资需求。另一方面，要为了实现提升国际竞争力、塑造大国形象的目标而创建更为有序的竞争环境。竞争机制是调节物质生产、实现优胜劣汰的重要法宝。在竞争有序的市场环境中，经济主体会根据供求关系的变化更加灵活科学地做出市场决策，从而实现资源要素的合理配置。此外，经济主体之间享有平等的市场地位，彼此间的监督控制有助于其提供更高质量的产品。由此可见，建设现代化经济体系应该通过塑造统一开放、竞争有序的市场环境保障经济主体间的公平竞争，从而推动实现经济的高质量、可持续发展。

（三）构建体现效率、促进公平的收入分配体系

习近平总书记曾指出：“要建设体现效率、促进公平的收入分配体系，实现收入分配合理、社会公平正义、全体人民共同富裕，推进基本公共服务均等化，逐步缩小收入分配差距。”党的十九大报告提出了收入分配体系的基本原则（王修志，2018），即“坚持按劳分配原则，完善按要素分配的体制机制，促进收入分配更合理、更有序。鼓励勤劳守法致富，扩大中等收入群体，增加低收入者收入，调节过高收入，取缔非法收入”。收入分配的公平直接关系到广大人民群众的切身利益、社会的安定团结，体现了“以人民为中心”的发展思想，诠释了发展为了人民、发展依靠人民的发展理念。

但是，改革开放以来，非公有制经济活力竞相迸发造成收入差距过大的局面，政府对于这种现象未能及时有效地进行调节，再加上社会保障起步晚、结构性失业等问题的存在，收入分配领域的不公平现象愈演愈烈。首先是城乡区

域发展差异的存在导致居民收入差距扩大，特别是农村居民和欠发达地区的人民收入增长速度严重滞后于经济增长的速度，农村居民和欠发达地区的人民未能充分地享受到改革开放以来经济飞速发展所带来的红利；其次是收入分配的法律法规不健全，不能及时有效地消除“隐形收入”和“灰色收入”所带来的社会问题，经济效率与分配公平之间的均衡关系尚未形成，收入分配无法确立良性激励机制；最后是收入分配制度的改革迟缓，打赢“脱贫攻坚战”仍需一定的时间，低收入人群消费能力不足，而高收入群体的边际消费倾向过低，对经济增长的拉动作用有限。因此建设现代化经济体系的关键在于以实现人民共同富裕为目标，构建体现效率与公平同向促进关系的收入分配体系。一方面，在初次分配中确保分配规则公平和机会均等，保障同工同酬，为劳动力提供公平公正的创收平台和均等化的基本公共服务；另一方面，在再分配中更加注重公平，综合运用税收、财政支出等手段减小居民收入差距，同时建立科学规范的政策体系，调节灰色收入，取缔黑色收入，逐步消除因体质不合理、规则不健全所造成的收入差异。

（四）构建彰显优势、协调联动的城乡区域发展体系

党的十九大报告明确指出，“实施乡村振兴战略，实施区域协调发展”。习近平总书记在主持中央政治局第三次集体学习会议上指出：“要积极推动城乡区域协调发展，优化现代化经济体系的空间布局”，“建立彰显优势、协调联动的城乡区域发展体系”①。现代化经济体系作为一个有机整体，城乡区域协同发展是应有之义，体现了党中央心系发展大局、情牵民生福祉的战略安排。

城乡区域发展体系涉及范围广泛，需要处理好公平与效率、开放与保护、合作与竞争、政府与市场等多方面的关系。但是目前中国的城乡区域差距明显，协调发展程度亟须加强，主要存在以下两方面的问题：首先是现代化经济体系的空间布局不合理，受自然条件和社会历史因素的影响，经济较为发达的京津冀都市经济圈、粤港澳大湾区以及长江经济带以极小的面积占据了全国国民生产总值的极大比重，如长江经济带占国土总面积的 21%，却贡献 40% 的 GNP，而新疆、西藏、青海三大内陆地区以 37.60% 的国土面积占比仅仅贡献了 1.84% 的 GNP。其次是城乡差距较大，联动发展不足。农村地区普遍存在

① 习近平主持中央政治局第三次集体学习[EB/OL]. 新华网，2018-01-31.

经济发展动力不足、基础设施不完善等问题，这极大地阻碍了乡村振兴战略的实现；而贫困地区恶劣的自然条件也成为阻碍其脱贫的桎梏；此外，城乡区域联动发展的体制机制尚未确立，“以城促乡”的带动作用难以实现。故而，建设现代化经济体系的目标之一就是解决城乡区域发展中存在的问题，优化经济建设的空间布局，推动经济增长空间从东部沿海地区向中西部内陆地区延展；以乡村振兴为着力点构建城乡融合发展机制，打破城乡二元结构，建立功能齐全、层次清晰、一以贯之的区域与城乡协同发展政策。

（五）构建资源节约、环境友好的绿色发展体系

党的十九大报告明确提出：“加快建设绿色生产和消费的法律制度和政策导向，建立健全绿色低碳循环发展的经济体系。”习近平总书记在主持中央政治局第三次集体学习时强调：“要建立资源节约、环境友好的绿色发展体系，实现绿色循环低碳发展、人与自然和谐共生，牢固树立和践行绿水青山就是金山银山理念，形成人与自然和谐发展的现代化建设新格局。”绿色发展理念是保护和发展生产力的关键，只有践行绿色发展理念才能建成高效、和谐、可持续的现代化经济体系。

目前中国的绿色发展体系建设任重道远，主要存在以下问题：从微观层面来看，个体节约资源、保护环境的意识不到位，铺张浪费现象严重，尚未形成群体性的绿色生活方式；从中观层面来看，粗放式的工业化历程往往“高投入、高能耗、高污染、低收益”，传统的经济发展方式以牺牲环境为代价，也导致了资源的浪费；从宏观层面来看，保障绿色发展的体制机制不健全，保护生态环境和自然资源的法律法规存在较大完善空间，对党政管理部门的绩效考核体系中绿色生态发展重视度需要进一步强化。综合上述存在的问题，建设现代化经济体系的目标就在于通过构建绿色发展体系，切实保护我国的生态环境，节约相对贫乏的自然资源，建设“美丽中国”；与此同时，大力发展低碳经济、循环经济，使经济发展生态化，实现生活宜居、生产可持续。

（六）构建多元平衡、安全高效的全面开放体系

自改革开放政策实施以来，中国的开放范围不断扩大，开放层次不断提高，在国际市场占据了一席之地。党的十九大报告明确指出“必须统筹国内国际两个大局，始终不渝走和平发展道路、奉行互利共赢的开放战略”，“推动形成全面开放新格局”。习近平总书记强调：“要着力发展开放型经济，提高现代化经济体系的国际竞争力，更好地利用全球资源和市场，继续积极推进‘一带一路’

框架下的国际交流合作。”① 现代化经济体系是一个综合体系，既需要完整独立的对内经济体系，同时也需要全面开放的对外合作经济体系，通过“引进来”和“走出去”的良性互动，共同实现中国经济实力和综合国力的提高。

目前中国的对外开放格局主要存在以下问题：首先是对外开放的形式和结构较为单一，开放发展的限制较多。在中国存在诸多不够开放的领域，尤其是服务业开放程度有待加强；而且中国的自由贸易区发展不足，对外开放的平台亟待扩大。其次是在国际贸易中的引领能力还未形成。中国在制定和修改国际贸易规则中的主动参与度不高，适应国际贸易发展的能力有待提高，这在一定程度上阻碍了贸易和投资的自由化。最后是原先的比较优势逐渐消失，新的比较优势仍未确立。随着新兴经济体的异军突起、发达国家制造业回流浪潮的兴起以及中国“人口红利”优势的渐退，如何在国际贸易中建立新的比较优势和竞争优势、在国际贸易分工格局和全球价值链中占据有利地位成为现阶段中国对外开放面临的最大难题。为此，需要建设现代化经济体系，通过发展先进制造业和高端服务业培育新的竞争优势，解决开放不充分的问题，为开放型世界经济贡献中国力量。

（七）处理好市场和政府之间的关系

“在中国经济正处于由高速增长阶段向高质量发展阶段转变的关键期，着力构建市场机制有效、微观主体有活力、宏观调控有度的经济体制，是建设现代化经济的基本体制保障”②。2018 年，习近平总书记在博鳌亚洲论坛年会开幕式上发表重要演讲，指出“坚决破除制约使市场在资源配置中起决定性作用、更好发挥政府作用的体制机制弊端”。通过调整政府与市场关系，有助于充分发挥体制改革的优势，加快现代化经济体系的建设步伐。

经过四十多年的改革开放发展，我国已经基本建立了社会主义市场经济体制，但是在如何协调市场与政府关系方面仍然存在需要完善的地方。首先是政府作用未完全发挥，调控不民主导致官僚主义、形式主义、“面子工程”和“政治锦标赛”现象愈演愈烈。其次是过分强调市场化，导致政府职能缺位。一方面，市场竞争过于自由导致市场的资源配置作用失灵，过于强调利益化导致财富和收入的差距持续扩大；另一方面，政府这只“有形之手”的宏观调

---

① 习近平主持中央政治局第三次集体学习[EB/OL].新华网,2018－01－31.

② 习近平.决胜全面建成小康社会 夺取新时代中国特色社会主义伟大胜利[M].北京:人民出版社,2017.

控作用未能有效发挥，导致严重的结构失衡等问题。社会主义市场经济体制完善的根本目标在于有效协调资源配置过程中市场决定与政府调节作用，让“看不见的手”和“看得见的手”辩证统一。建设现代化经济体系必须充分反映这一根本目标的要求。一方面，要通过现代化经济体系建设，以完善产权制度和要素市场化配置为重点，发挥市场决定性作用，实现“市场出清”状态和经济效率最大化。另一方面，在市场“失灵”时，需要政府发挥作用，发挥好政府在保持宏观经济稳定、优化公共服务、保障公平竞争、加强市场监管、维护市场秩序、促进共同富裕等方面的作用，努力做到不越位、不错位、不缺位。

第六章 中国高端服务业发展与现代化经济体系建设

第一节 高端服务业发展与经济发展效益提升

一、中国高端服务业发展现状

欧美发达国家在工业经济成熟时代，生产力空前繁荣，随之而来的是产能过剩、劳动成本上升、能源环境危机等问题，但囿于基础科学研究缓慢和传统能源使用方式问题，为进一步发展寻求新的技术突破短时间内很难实现，因此只能在生产组织形式上寻求创新实现产业结构升级才能向后工业时代发展从而摆脱工业主义危机。在这一阶段，服务业尤其是高端服务业的作用就凸显出来。

高端服务业顾名思义是服务业的高端化。虽然学界关于高端服务业没有准确定义，但大都有统一的认识，即高端服务业瞄准服务业高端市场，主要是高端生产性服务业和高端消费性服务业，依托高端人才和技术，提供高质量、高层次、人性化的服务，对现阶段经济发展起重要推动作用。事实上，高端服务业作为特殊服务行业，距离我们并没有想象的那么远。它与传统服务业和现代服务业都有交叉，但是以现代服务业为主，比如金融服务业、信息服务业、商务服务业、服务外包行业、文化产业，也包括现代餐饮服务等。

改革开放以来，得益于长期人口红利和低廉的劳动力成本优势，中国经济尤其是第二产业发展迅猛，到 2011 年，中国制造业增加值首次超越美国，成为世界第一大工业制造国。但在经济规模日益扩大的同时，经济安全问题逐渐显现。长期以来，核心技术一直为外资垄断，我们处于产品价值链低端，在国际市场上缺乏竞争力，没有定价权，很容易被外资遏制住进一步发展的势头。这些问题的根源在于中国高端服务业不够成熟（李勇坚、夏杰长，2012），现代服务体系无法有效支撑制造业发展，从而形成核心竞争力。进入新时代后，中国为摆脱过去高投入、高消耗、高污染的模式，实现高质量发展，在服务业领域付出了巨大努力。一方面是对传统服务业的升级改造，另一方面是实现以高端服务业为主的现代服务业的创新突破。在这一过程中，中国服务业发展取得了长足进步。2013 年，我国服务业增加值占比为 46.1%，首次超过第二产业；到 2015 年，这一比重超过 50% 并稳步增长，成为推动经济发展的主要力量。2019 年，中国人均生产总值突破 10000 美元，整体迈入中高收入国家行列。但在经济转型较为成功的同时，我们仍然不能忽略目前服务业发展存在的问题。

中国服务业早期发展不仅长期滞后于工业部门（王恕立和胡宗彪，2012），也低于同水平发展中国家。图 6－1 给出了金砖五国、中等收入国家和世界平均水平的服务业占比，中国仅仅在 2013 年之后高于印度。中国服务业发展滞后，存在多种原因，有统计因素（许宪春，2000）、体制机制因素（江小涓、李辉，2004）、供需因素（刘书翰等，2011；张月友和刘志彪，2012）和要素配置因素（谭洪波，2015）。

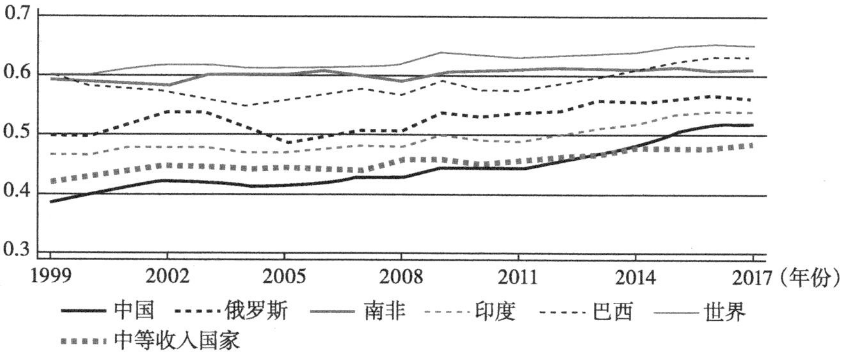

图 6－1　典型国家服务业比重

注：①上图由 Stata15 软件绘制而成，数据来源于世界银行数据库；②我们选取金砖五国、中等收入国家平均水平以及世界平均水平近二十年的服务业增加值比重数据，数据来源于世界银行数据库；③中国服务业比重处于上升状态，并在 2013 年超过印度，但仍低于大多数同水平发展中国家和世界平均水平。

而在高端服务业层面，中国的表现也不尽如人意。我们过去的思路是基于劳动力成本优势发展对外加工贸易，在向服务业转型过程中不可避免地受这种思维影响，将更多资源投入低端服务业中，高端服务业发展就会受到影响。如图 6－2 所示，2013 年前中国高端服务业增加值占 GDP 比重一直约为 12%，但服务业的比重一直上升。这也就说明中国前些年产业结构转型的重点基本都放在了低端服务业上，高端服务业发展基本处于停滞状态，即便2013年以后这一比重逐步提高，但和欧美发达国家的差距依然很大。根据发达国家发展经验，服务业尤其是现代服务业生产率的提高有利于服务业自身发展，并且可以促进制造业部门专业化与创新（Burgess & Venables，2004），从而带动整体经济（Guerrieri et al.，2005）。因此，加快发展现代服务业成为中国经济高质量发展的重要途径。

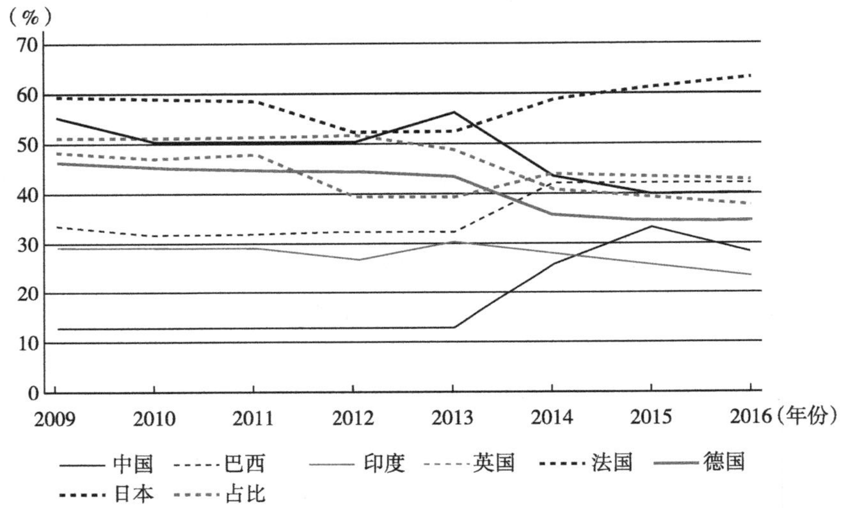

图6-2　典型国家高端服务业增加值占GDP比重

注：①上图由Stata15软件绘制而成，数据来源于世界银行数据库；②这里我们没有完全复制图6-1中的几个国家，并且添加了代表性传统发达国家的高端服务业增加值占GDP比重数据；③中国高端服务业在2013年以前发展一般，之后才逐步上升，但仍低于世界发达国家水准。

国外学者一般将高端服务业视为“知识密集型服务业”或“生产性服务业”，并且通常从需求、供给和互动融合三个角度分析服务业与制造业之间的关系。部分学者认为制造业是基础，生产性服务业依附于制造业发展（Rowthorn & Ramaswamy，1999）；另一些人则指出生产性服务业发展是制造业生产率提升的关键因素（Markusen，1989）。随着市场规模扩大，生产规模和厂商数量也会增加，增强生产性服务业专业化程度，进而又会促进制造业发展（Francios，1990）。

由于中国高端服务业起步晚，国内学者通常沿用外国思路，主要研究高端服务业发展和制造业升级互动关系，解决产业结构发展失衡问题（黄永春等，2013）。王晓红、王传荣（2013）参照发达国家服务业和制造业融合经验，认为高端服务业发展是增强制造业竞争力的关键，应该大力扶持生产性服务业，并从扩大内需和供给两方面促进制造业和服务业融合。曹东坡等（2013）分析城市地区协调发展，认为上海高端服务业与长三角先进制造业间存在协同发展关系。陆大道（2015）则从京津冀大城市群内部组织入手，分析北京、天津、河北的各自功能定位。通过这种融合互动，不仅制造业，其他相关产业也可以借助高端服务业整合各种资源，树立自有品牌，实现对价值链的有效控制（李勇坚，2012；夏杰长、李文秀，2012；马鹏、李文秀，2014；耿雪、卢长利，2014）。随着研究深入，不少学者发现高铁开通显著降低了地区制造业比重，同时促进了高端服务业集聚（蒋华熊等，2017；宣烨等，2019），侧面说明了中国制造业与服务业结构正在优化，高端服务业发展步入正常轨道。此外，还有学者通过研究中国高端服务业发展问题，结合国外经验提供相关发展建议（魏作磊，2010；刘永焕，2014；王冠凤，2018）。

通过对以上高端服务业研究文献的总结，我们认为高端服务业的确是目前解决中国经济发展问题的关键，但少有文献对其影响整体经济增长的程度进行研究。因此接下来我们将构建相关实证模型，分析高端服务业发展对中国经济增长的影响。

二、指标构建、说明及模型设定

（一）被解释变量与解释变量的选取与说明

经济效益通常与投入产出相关，产出投入比增加意味着经济效益的提升，所以城市生产率能够很好地体现地区经济效益。但考虑到中国经济发展进入新时代，要在节能减排的同时实现经济增长，地区生产总值这一指标也可以在一定程度上表示经济效益。因此我们首先使用地区生产总值作为被解释变量，之后再分析高端服务业发展对城市全要素生产率相关指标的影响。

地区生产总值数据来自《中国城市统计年鉴》，但城市全要素生产率需要整理计算。计算城市全要素生产率的三个基本要素为地区生产总值、就业人数和资本存量，前两个要素都可以在《中国城市统计年鉴》中找到，同时需要对地区生产总值进行平减处理，关键问题是计算城市资本存量。我们参考单豪杰（2008）关于中国资本存量的测算方法，假定城市实际资本存量的平均增长率与实际固定资产投资的平均增长率相等，那么基期的城市资本存量计算公式①为：

$$capstock_{i0} = \frac{I_{i1}}{g_i + \delta_i} \tag{6-1}$$

其中，$capstock_{i0}$表示城市 i 的基期（2002 年）资本存量，I_{i1}为城市 i 第一期（2003 年）的实际固定资产投资额，i 市的实际固定资产投资年平均增长率为 g_i，折旧率为 δ_i（10.96%，单豪杰）。

接下来使用永续盘存法对 2002—2016 年中国城市资本存量进行测算，计算公式为：

$$capstock_{it} = (1 - \delta_i) capstock_{i,t-1} + I_{it} \tag{6-2}$$

其中，$capstock_{it}$表示 i 市在第 t 期的资本存量，$capstock_{i,t-1}$表示 i 市在第 $t-1$期的资本存量，I_{it}表示 i 市第 t 期的实际固定资产投资额，δ_i 表示 i 市资本存量的折旧率。再通过 Stata15.0 软件使用 Malmquist 方法测算城市全要素生产率②。

在解释变量选取上，受限于其他有关高端服务业发展程度的数据可得性问题，只有其占服务业比重的数据直观易得，因此我们选取高端服务业增加值占服务业比重（*proportion*）这一指标作为解释变量。

（二）控制变量的选取与说明③

（1）人力资本（*humcapa*）。一般来说，技术密集型企业对人力资本的需求要大于传统服务业，但经济水平的提高引致高质量服务业需求，尤其是知识密集型的生产性服务业（Keeble & Nacham，2002）需要大量人力资本积累。我们使用普通高等学校学生数表示人力资本指标，这在一定程度上也代表劳动要素投入。

（2）其他财政支出（*otherexp*）。其他财政支出由一般财政预算支出减去科学、教育支出得到，其主体是消费性支出。潘文卿等（2015）研究发现合理

① 在满足一定假设条件时，我们可以对基期资本存量进行推导：假设各个城市基期的不变价格投资为 I_{i0}，年均增长率和折旧率分别为 g_i 和 δ_i，则基期前一年的投资到基期还剩下$\frac{I_{i0} \times (1-\delta_i)}{1+g_i}$，依次向前类推，我们得到基期资本存量为 $capstock_{i0} = I_{i0} \times \left[1 + \frac{1-\delta_i}{1+g_i} + \left(\frac{1-\delta_i}{1+g_i}\right)^2 + \cdots\right] = \frac{I_{i1}}{g_i+\delta_i}$。

② 以 2002 年为基期使用这种方法计算城市全要素生产率会损失一年的数据。

③ 该部分的控制变量也供后一部分使用。

的消费性支出可以促进经济增长。我们用它来控制政府行为对城市经济的影响。

（3）科教支出（*sciexp*）。用科学支出与教育支出之和科教支出来研究科学教育财政支出对城市经济的影响。两者在推动信息技术进步和加快人力资本积累方面都有积极作用（郭庆旺，2003；廖楚晖，2004），从而可以促进城市经济增长，预期系数为正。

（4）信息化水平（*inform*）。事实上，高度信息化有利于生产活动信息及时交流从而降低交易成本，促进经济增长。我们参考陈建军等（2009）的研究，用城市移动电话使用数来表示信息化水平。

（5）基础设施水平（*trans*）。城市基建完善同样有利于生产活动的交流，降低交易成本。我们使用城市货运总量作为基建水平的代理变量。

（6）当年实际使用外资金额（*forcap*）。多数研究都着眼于外商直接投资（FDI）对经济发展的影响，如沈坤荣、耿强（2001）等。但囿于城市 FDI 数据可得性，我们用当年实际使用外资金额作为替代，来控制外国资本对城市经济增长的影响，两者之间具有较强的正向关系。

（7）发明专利量（*invent*）。生产技术进步是提升生产率的直接动力，因此我们认为发明专利的增加可以提高城市全要素生产率等相关指标。

（8）人均地区生产总值（*pergdp*）。从实证经验来看，人均地区生产总值越高，居民对各种服务的需求就越大，从而能够促进服务业发展（顾乃华，2010）。但也不能排除一些高度工业化城市的高人均 GDP、低服务业占比特征的影响（江小涓、李辉，2004）。

（9）生产性服务业集聚度（*lqproduce*）。现代服务业的主体是生产性服务业①，且与高端服务业存在交叉，因此生产性服务业集聚必然会扩大高端服务业规模。本部分使用区位熵来体现生产性服务业集聚度。具体做法如下：

将 5 个行业的从业人员数加总得到生产性服务业从业人员数据，全部行业的从业人员数加总得到总行业从业人员数据，区位熵的计算公式如下：

$$lq_{ijt} = \frac{q_{ijt}/q_{jt}}{q_{it}/q_t} \tag{6-3}$$

① 《中国城市统计年鉴》中只有国民经济 19 个大类行业从业人员数据，我们参照《2017 年国民经济行业分类（GB/T 4754—2017）》和《生产性服务业统计分类（2019）》，将交通仓储邮电业，信息传输、计算机服务和软件业，金融业，租赁和商务服务业，科研、技术服务和地质勘查业的从业人数合并作为生产性服务业从业人数。

其中，lq_{ijt}表示城市 i 的 j 行业在 t 年的区位熵，q_{ijt}表示城市 i 的 j 行业在 t 年的从业人员数，q_{jt}表示全国 j 行业在 t 年的全部从业人数，q_{it}表示城市 i 在 t 年的所有行业从业人数，q_t表示 t 年全国所有行业的从业人数。

本部分所用的数据主要来自国家统计局《中国城市统计年鉴》中 2003—2016 年时间段数据，并辅以相关价格指数数据整理而得。由于行政区域划分逐年变化和数据缺失，我们从所有地级市中选取 230 个城市样本。表 6－1 是数据中主要指标的描述性统计。

表 6－1　描述性统计

变量名称	变量说明	样本量	平均值	标准差	最小值	最大值
gdp	地区实际生产总值（万元）	3220	2830000	3380000	0	3.18*e*＋07
tfpch	城市全要素生产率	3213	0.975	0.377	0	9.553
effch	效率变化	3213	0.985	0.362	0	8.319
techch	技术变化	3212	1.011	0.179	0.684	1.674
pech	纯技术效率变化	3220	0.977	0.188	0.37	3.607
sech	规模效率变化	3213	1.006	0.218	0	8.226
proportion	高端服务业增加值占服务业比重（%）	3182	0.148	0.052	0.01	0.443
application	专利申请量（个）	2990	3319.687	9627.605	0	128000
invent	专利发明量（个）	2988	1135.951	4132.094	0	72285
pergdp	地区人均生产总值（元）	3220	5759.536	3839.898	0	56088.99
labor	劳动力人数（万人）	3220	98.918	128.435	0	1729.076
humcapa	普通高等学校教师数（人）	3152	5052.751	9504.063	0	67549
humcapb	普通高等学校学生数（人）	3164	85071.75	149000	0	1060000
otherexp	政府其他支出（万元）	3220	295000	461000	0	6470000
sciexp	科教支出（万元）	3220	71653.86	107000	0	1460000
trans	基础设施水平（货运总量：万吨）	2755	10581.52	15402.29	106	554000
inform	信息化水平（移动电话使用数：万户）	3210	335.867	404.255	0.099	4076
forcap	当年实际使用外资金额（万美元）	3154	75427.85	177000	0	3080000
lqproduce	生产性服务业集聚度（区位熵）	3212	0.802	0.298	0.239	2.81

注：上表由 Stata15 软件绘制而成，最小值一列的“0”值一般是缺失值。

（三）模型设计

在本部分，为研究高端服务业发展与经济效益的关系，我们首先用地区生产总值（*gdp*）表示经济效益，高端服务业增加值占服务业比重作为解释变量。首先利用散点图初步判断高端服务业规模与地区生产总值（对数）的关系，如图6－3所示。

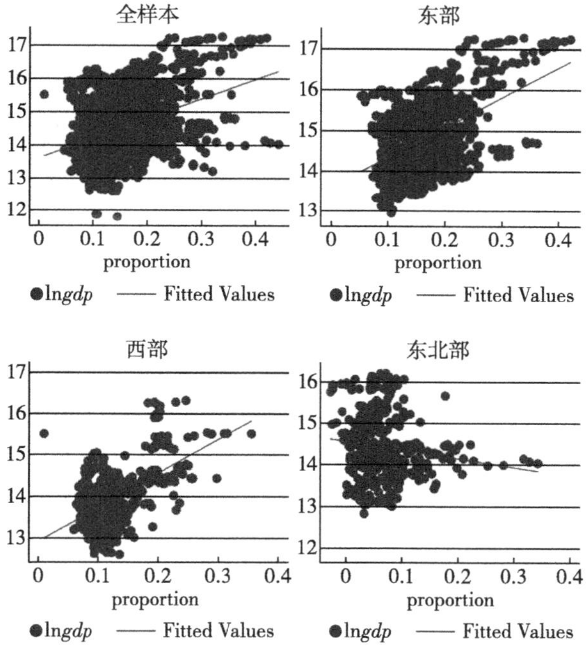

图6－3　高端服务业规模与地区生产总值关系

注：①上图由Stata15软件绘制而成，图中所有纵坐标都使用地区生产总值的对数形式；②我们在全样本基础上按照区域划分，依次为全样本、东部、中部、西部和东北部五张小图；③五张图都显示高端服务业规模和地区生产总值对数间存在线性关系，尤其是全样本和东部地区。

根据图6－3，我们使用多元线性回归模型，并加入影响地区生产总值的相关控制变量。具体模型构建如下：

$$y_{it} = \beta_0 + \beta_1 proportion_{it} + \theta X_{it} + \gamma_i + \mu_t + \varepsilon_i t \tag{6-4}$$

其中，y_{it}表示被解释变量，包括地区生产总值对数、全要素生产率相关指标等；$proportion_{it}$表示高端服务业增加值占服务业比重；X_{it}表示控制变量，因被解释变量变化而不同，θ表示控制变量的系数矩阵；γ_i表示城市固定效应，用以控制不随时间变化而随城市变化因素对服务业比重的影响，如历史、区位等；μ_t 表示时间固定效应，用以控制不随城市变化而随时间变化因素对服务业比重的影响，如宏观经济冲击等。

三、实证结果分析

考虑到中国是一个幅员辽阔的大国，东西南北跨越的经纬度非常大，这就必然导致不同地区经济发展存在差异性，图 6－3 各个小图呈现的不同关系就是对这种差异性很好的说明。因此，为了更准确地研究高端服务业规模对城市经济增长的影响，我们需要划分区域进行分析。具体地，我们根据图 6－3 的划分方法，研究区域异质性对实证结果的影响，具体回归结果如表 6－2 所示。

表 6－2　高端服务业发展与经济效益提升

项目	(1)	(2)	(3)	(4)	(5)
	全样本	东部地区	中部地区	西部地区	东北地区
	ln*gdp*	ln*gdp*	ln*gdp*	ln*gdp*	ln*gdp*
proportion	0.219** (0.0893)	0.229** (0.112)	0.327** (0.153)	0.252 (0.285)	0.213 (0.220)
ln*humcapa*	0.00379 (0.00874)	0.0254* (0.0131)	0.0101 (0.0122)	－0.0271 (0.0223)	0.0147 (0.0297)
ln*otherexp*	0.280*** (0.0117)	0.128*** (0.0166)	0.370*** (0.0192)	0.164*** (0.0355)	0.406*** (0.0318)
ln*sciexp*	0.383*** (0.0130)	0.185*** (0.0209)	0.497*** (0.0189)	0.207*** (0.0461)	0.240*** (0.0355)
ln*inform*	－0.00317 (0.00630)	0.00830 (0.00599)	－0.0243* (0.0144)	0.0273 (0.0308)	－0.00191 (0.0205)
城市固定效应	控制	控制	控制	控制	控制
时间固定效应	控制	控制	控制	控制	控制
Observations	3117	1162	1034	511	410
R^2	0.984	0.992	0.980	0.971	0.983

注：①上表由 Stata15 软件绘制而成，＊＊＊、＊＊和＊分别表示 1%、5% 和 10% 的显著水平；②括号中值是回归系数的稳健标准误。

从第（1）列全样本的结果来看，高端服务业比重每增加一个百分点，地区生产总值增长 0.219%。同时，其他财政支出和科教支出都会对地区生产总值产生显著的正向影响，与预期相符。但人力资本和信息化水平的作用不显著。分地区回归中，只有东部和中部地区的高端服务业比重上升会促进其经济增长，这可能受益于东中部地区相对集中的高端服务业规模效应和充裕的人力资本（东部地区）。值得注意的是，在所有回归结果中，信息化水平对城市经济的影响基本不显著甚至显著为负，可能是因为其过度发展产生了溢出。通过对回归结果的分析，我们发现除高端服务业规模之外，人力资本、其他财政支出和科教支出等因素也会促进地区经济发展，但其影响程度受地区因素限制。中央政府应当继续推进东中部地区高端服务业发展，同时协调地区间各种生产要素分配，带动西部和东北部地区经济发展。

在简要分析了城市高端服务业发展对地方经济增长的促进作用后，我们沿用模型（6－4）继续研究其对城市全要素生产率相关指标的影响。

表6－3　全要素生产率分解回归结果

项目	(1)	(2)	(3)	(4)	(5)
	tfpch	*effch*	*techch*	*pech*	*sech*
proportion	0.194	0.0319	0.117**	0.159	－0.149
	(0.364)	(0.332)	(0.0513)	(0.164)	(0.203)
ln*invent*	0.000225	－0.00230	0.00763***	－0.00380	0.00395
	(0.0150)	(0.0136)	(0.00211)	(0.00676)	(0.00835)
ln*otherexp*	0.0760*	0.0725**	－0.0206***	－0.00636	0.0589***
	(0.0404)	(0.0368)	(0.00569)	(0.0182)	(0.0225)
ln*trans*	0.0431*	0.0370*	0.00387	0.0138	0.0103
	(0.0221)	(0.0201)	(0.00312)	(0.00999)	(0.0123)
ln*inform*	－0.0315	－0.0212	－0.00569*	－0.0224**	0.0116
	(0.0238)	(0.0217)	(0.00336)	(0.0108)	(0.0133)
ln*forcap*	－0.0321***	－0.0238**	－0.00298*	－0.0106**	－0.00622
	(0.0117)	(0.0107)	(0.00165)	(0.00528)	(0.00652)
城市固定效应	控制	控制	控制	控制	控制
时间固定效应	控制	控制	控制	控制	控制
Observations	2660	2660	2660	2660	2660
R^2	0.098	0.195	0.928	0.289	0.155

注：①上表由Stata15软件绘制而成，***、**和*分别表示1%、5%和10%的显著水平；②括号中值是回归系数的稳健标准误。

从表6－3的回归结果来看，高端服务业占比对全要素生产率等相关被解

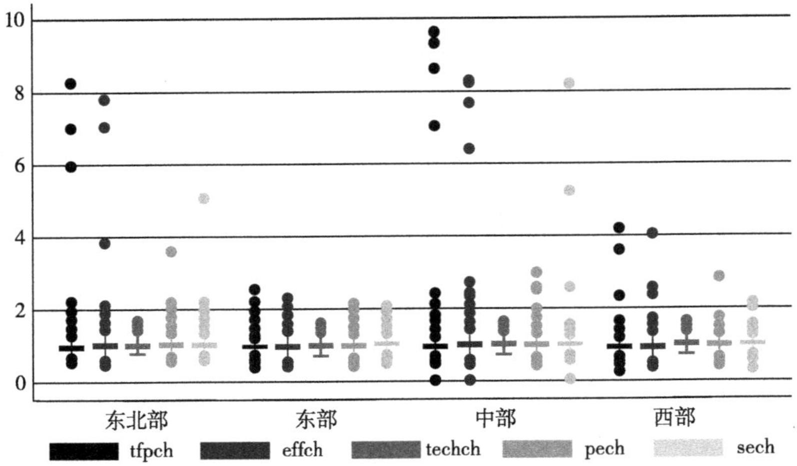

图 6-4　分地区城市全要素生产率分解

注：①上图由 Stata15 软件绘制而成，城市全要素生产率等五个指标按地区顺序依次排列；②从图中看，各个指标的区间都相对集中在区间 [0.5，1.5] 附近，但除了技术变化之外，其他指标的异常值较多，区间较广，这可能是导致回归结果不显著的原因之一。

释变量的影响虽然基本为正（规模效率的系数为负），但大都不显著。一方面可能因为这五个被解释变量相对集中，如图 6-4 所示，无法提供明显变化区间；另一方面可能是我们的模型存在一定缺陷，没有考虑到其他因素影响。第（3）列显示，高端服务业比重上升有利于城市技术进步，具体地，高端服务业占比每增加一个百分点，城市技术约进步 0.12。控制变量方面，专利发明量增加和基础设施水平提高有利于城市技术进步，但其他财政支出、信息化水平和外资会抑制生产率技术进步，与我们的预期不符，这可能与模型的局限性有关。之后，我们针对城市技术进步分地区做回归，结果见表 6-4。

表 6-4　分地区技术变化回归结果

项目	(1)	(2)	(3)	(4)
	东部地区	中部地区	西部地区	东北部地区
	techch	*techch*	*techch*	*techch*
proportion	0.149* (0.0769)	0.00120 (0.0969)	-0.147 (0.0967)	0.102 (0.133)
ln*invent*	0.00731** (0.00344)	0.00607* (0.00330)	0.0105** (0.00437)	0.00862 (0.00957)

续表

项目	(1)	(2)	(3)	(4)
	东部地区	中部地区	西部地区	东北部地区
	techch	*techch*	*techch*	*techch*
ln*otherexp*	-0.0119 (0.0113)	-0.0175 ** (0.00867)	0.00798 (0.0125)	0.000882 (0.0149)
ln*trans*	0.0131 ** (0.00507)	0.000562 (0.00506)	0.0206 *** (0.00589)	0.00594 (0.00930)
ln*inform*	-0.00364 (0.00364)	-0.0219 ** (0.00922)	-0.00294 (0.0113)	0.00606 (0.0116)
ln*forcap*	-0.000534 (0.00353)	0.000556 (0.00310)	0.00376 (0.00240)	0.00392 (0.00591)
城市固定效应	控制	控制	控制	控制
时间固定效应	控制	控制	控制	控制
Observations	1005	884	413	358
R^2	0.941	0.937	0.961	0.921

注：①上表由Stata15软件绘制而成，***、**和*分别表示1%、5%和10%的显著水平；②括号中值是回归系数的稳健标准误。

表6-4显示，只有东部地区的高端服务业发展才能促进该地区技术进步，且影响程度高于全样本的结果，可能是因为东部地区受一系列因素影响，高端服务业发展更为成熟，能够有效提高该地区生产技术。其他控制变量的影响与全样本的结果类似，但其他财政支出、信息化水平和外资的作用都不显著且影响程度较小。中部、西部和东北部区域高端服务业的影响都不显著，西部地区的系数甚至为负，说明这三个区域的经济发展较为落后，高端服务业发展不能立即转换为生产力，需要加快优化产业结构，从而带动城市经济发展。

本部分，我们使用固定效应模型研究高端服务业比重对经济效益的影响，发现城市高端服务业每提高一个百分点，地区生产总值增加0.219%，这种影响在东部和中部更大，主要通过提升城市技术效率来促进经济增长，但对西部和东北部的影响并不显著。总体来说，我们当前应当大力推进传统服务业升级，培育高端技术服务人才，扩大高端服务业规模，加大科技创新与专利研发投入，提高城市基建水平，规范政府行为，合理吸收外资。同时注重区域协调发展，继续推动东部沿海较发达地区高端服务业发展，并利用其带动作用促进中西部和东北部发展，最终实现共同发展。

第二节　高端服务业发展与经济发展方式转变

从改革开放到21世纪初“唯GDP”论英雄的时代，政府通常采取粗放式经济发展方式，在一定范围内，即便规模报酬递减，大量生产要素的投入也必然会显著提高GDP水平，但同时也造成了资源浪费、环境污染、贫富差距扩大和国际价值链低端锁定等问题。为解决这些问题，中央于2015年提出供给侧结构性改革，其五大任务分别是去产能、去库存、去杠杆、降成本和补短板，目的是优化产业结构。虽然近些年我们在实现产业结构升级上付出诸多努力，但效果并不明显，一方面是工业层面上新增产能对原有产能的替代问题。以钢铁产业的去产能为例，2014年全国完成淘汰落后和过剩产能任务，但2015年又新增11座大型锅炉，导致总体产能增加20万吨。这种落后产能增长量高于淘汰量的发展方式在目前的低端工业生产中较为常见，不利于供给侧结构性改革的实施。另一方面是服务业尤其是高端服务业短期内发展困难。在中国如此庞大的人口体量面前，就业一直是逃避不开的问题，工农业生产率的提升意味着相关产业对劳动力的需求减少，大量劳动力涌入服务业，这其中大部分又是缺乏服务性质专业知识技能的普通从业者，他们大多从事低端生活性服务业，因此高端生产性服务业并没有取得实质发展（见图6－5），无法支撑工业制造业升级。上文的实证结果显示，高端服务业发展可以提升城市生产率技术水平，促进地区经济增长。由此看来，转变经济发展方式的关键是扩大高端服务业规模，支撑先进制造业发展，从而实现优化产业结构、提高供给水平的发展目的。如何提升高端服务业规模则是本部分的研究重点。

20世纪80年代以来，国际分工活动日益频繁，互联网技术也逐渐成熟，服务外包应运而生。一方面，服务外包可以节约成本，将更多的人力物力资源用以提高自身的核心竞争力（Lacity et al.，1994）；另一方面，专业的服务外包承接商相比于企业自身，可以更高效地完成相关业务（Diromualdo & Gurbaxani，1998），进一步提升企业自身生产率（Jabbour，2010；Banri et al.，2011）。服务外包的本质是人力资本市场合约和劳务活动企业合约的统一，是人力资本配置方式的根本变化。外包这一环节在很大程度上提高了劳务活动的流动性，扩展了资源配置空间（江小涓，2008）。因此，跨国公司纷纷利用服务外包，将自身非核心业务进行外包，增强专业程度，提升竞争能力。

相比于制造业外包，服务外包还拥有资源消耗少、环境友好等优势。而且

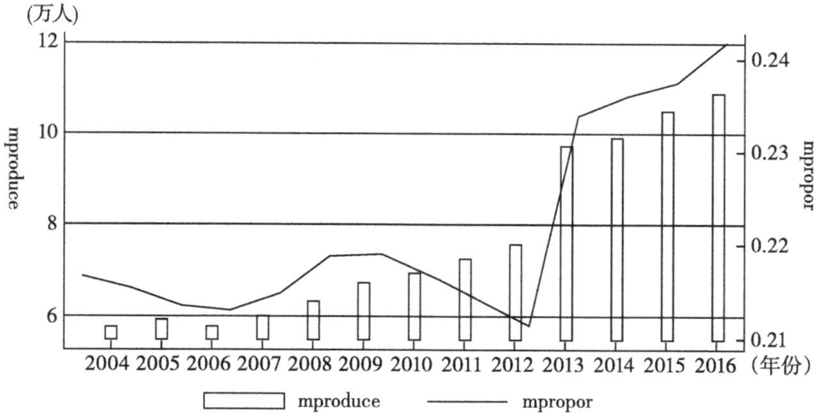

图 6－5　生产性服务业从业人数和比重

注：①上图由 Stata15 软件绘制而成，数据来源于《中国城市统计年鉴》；②我们按照上文有关服务行业的分类方式，计算出全国各地区生产性服务业各年平均从业人数（mproduce：万人）和占服务业总就业的比重（mpropor）；③从图中看，生产性服务业平均从业人数从 2004 年的 5.5 万上升到 2016 年的 11 万，但就业比重只提高了约 3 个百分点，2016 年最高时约为 24.2%，说明大部分劳动力都由低端消费性服务业吸收，高端服务业的发展并不顺利。

从服务外包承包商角度来看，以计算机信息技术为基础的服务外包需要大量专业技术人才，因而许多发展中国家都积极参与这一过程①。中国服务外包行业起步较晚，但发展迅速。2000 年到 2002 年，国务院陆续出台《鼓励软件产业和集成电路产业发展的若干政策》《振兴软件产业行动纲要》等一系列发展服务外包的优惠政策，明确了中国发展计算机软件技术的目标。2001 年中国“入世”后，得益于经济全球化和贸易自由化，加之本身具有丰富的廉价劳动力、庞大的市场等因素，中国服务外包迅速发展。受 2008 年金融危机影响，国际市场萎缩，贸易保护主义抬头，中国经济发展尤其是服务业发展遇阻。在这一背景下，商务部提出关于服务外包产业发展问题的一系列建议，并经国务院批准，于 2009 年 1 月 15 日正式将北京、天津、上海等 20 个城市设为服务

① 爱尔兰自 1988 年颁布《数据保护法》以来，一直将计算机软件作为文学产品来保护其版权，并且对在当地注册的国际服务企业最多征收 12.5% 的公司所得税，为发展服务外包提供诸多优惠。1986 年，印度出台《计算机软件出口、发展和培训政策》，对从事 IT 出口的企业给予大量优惠，短短十年就将班加罗尔的科技园建设成世界第五大信息科技中心，被称为“印度硅谷”。

外包示范城市[①]，深入开展承接国际服务外包业务、促进服务外包产业发展试点。

服务外包示范城市一经设立便展现出强劲的发展潜力，在国际金融危机恐慌和国内成本上升的双重压力下，中国的服务外包产业却实现大幅度逆势增长。据商务部统计，2009 年中国离岸外包收入达 100.9 亿美元，同比增长 115.1%。但在第二年，受金融危机滞后影响，离岸业务增长放缓，萎靡的国际服务外包市场促使我们将目光放在国内，在岸外包规模逐渐扩大。2012 年，在岸服务外包执行金额占全部执行金额的 27%，而到 2017 年，这一比重上升至 37%。2014 年，21 个服务外包示范城市承接国际服务外包合同 641.40 亿美元，执行金额达 497.10 亿美元，占全国比例分别为 87.5% 和 88.9%，同比增长 15.5% 和 23.4%。新增服务外包企业 1726 家，新增 65.1 万就业人员，其中新增毕业大学生就业人员 54.3 万，在一定程度上缓解了大学生就业问题。

服务外包作为工业制造业部门的衍生物，改变了制造业的生产方式和组织形式（江小涓，2011），其重点是发展生产性服务业并为制造业提供相关的生产服务，从而提高制造部门生产率（Amiti & Wei，2009）。不过在早期有学者认为发达国家与发展中国家交流产品技术标准、管理经验等隐性知识可能导致发展中国家的被动升级，从而将其锁定在全球价值链低端（原小能、石奇，2008）。但如果承包国能够重视“高级要素”投入，立足于自主创新，并加强与跨国公司合作竞争，就有机会占领价值链高地（刘志彪，2008）。具体可以通过培养相关高技术人才，培育价值链中高端企业，发挥服务外包示范城市的示范作用等措施来实现（姚战琪等，2010）。刘春生、王泽宁（2017）以北京为例，强调人力资本对服务外包升级以及中国攀登全球价值链高端的重要作用。许和连等（2018）则创新性地利用社会网络分析技术构建离岸服务外包网络，发现承包国在服务业增加值网络中的地位和其在离岸服务外包网络的位置正相关。

服务外包可以通过提高生产率、增加人力资本积累来促进地区经济发展。而示范城市作为发展服务外包的试验田和桥头堡，无疑更利于服务外包活动带动区域经济。一方面是示范城市拥有十分齐全的制造业基础和相当规模的人力资本，其承接国际服务外包水平较高，因而对发达国家技术溢出的吸收能力较

① 20 个城市分别是北京、天津、上海、重庆、广州、深圳、武汉、大连、南京、成都、济南、西安、哈尔滨、杭州、合肥、长沙、南昌、苏州、大庆、无锡，之后又将厦门列入其中，共计 21 个城市。

强。另一方面则因为示范城市作为服务外包政策的试点，其本身就具有经济政策的某些特性。如 20 世纪 80 年代的经济特区，服务外包示范城市在设立伊始，就对周边地区的服务行业、生产要素形成了天然的吸引力，从而促进服务业尤其是高端服务业的集聚，形成集聚效应（姜荣春、刘邵坚，2010），进而有利于制造业集聚（高传胜、刘志彪，2005）。关于服务业集聚的研究初期多是分析生产性服务业集聚的影响因素（陈建军等，2009），后来转向研究生产性服务业集聚对经济发展的促进作用（刘丽萍，2013）。最近几年，许多学者陆续从微观角度研究生产性服务业集聚对制造业企业发展的影响（宣烨、余泳泽，2017；刘奕等，2017）。结合以上研究成果，本部分将分析服务外包示范城市对城市高端服务业规模的影响。

一、模型设定与检验

城市经济发展是多种因素合力作用的结果，服务外包示范城市作为一项直接作用于服务业尤其是高端服务业的经济政策，显然会影响其发展，但还有其他诸多因素作用于高端服务业，因此在研究服务外包示范城市设立对城市高端服务业规模的影响时，我们还必须控制其他因素的干扰。我们使用双重差分法对示范城市试点如何影响城市高端服务业进行分析，将其具体回归模型设定为：

$$proportion_{it} = \beta_0 + \beta_1 ddtc_{it} + \beta_2 ddc_i + \beta_3 ddt_t + \theta X_{it} + \varepsilon_{it} \qquad (6-5)$$

其中，i 表示城市，t 表示年份，$proportion_{it}$为 i 城市在 t 年高端服务业占服务业比重；β_1 反映了服务外包示范城市的设立对高端服务业规模的平均影响，$ddtc_{it}$表示服务外包示范城市虚拟变量；ddc_i 和 ddt_t 分别控制了组效应和时间效应；X_{it}是影响高端服务业规模的控制变量，在模型中我们取其自然对数进行回归，系数矩阵 θ 衡量了这些控制变量对城市高端服务业规模的影响程度；ε_{it}是随机误差项。

图 6 - 6 描述了两组高端服务业规模各年变化的趋势。可以发现，实验组的高端服务业规模明显高于控制组，并且两组在 2009 年之前拥有相同的变化趋势，2009 年之后两组差异扩大。受 2008 年世界金融危机的滞后影响，全球服务业发展严重受挫。为抵御金融危机的冲击，2008 年我国政府提出四万亿元计划，大力建设基础设施，促进相关工业制造业的发展，并对服务业有一定程度的挤出。实验组的高端服务业发展遇阻明显，从而出现下降趋势。整体

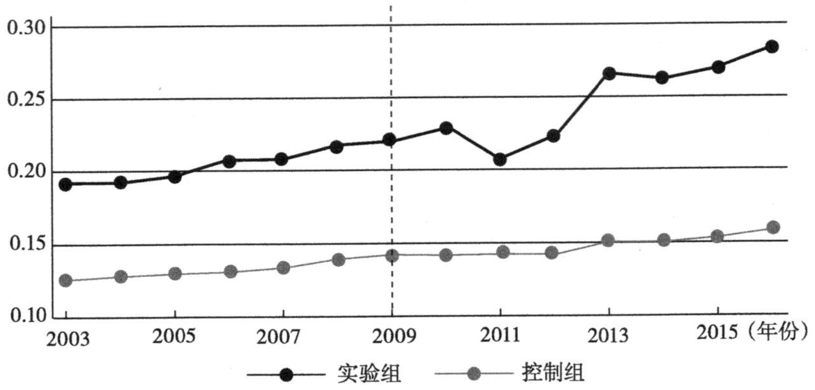

图 6 -6　高端服务业规模变化趋势

注：上图由 Stata15 软件绘制而成，数据来源于《中国城市统计年鉴》。

上，该样本满足平行趋势检验。

二、实证结果分析

我们对样本进行一系列检验后，双重差分法回归结果如表 6 -5 所示。第（1）列不添加任何控制变量，结果显示服务外包示范城市可以显著提高地区高端服务业规模。第（2）列添加人均地区生产总值对数项，结果显著。第（3）列加入政府科教支出和其他财政支出对数项，科教支出系数为负但不显著，其他财政支出系数为正且显著。第（4）列、第（5）列依次加入信息化水平和外资项，两者都可以扩大高端服务业规模。在此基础上，我们又加入生产性服务业集聚度指标，结果没有明显变化，但其他财政支出的系数变为负数。

表 6 -5　服务外包示范城市与高端服务业规模

项目	(1)	(2)	(3)	(4)	(5)	(6)
	proportion	*proportion*	*proportion*	*proportion*	*proportion*	*proportion*
ddt	0. 0167 *** (0. 00160)	0. 0123 *** (0. 00156)	0. 00845 *** (0. 00175)	0. 00489 *** (0. 00188)	0. 00564 *** (0. 00190)	0. 0128 *** (0. 00188)
ddc	0. 0707 *** (0. 00426)	0. 0610 *** (0. 00419)	0. 0554 *** (0. 00410)	0. 0553 *** (0. 00422)	0. 0552 *** (0. 00423)	0. 0499 *** (0. 00407)
_ *diff*	0. 0267 *** (0. 00668)	0. 0272 *** (0. 00653)	0. 0281 *** (0. 00630)	0. 0275 *** (0. 00641)	0. 0271 *** (0. 00643)	0. 0251 *** (0. 00593)

续表

项目	(1)	(2)	(3)	(4)	(5)	(6)
	proportion	proportion	proportion	proportion	proportion	proportion
ln*pergdp*		0.0234 *** (0.00143)	0.0191 *** (0.00167)	0.0181 *** (0.00166)	0.0173 *** (0.00181)	0.0164 *** (0.00179)
ln*sciexp*			-0.00260 (0.00275)	-0.00960 *** (0.00306)	-0.00911 *** (0.00308)	-0.00586 ** (0.00299)
ln*otherexp*			0.00951 *** (0.00282)	0.00855 *** (0.00281)	0.00807 *** (0.00282)	-0.00271 (0.00288)
ln*inform*				0.00871 *** (0.00174)	0.00791 *** (0.00189)	0.00704 *** (0.00185)
ln*forcap*					0.000749 (0.000591)	0.00110 * (0.000564)
lqproduce						0.0429 *** (0.00316)
Constant	0.131 *** (0.00118)	-0.0636 *** (0.0117)	-0.113 *** (0.0160)	-0.0615 *** (0.0200)	-0.0575 *** (0.0199)	0.0103 (0.0180)
Observations	3182	3178	3178	3174	3110	3109
R^2	0.261	0.330	0.336	0.343	0.340	0.384

注：①上表由Stata15软件绘制而成，***、*分别表示1%、10%的显著水平，组效应和时间效应都在1%的水平上显著；②括号中值是回归系数的稳健标准误；③_ *diff* 项表示服务外包示范城市的政策效应，也是模型（5）中的解释变量。

从第（6）列的结果具体来说，服务外包试点对城市高端服务业规模的政策效应显著为正，大约可以将高端服务业比重提高0.025个百分点。城市人民生活更富裕，其对高端服务业的需求就更大，因此，人均地区生产总值的提高可以促进城市高端服务业发展。科教支出提高可能更有利于工业技术研发，其他财政支出主要是作为公共服务兜底，并不会用于大力发展高端服务业，这可能是它们对高端服务业有负向影响的原因。城市信息化水平依托计算机技术，高端服务业发展也需要计算机信息技术支持，因而信息化水平提高有利于城市高端服务业规模扩大。实际使用外资金额的增加也会促进高端服务业发展。结果显示：生产性服务业集聚度的影响最大，其每提高1个百分点，城市高端服务业比重就上升约 0. 043 个百分点。最后我们依然对其进行区域异质性检验，回归结果如表 6 – 6 所示。

表 6 – 6　服务外包示范城市与高端服务业规模分地区回归结果

项目	(1)	(2)	(3)	(4)	(5)
	全样本	东部地区	中部地区	西部地区	东北部地区
	proportion	*proportion*	*proportion*	*proportion*	*proportion*
ddt	0. 0128 ***	0. 0126 ***	0. 0162 ***	0. 0170 ***	0. 0132 **
	(0. 00188)	(0. 00288)	(0. 00315)	(0. 00408)	(0. 00627)
ddc	0. 0499 ***	0. 0397 ***	0. 0477 ***	0. 0131 *	0. 0494 ***
	(0. 00407)	(0. 00407)	(0. 00346)	(0. 00738)	(0. 0109)
_ *diff*	0. 0251 ***	0. 0175 ***	0. 0210 ***	– 0. 00717	0. 0395 ***
	(0. 00593)	(0. 00643)	(0. 00622)	(0. 0175)	(0. 0137)
ln*pergdp*	0. 0164 ***	0. 0131 ***	0. 0148 ***	0. 00981 **	– 0. 0176 ***
	(0. 00179)	(0. 00370)	(0. 00229)	(0. 00395)	(0. 00442)
ln*sciexp*	– 0. 00586 **	0. 0248 ***	– 0. 00664 *	– 0. 0229 ***	– 0. 0304 ***
	(0. 00299)	(0. 00535)	(0. 00392)	(0. 00597)	(0. 00754)
ln*otherexp*	– 0. 00271	– 0. 0188 ***	– 0. 00590	0. 00781	0. 0312 ***
	(0. 00288)	(0. 00490)	(0. 00504)	(0. 00637)	(0. 00835)
ln*inform*	0. 00704 ***	0. 00558 *	0. 00377	0. 00672	– 0. 00618
	(0. 00185)	(0. 00309)	(0. 00296)	(0. 00474)	(0. 00512)
ln*forcap*	0. 00110 *	0. 00262 *	– 0. 00181 *	0. 00321 ***	0. 00523 ***
	(0. 000564)	(0. 00138)	(0. 000930)	(0. 00103)	(0. 00199)
lqproduce	0. 0429 ***	0. 0473 ***	0. 0324 ***	0. 106 ***	– 0. 0287 ***
	(0. 00316)	(0. 00380)	(0. 00550)	(0. 00683)	(0. 00935)
Constant	0. 0103	– 0. 108 ***	0. 112 ***	0. 0487	0. 256 ***
	(0. 0180)	(0. 0295)	(0. 0279)	(0. 0537)	(0. 0416)
Observations	3109	1171	1035	485	418
R^2	0. 384	0. 523	0. 234	0. 623	0. 269

注：①上表由 Stata15 软件绘制而成，* * *、* * 和 * 分别表示 1%、5% 和 10% 的显著水平，各地区的组效应和时间效应都较为显著；②括号中值是回归系数的稳健标准误；③_ *diff* 项表示服务外包示范城市的政策效应，也是模型（5）中的解释变量。

结果显示，除西部地区外，其他三个区域的示范城市试点都会显著作用于高端服务业发展，影响程度由小到大依次为东部、中部和东北部。东部地区各方面条件突出，经济发展优势明显，高端服务业相比于其他地区较为发达，示范城市试点对高端服务业发展的作用较小。中部和东北部地区受东部经济辐射，高端服务业发展迅速；而西部地区则因第二产业转移等因素影响，试点城市吸收其他区域工业、制造业生产能力可能抑制了高端服务业发展。对于其他控制变量不做赘述。

服务外包示范城市的设立可以显著提高城市高端服务业规模，但高端服务业涉及服务业各个行业；同时，以计算机信息技术为基础的服务外包不太可能同时提升所有服务行业规模，其可能主要影响生产性服务业或生产性服务业中的某些具体行业，因此该部分我们将服务业分为生产型服务业、消费型服务业和公共服务业，并细化生产型服务业，从行业集中度角度进一步分析。结果如表6－7所示。

从前三列来看，服务外包示范城市对生产性和消费性服务业区位熵的影响为正但不显著，同时会显著抑制公共服务业发展。逻辑上来说，服务外包本身就是以生产性服务业为主，用于辅助制造业生产，因此设置服务外包示范城市可以提高生产性服务业比重，而消费性服务业则可能受生产性服务业发展带动，这里不作为研究重点。同时，服务外包强化了市场作用，可能会提升政府公共服务效率，降低其提供公共服务业的规模，从而降低公共服务业集中度。从后五列看，以计算机信息技术为基础的服务外包主要提高了示范城市信息传输、计算机服务和软件业的区位熵，对其他四个生产性服务行业的影响要么为负，要么不显著。总结来说，服务外包示范城市可以提升信息传输、计算机服务和软件业行业集中度，进而提高高端服务业比重，促进服务业整体发展。

表 6－7　服务外包示范城市与细分行业集中度

项目	(1)	(2)	(3)	(4)	(5)	(6)	(7)	(8)
	lqproduce	*lqconsume*	*lqpublic*	*lqf*	*lqg*	*lqj*	*lql*	*lqm*
ddtc	0. 0267	0. 0122	－0. 1282 ***	－0. 0049	0. 1956 ***	－0. 0415	0. 0384	0. 0007
	(0. 0162)	(0. 0149)	(0. 0241)	(0. 0302)	(0. 0384)	(0. 0273)	(0. 0391)	(0. 0235)
ln*pergdp*	0. 0185	－0. 0715 ***	0. 0595 **	0. 0115	－0. 0358	－0. 0014	0. 0510	0. 0507 *
	(0. 0186)	(0. 0171)	(0. 0277)	(0. 0346)	(0. 0441)	(0. 0313)	(0. 0448)	(0. 0270)
ln*sciexp*	－0. 0371 **	－0. 0117	－0. 1541 ***	－0. 0676 **	0. 0583	－0. 0982 ***	0. 0405	－0. 0603 **
	(0. 0165)	(0. 0152)	(0. 0246)	(0. 0308)	(0. 0391)	(0. 0278)	(0. 0398)	(0. 0240)
ln*otherexp*	－0. 0083	0. 0360 **	0. 0528 **	0. 0038	0. 0093	0. 0764 ***	－0. 1226 ***	－0. 0246
	(0. 0165)	(0. 0152)	(0. 0245)	(0. 0307)	(0. 0390)	(0. 0277)	(0. 0397)	(0. 0239)
ln*forcap*	0. 0025	0. 0091 ***	0. 0263 ***	0. 0030	0. 0238 ***	0. 0098 *	－0. 0045	－0. 0054
	(0. 0033)	(0. 0031)	(0. 0049)	(0. 0061)	(0. 0078)	(0. 0055)	(0. 0079)	(0. 0048)
ln*inform*	0. 0061	0. 0036	0. 0197 *	0. 0241 *	－0. 0225	0. 0175	－0. 0012	－0. 0132
	(0. 0079)	(0. 0072)	(0. 0117)	(0. 0146)	(0. 0186)	(0. 0132)	(0. 0189)	(0. 0114)
城市固定效应	控制	控制	控制	控制	控制	控制	控制	控制
时间固定效应	控制	控制	控制	控制	控制	控制	控制	控制
Observations	3137	3118	3138	3138	3137	3138	3137	3138
R^2	0. 8345	0. 8300	0. 8590	0. 7485	0. 6226	0. 6884	0. 7015	0. 8996

注：①上表由 Stata15 软件绘制而成，＊＊＊、＊＊和＊分别表示 1%、5% 和 10% 的显著水平；②括号中值是回归系数的稳健标准误；③前 3 列分别是生产型、消费型和公共服务业，后 5 列参照注释 4 将生产型服务业细分为 5 个子行业。由于数据可得性，我们使用各行业从业人员占全行业从业人员比重作为各服务行业比重；④事实上，我们做了 19 个细分行业的回归，囿于篇幅只展示生产性服务业。

在做完以上分析后，为检验服务外包示范城市试点对高端服务业规模是否具有影响，我们重新设定了政策实施年份①用以进行安慰剂检验，结果如表6－8所示。我们发现服务外包示范城市政策在时间滞后1、2、3期依然可以显著提高城市高端服务业规模，说明前文的回归结果是稳健的。

表6－8　服务外包示范城市与高端服务业规模回归结果稳健性检验

项目	(3)	(4)	(5)
	2010年	2011年	2012年
	proportion	*proportion*	*proportion*
*ddt*1	0.0117*** (0.00183)		
*ddt*2		0.0117*** (0.00177)	
*ddt*3			0.0130*** (0.00179)
ddc	0.0506*** (0.00391)	0.0521*** (0.00375)	0.0513*** (0.00373)
_ *diff*	0.0271*** (0.00609)	0.0277*** (0.00640)	0.0357*** (0.00630)
ln*pergdp*	0.0163*** (0.00178)	0.0162*** (0.00177)	0.0165*** (0.00176)
ln*sciexp*	－0.00606** (0.00301)	－0.00729** (0.00301)	－0.00740** (0.00297)
ln*otherexp*	－0.00243 (0.00288)	－0.00133 (0.00286)	－0.00137 (0.00286)
ln*inform*	0.00753*** (0.00185)	0.00811*** (0.00184)	0.00818*** (0.00183)
ln*forcap*	0.00102* (0.000563)	0.000943* (0.000562)	0.000886 (0.000561)
lqproduce	0.0424*** (0.00315)	0.0418*** (0.00314)	0.0418*** (0.00308)

① 将服务外包示范城市政策实施时间重新设定为2010年、2011年和2012年三年。

续表

项目	(3)	(4)	(5)
	2010 年	2011 年	2012 年
	proportion	*proportion*	*proportion*
Constant	0.00971 (0.0180)	0.00940 (0.0182)	0.00921 (0.0179)
Observations	3，109	3，109	3，109
R^2	0.384	0.385	0.392

注：①上表由 Stata15 软件绘制而成，＊＊＊、＊＊和＊分别表示 1%、5% 和 10% 的显著水平；②括号中值是回归系数的稳健标准误；③*ddt*1、*ddt*2、*ddt*3 分别表示滞后 1、2、3 期的时间效应，_ *diff* 项表示服务外包示范城市的政策效应，也是模型（5）中的解释变量。

三、结论与建议

整体看来，服务外包示范城市政策是中国经济发展方式转变的一次成功尝试，其对促进服务业尤其是高端服务业发展的作用十分明显。结果显示，示范城市试点可以使城市高端服务业规模提高 0.025 个百分点。从某种角度来说，服务外包促进了生产性服务业的集聚，在一定程度上有利于高端服务业的发展。但值得注意的是，从前文的实证结果来看，试点城市在中国不同区位的影响程度不同，高端服务业发展对地区经济增长的作用也有所区别，尤其是西部地区的服务业发展明显滞后。建设现代化经济体系，区域协调发展同样是关键一环，在依托创新驱动的同时，我们应当也必须处理好各个环节的协调关系。

为了更有效发挥服务外包示范城市对城市高端服务业规模提升的促进作用，我们结合本部分研究结果，从三个方面给出相关建议。

第一，提高自主创新能力，推动传统服务外包行业转型升级。当前，服务外包示范城市引领中国高端服务业快速发展，在某些领域更是处于世界领先水平，控制价值链高端位置，但从服务业总体来看，利润率较低、知识水平落后仍是普遍存在的现象。服务外包企业必须抓住示范城市试点发展机遇，积极引进先进技术和制度，提高自主创新能力和城市全要素生产率，同时增强服务意识，追求价值导向而非传统的成本导向，推动产业链升级。

第二，完善相关政策保障机制，优化服务外包行业生态环境，培育高端服务业。地方政府首先要出台一系列优惠政策，改善融资环境、信用制度和保险体系，吸引服务外包行业内高端价值链位置的公司和高技术人才，同时保障示范城市内集聚的服务外包行业有序竞争，并防范可能出现的地区保护主义。其次要加大科教投入力度，发展以信息服务为基础的高新技术，培养专业的高素质人才，加强人力资本积累。人力资本是城市服务业发展的重要因素，但在人力资本积累过程中，要完善人才竞争机制，避免城市在人才市场上的哄抢现象，同时要积极推动区域间人力资本交流。

第三，协调区域发展，利用城市自身产业优势发展特色服务外包业。2016年国务院《中国服务外包示范城市综合评价结果》显示，各试点城市整体发展水平差距拉近，但东部地区优势依然较为明显。这就需要相关部门统筹资源、合理布局，推动区域协调发展。从实证结果来看，东部地区收益最大，中西部地区随后，而东北部地区的发展在各个方面都相对滞后，因而需要各方协调统筹资源，实现共同发展。

第三节 高端服务业发展与现代化产业体系建设

所谓现代化经济体系建设，具体来说就是我们在现阶段、全社会范围内通过对各种要素的合理配置，持续绿色发展，实现观念、经济、文化等全方位的变革。这是新时代高质量发展的必然要求，也是党和国家为实现“两个一百年”奋斗目标的重大决策部署，是关系全局的战略目标。

中国现代化经济体系建设需要借鉴西方国家现代化的经验。一般认为，欧美发达国家现代化就是工业化，起源于第一次工业革命，经历了近三百年时间，伴随思想解放和技术进步，在“二战”结束以后陆续实现。在这一过程中，科学技术和自由化市场扮演了重要角色。刨除这些客观经验，中国现代化经济体系建设更应该走出自己的路。西方现代化进程往往伴随着侵略与殖民，欧美现代文明的崛起可以说是建立在广大发展中国家的苦难之上。在工业化后期，伴随着气候变暖、生态恶化、恐怖主义等威胁人类社会健康发展的全球性问题，“现代化”发展只能向服务业寻求出路。在经济全球化发展的今天，市场自由化却成了西方政客经常挂在嘴边的口号，各种贸易保护主义抬头。

20 世纪末期，中东、南美、印度等地区的经济都比中国发达，人民生活水平较高，他们受西方各界宣传的民主自由思想影响，接受西方现代化模式。经过三四十年的发展，现在看来十分讽刺。中东战火持续不断，南美醉生梦死，印度还带着十多亿的贫民宣称自己是“最大的民主国家”。从 2019 年底到未来某个阶段，新冠病毒成为目前对人类的较大威胁之一。在面对这一全球性危机时，中国首当其冲。但党和政府很快团结十四亿人民，以短期内牺牲经济发展为代价，整合各方面资源，取得了阶段性胜利。与此同时，西方各国政界满嘴的仁义道德，呼吁人权与自由，却罔顾国民生死，全力救市，为了经济增长宣称所谓的“全体免疫”。在其鼓吹的自由市场环境下，许多公司产品乘机涨价，私有医院拒收病患，各种问题导致了一系列的人间惨剧。

种种事实表明，西方现代化只是一种模式，并不能作为优秀的模板。中国是拥有五千年灿烂历史的文明国家，不可能也绝不会依靠侵略殖民来满足自身发展需求，中国更是一个人口大国，十四亿人口比西方所有发达国家人口总和都要多，加之复杂多变的国际环境，我们建设现代化经济体系必然充满各种挑战，也必然比传统西方现代化过程困难得多，对西方发展的有利经验要充分吸收，但必须走自己的路。

关于如何建设现代化经济体系，中国学者从不同角度给出建议，总结起来基本是从创新（吕薇，2018；董志勇，2018）、协调（王琼，2018）、绿色（周军、刘冲，2019）、开放（刘洪愧、刘霞辉，2019）、共享（熊晓琳、任瑞姣，2019）五大发展理念的各个方面入手分析，或是整体把握（刘伟，2017；高建昆、程恩富，2018；吴俊杰，2018），在这一过程中，政府应当完善各项治理能力，保障经济平稳运行（吕炜、靳继东，2019）。还有学者通过分析欧美发达国家发展经验发现制造业是其实现现代化的关键，认为中国应该注重以制造业为核心的实体经济发展（周文、包炜杰，2018），同时要深化金融供给侧结构性改革，服务实体经济（宋立，2020）。这些研究成果多是从定性角度分析该怎么做，缺乏相关机制来检验理论的实用性，因此我们将通过构建与现代化经济体系相关的指标，利用因子分析法评价近些年来中国各地级市的高质量发展情况。

具体操作方面，我们参照已有文献关于如何建设现代化经济体系的建议，从创新、协调、绿色、开放、共享五个角度构建指标体系。在构建指标时遵循两个原则：①符合新发展理念的五个基本方面；②突出地区发展重点；③便于实际操作，综合考虑数据可得性，并且尽量使用比值指标，避免规模效应对结果的影响。具体指标设置如表 6 - 9 所示。

表 6－9　现代化经济体系建设指标构建

终极指标	一级指标	二级指标	单位
现代化经济体系	创新发展	科学支出占财政支出比重（A1）	%
		每万人高等学校学生数（A2）	人
		高端服务业增加值占服务业比重（A3）	%
		每万人互联网户数（A4）	户
	协调发展	城镇化率（B1）	%
	绿色发展	实际地区生产总值除以用电量（C1）	元/千瓦时
		实际地区生产总值除以用水量（C2）	元/吨
		实际地区生产总值除以工业废水排放量（C3）	元/吨
		实际地区生产总值除以工业二氧化硫排放量（C4）	万元/吨
	开放发展	进口总额占地区生产总值比重（D1）	%
		出口总额占地区生产总值比重（D2）	%
		实际使用外资金额占固定资产投资比重（D3）	%
	共享发展	教育支出占财政支出比重（E1）	%
		每百人公共图书馆藏书（E2）	册
		每万人医院、卫生机构床位（E3）	个
		每万人医生数（E4）	人
		就业率（E5）	%

注：①表格中所有指标的数据均来源于《中国城市统计年鉴》和相关贸易数据，并通过计算整理求得；②所有指标都是正向指标。

（1）创新发展。创新是实现高质量发展的驱动力，是构建现代化经济体系的关键。在该指标下设置 4 个二级指标：科学支出占财政支出比重、每万人高等学校学生数、高端服务业增加值占服务业比重、每万人互联网户数。

（2）协调发展。协调是解决城乡、地区发展不平衡问题的有效途径。受数据可得性限制，我们只选择城镇化率作为协调衡量指标。

（3）绿色发展。能源枯竭、环境污染是人类社会共同的敌人，绿色发展致力于缓解人与自然的关系。我们选取实际地区生产总值除以用电量、实际地区生产总值除以用水量、实际地区生产总值除以工业废水排放量、实际地区生产总值除以工业二氧化硫排放量 4 个指标来表示绿色发展。

（4）开放发展。开放是必由之路。我们选取进口总额占地区生产总值比重、出口总额占地区生产总值比重、实际使用外资金额占固定资产投资比重这 3 个指标来表示。

（5）共享发展。共享是为解决社会收入分配不公平问题，中国经济发展的“蛋糕”越做越大，但如何分配好这块“蛋糕”是个现实问题。我们选取教育支出占财政支出比重，每百人公共图书馆藏书，每万人医院、卫生机构床位，每万人医生数，就业率5个指标来表示。

一、数据来源与评价标准设计

所有数据都来源于2004—2015年的《中国城市统计年鉴》和相关贸易数据，并通过计算整理求得。需要注意的是，因子分析只能用于截面数据，考虑到中国经济发展进入新时代的时间点，我们将数据时间段划分为2004—2007年、2007—2011年、2012—2015年三个短时间段，并对每个时间段进行加权处理，合成新的时间点，具体做法如模型（6－6）所示：

$$X_{it} = 0.1 \times X_{i,t-3} + 0.2 \times X_{i,t-2} + 0.3 \times X_{i,t-1} + 0.4 \times X_{it} \quad (6-6)$$

2007年的数据用2004—2007年数据的加权平均替代，2011年和2015年同理，以减少单年数据异常值的影响。处理完毕后再使用Stata15.0分别做实证。

二、实证过程与结果分析

首先我们对样本指标进行适用性检验，通过Stata15.0回归，检验结果如表6－10所示，说明上文设置的指标可以用作因子分析。

表6－10　KMQ测度和LR test

	2007	2011	2015
KMQ值	0.8655	0.8633	0.8534
LR test	相关性较强	相关性较强	相关性较强

注：①KMO的值大于0.8说明以上指标适合做因子分析；②LR test就是SPSS软件中的Bartlett球形检验，该统计量的p值都约等于0，说明指标之间具有较强的相关性。

其次提取指标的公因子。旋转后因子载荷矩阵的特征值和方差贡献率[①]显示可以提取三个公因子，碎石图也证明了这一点，如图6－7所示。

① 结果没有放在文中。特征值大于1就可以作为公因子，三阶段三个公因子的方差贡献率都在80%以上。

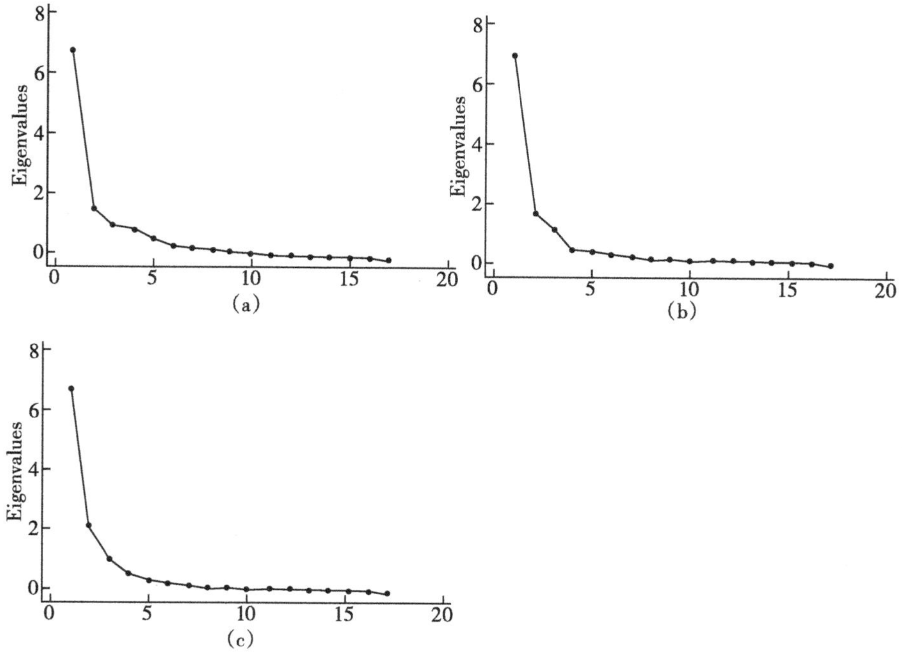

图 6－7　三阶段碎石图

注：①从（a）到（c）依次为第一、第二、第三阶段的碎石图。横轴表示成分数，即因子个数，纵轴表示特征值；②如图所示，三个小图中成分数特征值在 1 以上的都有三个，所以选择三个公因子。

我们先将三个公因子命名为“创新和开放”“协调和共享”“绿色”，再将具体的 17 个指标按载荷图分别划入三个公因子中，“创新和开放”包括 A1、A3、A4、D1、D2、D3、C4、E2 八个指标，“协调和共享”包括 A2、B1、C3、E3、E4、E5 六个指标，“绿色”包括 C1、C2、E1 三个指标。

最后，我们计算各个城市因子的综合得分。具体做法就是根据每个城市三个因子的得分和各自旋转后的方差贡献率①计算加权平均，最终得分结果如表 6－11 所示。

① 因子得分情况和各自方差贡献率不做展示，具体结果可通过相关 data 文件和 do 文件获得。

表 6-11　排名靠前城市得分情况一览

第一阶段			第二阶段			第三阶段		
省份	城市	综合得分	省份	城市	综合得分	省份	城市	综合得分
广东	深圳	4.470997	广东	深圳	4.195124	广东	东莞	3.665728
广东	东莞	2.706588	广东	东莞	2.937642	广东	深圳	3.653878
广东	珠海	2.168442	广东	珠海	2.290482	广东	珠海	2.317246
上海	上海	2.081519	北京	北京	2.24375	福建	厦门	2.029993
北京	北京	1.936252	上海	上海	2.237992	黑龙江	伊春	1.685688
福建	厦门	1.711752	福建	厦门	2.106569	北京	北京	1.669266
江苏	泰州	1.582273	江苏	泰州	1.627964	上海	上海	1.399842
山西	吕梁	1.502364	黑龙江	伊春	1.321624	广东	中山	1.340494
广东	中山	1.233271	广东	中山	1.320176	天津	天津	1.314425
广东	广州	1.224521	广东	广州	1.239756	广东	广州	1.281886
黑龙江	伊春	0.997715	浙江	杭州	0.940283	江苏	泰州	1.105495
山西	太原	0.933981	浙江	宁波	0.923617	浙江	杭州	1.100734
天津	天津	0.860529	山西	太原	0.913086	广东	佛山	1.030994
浙江	宁波	0.808379	广东	佛山	0.870536	浙江	宁波	1.027765
浙江	杭州	0.805127	辽宁	丹东	0.853905	山西	太原	0.917632
辽宁	丹东	0.771485	广东	惠州	0.782576	浙江	嘉兴	0.913407
广东	惠州	0.72964	天津	天津	0.774367	广东	惠州	0.873098
广东	佛山	0.660034	云南	昆明	0.751799	浙江	金华	0.852854
山东	威海	0.653352	江苏	南通	0.743332	黑龙江	鸡西	0.824283
云南	昆明	0.634095	黑龙江	鸡西	0.68792	辽宁	丹东	0.810439
黑龙江	鸡西	0.622759	江苏	宿迁	0.652835	山东	青岛	0.794623
山东	青岛	0.607904	辽宁	铁岭	0.587733	山西	吕梁	0.791554
江苏	宿迁	0.581757	湖南	株洲	0.578926	湖北	咸宁	0.784926
黑龙江	绥化	0.557754	山东	威海	0.561611	四川	成都	0.666155
江苏	南通	0.548619	山东	青岛	0.554199	山东	济宁	0.597424

注：实证部分共选取了 230 个地级市样本，限于篇幅，我们只将各个阶段前 25 名得分情况按降序排列展示出来用于进一步分析。

结果显示，广东的几个城市在各阶段的表现都比较好，其中深圳、东莞和珠海一直占据前三。深圳作为中国的“科技之都”，近年来在以互联网为基础的高端服务业等方面的发展创新有目共睹。广东统计局数据显示：2016 年深圳 GDP 突破 2 万亿元大关，超越广州，“北上广深”已经转变为“北上深广”。东莞、珠海近几年发展势头强劲，在新时代背景下，GDP 增速常年领先广东省平均水平。北京、上海作为经济发展的领头羊，在建设现代化经济体系过程中扮演重要角色。天津的发展状况也比较好，但近几年来有衰退趋势，反映到宏观上就是经济增长缓慢，人才流失情况加剧，值得警惕。江苏、浙江、山东属于下一批次，作为制造业中心，三地在实体经济发展中的表现值得肯定，但现代化经济体系是多个方面的有机组合，需要加快发展高端服务业，实现制造业升级，补齐短板。

从整体来看，东部地区在建设现代化经济体系过程中相比于其他地区有明显优势，北京、上海、天津、广东、江苏、浙江、福建和山东等地的得分排名较高，其中北京、上海、天津、广东、江苏、浙江占据了前六名位置，这些地区的高端服务业发展更为突出（见图 6－8）。黑龙江、辽宁、山西、湖南、四川等地虽然榜上有名，且在第三阶段的比重上升，但相对得分仍然较低，与东部地区差异明显。协调发展是中国建设现代化经济体系的重要一环，区域协调发展更应该是重中之重，中西部和东北部为中国整体发展贡献了大量劳动力等生产要素，国家政策方面应向其倾斜，东部地区也要承担起相应的责任，帮助其他地区经济发展，让“先富带动后富”不只是口号而是成为现实。

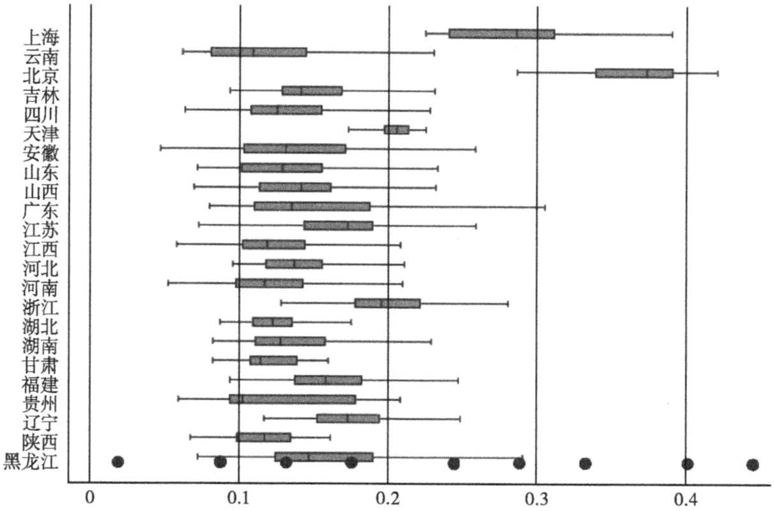

图 6－8 各省高端服务业发展规模

注：因为我们将每个省份中的样本城市都考虑在内，所以北京、上海的结果更加突出，但也可以明显看出东部沿海地区的高端服务业发展更为成熟。

在评价完新时代时间点前后三个阶段各地发展状况后，我们还应该具体分析进入新时代后中国目前的发展阶段，为日后进一步发展提供建议。第三阶段的实证结果如表 6 - 12 所示。

表 6 - 12　第三阶段各项分析

创新和开放			协调和共享			绿色		
省份	城市	得分	省份	城市	得分	省份	城市	得分
广东	深圳	6. 972489	山西	太原	3. 513773	黑龙江	伊春	9. 163748
广东	东莞	5. 270613	广东	东莞	3. 036888	山西	吕梁	4. 696502
广东	珠海	4. 297368	云南	昆明	2. 589102	山西	运城	2. 661087
福建	厦门	4. 035609	湖南	株洲	2. 272473	黑龙江	鸡西	1. 997409
广东	惠州	2. 387914	山东	济宁	2. 229074	陕西	榆林	1. 78959
天津	天津	2. 258619	湖北	咸宁	2. 18922	河北	承德	1. 390065
浙江	宁波	2. 162439	广东	广州	2. 096472	陕西	商洛	1. 373968
上海	上海	2. 106858	北京	北京	2. 082991	河南	驻马店	1. 367186
北京	北京	1. 993155	甘肃	兰州	2. 079751	湖北	黄石	1. 340778
广东	中山	1. 931119	四川	攀枝花	2. 07473	山西	忻州	1. 282081
浙江	嘉兴	1. 80555	四川	成都	2. 007818	河南	商丘	1. 197224
浙江	金华	1. 768618	黑龙江	哈尔滨	1. 953892	江西	新余	1. 186594
广东	佛山	1. 483522	贵州	六盘水	1. 933908	四川	资阳	1. 130905
江苏	泰州	1. 46102	辽宁	铁岭	1. 928175	山西	长治	1. 121716
广东	广州	1. 399527	河南	周口	1. 787631	山西	临汾	1. 037782
山东	日照	1. 351517	江苏	南通	1. 781706	福建	宁德	1. 033753
山东	青岛	1. 336564	陕西	西安	1. 61949	陕西	延安	0. 869388
浙江	杭州	1. 287659	浙江	杭州	1. 595514	黑龙江	绥化	0. 773926
广东	江门	1. 222261	广东	中山	1. 355827	山西	晋城	0. 755933
辽宁	丹东	1. 173949	黑龙江	鹤岗	1. 318211	山西	朔州	0. 753619
浙江	绍兴	1. 058148	广东	佛山	1. 280514	浙江	金华	0. 723967
山东	潍坊	0. 983272	上海	上海	1. 254866	江西	景德镇	0. 712057
浙江	湖州	0. 846733	江苏	泰州	1. 248785	河南	郑州	0. 657507
福建	莆田	0. 810842	黑龙江	黑河	1. 183516	湖南	郴州	0. 61579
广东	肇庆	0. 795656	陕西	榆林	1. 044209	陕西	汉中	0. 59347

注：参照表 6 - 11，我们同样只选取每个因子得分前 25 名用于分析。

创新和开放方面，依然是广东、北京、上海、天津、江苏、浙江等东部沿海地区得分排名较高。一方面是因为经济基础和政策倾斜等优势有利于人力资本集聚和创新生产活动展开，另一方面是因为这些地区地处东部沿海，对外交流更方便，有利于吸收外资和某些领域的先进技术，促进地区经济发展。中西部和东北部地区少有上榜，需要增强创新能力，提高开放水平。

协调和共享方面，东部地区城市数量比重明显下降，中西部城市数量增加，说明东部在其内部的协调、共享发展上表现一般，中西部更加注重社会分配的公平。这可能与地区经济发展条件有关，东部人口众多，经济较为发达，收入差距较大，因此在协调和共享上的成绩较差；中西部地区人民收入普遍较低，相对来说得分就会较高。这就需要我们继续做大中国发展的“蛋糕”，尤其需要促进中西部地区发展，并在收入分配上强调公平原则。

绿色发展方面，中西部和东北部优势明显。前 25 名基本是能源工业城市，新时代高质量发展要求对过去的高污染、高能耗产业进行升级改造，这些城市积极响应国家政策，全力提升工业尤其是高污染、高能耗产业生产率，降低能源消耗和污染排量，因此可以在绿色发展项中取得较好成绩。

三、结论与建议

本部分我们使用因子分析法评价中国现阶段现代化经济体系建设成果，研究发现：东部沿海地区在创新和开放层面的工作较为突出，高端服务业规模较大，尤其是广东、北京、上海，排名稳定靠前；中西部和东北部地区在协调、共享和绿色发展上的成绩较好，产业升级成果明显；但总体来看，地区发展差异依然存在且十分明显。我们结合实证结果，为中国现代化经济体系建设提出相关政策建议。

贯彻落实新发展理念。以创新作为驱动，加快发展以高端服务业为主的现代服务业，促进制造业产业升级，提升国际竞争力。有序扩大开放，加强国际合作，对内吸收先进技术，对外输出产能，利用金融开放机会，服务于国内实体经济，但也需要警惕资本主义各种金融风险。践行“两山”理论，强调人与自然和谐共处，加快能源使用结构调整，提高能源利用率，增强污染治理能力，促进生产率提升。协调城乡、地区经济发展，保障东部发展成果的同时也必须要促进中西部和东北部发展，城镇化过程还应依托现代乡村建设。发展的最终目的是全体人民生活质量的提高，建设富强民主文明和谐的社会主义现代化国家。

完善社会主义市场经济制度，高质量的经济发展需要充分发挥市场作用。市场是配置资源最有效率的形式，能够充分调动各行业生产活力，从而促进经济发展。高端服务业需要市场来带动积极性，先在关键领域取得成绩，再向其他领域延伸，实现整体发展。这一过程还需要政府保障。政府应该在相关公共服务行业如国防、医疗、教育、粮食安全等领域实施政策兜底，保证中国社会在某些关键时刻依然能够平稳运行。

第三篇

大国经济视域下高端服务业引领与现代化经济体系建设：经验证据

第七章　本土需求视角的高端服务业引领现代化经济体系建设

第一节　本土需求与高端服务业发展：实证分析

一、计量模型设定

本节主要是为了探究本土需求对高端服务业发展的作用大小和方向，在模型的选择上，建设基本计量模型如下：

$$hesi_{it} = \beta_0 + \beta_1 hms_{it} + \beta_k CV_{it} + c_i + v_t + u_{it} \tag{7-1}$$

其中，i 和 t 分别代表地区和年份，本部分中地区为地级市，年份区间为2003—2015 年。*hesi* 是被解释变量，表示高端服务业发展。*hms* 是核心解释变量，代表地级市层面的本土需求。与此同时，为了减少遗漏变量产生的计量估计偏误，在模型中加入了一些控制变量，其中，CV_{it}表征控制变量，c_i 为地区因素，v_t 为时间因素，u_{it}为残差项，表示随机误差。

结合前文的理论机制论述和分析，本部分分别以人力资本、技术创新等指标作为调节变量（*mod*）的衡量指标，以考察其对高端服务业发展作用的大小和方向。因此，采用指标连乘项的形式对式（7－1）进行拓展，拓展式如下：

$$hesi_{it} = \beta_0 + \beta_1 hms_{it} + \beta_2 hms_{it} \times mod_{it} + \beta_k CV_{it} + c_i + v_t + u_{it} \tag{7-2}$$

在拓展式（7－2）中，为进一步分析本土需求与人力资本、技术创新等调节变量的交互作用对高端服务业发展的影响，在基本模型（7－1）中引入核心解释变量与调节变量二者的交互项，其中，调节变量（*mod*）衡量指标包括：人力资本、技术创新、产业集聚等变量。

二、变量的选取

（一）核心解释变量

本土需求（*hms*）。目前既有文献大致采用 GDP 或者商品零售额、市场规模（Harris，1954）等表征本土需求。市场的空间规模以市场潜力来表示（Clemente et al.，2009）。本部分借鉴刘修岩（2007）、黄玖立（2008）的研究方法，测度本土市场需求，采用 Harris（1954）的定义，即一个区域潜在的市场容量与该区域及邻近区域的收入正相关，与其他区域到该区域的距离负相关，最后通过加总得到市场潜力。目前国内关于市场潜能的研究大多采用此方法（孙瑞东，2019；黄玖立和黄俊立，2008）。基于此，本部分也采用该方法表征本土需求。也就是说，本土需求测度指标不仅包括了地级市层面当地市场需求规模，同时也考虑了其他地区市场需求规模。原因在于，一个城市市场需求来源不仅与自身市场需求有关，还受到其他地区市场的影响（潘文卿，2012）。因此，该指标由当地市场需求和其他市场需求两大部分组成，地级市层面市场规模测算公式具体如下：

$$hms_{it} = \sum_{j \neq i}\left(\frac{y_{it}}{d_{ii}} + \frac{y_{jt}}{d_{ij}}\right) \quad (7-3)$$

其中，d_{ij}为 i 城市与 j 城市之间的几何中心间的直线距离，d_{ii}为城市 i 的内部距离，令 $d_{ii} = 2\sqrt{area_i/\pi}/3$，*area* 表示某一城市的建成区面积，其中测算需要的距离数据采用 Google 电子地图获取。关于公式中的 y，王雪辉和谷国锋（2017）、尹靖华和韩峰（2019）、李宏兵等（2019）等较多文献采用地区实际国内生产总值表示。本部分借鉴既有文献常用做法，采用国内生产总值指标进行表征。

（二）被解释变量

高端服务业（*hesi*）。目前服务业大致可以分为生活性服务业和生产性服务业。根据高端服务业的内涵和定位，高端服务业应当属于生产性服务业的一部分，主要集中在知识密集型及技术密集型服务业中。原毅军和陈艳（2011）、宣烨等（2019）认为中国当前的高端服务业包括商务服务业、信息服务业、研发服务业和金融服务业四大类。本部分借鉴原毅军和陈艳莹（2011）、宣烨等（2019）对于高端服务业的分类方法，并考虑到数据可获得性，选取“信息传输、计算机服务和软件业”“金融业”“租赁和商务服务业”“科研、技术服务和地质勘查业”等四大类来代表高端服务业。本部分计量分析所选用的样本为2003—2015年中国220个地级市层面的面板数据。

（三）控制变量

为了减少遗漏变量产生的估计偏误，进而得到无偏的估计结果，需要对影响高端服务业发展的其他变量加以控制，这里加入了如下控制变量。

（1）产业结构（*gdp2p*）。生产性服务业或者高端服务业主要从制造业中逐渐分工形成，高技术制造业发展会产生对高端服务业的需求，因此，地区高端制造业发展可能对高端服务业产生影响。本部分选取了第二产业占GDP的比重作为衡量产业结构的指标。

（2）信息化水平（*inter*）。城市信息化水平是衡量一个城市基础设施建设状况的重要方面，信息化、数字化也是当下众多高端服务业发展的核心要素。本部分选取了各地级市人均邮政业务量进行衡量。

（3）教育科技投入（*r&d*）。教育科技投入对城市的创新能力起到重要影响。高端服务业主要是创新驱动型产业，创新能力越强的城市，城市高端服务业发展越好。本部分采用教育科技投入占GDP比重表示。

（4）人力资本（*hc*）。前文机制部分阐释了本土需求将推动人力资本提升的内在机制。高人力资本是高端服务业重要投入，因此，城市人力资本水平对城市高端服务业发展存在影响，一个城市人力资本水平越高则越有利于高端服务业发展。借鉴石敏俊和张雪（2020）的做法，本部分采用高等学校在校生占总人口的比重作为衡量指标。高人力资本占比越高，说明地区具有越高质量的劳动力禀赋结构。在计量模型中，本土需求与人力资本的交互项为显著正值，表明本土需求将通过要素禀赋结构提升效应来促进高端服务业发展。

（5）技术进步（*tfp*）。全要素生产率是衡量技术进步的常用指标（尹向飞和段文斌，2016）。目前用来衡量全要素生产率的常用方法包括索洛残差法、随机前沿分析法、半参数分析方法（OP）和非参数方法（数据包络法，DEA）。相对其他方法，随机前沿分析法（SFA）的优势是设定了随机因素以减少测算误差和降低极端值影响，从而得到更加准确的结果，因而本章将采用随机前沿生产函数方法来对地区全要素生产率（Total Factor Productivity，TFP）进行衡量。

本部分主要采用随机前沿生产函数（SFA）方法对我国省际工业行业全要

素生产率进行估算。在生产函数设定上，借鉴 Kumbhakar 和 Lovell（2000）、余泳泽（2015）、涂正革和陈立（2019）等做法，采用超越对数生产函数形式，其具体形式设定如式（7-4）所示：

$$\ln Y_{it} = \beta_0 + \beta_k \ln K_{it} + \beta_l \ln l_{it} + \beta_t t + 0.5\beta_{kk}(\ln k_{it})^2 + 0.5\beta_{ll}(\ln l_{it})^2 + 0.5\beta_{tt}t^2 + \beta_{kl}\ln k_{it}\ln l_{it} + \beta_{kt}t\ln k_{it} + \beta_{lt}t\ln L_{it} + v_{it} + u_{it} \quad (7-4)$$

式（7-4）是超越对数函数的一般常用形式。其中，Y、K、l 分别表示各省市的产出、物质资本、劳动力数量，i 表示个体，t 表示年份，$(v_{it} - u_{it})$ 为复合误差项。v_{it}为随机干扰项，服从标准正态分布；u_{it}为技术无效率项，且 $u_{it} \sim N^+(u, \sigma_v^2)$，表明其服从零点截断的半正态分布。当 $u_{it} > 0$，表明技术无效率项为0，即决策单元处于生产前沿面上；当 $u_{it} < 0$，表明存在技术无效率，即决策单元在生产前沿面之下。最后根据 Battese 和 Coelli（1992）的研究采用广义似然率统计量（LR）进行检验。

根据超越对数生产函数分析结果，可通过 Kumbhakar 和 Lovell（2000）的分解法求得全要素生产率（TFP）。

$$\frac{\dot{Y}}{Y} = \frac{\partial \ln f(X,t)}{\partial t} + \sum_j \frac{\partial \ln f(X,t)}{\partial \ln X_j}\frac{\partial \ln X_j}{\partial X_j}\frac{dX_j}{dt} - \frac{\partial u}{\partial t} = \frac{\partial \ln f(X,t)}{\partial_t} + \sum_j \varepsilon_j \frac{\dot{X}_j}{X_j} - \frac{\partial_u}{\partial_t} \quad (7-5)$$

$$T\dot{F}P = \dot{TE}_{it} + TP_{it} + (E-1)\sum_j \frac{E_j}{E}\dot{X}_j \quad (7-6)$$

根据对$T\dot{F}P$的分解公式，可以计算得到以下指标：

$$TP_{it} = \frac{\partial \ln Y_{it}}{\partial_t} = \beta_t + \beta_{tt}t + \beta_{lt}\ln l_{it} + \beta_{kt}\ln k_{it} \quad (7-7)$$

$$TE_i = E[EXP(-u_i) \mid v_i - u_i] \quad (7-8)$$

$$SE = (E-1)\sum_j \frac{E_j}{E}\dot{X}_{ij} \quad (7-9)$$

其中，$T\dot{F}P$、$\dot{TE}_{it}$、TP_{it}分别代表全要素生产率增长率、生产效率变化率以及技术进步率。$\dot{X}_j$ 代表投入的第 j 种生产要素的增长率。E_j 指要素产出弹性，$E = \sum E_j$，表示规模弹性。TE_{it}表示技术效率水平，反映了当下决策单元实际产出与潜在的前沿产出的比值。当 $TE < 1$，说明存在技术无效率，也即决策单元实际产出要低于潜在的前沿产出。企业在生产可能性边界上进行生产才能有效发挥一项技术的全部生产力，也即全部的技术效率水平。在测算技术进步（以全要素生产率进行衡量）时，随机前沿分析法首先对技术效率（Technical

Efficiency，TE）指标进行测度，进而对全要素生产率进行测算。这里采用一种产出两种投入，其中，投入包括劳动力和资本，产出是指 GDP。在数据处理方面，劳动力指标以全社会从业人员为表征，具体计算方法是将城市中私营个体从业人员和单位从业人员加总。地级市 GDP 指标采用所在省份的 GDP 平减指数进行平减，至于通货膨胀问题，以 2000 年不变价进行消除处理。资本存量指标以永续盘存法进行计算。其中，价格指数采用地级市所在省份的价格指数进行平减，折旧率借鉴了张军等（2004）的设定，采用了 9.6% 的折旧率。

确定基期资本存量指标是测算全要素生产率所需数据的关键，这里考虑到基期资本存量计算越早，资本存量计算将会越准确，限于数据可得性，城市统计年鉴数据最早为 1991 年，本部分选择了 1991 年为基期，地级市层面的基期资本存量具体测算方法为：按当年各市占各省份的全社会固定资产投资的比来确定地级市 1991 年固定资本存量。原因在于，地级市层面数据并不完善，选取较为准确的省级资本存量并根据城市规模折算到市级层面，可以较为准确地确定城市层面的基期资本存量。

三、数据来源和变量的描述性统计

样本剔除了巢湖市、毕节市、铜仁市、三沙市、海东市、拉萨市等行政区划调整以及数据严重缺失的城市，最终采用 2003—2015 年中国 220 个地级及以上城市统计数据进行实证检验。采用的地级及以上城市统计数据来源于《中国城市统计年鉴》。本部分实证研究中其他宏观经济数据主要来自相应年份的《中国统计年鉴》及《中国区域经济统计年鉴》等。为剔除物价变动的影响，对一些名义变量进行消除通胀处理。以 2000 年为基期，对人均 GDP 等名义变量进行了平减，并将外商直接投资根据各年度的汇率中间价调整为人民币计价，汇率中间价来源于中国人民银行。专利授权数量统计数据来源于中国研究数据服务平台（Chinese Research Data Services，CNRDS）。由于指标中存在一些缺失值，采用插值法对其中的一些数值缺失部分进行填补。变量的描述性统计如表 7 - 1 所示。

表 7 -1　变量的描述性统计

变量	变量名称	观测值	均值	方差	最小值	最大值
hesi	高端服务业	2847	0. 147853	0. 050972	0. 009892	0. 443327
hms	本土需求	2860	1856436	2416992	49907. 49	2. 37E +07
tfp	技术进步	2860	0. 82912	6. 777959	-59. 4257	162. 974
hc	人力资本	2860	498. 5679	742. 1842	0	26221. 45
gdp2p	产业结构	2860	0. 49874	0. 098803	0. 09	0. 8592
inter	信息化水平	2860	30186. 18	78055. 09	751. 7748	1702148
rd	教育科技投入	2860	0. 003018	0. 005586	2. 80E -08	0. 057803

数据来源：作者根据 Stata 软件测算获得。

散点图是用来判断两个变量之间的相互关系的工具。在进行回归分析之前，为了直观地观察本土需求与高端服务业发展之间的关系，本部分画出本土需求与高端服务业占比（采用高端服务业在服务业中占比表示）和本土需求与高端服务业规模（采用高端服务业从业人数表示）之间的散点图。具体结果如图 7 -1 和图 7 -2 所示。

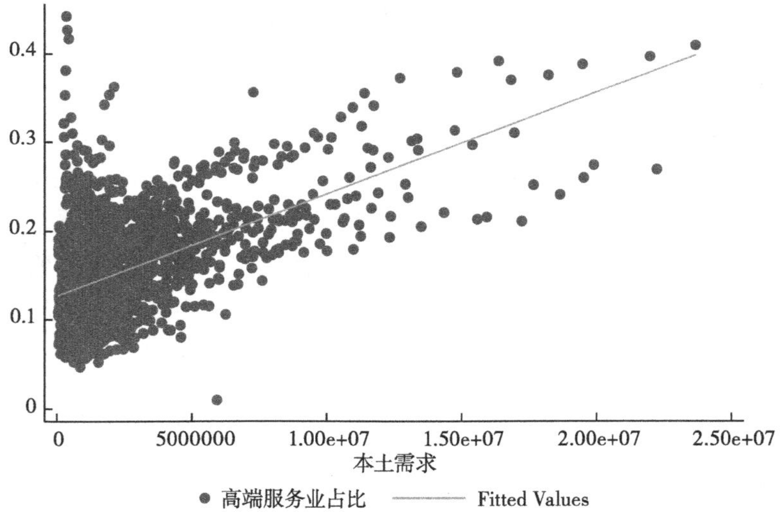

图 7 -1　本土需求与高端服务业占比

图 7 -1 显示了本土需求与高端服务业占比之间的散点图，从散点图可以看出，随着本土需求不断扩张，高端服务业在服务业中的占比也将不断提升，该结果表明，本土需求与高端服务业发展存在正相关关系。

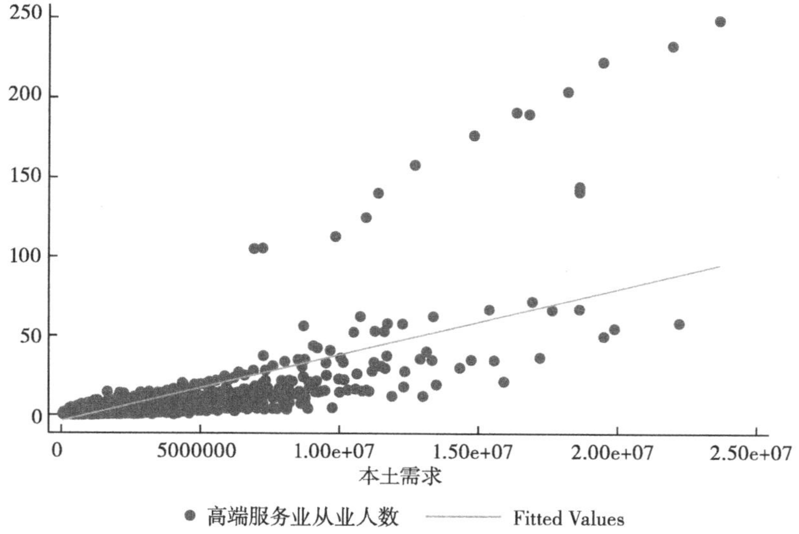

图 7－2　本土需求与高端服务业规模

图 7－2 显示了本土需求与高端服务业规模之间的散点图，从散点图可以看出，随着本土需求不断扩张，高端服务业规模将不断扩大，该结论表明，本土需求与高端服务业规模存在正相关关系。根据图 7－1 和图 7－2，可初步判断本土需求与高端服务业发展之间存在一定的正相关关系。当然，相关关系不同于因果关系，散点图只是一种数据的初步分析工具，能够直观地观察两个变量可能存在什么关系，为了进一步判断二者之间是否存在因果关系，还需要通过使用更多的统计分析工具进行进一步的考察。

四、实证结果及其分析

（一）本土需求对高端服务业影响的基准回归

由于在计算中采用普通标准误会出现结果显著性高估的现象，为了获取更可信的标准误和置信区间，采用 robust 选项得到稳健标准误，确保估计结果准确性的提高。基本模型的计量结果见表 7－2。

表7-2　本土需求对高端服务业影响的基准回归

项目	(1)	(2)	(3)	(4)	(5)	(6)	(7)	(8)
	OLS	OLS	RE	FE	FE	FE	FE	FE
ln*hms*	0.151 *** (0.00572)	0.0496 *** (0.0131)	0.141 *** (0.00597)	0.105 *** (0.0103)	0.139 *** (0.00624)	0.126 *** (0.00991)	0.110 *** (0.0107)	0.110 *** (0.0108)
ln*tfp*		0.00686 (0.00624)		0.0109 *** (0.00299)		0.0122 *** (0.00300)	0.0119 *** (0.00299)	0.0119 *** (0.00299)
ln*hc*		0.0117 (0.00804)		0.00110 (0.00876)		0.00290 (0.00949)	0.000928 (0.00946)	0.000759 (0.00953)
ln*gdp2p*		0.214 *** (0.0337)		0.0111 (0.0335)		0.0715 ** (0.0356)	0.0532 (0.0358)	0.0528 (0.0359)
ln*inter*		0.139 *** (0.0139)		0.0467 *** (0.00968)			0.0385 *** (0.0100)	0.0386 *** (0.0100)
ln*rd*		0.0166 *** (0.00480)		0.00106 (0.00215)				0.000318 (0.00214)
_ cons	-4.067 *** (0.0799)	-3.809 *** (0.114)	-3.925 *** (0.0851)	-3.890 *** (0.126)	-3.909 *** (0.0871)	-3.737 *** (0.129)	-3.893 *** (0.134)	-3.888 *** (0.138)
N	2847	1671	2847	1671	2847	1671	1671	1671
adj. R^2	0.196	0.307	0.159	0.17	0.159	0.162	0.171	0.171
F	694.4	122.6			498.0	70.16	59.63	49.66

注：括号内是经过稳健性（robust）调整的标准误，**、***分别表示在5%和1%的水平下是显著的。

表7-2中第（1）~（8）列分别报告了最小二乘法、随机效应模型以及固定效应模型的估计结果。从不同的模型估计结果看，本土需求对高端服务业的回归系数都为正值，并且都在1%的水平下显著。在最小二乘法模型中，本土需求对高端服务业的回归系数为0.151，并在1%的水平下显著，加入控制变量后，估计系数大小有所下降，但仍然显著为正值，在随机效应模型中，本土需求对高端服务业的回归系数为0.141，并在1%的水平下显著，加入控制变量后，估计系数大小有所下降，但仍然显著为正值；在固定效应模型中，本土需求对高端服务业的回归系数为0.139，并在1%的水平下显著，加入控制变量后，估计系数大小有所下降，系数变为0.110，且在1%水平下显著。通过对随机效应模型和固定效应模型回归结果进行Hausman检验，结果显示p值均是0.0000，因此，拒绝原假设，采用固定效应模型比较合适。整体来看，

从模型（4）和模型（8）的回归系数看，回归系数相差不是很大。模型（1）、模型（3）和模型（5）仅加入了核心解释变量，回归结果表明本土需求对高端服务业存在显著的正向影响，在模型（1）、模型（3）和模型（5）中加入控制变量后，本土需求对高端服务业的估计系数的绝对值相应有所降低，但对高端服务业的影响仍是显著为正向的，这说明本土需求扩张确实能够促进高端服务业发展。

在固定效应模型（8）中，TFP、人力资本、产业结构、信息化水平以及教育科技投入等控制变量对高端服务业的作用均为正。其中，人力资本和教育科技投入为高端服务业的核心要素投入，因而人力资本和教育科技投入等控制变量系数主要为正值。本部分采用工业产值在 GDP 中占比表示产业结构，也就是说工业化水平对高端服务业的作用为正，原因在于，生产性服务业尤其是高端服务业主要作为制造业中间投入逐渐发展起来，工业化水平提升有利于推动生产性服务业发展。全要素生产率提高表明经济高质量和高端化发展趋势，经济体系尤其是制造业高质量、高端化发展会加大高端服务业需求，因而全要素生产率对高端服务业的估计系数为正值。对于信息化水平指标，在信息技术革命后，信息通信技术作为一种通用型技术对社会各领域产生了广泛而深刻的影响。具体而言，一方面，信息通信技术可以通过降低信息成本和交易成本促进迂回生产和专业化生产，进而推动高端服务业发展；另一方面，与传统知识传播方式不同，现代信息通信技术使得平台更加多元、渠道更加通畅，消费者可以免费获得公开课和共享资源等多种学习资料，同时还依托人群之间的互动、交流等方式促进知识传播，大大增强了知识溢出效应。高端要素投入，尤其是高端人力资本是高端服务业发展的重要条件，信息通信技术带来的知识溢出效应有利于地区人力资本积累，进而会促进高端服务业发展。

基准模型估计结果表明，市场需求在产业发展过程中起着关键性拉动作用，也就是说，本土需求的扩张将推动我国高端服务业发展。就我国的市场规模来看，超大规模多层次国内市场是我国的独特优势。本土需求具有以下两大特征：一是体量规模巨大。国内市场的空间巨大、潜力巨大，为产业发展提供充足市场空间。二是呈现出多层次。规模巨大的本土需求不仅会产生“传统需求”和中低端需求，也会产生高端需求，迫使产业不断转型升级。本土需求巨大的市场潜力也会使“新兴需求”不断涌现且规模快速扩展，将为新技术、新产业发展提供广阔空间，进而加速高端服务业发展。

（二）本土需求对不同地区高端服务业的异质性影响

由于在计算中采用普通标准误会出现结果显著性高估的现象，为了获取更可信的标准误和置信区间，采用 robust 选项得到稳健标准误，提高估计结果的准确性。对固定效应模型和随机效应模型回归结果进行 Hausman 检验，结果的 p 值都为0.0000，因此，拒绝原假设，采用固定效应模型，具体计量结果见表7-3。

表7-3 本土需求对不同地区高端服务业的异质性影响估计结果

项目	(1)	(2)	(3)	(4)
	FE	东部	中部	西部
ln*hms*	0.139 *** (0.00624)	0.118 *** (0.0145)	0.0810 *** (0.0224)	0.047 *** (0.0018)
ln*tfp*		0.0143 *** (0.00445)	0.0119 ** (0.00534)	0.00309 (0.00593)
ln*hc*		0.00717 (0.0132)	0.0136 (0.0180)	0.0213 (0.0194)
ln*gdp*2*p*		0.124 ** (0.0564)	0.00611 (0.0744)	0.104 (0.0668)
ln*inter*		0.0361 *** (0.0132)	0.0535 ** (0.0240)	0.0115 (0.0171)
ln*rd*		0.000183 (0.00315)	0.00179 (0.00392)	0.00491 (0.00426)
_cons	-3.909 *** (0.0871)	-3.941 *** (0.181)	-3.751 *** (0.325)	-3.513 *** (0.281)
N	2847	785	613	273
adj. R^2	0.089	0.136	0.066	0.085
F	498.0	37.58	8.976	10.85

注：括号内是经过稳健性（robust）调整的标准误，**、***分别表示在5%、1%的水平下是显著的。

考虑到本土需求对高端服务业的影响可能存在区域差异，我们进一步将样本划分为东部、中部和西部进行检验。Hausman 检验显示采用固定效应模型较为合适，这里仅列示了固定效应模型估计结果。分地区的具体估计结果显示，虽然将样本划分为三个板块（东部、中部和西部样本）进行估计，但本土需求对高端服务业的回归系数仍然为正，并且显著，与前文计量结果总体保持一致。

总体来看，在控制了 TFP、人力资本、产业结构、信息化水平以及教育科技投入等因素后，本部分估计结果显示东部、中部和西部地区对高端服务业的影响系数分别为 0.118、0.0810 和 0.047，并且均在 1% 水平下显著。东部地区本土需求对高端服务业的估计系数最大，中部与西部地区的估计系数较小。其中的原因可能是，与东部地区相比，中部与西部地区的基础设施相对薄弱、人力资本相对不足以及各项改革尤其是制度改革明显滞后（胡俊，2019），引发本土需求促进高端服务业发展的效应不明显；而东部地区基础设施比较完善、工业化进入中后期或者信息化阶段、具有较为充足的人力资本等强化了本土需求对高端服务业的促进作用。

值得注意的是，我国东部地区的市场需求规模不仅包括本地区的市场需求，还对中部和西部地区的市场需求形成吸附效应，东部地区不少产业和市场辐射到全国其他地区，对国外市场也有很强依赖性，形成区域性、全国性甚至全球性的市场和产业。中部与西部地区的市场需求规模可能主要局限于当地，而当地市场又有不少份额被东部地区占据，对国外市场的辐射力较小。因此，东部地区本土需求应大于中部地区和西部地区，在较大的市场规模条件下，本土需求才能更有效发挥对高端服务业的促进作用。

一般来说，一个城市的人力资本水平与该地区的生产力水平是正相关的，人力资本是推动生产力提高的驱动器。只是现阶段，我国绝大多数区域生产方式仍然粗放，劳动力、土地等传统要素仍然是生产发展的主要因素，人力资本水平没有充分发挥作用，这些因素或许会使得人力资本对高端服务业发展的效应并不显著（孙军，2009）。

（三）本土需求对高端服务业影响的机制检验

由于在计算中采用普通标准误会出现结果显著性高估的现象，这里采用 robust 选项得到稳健标准误，进而提高估计结果的准确性。Hausam 检验结果显示采用固定效应模型较为合适，这里仅列示了固定效应模型估计结果。本土需求对高端服务业影响的机制检验结果如表 7－4 所示。

为了考察本土需求对高端服务业影响的内在机制，在基准模型中引入人力资本、TFP、信息化水平和产业结构等变量与本土需求交互项，检验本土需求与这些变量之间的交互效应，根据理论机制分析，预期其符号为正。表中第（2）~（5）列分别列示了本土需求对高端服务业影响的不同机制检验结果，其中地区本土需求（市场规模）与人力资本的交互项系数（$hms \times hc$）为正值，大小为0.0113，并且在5%的水平下显著，这表明人力资本水平是该地区生产水平的增函数，这个结果与一般的理论分析结论基本一致，可通过强化本土需求，推动高端服务业的发展。

表7-4　本土需求对高端服务业影响的机制检验结果

项目	(1)	(2)	(3)	(4)	(5)
	FE	FE	FE	FE	FE
ln*hms*	0.110 *** (0.0108)	0.0437 (0.0318)	0.112 *** (0.0108)	0.121 ** (0.0511)	0.0432 ** (0.0207)
ln*tfp*	0.0119 *** (0.00299)	0.0121 *** (0.00299)	0.0956 ** (0.0416)	0.0110 *** (0.00298)	0.0115 *** (0.00298)
ln*hc*	0.000759 (0.00953)	0.157 ** (0.0715)	0.000383 (0.00952)	0.0000341 (0.00946)	0.00244 (0.00949)
ln*gdp2p*	0.0528 (0.0359)	0.0275 (0.0376)	0.0344 (0.0365)	0.0131 (0.0384)	1.160 *** (0.325)
ln*inter*	0.0386 *** (0.0100)	0.0388 *** (0.00999)	0.0360 *** (0.0100)	0.304 *** (0.0747)	0.0318 *** (0.0101)
ln*rd*	0.000318 (0.00214)	0.0000200 (0.00214)	0.0000102 (0.00214)	0.000352 (0.00213)	0.000370 (0.00213)
ln*hms* × ln*hc*		0.0113 ** (0.00514)			
ln*hms* × ln*tfp*			0.00780 *** (0.00301)		
ln*hms* × ln*inter*				0.0235 *** (0.00508)	
ln*hms* × ln*gdp2p*					0.0887 *** (0.0236)
_cons	-3.888 *** (0.138)	-2.971 *** (0.439)	-3.887 *** (0.138)	-0.507 (0.744)	-2.903 *** (0.296)
N	1671	1671	1671	1671	1671
adj. R^2	0.042	0.045	0.046	0.056	0.051
F	49.66	43.38	43.70	46.22	44.98

注：括号内是经过稳健性（robust）调整的标准误，**、***表示分别在5%和1%的水平下显著。

地区本土需求（市场规模）与TFP、信息化水平和产业结构等变量的交互项系数均为正值，估计系数分别为0.0078、0.0235和0.0887，并且均在1%水平下显著。与理论机制分析揭示的结论一致，在其他条件相同的情形下，地区TFP提升、信息化建设推进、制造业发展将加速该地区生产性服务业发展。可能的原因在于，庞大的本土需求（市场规模）有利于内生地培育出本土高级要素和技术创新能力，一个地区具有更高级的生产要素代表了拥有更高水平的TFP。高端要素作为高端服务业发展的关键投入，有利于高端服务业发展，因此，本土需求与TFP交互项系数为正值；信息化建设能够有效降低沟通成本和交易成本，加速迂回生产和产业分工。此时，制造业企业将更多的生产性服务或高端服务需求外包，最终推动高端服务业发展；高端服务业是制造业的核心中间投入，二者存在紧密的供需关系，因此，地区制造业发展将吸引更多的生产性服务业或者高端服务业与之形成协同分工，进而推动高端服务业发展。

（四）稳健性检验与内生性问题处理

1. 稳健性检验

为了验证前文研究结论的可靠性，在此，我们对结论进行稳健性检验。第一，变量替代。徐圆和张林玲（2019）以社会消费品零售总额表示市场规模，借鉴这一做法，采用社会消费品零售额（sale）表征本土需求指标；采用高端服务业规模（替代高端服务业在服务业中占比）表征高端服务业。第二，分时间段。总体样本为2003—2015年，将总体样本划分为两个阶段，由于数据的限制，稳健性检验的样本年份分别为2003—2009年与2010—2015年。稳健性检验结果如表7-5所示。

表7-5　稳健性检验

项目	(1)	(2)	(3)	(4)	(5)	(6)
	ln*hesiemp*	ln*hesiemp*	ln*hesi*	ln*hesi*	2003—2009年	2010—2015年
	FE*m*1	FE*m*2	FE*m*3	FE*m*4	FE*m*5	FE*m*6
ln*hms*	0.480***	0.399***			0.107***	0.285***
	(0.0125)	(0.0262)			(0.0145)	(0.0551)
ln*sale*			0.101***	0.0857***		
			(0.00440)	(0.00772)		
ln*tfp*		0.00256		0.0110***	0.00660*	0.00750
		(0.00724)		(0.00298)	(0.00343)	(0.00601)

续表

项目	(1)	(2)	(3)	(4)	(5)	(6)
	ln*hesiemp*	ln*hesiemp*	ln*hesi*	ln*hesi*	2003—2009 年	2010—2015 年
	FE*m*1	FE*m*2	FE*m*3	FE*m*4	FE*m*5	FE*m*6
ln*hc*		0. 0607 * * * (0. 0229)		0. 00916 (0. 00966)	0. 0212 * (0. 0122)	0. 0135 (0. 0200)
ln*gdp*2*p*		0. 294 * * * (0. 0863)		0. 0677 * (0. 0358)	0. 0399 (0. 0485)	0. 169 (0. 143)
ln*inter*		0. 125 * * * (0. 0242)		0. 0356 * * * (0. 00993)	0. 0131 (0. 0147)	0. 0127 (0. 0179)
ln*rd*		0. 0351 * * * (0. 00519)		0. 000208 (0. 00213)	0. 000879 (0. 00198)	0. 0452 * (0. 0253)
_ cons	-6. 139 * * * (0. 174)	-6. 968 * * * (0. 335)	-3. 488 * * * (0. 0661)	-3. 575 * * * (0. 116)	-3. 726 * * * (0. 210)	-6. 431 * * * (0. 753)
N	2860	1680	2847	1671	1263	408
adj. R^2	0. 305	0. 191	0. 099	0. 055	0. 087	0. 452
F	1471. 9	103. 4	531. 4	53. 43	20. 54	11. 40

注：括号内是稳健性标准误，*、* * *分别表示在10%和1%的水平下是显著的。

稳健性估计结果显示，第（1）～（2）列显示了被解释变量采用高端服务业规模作为表征变量的估计结果，本土需求的估计系数仍然为正值，并且均在1%水平下显著。第（3）～（4）列显示了采用社会消费品零售额作为核心解释变量的估计结果，结果依然显示本土需求对高端服务业的估计系数显著为正。第（5）～（6）列模型显示了分时间段的估计结果，模型估计结果显示，在不同时间段，本土需求对高端服务业的估计系数仍然为正，并且显著。综上所述，稳健性检验模型估计结果充分说明本部分核心结论稳健性较强。

2. 内生性问题处理

内生性问题可能导致前文的回归结果是有偏的。高端服务业发展与各地区本土市场需求规模有可能存在较强的内生性，高端服务业发展可能促进本土需求的扩张，反过来，本土需求也可能对高端服务业发展起到促进作用。那么一个地区高端服务业发展是由该地区较大的本土市场需求引致还是相反很难判定。而且由于数据的可获得性问题，本部分构建的计量模型可能导致内生性偏误。为保证结论的稳健性，我们将对内生性问题进一步处理。基于此，本部分拟通过引入工具变量缓解内生性问题，以提高回归分析的准确性。对于工具变量的选取，要从两个标准对工具变量的优劣进行评价：一是该变量与本土需求或市场规模存在高度显著相关性；二是该变量与随机误差项不存在相关关系。合理的工具变量将有效解决内生性问题，但工具变量选择往往是困难的，以往的文献一般将解释变量的滞后一期或多期作为工具变量，我们也利用该方法。本部分采用本土需求的 2 期滞后项作为工具变量，采用工具变量的模型回归结果见表 7 –6。

表 7 –6　内生性检验

项目	IV
ln*hms*	0. 0504 *** （0. 0176）
控制变量	控制
地区因素	是
时间因素	是
R^2	0. 154
Anderson canon. corr. LM statistic	235. 973 （0. 0000）
Cragg – Donald Wald F statistic	128. 351 （19. 93）
Sargan statistic	0. 18 （0. 6515）

注：①＊＊＊表示在 1% 的水平下显著。②Cragg – Donald Wald F statistic 括号中的数值为弱工具变量检验的 10% 的水平标准值。③变量括号中报告的是稳健标准误，Anderson canon. corr. LM statistic 和 Sargan statistic 括号中报告的是 *p* 值。

弱工具变量检验指标 Cragg – Donald Wald F statistic 的统计值大于 10% 水平的临界值，拒绝“工具变量弱识别”的原假设。过度识别检验指标 Anderson canon. corr. LM statistic 统计值的 *p* 值仍然是 0. 0000，拒绝“工具变量识别不足”的原假设。Sargan stalistic 检验的统计值为 0. 18，*p* 值为 0. 6515，接受“不存在工具变量过度识别问题”的原假设。综上所述，工具变量通过了检验，说明将本土需求的 2 期滞后项作为工具变量是合适的。在采用工具变量的模型估计结果中，本土需求对高端服务业的估计系数为 0. 0504，在 1% 水平下显著，仍然为正值，并且显著，说明本土需求对高端服务业发展确实存在促进作用，从而进一步验证了本部分的核心结论的稳健性。

（五）进一步检验——门槛模型分析

我们将进一步采用门槛模型来检验在门槛变量的限制下本土需求对高端服

务业的影响。本部分构建面板数据门槛模型的基本模型为：

$$y_{it} = \alpha_i + \alpha_1 x_{it} I(q_{it} \leqslant \gamma) + \alpha_2 x_{it} I(q_{it} > \gamma) + \varepsilon_{it} \tag{7-10}$$

其中，变量的下标 i，t 表征地区和年份，q 为门槛变量，γ 为门槛值，I（·）为指标函数，ε 为随机干扰项。式（7－10）假设存在一个门槛值，可以根据具体情况扩展为多重门槛模型。

式（7－10）本质上是一个分阶段函数，即在 $q_{it} \leqslant \gamma$ 的情况下，变量 X 的系数为 α_1，而当 $q_{it} > \gamma$ 的情况下，变量 X 的系数为 α_2，分段表示如下：

$$y_{it} = \begin{cases} \alpha_i + \alpha_1 x_{it} + \varepsilon_{it}, \ q_{it} \leqslant \gamma \\ \alpha_i + \alpha_2 x_{it} + \varepsilon_{it}, \ q_{it} > \gamma \end{cases} \tag{7-11}$$

其中，在门槛回归的参数估计后，需要对门槛效应进行相关性检验，主要包括门槛效应的显著性检验和门槛估计值的真实性检验。

首先，在本部分我们检验该模型中门槛效应是否显著，也就是检验回归结果中的 α_1 与 α_2 是否存在显著的差异。我们对既定门槛值对应的回归模型施加约束条件 $\alpha_1 = \alpha_2$，然后进行 F 检验。如果 F 统计量的置信概率小于 0.05，则拒绝原假设，认为 α_1 与 α_2 存在显著差异，门槛效应显著；如果 F 统计量的置信概率大于 0.05，则接受原假设，认为 α_1 与 α_2 不存在显著差异，即门槛效应不明显。

1996 年 Hansen 采用极大似然估计量检验门槛值，相应的似然比统计量为 $LR(\gamma) = S_1(\gamma) - S_1(\hat{\gamma}) / \delta^2(\hat{\gamma})$，其中，$S_1(\hat{\gamma})$ 为原假设下进行参数估计后得到的残差平方和，$\delta^2(\hat{\gamma})$ 为原假设下进行参数估计后得到的残差的方差。或者使用 Hansen 提供的简便检验方法，当 $LR(\gamma) > -2\log[1-(1-\alpha)^{1/2}]$ 的情况下，拒绝原假设，其中 α 为显著性水平。

以本土需求为门槛变量进行门槛模型检验，门槛模型检验结果见表 7－7，门槛模型的回归结果见表 7－8。

表 7－7 报告的门槛模型检验结果显示，双门槛模型的自举法抽样 p 值为 0.000，在 1% 的水平下显著；三门槛模型的自举法抽样 p 值为 0.943，检验结果说明模型存在双重门槛。利用门槛检验回归结果可以计算出本土需求（hms）的双重门槛值分别为 3600319.6 和 13475268.9。

表 7-7　门槛模型检验结果

模型	F 值	p 值	门槛值		临界值		
			lnhms		1%	5%	10%
单一门槛	33.529 ***	0.000			14.250	7.956	6.410
双重门槛	56.068 ***	0.000	15.087	16.406	-8.978	-15.091	-19.814
三重门槛	0.000	0.943			0.000	0.000	0.000

注：①＊＊＊表示在1%的水平下显著。②自举法（bootstrap）次数为300次。
数据来源：作者根据Stata15计算结果整理得到。

表 7-8　门槛模型回归结果

项目	系数	标准误	p 值
lnhms_ 1	0.115 ***	7.84	0.000
lnhms_ 2	0.125 ***	8.84	0.000
lnhms_ 3	0.139 ***	9.88	0.000
常数项	-4.027 ***	-26.13	0.000
控制变量	控制		

注：＊＊＊表示在1%的水平下显著。

从表7-8的门槛模型回归结果看，在本土需求的门槛变量限制下，本土需求对高端服务业的影响在不同的门槛区间内呈现出差异性。具体来说，在低于3600319.6的门槛值情况下，本土需求对高端服务业的回归系数为0.115，并在1%的水平下显著；在［3600319.6，13475268.9］的门槛区间内，本土需求对高端服务业的回归系数为0.125，并在1%的水平下显著。在大于13475268.9的门槛值时，本土需求对高端服务业的估计系数为0.139。从门槛模型回归结果我们可以看出，本土需求作用于高端服务业受到门槛变量的约束。随着门槛值的持续提高，也就是说，伴随着中国本土需求不断扩张，本土需求对高端服务业的作用逐渐增强，该结论再次表明本土需求有利于高端服务业发展，并且在更高的本土需求条件下，本土需求对高端服务业的促进作用将会进一步提高。

五、结论与启示

本部分利用中国2003—2015年220个地级及以上城市面板数据，从实证层面考察了本土需求对高端服务业的作用效果，并通过选取工具变量法克服内生性问题，以及通过替代变量法展开稳健性检验来确保结论的稳健性。基于此，进一步采用门槛模型，考察在不同门槛值下，本土需求对高端服务业的影响。实证研究结论如下：①在加入了控制变量情况下，本土需求对高端服务业呈现显著的正向促进效应。在进行内生性问题处理和稳健性回归后，该结论依然是稳健的。②分区域（东、中、西三个区域）回归模型表明，虽然中部地区、西部地区本土需求对高端服务业的影响为正向且显著，但是估计系数值明显小于前者。③门槛模型表明，在更高的本土需求条件下，本土需求对高端服务业的促进作用将加大。本部分的政策启示是，本土市场具有重大战略意义，市场需求是驱动产业发展的一个主要驱动力。高端服务业能够内生于本土需求，加强本土需求开发对高端服务业发展具有积极作用。本土需求越大，本土需求对高端服务业的促进作用将越大。对于中部和西部地区，应采取推进信息化建设、加大人力资本投资等措施，释放本土需求对高端服务业的促进作用。

第二节　本土需求与现代化经济体系建设：实证分析

一、计量模型设定

本节主要探究本土需求对现代化经济体系建设的作用，在模型的选择上，建立基本计量模型如下：

$$mes_{it} = \beta_0 + \beta_1 hms_{it} + \beta_k CV_{it} + c_i + v_t + u_{it} \quad (7-12)$$

其中，i 和 t 分别代表地区和年份，本部分中地区为地级市，年份区间为2003—2015 年。mes 是被解释变量，表示现代化经济体系建设。hsm 是核心解释变量，代表地级市层面的本土需求。与此同时，基于减少遗漏变量产生的计量估计偏误的考虑，在检验模型中适度引入了若干控制变量，其中，c_i 表征地区因素，v_t 表征时间因素，CV_{it}表征控制变量，u_{it}表征残差项，表示随机误差。

结合前文的理论机制论述和分析，本部分分别以人力资本、技术创新等指标作为调节变量（mod）的衡量指标，以考察本土需求与人力资本、技术等变量的交互效应对现代化经济体系建设的影响。因此，采用指标连乘项的形式对式（7－12）进行拓展，拓展式如下：

$$mes_{it} = \beta_0 + \beta_1 hesi_{it} + \beta_2 hem_{it} \times mod_{it} + \beta_k CV_{it} + c_i + v_t + u_{it} \quad (7-13)$$

在拓展式（7－13）中，为进一步分析高端服务业与人力资本、技术创新等调节变量的交互作用对现代化经济体系建设的影响，在基本模型（7－12）

中引入核心解释变量与调节变量二者的交互项，其中，调节变量（*mod*）衡量指标包括人力资本、技术创新等变量。

二、变量的选取

（一）核心变量

本土需求（*hsm*）。目前既有文献中大致采用如下几种方法表征本土需求，即采用 GDP 或者商品零售额、市场规模（Harris，1954）等表征本土需求。市场的空间规模以市场潜力来表示（Clemente et al.，2009）。本部分与黄玖立（2008）、刘修岩（2007）相似，对于本土市场需求的测算，采用 Harris（1954）的定义，即一个地区潜在的市场容量与该地区及邻近地区的收入呈正比，与其他地区到该地区的距离呈反比，进而加总得到。目前国内关于市场潜能的研究大多采用此方法（孙瑞东，2019；黄玖立和黄俊立，2008）。基于此，本部分也采用该方法表征本土需求。也就是说，本土需求测度指标不仅包括了地级市层面当地市场需求规模，同时也考虑了其他地区市场需求规模。原因在于，一个城市的市场需求来源不仅与自身市场需求有关，还受到其他地区市场的影响（潘文卿，2012）。因此，该指标由当地市场需求和其他市场需求两大部分组成，地级市层面市场规模测算公式具体如下：

$$hms_{it} = \sum_{j \neq i} \left(\frac{y_{it}}{d_{ii}} + \frac{y_{it}}{d_{ij}} \right) \tag{7-14}$$

其中，d_{ij}为 i 城市与 j 城市之间的几何中心间的直线距离，d_{ii}为城市 i 的内部距离，令 $d_{ii} = 2\sqrt{area_i/\pi}/3$，*area* 表示某一城市的建成区面积，其中测算需要的距离数据采用 Google 电子地图获取。关于公式中的 y，王雪辉和谷国锋（2017）、尹靖华和韩峰（2019）、李宏兵等（2019）等较多文献采用地区实际国内生产总值表示。本部分借鉴这一常用做法，采用国内生产总值指标进行表征。

（二）被解释变量

现代化经济体系（*mes*）。本部分的现代化经济体系建设是一个复杂概念，涉及众多方面特征，单一指标可能难以全面概括现代化经济体系建设。目前对于人工智能的衡量和刻画还没有一个较为成熟和通用的指标，因此，受到数据可得性影响，本部分通过梳理和总结既有文献，综合考虑影响现代化经济体系的不同因素，构建了一个现代化经济体系指标体系，尽可能从不同侧面对现代化经济体系进行描述。具体来说，现代化经济体系指标体系包括“内容体系”“动力体系”“供给体系”等三大内容。为了考察本土需求对现代化经济体系的作用，有必要将指标体系综合为单一指标，本部分采用主成分分析法将三大体系合并为单一指标。与此同时，为了深入分析本土需求对现代化经济体系的影响，在实证分析部分，进一步采用本土需求分别对“内容体系”“动力体系”“供给体系”三大类指标进行了计量分析。其中，内容体系由工业产值劳动密集型比重、工业产值资本密集型比重、工业产值技术密集型比重等三个细分指标组成；动力体系主要体现现代化经济体系的核心驱动力，这里采用全要素生产率（TFP）进行表征。现代化经济体系的供给体系采用专利申请量变量指标进行表征。

本部分构建现代化经济体系主要采用主成分分析法。在构建地区现代化经济体系发展水平评价指标体系后，需要对各项指标赋予权重。在指标体系中，各指标权重的大小是决定最终评价结果可靠性的重要因素。关于权重赋值，大致存在相对指数法、层次分析法、专家打分法、平均数法、主成分分析法等方法，其中，相对指数法忽略了各分项指标之间可能存在的高度相关性，层次分析法及专家打分法都是由人根据经验知识赋值，具有很强的主观色彩，存在较大缺陷；平均数法是指对所有指标赋予相同的权重，忽略了不同指标重要程度存在差异的客观事实，在不同指标重要程度差异很大的情况下，会导致最终结果存在较大误差；主成分分析法是用较少的新变量代替原来较多的旧变量的降维与简化过程，通过客观赋权法，将较多的、具有一定相关性的指标变量通过线性变换，重新组合成一组新的较少的指标，通过这些较少的指标来反映整个指标体系的信息。目前，主成分分析法是构建综合评价指标体系的一个常见且有效的方法。基于此，本部分选择采用主成分分析法对构建的地区现代化经济体系建设水平评价指标进行测算。

在经济学的经验研究中，通常运用主成分分析法来确定一个指标体系的综合评价值。主成分分析（Principal Component Analysis，PCA）是一种数学变换方法。它通过线性变换，将一组相关的变量 X_1，X_2，…，X_k 转换为另一组互不相关的、独立的变量 Y_1，Y_2，…，Y_k。在这种变换中，保持 X_1，X_2，…，X_k 的总方差不变，同时，使 Y_1 具有最大方差，是第一主成分；Y_2 具有次大方差，是第二主成分。对于主成分数量的选择，一般来说，当被选的几个主成分特征值（方差）累计在总方差的占比达到 80% 以上即可。主成分分析法主要包括以下几个计算步骤：

第一，数据标准化处理，以消除不同变量在数量级和量纲上的影响。设由 X_{ij} 组成矩阵 X（其中 X_{ij} 为第 i 个地区第 j 个指标值，$i=1, 2, \cdots, n$；$j=1, 2, \cdots, p$），对矩阵 X 进行标准化处理：

$$X'_{ij} = (X_{ij} - \bar{X}_j)/S_j \qquad (7-15)$$

其中，$\bar{X}_j = \frac{\sum_1^n X_{ij}}{n}$，$S_j = \sqrt{\frac{1}{n-1}\sum_{j=1}^{n} (X_{ij} - \bar{X}_j)^2}$，$\bar{X}_j$ 及 S_j 分别为第 j 项指标的样本平均值和样本均方。

第二，根据标准化数据矩阵计算相关系数矩阵 R，并根据协方差矩阵 R 求出特征值。根据特征方程式 $|\lambda_{ip} - R| = 0$，求得特征根 λ_m，其中，$m=1, 2, \cdots, p$；且 $\lambda_1 \geqslant \lambda_2 \geqslant \cdots \lambda_p \geqslant 0$。特征根 λ_m 就是各个主成分的方差，反映了主成分的影响力度，代表引入该主成分后可以解释多少原始变量的信息。每一个特征根都有一个特征向量 $B_m = (b_{m1}, b_{m2}, \cdots, b_{mp})$ $(m=1, 2, \cdots, p)$ 与之对应。

第三，将标准化后的指标转换成主成分：

$$F_m = b_{m1}X'_1 + b_{m2}X'_2 + \cdots + b_{mp}X'_p \qquad (7-16)$$

由此，F_1 为第一主成分，F_2 为第二主成分，F_m 为第 q 主成分。其中 $q<p$，q 值是由方差贡献率决定的。将 q 个主成分加权求和，最后得出综合评价值 $F = \sum_{m=1}^{q} (\lambda_m / \sum_{m=1}^{p} \lambda_m) F_m$。主成分的方差在总方差中的占比表示各个主成分在描述被评价对象时所起到的影响力大小，也即主成分贡献率，选取的几个主成分的累计方差在总方差中的占比即累计方差贡献率。根据选取主成分个数的原则，特征值应大于 1，且选取的几个主成分累计方差贡献率要大于或等于 80%，具体可根据实际情况而定。

（三）控制变量

为了减少遗漏变量产生的估计偏误，进而得到无偏的估计结果，需要对影响现代化经济体系建设的其他变量加以控制，这里加入了如下控制变量。

（1）产业结构（*gdp2p*）。生产性服务业或者高端服务业主要从制造业中逐渐分工形成，高技术制造业会对高端服务业产生需求，因此，地区高端制造业发展可能对高端服务业产生影响。本部分选取了第二产业占 GDP 的比重作为衡量指标。（分别以各城市第二产业和第三产业的占比表示产业结构水平）

（2）信息化水平（*inter*）。城市信息化水平是衡量一个城市基础设施建设情况的重要方面，信息化、数字化也是当下众多高端服务业发展的核心要素。本部分选取了各地级市人均邮政业务量进行衡量（以互联网使用户数比重表示一个城市的互联网水平）。

（3）教育科技投入（*r&d*）。教育科技投入对城市的创新能力发挥重要影响。高端服务业主要是创新驱动型产业，创新能力越强的城市，城市高端服务业发展越好。本部分采用教育科技投入占 GDP 比重表示。

（4）人力资本（*hc*）。前文机制部分阐释了本土需求将推动人力资本提升的内在机制。高人力资本是高端服务业重要投入，因此，城市人力资本水平对城市高端服务业发展存在影响，一个城市人力资本水平越高则越有利于高端服务业发展。借鉴 Cole 等（2005）、李小平等（2015），人力资本估算采用行业职工工资水平（*wage*）进行表征，这是考虑到一个地区或企业的人力资本越高，说明产业效率越高，竞争力也会越强，进而将导致那些具有较高效率和竞争力的行业具有更高的工资水平。高人力资本占比越高，说明地区具有更高质量的劳动力禀赋结构。在计量模型中，本土需求与人力资本的交互项为显著正值，表明本土需求将通过要素禀赋结构提升效应来促进高端服务业发展。

（5）技术进步（*patf*）。专利从创新活动产出角度反映创新，专利数据具有公开性、客观性、时效性和信息完整性等特性，被广泛用于相关研究。专利的数量和质量是衡量一个城市科技水平和创新能力的常用指标，企业专利分为发明专利、实用新型专利和外观设计专利三类。发明专利是对产品和方法的创新，技术含量最高，体现着企业核心竞争力。考虑到发明专利是专利中最具有技术含量的指标，本部分采用发明专利申请量表征技术进步。

三、数据来源和变量的描述性统计

样本剔除了巢湖市、毕节市、铜仁市、三沙市、海东市、拉萨市等行政区划调整以及数据严重缺失的城市，最终采用 2003—2015 年中国 220 个地级及以上城市统计数据进行实证检验。采用的地级及以上城市统计数据来源《中国城市统计年鉴》。本部分实证研究中其他宏观经济数据主要来自相应年份的《中国统计年鉴》及《中国区域经济统计年鉴》等。为剔除物价变动的影响，对一些名义变量进行消除通胀处理。以 2000 年为基期，对人均 GDP 等名义变量进行了平减，并将外商直接投资根据各年度的汇率中间价调整为人民币计价，汇率中间价来源于中国人民银行。专利授权数量统计数据来源于中国研究数据服务平台（Chinese Research Data Services，CNRDS）。由于指标中存在一些缺失值，采用插值法对其中的一些数值缺失部分进行填补。相关变量描述性统计如表 7 -9 所示。

表 7 -9　变量描述性统计

变量	变量名称	观测值	均值	方差	最小值	最大值
mes	现代化经济体系	1829	2698.964	8220.15	2.820386	91855.54
hms	本土需求	2860	1856436	2416992	49907.49	2.37*E* +07
patf	技术进步	2858	1181.776	4218.834	0	72285
wage	人力资本	2860	30023.07	16477.88	5919.71	320626.3
gdp2p	产业结构	2860	49.874	9.880303	9	85.92
inter	信息化水平	2860	30186.18	78055.09	751.7748	1702148
rd	教育科技投入	2860	0.003018	0.005586	2.80E -08	0.057803

数据来源：作者根据 Stata 软件测算获得。

散点图是用来判断两个变量之间的相互关系的工具。在进行回归分析之前，为了直观地观察本土需求与高端服务业发展之间的关系，本部分画出本土需求与现代化经济体系之间的散点图。散点图具体结果如图 7 -3 所示。

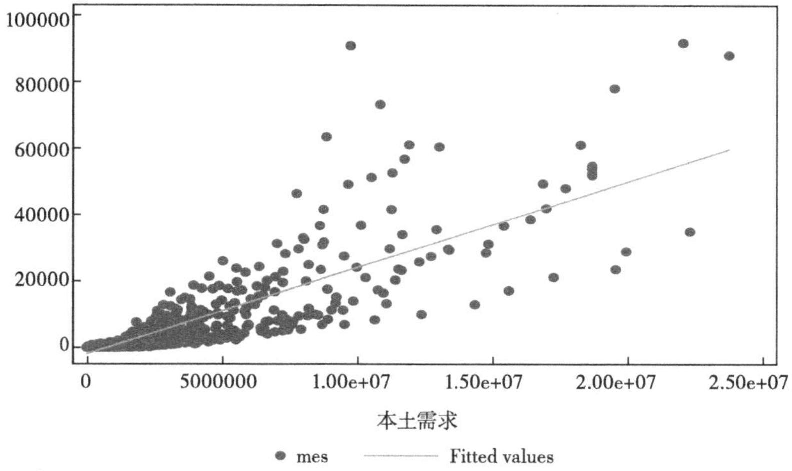

图 7 -3　本土需求与现代化经济体系

图 7 -3 显示了本土需求与现代化经济体系之间的散点图，从散点图可以看出，随着本土需求不断扩张，现代化经济体系指标数值将会不断提升，该结果表明，本土需求与现代化经济体系存在正相关关系。根据图 7 -3 结果，可

初步判断本土需求与现代化经济体系之间存在一定的正相关关系。当然，相关关系不同于因果关系，散点图只是一种数据的初步分析工具，能够直观地观察两个变量可能存在的关系，为了进一步判断二者之间是否存在因果关系，本部分还需要通过采用更多的统计分析工具进行进一步的考察。

四、实证结果及其分析

（一）本土需求对现代化经济体系影响的基准回归

由于在计算中采用普通标准误差会出现结果显著性高估的现象，为了获取更可信的标准误和置信区间，采用 robust 选项得到稳健标准误，以增强估计结果的准确性。基本模型回归结果如表 7－10 所示。

表 7－10 中第（1）～（8）列分别报告了最小二乘法、随机效应模型以及固定效应模型的估计结果。从不同的模型估计结果看，本土需求对现代化经济体系的回归系数都为正值，并且都在 1% 的水平下显著。在最小二乘法模型中，本土需求对高端服务业的回归系数为 1.606，并在 1% 的水平下显著，加入控制变量后，估计系数大小有所下降，变为 0.214，但仍然显著为正值；在随机效应模型中，本土需求对现代化经济体系的回归系数为 1.912，并在 1% 的水平下显著，加入控制变量后，估计系数大小有所下降，仍然显著为正值；在固定效应模型中，本土需求对现代化经济体系的回归系数为 1.980，并在 1% 的水平下显著，加入控制变量后，估计系数大小有所下降，系数变为 0.0987，且在 1% 水平下显著。对固定效应模型和随机效应模型回归结果进行 Hausman 检验，结果显示，p 值均为 0.0000，因此，拒绝原假设，这表明采用固定效应模型较为合适。整体来看，本土需求对现代化经济体系的作用为正值，模型（8）的回归系数显示，本土需求每增加 1%，将推动现代化经济体系提升 9.87%。模型（1）、模型（3）和模型（5）仅加入了核心解释变量，回归结果表明，本土需求对现代化经济体系建设存在正向促进作用，并且显著，在模型（1）、模型（3）和模型（5）加入控制变量后，本土需求对现代化经济体系的估计系数的绝对值相应有所降低，但对现代化经济体系的影响仍是显著为正向的，这说明本土需求扩张确实能够推动现代化经济体系建设。基准模型估计结果表明，市场需求在现代化经济体系推进过程中起着关键性拉动作用，也就是说，本土需求的扩张将推动我国现代化经济体系建设。就我国的市场规模来看，超大规模多层次国内市场是我国的独特优势。规模巨大的本土

需求为新技术、新产业发展提供广阔空间，进而加速现代化经济体系建设。

表 7-10 本土需求对现代化经济体系影响的基本模型估计

项目	(1)	(2)	(3)	(4)	(5)	(6)	(7)	(8)
	OLS	OLS	RE	FE	FE	FE	FE	FE
ln*hms*	1.606 *** (0.0218)	0.214 *** (0.0239)	1.912 *** (0.0276)	0.191 *** (0.0306)	1.980 *** (0.0297)	0.348 *** (0.0302)	0.113 *** (0.0374)	0.0987 *** (0.0377)
ln*patf*		0.758 *** (0.0124)		0.695 *** (0.0130)		0.758 *** (0.0119)	0.684 *** (0.0137)	0.672 *** (0.0139)
ln*wage*		0.0991 *** (0.0289)		0.261 *** (0.0303)			0.385 *** (0.0380)	0.384 *** (0.0383)
ln*gdp2p*		0.156 *** (0.0531)		0.133 ** (0.0634)				0.108 (0.0679)
ln*inter*		0.0706 *** (0.0218)		0.0641 *** (0.0190)				0.0482 ** (0.0195)
ln*rd*		0.0112 (0.00876)		0.0201 *** (0.00588)				0.0225 *** (0.00587)
_ cons	-16.26 *** (0.303)	-2.200 *** (0.377)	-20.49 *** (0.388)	-3.117 *** (0.359)	-21.44 *** (0.411)	-2.558 *** (0.370)	-2.852 *** (0.360)	-2.821 *** (0.382)
N	1829	1823	1829	1823	1829	1823	1823	1823
R^2	0.748	0.940			0.725	0.919	0.924	0.925
adj. R^2	0.747	0.940			0.702	0.912	0.917	0.918
F	5409.7	4752.4			4447.7	9539.1	6779.2	3432.8

注：括号内为稳健性（robust）标准误，＊＊、＊＊＊分别表示在5%和1%的水平下是显著的。

在固定效应模型（8）中，技术进步、人力资本、产业结构、信息化水平以及教育科技投入等控制变量对现代化经济体系的作用均为正。其中，人力资本和教育科技投入为现代化经济体系的核心要素投入，因而人力资本和教育科技投入等控制变量系数主要为正值。本部分采用了工业产值在GDP中占比表示产业结构，也就是说工业化水平对现代化经济体系的作用为正值，毋庸置疑，工业化是经济社会现代化进程的重要标志，从第一次工业革命开始，经济社会现代化进程逐渐进入高速推进阶段，20世纪90年代后，信息技术革命推动了工业化和信息化融合发展，因此，工业化水平提升有利于现代化经济体系建设。技术进步对现代化经济体系的估计系数为0.672，并且在1%水平下显著，原因在于，技术进步是推进地区生产力水平提升的重要驱动力，尤其是在新一轮工业革命方兴未艾背景下，新兴技术的不断涌现将进一步推进经济社会的现代化进程。不仅如此，人工智能、大数据和区块链等新兴技术将赋予现代化经济体系新内涵，因此，技术进步对现代化经济体系的影响系数为正值。至于信息化水平指标，在信息技术革命后，信息通信技术作为一种通用型技术对社会各领域产生了广泛而深刻的影响。具体而言，一方面，信息通信技术可以通过降低信息成本和交易成本促进迂回生产以及专业化生产，进而推动现代化经济体系建设；另一方面，信息通信技术提供了与传统知识传播方式完全不同的平台和渠道，大大增强了知识溢出效应，信息通信技术带来的知识溢出效应有利于地区人力资本的积累，进而将为现代化经济体系建设提供有力支撑。

（二）本土需求对不同地区现代化经济体系的异质性影响

由于在计算中采用普通标准误会出现结果显著性高估的现象，为了获取更可信的标准误和置信区间，采用 robust 选项得到稳健标准误，提高估计结果的准确性。对固定效应模型和随机效应模型回归结果进行 Hausman 检验，结果显示，p 值均为 0.0000，因此，拒绝原假设，这表明采用固定效应模型较为合适，具体估计结果如表 7－11 所示。

考虑到本土需求对现代化经济体系的影响可能存在区域差异，我们进一步将总体样本划分为东部、中部和西部进行检验。Hausman 检验显示采用固定效应模型较为合适，这里仅列示了固定效应模型估计结果。分地区的具体估计结果显示，虽然将样本划分三个板块进行估计，但回归结果显示，本土需求对现代化经济体系建设的回归系数仍为正且显著，与前文研究结果基本相同。

总体来说，在融入了技术进步、人力资本、产业结构、信息化水平以及教育科技投入等控制变量后，本部分估计结果显示东部、中部和西部地区对现代化经济体系的影响系数分别为 0.194、0.231 和 0.245，并且均在 1% 水平下显著。东部地区本土需求对现代化经济体系的估计系数最小，中部与西部地区的估计系数较大。可能的原因是，中部与西部地区的经济社会的现代化建设较为滞后，存在较大提升空间。改革开放以来，东部地区率先进入工业化和信息化进程中，经济社会的现代化水平较高，并且东部地区市场已经达到较大规模，市场潜力已经得到较为充分的释放，而中西部地区市场潜力还有待进一步挖掘，因此，东部地区本土需求对现代化经济体系的影响系数较小。

表 7－11　本土需求对不同地区现代化经济体系的异质性影响估计结果

项目	(1)	(2)	(3)	(4)
	全样本	东部	中部	西部
	FE	FE	FE	FE
ln*hms*	0.0987***	0.194***	0.231***	0.245***
	(0.0377)	(0.0465)	(0.0722)	(0.0700)
ln*patf*	0.672***	0.775***	0.634***	0.698***
	(0.0139)	(0.0184)	(0.0241)	(0.0253)
ln*wage*	0.384***	0.139***	0.364***	0.298***
	(0.0383)	(0.0295)	(0.0616)	(0.0747)
ln*gdp2p*	0.108	－0.125	0.211*	0.202
	(0.0679)	(0.135)	(0.109)	(0.133)
ln*inter*	0.0482**	0.0932***	0.00969	0.0122
	(0.0195)	(0.0282)	(0.0408)	(0.0397)
ln*rd*	0.0225***	0.0137	0.0295***	0.0149
	(0.00587)	(0.00967)	(0.0105)	(0.0103)
_cons	－2.821***	－0.472	－3.718***	－3.655***
	(0.382)	(0.594)	(0.708)	(0.716)
N	1823	790	582	449
R^2	0.925	0.918	0.918	0.946
adj. R^2	0.918	0.911	0.910	0.940
F	3432.8	1351.3	992.6	1181.1

注：括号内是稳健性（robust）标准误，*、**、***分别表示在10%、5%和1%的水平下是显著的。

（三）稳健性检验和内生性问题处理

1. 稳健性检验

为了进一步对前文研究结论的可靠性进行验证，我们依托以下模型进行稳健性检验。其一，变量替代是进行稳健性检验的常用方法。徐圆和张林玲（2019）以社会消费品零售总额表示市场规模，借鉴这一做法，这里采用社会消费品零售额表征本土需求指标。其二，分时间段。总体样本为2003—2015年，将总体样本划分为两个阶段，由于数据的限制，稳健性检验的样本年份分别为2003—2009年与2010—2015年。稳健性检验结果如表7－12所示。

表 7－12　稳健性检验结果

项目	(1)	(2)	(3)	(4)
			2003—2009 年	2010—2015 年
	FE	FE	FE	FE
ln*sale*	1.465 *** (0.0190)	0.102 *** (0.0344)	0.178 *** (0.0448)	0.220 *** (0.0415)
ln*patf*		0.669 *** (0.0140)	0.466 *** (0.0183)	0.604 *** (0.0239)
ln*wage*		0.351 *** (0.0440)	0.229 *** (0.0533)	0.555 *** (0.0669)
ln*gdp2p*		0.104 (0.0677)	0.302 *** (0.103)	0.779 *** (0.126)
ln*inter*		0.0483 ** (0.0195)	0.0242 (0.0331)	0.0112 (0.0223)
ln*rd*		0.0226 *** (0.00587)	0.00945 ** (0.00478)	0.00352 (0.0189)
_ cons	-15.92 *** (0.284)	-2.630 *** (0.331)	-1.446 *** (0.483)	-5.484 *** (0.630)
N	1829	1823	977	846
adj. R^2	0.761	0.918	0.734	0.772
F	5960.5	3437.1	473.8	502.4

注：括号内是稳健性（robust）标准误，**、***分别表示在 5% 和 1% 的水平下显著。

稳健性估计结果显示，第（1）～（2）列显示了采用替代变量法后的估计结果，即核心解释变量采用社会消费品零售额表征本土需求指标，此时，本土需求的估计系数仍然为正值，加入控制变量后，估计系数有所下降，变为 0.102，并且均在 1% 水平下显著。第（3）～（4）列显示了分时间段的估计结果，模型估计结果显示，在 2003—2009 年和 2010—2015 年不同时间段，本土需求对现代化经济体系的估计系数仍然显著为正，在 2003—2009 年的估计系数为 0.178，在 2010—2015 年的估计系数为 0.220，并且均在 1% 水平下显著。估计系数变大反映了本土需求在现代化经济体系建设过程中的作用可能愈加重要。综上所述，稳健性检验模型估计结果说明本部分的核心结论具有较强的稳健性。

2. 内生性问题处理

内生性问题可能导致前文的回归结果是有偏的。本土需求与现代化经济体系有可能存在较强的内生性，本土需求的扩张可能促进现代化经济体系建设，反过来，现代化经济体系也可能对本土需求起到促进作用。那么则很难判定一个地区现代化经济体系是由该地区较大的本土市场需求引致还是本土需求扩张推动现代化经济体系建设，因而本部分构建的计量模型可能导致内生性偏误。为保证结论的稳健性，我们将对内生性问题进行进一步处理。基于此，本部分拟采用广义矩估计 GMM 方法缓解内生性问题，以提高回归分析的准确性。采用系统 GMM 模型回归结果如表 7－13 所示。

表 7－13　内生性问题处理

项目	(1)	(2)
	全样本	东部
L. ln*mes*	0.376 *** (0.0836)	0.768 *** (0.0408)
ln*hms*	0.270 * (0.141)	0.138 *** (0.0471)
ln*patf*	0.532 *** (0.0966)	0.181 *** (0.0463)
ln*wage*	0.0844 (0.0779)	0.0431 (0.0634)
ln*gdp2p*	0.316 (0.248)	0.209 (0.165)
ln*inter*	0.143 * (0.0811)	0.0692 ** (0.0312)
ln*rd*	0.0790 *** (0.0208)	0.0185 (0.0168)
_ cons	−2.345 * (1.420)	−0.977 (0.842)
N	1686	731
AR1 − P	0.000	0.000
AR2 − P	0.599	0.328
Hansen − P	0.000	1.000

注：括号内是经过稳健性（robust）调整的，*、**、***分别表示在 10%、5%和 1% 的水平下是显著的。

一般来说，采用系统 GMM 估计还要展开以下两方面检验，即通过 Hansen 过度识别约束检验对所使用的工具变量的有效性进行检验，检验的原假设是所使用的工具变量与误差项是不相关的；通过 Arellano – Bond 的自相关检验方法对差分方程的随机误差项的二阶序列进行相关检验，检验的原假设是一阶差分方程的随机误差项中不存在二阶序列相关。表 7 – 13 中列示的模型都通过了 AB 检验，但模型（1）未能通过 Hansen 检验。考虑到 Hansen 检验在系统 GMM 方法中的局限性，本部分更倾向于 AB 检验结果（郭庆旺和吕冰洋，2011）。系统 GMM 模型估计显示，本土需求对现代化经济体系的影响为正，并且通过了显著性检验，表明本部分的核心结论具有较强的稳健性。

3. 本土需求对现代化经济体系影响的机制检验

为了考察本土需求对现代化经济体系影响的内在机制，在基本模型中引入核心解释变量与调节变量二者的交互项进行检验，其中，调节变量（*mod*）衡量指标包括人力资本、技术进步和信息化水平等变量。Hausman 检验显示采用固定效应模型较为合适，这里仅列示了固定效应模型估计结果。本土需求对现代化经济体系影响的机制检验结果如表 7 – 14 所示。

表 7 – 14　本土需求对现代化经济体系影响的机制检验结果

项目	(1)	(2)	(3)	(4)
	FE	FE	FE	FE
ln*hms*	0.0987 *** (0.0377)	0.181 (0.155)	0.00514 *** (0.00140)	0.0564 (0.160)
ln*patf*	0.672 *** (0.0139)	0.668 *** (0.0141)	0.974 *** (0.00209)	0.671 *** (0.0139)
ln*wage*	0.384 *** (0.0383)	0.0291 (0.195)	0.00558 *** (0.00112)	1.360 *** (0.0504)
ln*gdp2p*	0.108 (0.0679)	0.145 ** (0.0706)	0.000157 (0.00196)	0.259 ** (0.104)
ln*inter*	0.0482 ** (0.0195)	0.0385 * (0.0202)	0.00107 * (0.000584)	0.450 * (0.231)
ln*rd*	0.0225 *** (0.00587)	0.0208 *** (0.00593)	0.000205 (0.000169)	0.0568 *** (0.00895)
ln*hms* × ln*wage*		0.0271 * (0.0146)		

续表

项目	(1)	(2)	(3)	(4)
	FE	FE	FE	FE
ln*hms* × ln*patf*			0.00146 *** (0.000147)	
ln*hms* × ln*inter*				0.0424 *** (0.0156)
_ cons	-2.821 *** (0.382)	0.973 (2.077)	-0.274 *** (0.0171)	-9.434 *** (2.232)
N	1823	1823	1829	1829
adj. R^2	0.918	0.918	1.000	0.805
F	3432.8	2947.2	3890225.2	1284.9

注：括号内是经过稳健性（robust）调整的标准误，*、**、***分别表示在10%、5%和1%的水平下是显著的。

在基准模型中引入人力资本、技术进步、信息化水平等变量与本土需求交互项，检验本土需求与这些变量之间的交互效应，根据理论机制分析，预期其符号为正。表中第（1）～（4）列分别列示了本土需求对现代化经济体系影响的不同机制检验结果，其中地区本土需求（市场规模）与人力资本的交互项系数为正值，大小为0.0271，并且在10%水平下显著，表明人力资本水平与区域生产力水平正相关，人力资本水平高的区域，其生产力水平也高，这个结论与前面的理论机制分析结论一致，强化本土需求能够对现代化经济体系建设产生促进作用。

地区本土需求（市场规模）与技术进步、信息化水平等变量的交互项系数均为正值，并且均在1%水平下显著。在其他条件相同的情况下，一个地区的技术创新能力提升、信息化建设推进将加速现代化经济体系建设。可能的原因在于，庞大的本土需求（市场规模）有利于内生地培育出本土高级要素和技术创新能力。直观地，一个地区具有高级生产要素和自主创新能力必然有利于现代化经济体系建设，因此，本土需求与人力资本和技术进步的交互项系数为正值；信息化建设能够有效降低沟通成本和交易成本，加速迂回生产和产业分工，增强技术溢出效应，并且信息化在产业部门的渗透应用推动了工业化与信息化融合，也就是所谓的“两业融合”，进一步促进了生产方式从传统的“自动化”向“智能化”转变，极大地提升了生产力水平，最终将加速现代化经济体系建设。

（四）进一步检验——门槛模型检验

在此，我们将采用门槛模型来检验在门槛变量的限制下，本土需求对现代化经济体系建设的影响。构建的门槛模型为：

$$y_{it} = \alpha_i + \alpha_1 x_{it} I(q_{it} \leqslant \gamma) + \alpha_2 x_{it} I(q_{it} > \gamma) + \varepsilon_{it} \qquad (7-17)$$

其中，变量的下标 i，t 表示地区和年份，γ 为门槛值，q 为门槛变量，$I(\cdot)$为指标函数，ε 为随机干扰项。式（7－17）假设存在一个门槛值，可以根据具体情况扩展为多重门槛模型。在前文中已经对门槛模型进行了较为详细的介绍，这里不再赘述。

以本土需求为门槛变量进行门槛模型检验，门槛模型检验结果见表7－15，门槛模型的回归结果见表7－16。

表7－15　门槛模型检验结果

模型	F值	p值	门槛值		临界值		
			ln*hms*		1%	5%	10%
单一门槛	29.065***	0.019	13.944		32.541	21.769	13.737
双重门槛	7.372*	0.057			14.346	8.170	5.613
三重门槛	0.001	0.146			0.000	0.000	0.000

注：①＊＊＊、＊分别表示在1%和10%的水平下显著。②自举法（bootstrap）次数为300次。

数据来源：作者根据Stata15计算结果整理得到。

表7－16　门槛模型回归结果

项目	系数	标准误	p值
ln*hms*_1	0.0841***	2.93	0.000
ln*hms*_2	0.0939***	3.34	0.000
常数项	－1.384***	－3.90	0.000
控制变量	控制		

注：＊＊＊表示在1%的水平下显著。

表7－15中报告的门槛模型检验结果显示，单门槛模型自举法抽样 p 值为0.019，在1%水平下显著；双门槛模型的自举法抽样 p 值为0.057，在10%的水平下显著；三门槛模型的自举法抽样 p 值为0.146。检验结果说明模型存在单门槛。采用门槛检验回归结果可以测度出本土需求（*hms*）的单门槛值为1147172.7。

从表7－16的门槛模型回归结果看，在本土需求的门槛变量限制下，本土需求对现代化经济体系的影响在不同的门槛区间内呈现出差异性。具体来说，在低于1147172.7的门槛值情况下，本土需求对现代化经济体系的回归系数为0.0841，并在1%的水平下显著；在大于1147172.7的门槛区间内，本土需求对现代化经济体系的回归系数为0.0939，并在1%的水平下显著。从门槛模型的回归结果可以看出，本土需求作用于现代化经济体系建设明显受到门槛变量的约束。伴随门槛值的持续提高，即随着我国本土需求规模的不断扩张，本土需求对现代化经济体系的作用逐渐增强，该结论再次表明本土需求有利于现代化经济体系建设，并且在更高的本土需求条件下，本土需求对现代化经济体系的促进作用将会进一步提高。

五、结论与启示

本部分利用中国2003—2015年220个地级及以上城市面板数据，从实证层面考察了本土需求对现代化经济体系的影响，并采用广义矩估计GMM方法来避免内生性问题，通过替代变量法展开稳健性检验以确保结论的稳健性。基于此，进一步采用门槛模型，考察在不同门槛值情形下，本土需求对现代化经济体系的影响。实证研究结论如下：①在加入了控制变量情况下，本土需求对现代化经济体系建设呈现显著的正向影响。进一步展开内生性问题处理和稳健性回归后，研究结论依然是稳健的。②分地区（东部地区、中部地区和西部地区）回归模型表明，无论是对于中部地区还是西部地区，本土需求对现代化经济体系的影响都显著为正，并且估计系数相对于东部地区较大。③门槛模型结果表明，在更高的本土需求条件下，本土需求将放大对现代化经济体系的促进作用。本部分的政策启示是：本土市场具有重大战略意义，市场需求是驱动经济社会现代化建设的一个主要驱动力。加强本土需求开发对现代化经济体系具有积极作用。本土需求越大，对现代化经济体系的促进作用将越显著。

第三节　本土需求、高端服务业发展与现代化经济体系建设：实证分析

一、计量模型设定

本部分选取技术复杂度作为产业升级的衡量指标，探究高端服务业对现代

化经济体系的作用，基本计量模型如下：

$$mes_{it} = \beta_0 + \beta_1 hms_{it} + \beta_k CV_{it} + c_i + v_t + u_{it} \tag{7-18}$$

其中，i 和 t 分别代表地区和年份，本部分中的地区为地级市，年份区间为 2003—2015 年。mes 是被解释变量，表示现代化经济体系建设。hms 是核心解释变量，代表地区层面的本土需求。与此同时，为了减少遗漏变量产生的计量估计偏误，在模型中加入了一些控制变量，其中，CV_{it}表征控制变量，c_i 为地区因素，v_t 为时间因素，u_{it}为残差项，表示随机误差。

结合前文的理论机制论述和分析，本节将高端服务业发展水平指标作为调节变量（mod）的衡量指标，表征本土需求与高端服务业的交互效应，考察本土需求是否能够通过引致高端服务业发展，进而推动现代化经济体系建设。因此，采用指标连乘项的形式对式（7－19）进行拓展，拓展式如下：

$$mes_{it} = \beta_0 + \beta_1 hms_{it} + \beta_2 hms_{it} \times mod_{it} + \beta_k CV_{it} + c_i + v_t + u_{it} \tag{7-19}$$

在拓展式（7－19）中，为进一步分析高端服务业与人力资本、技术创新等调节变量的交互作用对现代化经济体系建设的影响，在基本模型（1）中引入核心解释变量与调节变量二者的交互项，其中，调节变量（mod）衡量指标是指地区层面的高端服务业发展水平。

二、变量的选取

（一）被解释变量

现代化经济体系（mes）。本部分中的现代化经济体系建设是一个复杂概念，涉及众多方面特征，单一指标可能难以全面概括现代化经济体系建设。基于此，本部分构建了一个现代化经济体系指标体系，尽可能从不同侧面对现代化经济体系进行描述。具体来说，现代化经济体系指标体系包括“内容体系”“动力体系”“供给体系”等三大内容。为了考察本土需求对现代化经济体系的作用，有必要将指标体系综合为单一指标，本部分采用主成分分析方法（PCA）将三大体系合并为单一指标。前文已经对主成分分析方法进行了较为详细的阐释，这里不再赘述。与此同时，为了深入分析本土需求对现代化经济体系的影响，在实证分析部分，进一步采用本土需求分别对“内容体系”“动力体系”“供给体系”等细分指标进行回归分析。

（二）核心解释变量

本土需求（hms）。目前既有文献中大致采用 GDP 或者商品零售额、市场规模（Harris，1954）等表征本土需求。市场的空间规模以市场潜力来表示（Clemente et al.，2009）。本部分借鉴刘修岩（2007）、黄玖立（2008）的研究方法，测算本土市场需求，即采用Harris（1954）的研究结论：一个地区潜在的市场容量与该地区及邻近地区的收入呈正比关系，与其他地区到该地区的距离呈反比关系，据此加总得到。目前国内关于市场潜能的研究大多采用此方法（孙瑞东，2019；黄玖立和黄俊立，2008）。基于此，本部分也采用该方法表征本土需求。也就是说，本土需求测度指标不仅包括地级市层面当地市场需求规模，同时也考虑了其他地区市场需求规模。原因在于，一个城市的市场需求来源不仅与自身市场需求有关，还受到其他地区市场的影响（潘文卿，2012）。因此，该指标由当地市场需求和其他市场需求两大部分组成，地级市层面市场规模测算公式具体如下：

$$hms_{it} = \sum_{j \neq i}\left(\frac{y_{it}}{d_{ii}} + \frac{y_{it}}{d_{ij}}\right) \tag{7-20}$$

其中，d_{ij}为i城市与j城市之间的几何中心间的直线距离，d_{ii}为城市i的内部距离，令$d_{ii}=2\sqrt{area_i/\pi}/3$，$area$表示某一城市的建成区面积，其中测算需要的距离数据采用Google电子地图获取。关于公式中的y，王雪辉和谷国锋（2017）、尹靖华和韩峰（2019）、李宏兵等（2019）采用地区实际国内生产总值表示。本部分借鉴这一常用做法，采用国内生产总值指标进行表征。

高端服务业。目前服务业大致可以分为生活性服务业和生产性服务业。根据高端服务业的内涵和定位，高端服务业应当属于生产性服务业的一部分，主要集中在知识密集型及技术密集型服务业。原毅军和陈艳莹（2011）、宣烨等（2019）认为中国当前的高端服务业包括商务服务业、信息服务业、研发服务业和金融服务业四大类。本部分借鉴原毅军和陈艳莹（2011）、宣烨等（2019）对于高端服务业的分类方法，并考虑到数据可获得性，选取“信息传输、计算机服务和软件业”“金融业”“租赁和商务服务业”“科研、技术服务和地质勘查业”等四大类来代表高端服务业。本部分计量分析所选用的样本为2003—2014年中国220个地级市层面的面板数据。从前文的理论机制视角来说，本土需求对现代化经济体系的影响可能存在多种渠道或者路径，其中，产业集聚发展是本土需求推动现代化经济体系建设的重要内在机制，为了考察这一内在机制，在基准模型中加入本土需求与高端服务业产业集聚的交互项。对于产业空间集聚的度量主要从专业化和多样化两个方面展开。本部分选取专业化指数（sag）和多样化指数（dag）来对被解释变量高端服务业空间集聚进行测度。

（三）控制变量

为了减少遗漏变量产生的估计偏误，进而得到无偏的估计结果，需要对影响现代化经济体系建设的其他变量加以控制，这里加入了如下控制变量。

（1）产业结构（*gdp2p*）。生产性服务业或者高端服务业主要从制造业中逐渐分工形成，高技术制造业发展会对高端服务业产生需求，因此，地区高端制造业发展可能对高端服务业产生影响。本部分选取了第二产业占 GDP 的比重作为衡量产业结构的指标。

（2）信息化水平（*inter*）。城市信息化水平是衡量一个城市基础设施建设情况的重要方面，信息化、数字化也是当下众多高端服务业发展的核心要素。本部分选取了各地级市人均邮政业务量对信息化水平进行衡量（以互联网使用户数比重表示一个城市的互联网水平）。

（3）教育科技投入（*r&d*）。教育科技投入对城市的创新能力发挥重要影响。高端服务业主要是创新驱动型产业，创新能力越强的城市，城市高端服务业发展越好。本部分采用教育科技投入占 GDP 比重表示。

（4）人力资本（*hc*）。前文机制部分阐释了本土需求将推动人力资本提升的内在机制。高人力资本是高端服务业重要投入，因此，城市人力资本水平对城市高端服务业发展存在影响，一个城市人力资本水平越高则越有利于高端服务业发展。借鉴 Cole 等（2005）、李小平等（2015），人力资本估算采用行业职工工资水平（*wage*）进行表征，这是考虑到一个地区或企业的人力资本越高，说明产业效率越高，竞争力也会越强，进而将导致那些具有较高效率和较强竞争力的行业具有更高的工资水平。高人力资本占比越高，说明地区具有更高质量的劳动力禀赋结构。在计量模型中，本土需求与人力资本的交互项为显著正值，表明本土需求将通过要素禀赋结构提升效应来促进高端服务业发展。

（5）技术进步（*patf*）。专利数据具有公开性、客观性、时效性和信息完整性等特性，被广泛用于相关研究。专利主要从创新活动产出角度反映创新，专利的数量和质量是衡量一个城市科技水平和创新能力的常用指标，其中发明专利是专利中最具技术含量的指标，因此，本部分采用发明专利申请量表征技术进步。

三、数据来源和变量的描述性统计

样本剔除了巢湖市、毕节市、铜仁市、三沙市、海东市、拉萨市等行政区划调整以及数据严重缺失的城市，最终采用2003—2015年中国220个地级及以上城市统计数据进行实证检验。采用的地级及以上城市统计数据来源于《中国城市统计年鉴》。本部分实证研究中其他宏观经济数据主要来自相应年份的《中国统计年鉴》及《中国区域经济统计年鉴》等。为剔除物价变动的影响，对一些名义变量进行消除通胀处理。以2000年为基期，对人均GDP等名义变量进行了平减，并将外商直接投资根据各年度的汇率中间价调整为人民币计价，汇率中间价来源于中国人民银行。专利授权数量统计数据来源于中国研究数据服务平台（Chinese Research Data Services，CNRDS）。由于指标中存在一些缺失值，采用插值法对其中的一些数值缺失部分进行填补。本部分变量的描述性统计见表7－17。

表7－17　变量描述性统计

变量	变量名称	观测值	均值	方差	最小值	最大值
mes	现代化经济体系	1829	2698.964	8220.15	2.820386	91855.54
hms	本土需求	2860	1856436	2416992	49907.49	2.37*E*＋07
hesi	高端服务业	2847	0.147853	0.050972	0.009892	0.443327
patf	技术进步	2858	1181.776	4218.834	0	72285
wage	人力资本	2860	30023.07	16477.88	5919.71	320626.3
gdp2p	产业结构	2860	49.874	9.880303	9	85.92
inter	信息化水平	2860	30186.18	78055.09	751.7748	1702148
rd	教育科技投人	2860	0.003018	0.005586	2.80E－08	0.057803

数据来源：作者根据Stata软件测算获得。

表7－18　变量间相关系数矩阵

变量	*hms*	*mes*	*hesi*	*hesiemp*
hms	1.000			
mes	0.848***	1.000		
hesi	0.544***	0.550***	1.000	
hesiemp	0.721***	0.715***	0.504***	1.000

注：＊＊＊表示在1%的水平下显著。

数据来源：作者根据Stata软件测算获得。

表7－18中列示了本土需求、高端服务业、高端服务业规模、现代化经济体系四个变量之间的相关系数矩阵，从中可以看出，三者之间存在正相关性。具体来说，本土需求与现代化经济体系的相关系数为0.848，本土需求与高端服务业规模的相关系数为0.721，高端服务业与现代经济体系的相关系数为0.550，并且都在1%的水平下显著。相关系数检验只是一种数据的初步分析工具，能够直观地观察变量之间可能存在的关系，为了进一步判断变量之间是否存在因果关系，本部分还需要采用更多的统计分析工具进行进一步的考察。

四、实证结果及其分析

（一）本土需求对现代化经济体系影响的基准回归

由于在计算中采用普通标准误会出现结果显著性高估的现象，为了获取更可信的标准误和置信区间，采用robust选项得到稳健标准误来提高估计结果的准确性。基本模型回归结果见表7－19。对固定效应模型和随机效应模型回归结果进行Hausman检验，结果的p值都为0.0000，拒绝原假设，说明采用固定效应模型较随机效应模型更为合适，随机效应模型估计结果不再列出。

表7－19　本土需求、高端服务业和现代化经济体系的基本模型估计

项目	(1)	(2)	(3)	(4)	(5)	(6)
	OLS	OLS	FE	FE	FE	FE
ln*hms*	1.606 *** (0.0218)	0.229 *** (0.0241)	1.980 *** (0.0297)	1.900 *** (0.0320)	0.112 *** (0.0373)	0.0993 *** (0.0376)
ln*hesi*		0.170 *** (0.0453)		0.576 *** (0.0920)	0.146 *** (0.0497)	0.135 *** (0.0497)
ln*patf*		0.736 *** (0.0137)			0.683 *** (0.0137)	0.672 *** (0.0138)
ln*wage*		0.111 *** (0.0289)			0.368 *** (0.0384)	0.367 *** (0.0387)
ln*gdp2p*		0.142 *** (0.0531)				0.114 * (0.0678)
ln*inter*		0.0593 *** (0.0219)				0.0430 ** (0.0196)

续表

项目	(1)	(2)	(3)	(4)	(5)	(6)
	OLS	OLS	FE	FE	FE	FE
ln*rd*		0.0111 (0.00873)				0.0222 *** (0.00586)
_ cons	-16.26 *** (0.303)	-1.991 *** (0.379)	-21.44 *** (0.411)	-19.21 *** (0.540)	-2.369 *** (0.395)	-2.344 *** (0.420)
N	1829	1823	1829	1829	1823	1823
adj. R^2	0.747	0.940	0.702	0.709	0.918	0.919
F	5409.7	4104.9	4447.7	2293.7	5109.8	2954.7

注：括号内是稳健性（robust）标准误，*、**、***分别表示在10%、5%和1%的水平下显著。

表中第（1）～（6）列仅列示了最小二乘法和固定效应模型估计结果。从不同的模型估计结果看，本土需求对现代化经济体系的回归系数都为正值，并且都在1%的水平下显著。在最小二乘法模型中加入控制变量后，估计系数大小有所下降，但仍然显著为正值，本土需求对现代化经济体系的回归系数为0.229，并在1%的水平下显著，高端服务业的估计系数为0.170，也在1%水平下显著；在固定效应模型中，模型（3）中本土需求对现代化经济体系的回归系数为1.980，并在1%的水平下显著，加入控制变量后，估计系数大小有所下降，变为0.0993，在1%水平下显著，高端服务业对现代化经济体系的估计系数为0.135，在1%水平下显著。整体来看，模型（1）、模型（3）仅融入了核心解释变量，回归结果显示，本土需求对于现代化经济体系建设存在正向影响并且显著，在模型（1）、模型（3）中加入控制变量后，本土需求对现代化经济体系的估计系数的绝对值相应有所降低，但对现代化经济体系的影响仍是显著为正向的，与此同时，高端服务业的估计系数显著为正值，这说明在控制了高端服务业这一控制变量后，本土需求扩张也将促进现代化经济体系建设。

在固定效应模型（6）中，技术进步、人力资本、产业结构、信息化水平以及教育科技投入等控制变量对现代化经济体系的作用均为正。其中，人力资本和教育科技投入是现代化经济体系的核心要素投入，因而人力资本及教育科技投入等控制变量系数主要为正值。本部分采用了工业产值在GDP中占比表示产业结构，也就是说工业化水平对现代化经济体系的作用为正，毋庸置疑，工业化是经济社会现代化进程的重要标志，从第一次工业革命开始，经济社会的现代化进程逐渐进入高速推进阶段，因此，工业化水平提升有利于现代化经济体系建设。技术进步对现代化经济体系的估计系数为 0.672，并且在 1% 水平下显著，原因在于，技术进步是推进地区生产力水平提升的重要驱动力，尤其是在新一轮工业革命方兴未艾背景下，新兴技术的不断涌现将进一步推进经济社会的现代化进程。不仅如此，人工智能、大数据和区块链等新兴技术将赋予现代化经济体系愈加丰富的内涵，因此，技术进步对现代化经济体系的影响系数为正值。对于信息化水平指标，一方面，在信息技术革命后，信息通信技术作为一种通用型技术对社会各领域产生了广泛而深刻的影响。具体而言，信息通信技术可以通过降低信息成本和交易成本促进迂回生产和专业化生产，进而推动现代化经济体系建设。另一方面，信息通信技术提供了与传统知识传播方式完全不同的平台和渠道，大大增强了知识溢出效应，信息通信技术带来的知识溢出效应有利于地区人力资本的积累，进而将为现代化经济体系建设提供有力支撑。

（二）本土需求对不同地区现代化经济体系的异质性影响

为了获取更可信的标准误和置信区间，采用 robust 选项得到稳健标准误，提高估计结果的准确性。对固定效应模型和随机效应模型回归结果进行 Hausman 检验，结果显示，p 值都为 0.0000，拒绝原假设，说明采用固定效应模型较随机效应模型更为合适，具体估计结果见表 7 - 20。

表 7 - 20　本土需求对不同地区现代化经济体系的异质性影响估计结果

项目	(1)	(2)	(3)	(4)
	全样本	东部	中部	西部
	FE	FE	FE	FE
ln*hms*	0.0993 ***	0.0486	0.228 ***	0.245 ***
	(0.0376)	(0.0553)	(0.0722)	(0.0701)
ln*hesi*	0.135 ***	0.318 ***	0.156	0.00736
	(0.0497)	(0.0977)	(0.102)	(0.0670)
ln*patf*	0.672 ***	0.676 ***	0.637 ***	0.698 ***
	(0.0138)	(0.0228)	(0.0241)	(0.0253)
ln*wage*	0.367 ***	0.366 ***	0.343 ***	0.297 ***
	(0.0387)	(0.0668)	(0.0631)	(0.0748)
ln*gdp2p*	0.114 *	- 0.266 **	0.216 **	0.201 ***
	(0.0678)	(0.133)	(0.108)	(0.033)

续表

项目	(1) 全样本 FE	(2) 东部 FE	(3) 中部 FE	(4) 西部 FE
ln*inter*	0.0430 **	0.0831 ***	0.0110	0.0124
	(0.0196)	(0.0279)	(0.0407)	(0.0398)
ln*rd*	0.0222 ***	0.0203 **	0.0290 ***	0.0149
	(0.00586)	(0.00944)	(0.0105)	(0.0103)
_ cons	-2.344 ***	-0.367	-3.149 ***	-3.634 ***
	(0.420)	(0.692)	(0.799)	(0.740)
N	1823	792	582	449
R^2	0.925	0.921	0.919	0.946
adj. R^2	0.919	0.914	0.911	0.940
F	2954.7	1206.8	853.3	1010.0

注：括号内是稳健性（robust）标准误，***、**、*分别表示在1%、5%和10%的水平下显著。

考虑到本土需求对现代化经济体系的影响可能存在区域差异，我们进一步将总体样本划分为东部、中部和西部进行检验。Hausman 检验显示采用固定效应模型较为合适，这里仅列示了固定效应模型估计结果。分地区的具体估计结果显示，总体来看，虽然将样本划分不同区域进行估计，回归结果显示本土需求对现代化经济体系的回归系数仍是显著为正。在东部地区，本土需求的估计系数为正值，但并不显著，中部和西部地区的本土需求估计系数为正值，分别为0.228和0.245，并都在1%水平下显著。东部地区本土需求对现代化经济体系的估计系数最小，中部与西部地区的估计系数较大。可能的原因在于，中部与西部地区的经济社会的现代化建设较为滞后，当下市场规模较小，市场潜力尚未进行充分挖掘，存在较大提升空间。改革开放以来，东部地区率先进入工业化和信息化进程中，经济社会的现代化水平较高，并且东部地区市场已经达到较大规模，市场潜力已经得到较为充分的释放，因此，东部地区本土需求对现代化经济体系的影响系数较小。

总体来看，在控制了高端服务业、技术进步、人力资本、信息化水平以及教育科技投入等因素后，本土需求对现代化经济体系存在显著的促进作用。其中，技术进步、人力资本、信息化水平以及教育科技投入等因素对现代化经济体系的估计系数均为正值，与前文结果保持一致，这里不再赘述。值得注意的是，在东部地区，产业结构对现代化经济体系的估计系数为负值，但不显著，而在中部和西部地区，产业结构的估计系数为正值，并且均显著。可能的原因在于，模型中产业结构指标采用了工业化在 GDP 中占比表示，主要反映地区工业化进程，而参照发达国家工业化历程，工业化发展到一定程度后，服务经济在经济体系中将发挥愈加重要的作用，现代化经济体系建设可能要求工业经济逐渐向服务经济转型，因此，工业化水平过高将抑制现代化经济体系建设。而中部和西部地区的工业化进程尚处于中期阶段，工业化还有较大的发展空间，此时，工业化水平提升有利于现代化经济体系建设。

（三）稳健性检验和内生性问题处理

1. 稳健性检验

基于验证前文研究结论可靠性考虑，在此我们进行稳健性检验。第一，变量替代是进行稳健性检验的常用方法。徐圆和张林玲（2019）以社会消费品零售总额表示市场规模，借鉴这一做法，这里采用社会消费品零售额（*sale*）表征本土需求指标。采用高端服务业规模（*hesiem*）（替代高端服务业在服务业中占比）表征高端服务业。第二，分时间段。总体样本为 2003—2015 年，将总体样本划分为两个阶段，由于数据的限制，稳健性检验的样本年份分别为 2003—2009 年与 2010—2015 年。稳健性检验结果如表 7 -21 所示。

表 7 -21　稳健性检验

项目	(1)	(2)	(3)	(4)
			2003—2009 年	2010—2015 年
	FE	FE	FE	FE
ln*sale*	0.102 *** (0.0343)	0.0967 *** (0.0345)		
ln*hesi*	0.135 *** (0.0497)		0.141 * (0.0822)	0.0302 (0.0541)
ln*patf*	0.669 *** (0.0140)	0.664 *** (0.0143)	0.472 *** (0.0182)	0.620 *** (0.0237)
ln*wage*	0.334 *** (0.0443)	0.347 *** (0.0440)	0.278 *** (0.0468)	0.606 *** (0.0658)
ln*gdp2p*	0.110 (0.0676)	0.110 (0.0677)	0.267 *** (0.103)	0.761 *** (0.127)

续表

项目	(1)	(2)	(3)	(4)
			2003—2009 年	2010—2015 年
	FE	FE	FE	FE
ln*inter*	0.0432 **	0.0412 **	0.0235	0.0145
	(0.0195)	(0.0199)	(0.0333)	(0.0226)
ln*rd*	0.0224 ***	0.0247 ***	0.00906 *	0.00440
	(0.00586)	(0.00598)	(0.00480)	(0.0191)
ln*hesiemp*		0.0507 *		
		(0.0276)		
ln*hms*			0.158 ***	0.170 ***
			(0.0500)	(0.0434)
_ cons	-2.151 ***	-2.432 ***	-1.215 *	-5.120 ***
	(0.375)	(0.348)	(0.622)	(0.678)
N	1823	1823	977	846
R^2	0.925	0.925	0.773	0.809
adj. R^2	0.919	0.918	0.733	0.768
F	2958.3	2950.8	404.0	421.1

注：括号内是经过稳健性（robust）调整的标准误，＊＊＊、＊＊、＊分别表示在1%、5%和10%的水平下显著。

稳健性估计结果中，第（1）列显示了本土需求采用社会消费品零售额作为核心解释变量的估计结果，第（2）列显示了高端服务业采用高端服务业规模作为表征变量的估计结果，结果显示，本土需求的估计系数仍然为正值，分别为0.102和0.0967，并且均在1%的水平下显著。高端服务业的估计系数也显著为正，表明在控制了高端服务业条件下，本土需求对现代化经济体系的作用是显著为正的。第（5）～（6）列显示了分时间段的估计结果，模型估计结果显示，在2003—2009年和2010—2015年的不同时间段，控制了高端服务业条件下，本土需求对现代化经济体系的估计系数为正并且显著。稳健性检验模型估计结果表明本部分核心结论具有较强的稳健性。

2. 内生性问题处理

内生性问题可能导致前文的回归结果是有偏的。本土需求与现代化经济体系有可能存在较强的内生性，本土需求的扩张可能促进现代化经济体系建设，反过来，现代化经济体系也可能对本土需求起到促进作用。那么则很难判定一个地区现代化经济体系是由该地区较大的本土市场需求引致还是本土需求扩张推动现代化经济体系建设，因而本部分构建的计量模型可能导致内生性偏误。为保证结论的稳健性，我们将对内生性问题进行进一步处理。基于此，本部分拟采用广义矩估计 GMM 方法缓解内生性问题，以提高回归分析的准确性。采用系统 GMM 模型回归结果见表 7－22。

表 7－22　内生性问题处理

项目	(1)	(2)
	gmm	*gmm*
L. ln*mes*	0.591***	0.558***
	(0.0424)	(0.0411)
ln*hms*	0.0738*	
	(0.0377)	
ln*hesi*	0.141*	
	(0.0735)	
ln*patf*	0.368***	0.399***
	(0.0436)	(0.0443)
ln*wage*	0.0447	0.0402
	(0.0342)	(0.0530)
ln*gdp2p*	0.167**	0.138*
	(0.0734)	(0.0760)
ln*inter*	－0.0107	0.0157
	(0.0217)	(0.0232)
ln*rd*	0.0122	0.0290**
	(0.0118)	(0.0115)
ln*sale*		0.165***
		(0.0433)
ln*hesiemp*		0.119***
		(0.0232)
_cons	－0.842	－1.436***
	(0.578)	(0.546)
N	1686	1686
AR1－P	0.000	0.000
AR2－P	0.552	0.593

续表

项目	(1)	(2)
	gmm	*gmm*
Hansen - P	1.000	1.000

注：括号内是稳健性（robust）标准误。***、**、*分别表示在1%、5%和10%的水平下显著。

采用系统 GMM 估计还要进行两个检验，即二阶序列相关检验、Hansen 过度识别约束检验。考虑到 Hansen 检验在系统 GMM 方法中的局限性，本部分更倾向于 AB 检验结果（郭庆旺和吕冰洋，2011），模型 AB（Arellauo - Boud）检验结果均显示，一阶差分方程的随机误差项中不存在二阶序列相关，表明采用系统 GMM 方法是可行的。系统 GMM 模型估计显示，第（1）列加入了高端服务业这一控制变量后，本土需求对现代化经济体系的影响仍为正值，并且通过了显著性检验；在第（2）列中，将本土需求和高端服务业分别采用社会消费品零售额和高端服务业规模表征，替换变量后，模型中本土需求和高端服务业估计系数的作用方向仍然与前文保持一致，并且均在1%水平显著，该结论表明本部分的核心结论具有较强的稳健性。

3. 机制检验

为了考察本土需求对现代化经济体系影响的内在机制，在基本模型中引入核心解释变量与调节变量二者的交互项进行检验，其中，调节变量（*mod*）是指高端服务业。Hausman 检验显示采用固定效应模型较为合适，这里仅列示了固定效应模型估计结果。本土需求通过高端服务业影响现代化经济体系的机制检验结果见表7-23。

在基准模型中引入本土需求与高端服务业的交互项，检验本土需求与高端服务业变量之间的交互效应，根据理论机制分析，预期其符号为正。表中第（2）列列示了本土需求通过高端服务业影响现代化经济体系的检验结果，估计结果显示地区本土需求（市场规模）与高端服务业的交互项系数为正值，大小为0.117，并且在1%水平下显著，表明一个地区本土需求能够通过高端服务业发展推动现代化经济体系建设，这也正如理论机制所显示的那样，高端服务业能够强化本土需求对现代化经济体系的促进作用。

在第（3）~（4）列中分别引入了本土需求与高端服务业多样化集聚、专业化集聚的交互项，考察本土需求是否通过高端服务业集聚影响现代化经济体系建设。结果显示，本土需求与高端服务业多样化集聚、专业化集聚的交互项系数均为正值，但都不显著。根据前文理论所阐释，高端服务业集聚发展存在规模经济和集聚外部性，并将与制造业形成协同集聚和联动发展，进而促进现代化经济体系建设，但目前我国高端服务业发展滞后，集聚程度不高，制约了本土需求通过高端服务业集聚推动现代化经济体系建设的效果。

表 7－23　机制检验

项目	(1)	(2)	(3)	(4)
	FE	FE	FE	FE
ln*hms*	0. 0993 *** (0. 0376)	0. 132 * (0. 0697)	0. 111 * (0. 0580)	0. 137 *** (0. 0487)
ln*hesi*	0. 135 *** (0. 0497)	1. 809 *** (0. 428)		
ln*patf*	0. 672 *** (0. 0138)	0. 673 *** (0. 0138)	0. 672 *** (0. 0139)	0. 673 *** (0. 0140)
ln*wage*	0. 367 *** (0. 0387)	0. 361 *** (0. 0386)	0. 384 *** (0. 0384)	0. 380 *** (0. 0386)
ln*gdp2p*	0. 114 * (0. 0678)	0. 0349 (0. 0704)	0. 107 (0. 0679)	0. 111 (0. 0681)
ln*inter*	0. 0430 ** (0. 0196)	0. 0554 *** (0. 0198)	0. 0484 ** (0. 0196)	0. 0503 ** (0. 0196)
ln*rd*	0. 0222 *** (0. 00586)	0. 0239 *** (0. 00585)	0. 0225 *** (0. 00589)	0. 0224 *** (0. 00587)
ln*hms* × ln*hesi*		0. 117 *** (0. 0298)		
ln*dag*			0. 0814 (0. 295)	
ln*hms* × ln*dag*			0. 00620 (0. 0212)	
ln*sag*				0. 493 (0. 374)
ln*hms* × ln*sag*				0. 0322 (0. 0267)
_ cons	－2. 344 *** (0. 420)	0. 877 (0. 919)	－2. 988 *** (0. 727)	－3. 382 *** (0. 581)

续表

项目	(1)	(2)	(3)	(4)
	FE	FE	FE	FE
N	1823	1823	1823	1823
$adj.\ R^2$	0.919	0.919	0.918	0.918
F	2954.7	2609.6	2571.7	2576.0

注：括号内是稳健性（robust）标准误，＊＊＊、＊＊、＊分别表示在1%、5%和10%的水平下是显著的。

（四）进一步检验——门槛模型检验

我们将进一步采用门槛模型来检验在门槛变量的限制下，本土需求通过高端服务业对现代化经济体系的影响。本部分构建面板数据门槛模型的基本模型为：

$$y_{it} = \alpha_i + \alpha_1 x_{it} I(q_{it} \leqslant \gamma) + \alpha_2 x_{it} I(q_{it} > \gamma) + \varepsilon_{it} \qquad (7-21)$$

其中，变量的下标 i，t 表示地区和年份，γ 为门槛值，q 为门槛变量，I（·）为指标函数，ε 为随机干扰项。式（7－21）假设存在一个门槛值，可以根据具体情况扩展为多重门槛模型。这里采用高端服务业作为门槛变量，考察在门槛变量限制下，本土需求对现代化经济体系的作用大小和方向。在前文中已经对门槛模型进行了较为详细的介绍，这里不再赘述。

以高端服务业作为门槛变量进行门槛模型检验，门槛模型检验结果见表7－24，门槛模型回归结果见表7－25。

表7－24　门槛结果检验

模型	F 值	p 值	门槛值		临界值		
			ln*hms*		1%	5%	10%
单一门槛	16.825***	0.000			8.085	5.662	4.231
双重门槛	19.336***	0.000	－1.114	－2.073	－3.517	－8.549	－11.182
三重门槛	0.000	0.129			0.000	0.000	0.000

注：①＊＊＊表示在1%的水平下显著。②自举法（bootstrap）次数为300次。
数据来源：作者根据Stata15计算结果整理得到。

表7－24中报告的门槛模型检验结果显示，单门槛模型自举法抽样 p 值为0.000，在1%水平下显著；双门槛模型的自举法抽样 p 值为0.000，在1%的水平下显著；三门槛模型的自举法抽样 p 值为0.129，说明模型存在单门槛和双门槛，这里采用双门槛进行分析（胡俊，2019）。采用门槛检验回归结果可

以测度出高端服务业（*hesi*）的双门槛值为0.126和0.328。

表7－25　门槛模型回归结果

项目	系数	标准误	p值
ln*hms*_ 1	0.129***	4.78	0.000
ln*hms*_ 2	0.137***	5.08	0.000
ln*hms*_ 3	0.162***	5.78	0.000
常数项	－2.008***	－6.05	0.000
控制变量	控制		

注：***表示在1%的水平下显著。

从表7－25的门槛模型回归结果可以看出，受到高端服务业门槛变量限制，本土需求对现代化经济体系的影响在不同的门槛区间呈现出差异性。具体来说，在低于0.126的门槛值情况下，本土需求对现代化经济体系的回归系数为0.129，并在1%的水平下显著；在大于0.126并小于0.328的门槛区间内，本土需求对现代化经济体系的回归系数为0.137，并在1%的水平下显著；在大于0.328的门槛区间内，对现代化经济体系的回归系数为0.162，并在1%的水平下显著。门槛模型回归结果表明，本土需求对现代化经济体系建设的作用受到来自门槛变量的约束。也就是说，伴随着我国高端服务业在服务业中占比不断提升，本土需求对现代化经济体系的作用逐渐增强，该结论再次表明本土需求有利于现代化经济体系建设，并且在更高的高端服务业占比条件下，本土需求对现代化经济体系的促进作用将会进一步提高。

五、结论与启示

本节利用中国2003—2015年220个地级及以上城市面板数据，从实证层面考察了本土需求对现代化经济体系的影响，并采用广义矩估计方法GMM进行稳健性检验。基于此，进一步采用门槛模型，考察在不同高端服务业门槛值下，本土需求对现代化经济体系的影响。实证研究结论如下：①在加入了高端服务业等控制变量情况下，本土需求与现代化经济体系建设存在明显的正相关关系，并且结论是稳健的。②不同区域回归模型检验表明，中部地区和西部地区的本土需求对现代化经济体系的影响仍显著为正，并且估计系数比东部地区大。③门槛模型表明，在更高的高端服务业占比条件下，高端服务业将放大本土需求对现代化经济体系的促进作用。本部分实证结果具有鲜明的政策含义，本土市场具有重大战略意义，加强本土需求开发对建设现代化经济体系具有积极作用。同时，高端服务业是本土需求推动现代化经济体系建设的重要渠道，应积极扶持高端服务业发展。

较多学者都从本土市场需求或本土市场规模的视角说明了本土需求在产业发展过程中的重要作用。梁军（2011）分析战略性新兴产业发展时指出，市场需求规模（尤其是庞大的）在实现战略性新兴产业的增值活动中起着重要作用。因此，中国本土市场是战略性新兴产业实现自主发展的强势资源，应坚决摒弃“以市场换技术”的策略，加快构建基于内需或者本土市场需求的现代化经济体系。鉴于本土需求对高端服务业以及现代化经济体系建设的重要推动作用，中国应当由过去主要集中于从要素供给推动或是外在技术转移这种相对被动的动力方式促进产业发展或经济增长，逐渐转变为以本土市场需求为内涵的主动性动力选择，也就是说可以运用产业发展、经济增长中所蕴藏的巨大的本土市场规模来为产业和经济发展提供一条新的道路（徐康宁和冯伟，2010）。

改革开放以来，我国本土需求不断扩张，逐渐积累为庞大市场规模，是其他单一国家或地区所无法取代的。目前我国庞大的本土需求和市场规模优势对于参与制定技术标准、在生产中实现规模经济以及实现内生式的经济增长将起到重要的推进作用（刘遵义，2011）。当下，新一轮科技革命和产业变革方兴未艾，一批新技术、新产业、新业态、新模式等“四新”经济不断涌现，为中国产业升级、高端服务业发展以及现代化经济体系建设提供了历史性机遇。而庞大的本土市场需求在产业技术变革、新兴产业发展时期尤为重要，将为技术进步、新兴产业发展和自主技术标准构建提供坚实基础，进而催生产业竞争力和推动构建现代化经济体系。我国应充分运用现在拥有的大国优势，培育出高素质人力资本以及自主研发能力和技术创新能力，围绕新技术新产业加紧制定技术标准，抢占全球产业链制高点，以本土市场需求为主动性动力选择，内生地推动高端服务业发展和现代化经济体系建设。

第八章　国内价值链视角的高端服务业引领现代化经济体系建设

第一节　理论模型

本部分将尝试在 Baumol（1967）的成本病模型基础上，分析国内价值链引领高端服务业发展的经济效应。假定经济中存在服务部门和制造业部门，制造业是技术进步部门，服务业是半停滞部门，两部门的生产函数为：

$$Y_{1t} = aL_{it} \tag{8-1}$$

$$Y_{2t} = bL_{it}e^{rt} \tag{8-2}$$

其中，劳动力 L 是唯一投入要素，a 和 b 分别表示服务业和制造业在价值链上的位置，两个部门在价值链上地位越高，产出相对越多。两部门名义工资相等：

$$W_t = We^{rt} \tag{8-3}$$

式（8－3）的潜在含义是两部门的工资率相同，这点是参考 Baumol（1967）的建议。该公式也表明两部门存在非均衡增长，随着经济增长，成本病问题逐步显现。两部门的成本函数为：

$$C_1 = \frac{W_tL_{1t}}{Y_{1t}} = \frac{We^{rt}L_{1t}}{aL_{it}} = \frac{We^{rt}}{a} \tag{8-4}$$

$$C_2 = \frac{W_tL_{2t}}{Y_{2t}} = \frac{We^{rt}L_{2t}}{bL_{it}e^{rt}} = \frac{We^{rt}}{b} \tag{8-5}$$

式（8－4）和式（8－5）意味着两部门的相对成本为：

$$\frac{C_1}{C_2} = \frac{be^{rt}}{a} \tag{8-6}$$

为了展示两部门的增长路径，Baumol（1967）假设两部门真实的产出保持相对不变，即：

$$\frac{Y_1}{Y_2} = \frac{a}{b} \times \frac{L_{1t}}{L_{2t}e^{rt}} = \frac{a}{b} \times \xi \qquad (8-7)$$

其中，$\xi = \frac{L_{1t}}{L_{2t}e^{rt}}$表示两部门相对固定值。进一步有：

$$L = L_1 + L_2 \qquad (8-8)$$

可以得到两部门的劳动力分布情况：

$$L_1 = (L - L_1)\xi e^{rt} = \frac{\xi e^{rt}}{(1 + \xi e^{rt})}L \qquad (8-9)$$

$$L_2 = L - L_1 = \frac{1}{(1 + \xi e^{rt})}L \qquad (8-10)$$

随后本部分用 δ 表示真实的增长速度，该指数由两部门增长决定：

$$\delta = B_1 Y_1 + B_2 Y_2 = B_1 a L_1 + B_2 L_2 e^{rt} \qquad (8-11)$$

随后，我们将式（8－9）和式（8－10）代入式（8－11）中，可以得到：

$$\delta = \frac{(\xi B_1 a + B_2 b)}{(1 + \xi e^{rt})}Le^{rt} = \frac{Re^{rt}}{1 + \xi e^{rt}} \qquad (8-12)$$

其中，$R = (\xi B_1 a + B_2 b)L$ 。我们对式（8－12）求导可以得到：

$$\frac{\mathrm{d}\delta}{\mathrm{d}t} = \frac{R[re^{rt}(1 + \xi e^{rt}) - \xi re^{2rt}]}{(1 + \xi e^{rt})^2} = \frac{Rre^{rt}}{(1 + \xi e^{rt})^2} \qquad (8-13)$$

从式（8－13）可以发现，随着价值链的发展（a 和 b），R 会提高，进而带动经济增长。

第二节　国内价值链与高端服务业发展：实证分析

一、指标选取

本部分着重考察国内价值链与中国高端服务业发展的关系，故解释变量为国内价值链长度，采用中国 230 个地级市 18 个细分行业的上游度指数作为国内价值链长度的代理变量①。现有研究表明上游度指数与国内价值链长度呈正向关系，上游度指数越高，产品离最终需求越远，越偏向于中间投入品，价值链长度越长，该行业在国内价值链中的地位也就越高。一般而言，上游度指数

① 城市数据均由《中国城市统计年鉴》和 EPS 数据库整理而得。

为1时，表示该产品在成为最终需求前所要经历的生产阶段数为0，也即该产品可直接作为最终需求投入市场，该产品所在部门在国内价值链中的地位较低。上游度指数的测算首先参考Antras等（2012）的做法，采用2007年和2012年的投入产出表数据计算出中国30个省份18个细分行业的产业链长度，再根据国内生产总值将省级数据匹配到地级市层面①。具体的匹配公式如下：

$$Ucity_{ijt} = \left(\frac{GDPcity_{it}}{GDPprovince_{it}}\right) \times Uprovince_{ijt} \tag{8-14}$$

其中，$Ucity_{ijt}$表示i城市j行业在t年的上游度指数，$Uprovince_{ijt}$表示城市i所在的省份j行业在t年的上游度指数，$GDPcity_{it}$、$GDPprovince_{it}$则分别表示城市i在t年的人均生产总值和城市i所在省份在t年的人均生产总值。

被解释变量为高端服务业发展水平，本部分使用中国230个地级市数据，从高端服务业集聚和高端服务业占服务行业比重（*proportion*）两个角度衡量发展情况，其中高端服务业集聚包括多样化集聚（*dag*）和专业化集聚（*sag*）两个指标。参考原毅军和陈艳莹（2011）以及宣烨等（2019）的做法，选取了“信息传输、计算机服务和软件业”“金融业”“租赁和商务服务业”以及“科研、技术服务和地质勘查业”四个服务行业的就业数据作为本部分高端服务业的回归样本。高端服务业占服务行业比重（*proportion*）使用高端服务业从业人员数占服务行业总从业人员数的比重表示；高端服务业多样化集聚（*dag*）采用改进的赫芬达尔—赫希曼指数测算；专业化集聚（*sag*）则采用“区位熵”度量（宣烨等，2019）。多样化集聚与专业化集聚指数越大、高端服务业占服务行业比重越高，高端服务业发展水平越高。变量的描述性统计见表8-1。

二、描述性统计分析

表8-1为本节解释变量和被解释变量的统计描述。解释变量为国内价值链长度，分别采用18个细分行业的上游度指数和18个行业平均上游度指数（*Uaverage*）衡量，共计2752个样本量。被解释变量为高端服务业发展情况，

① 省级数据由《中国统计年鉴》和国研网整理而得；投入产出表数据来源于国家统计局；18个细分行业的归类合并参考陈启斐和张为付(2017)，经合并处理，最终保留的18个细分行业为：农业；采矿业；农副食品、饮料业、烟草业；纺织品、皮革和鞋类制造业；木材、纸制品和出版印刷业；化学品和非金属制造业；金属制品业；机械设备制造业；运输设备制造业；电器和光学设备制造业；制造业回收业；电力、水利和煤气供给业；建筑业；旅游和零售业；交通仓储业；金融业；商业服务业；其他服务业。

分别采用高端服务业占服务总行业比重、高端服务业多样化集聚度和高端服务业专业化集聚度来度量，样本量依次为2728个、2711个和2711个。

表8-1　变量描述性统计

变量	指标	符号	样本量	均值	标准差	最小值	最大值
国内价值链长度（解释变量）	平均长度	*Uaverage*	2752	3.9402	2.6942	0.0326	23.3658
	农业	*agriculture*	2752	4.5113	3.9245	0.0265	34.1600
	采矿业	*mining*	2752	5.2377	3.7498	0.0488	36.5700
	农副食品、饮料业、烟草业	*abt*	2752	2.2571	1.5141	0.0154	22.7900
	纺织品、皮革和鞋类制造业	*spin*	2752	3.2131	2.7242	0.0190	28.3200
	木材、纸制品和出版印刷业	*wood*	2752	4.0365	3.0567	0.0235	25.8500
	化学品和非金属制造业	*chem*	2752	3.8003	2.4361	0.0207	25.3500
	金属制品业	*metal*	2752	4.3127	2.9495	0.0326	29.8900
	机械设备制造业	*mech*	2752	2.8175	2.6198	0.0139	29.6600
	运输设备制造业	*trans*	2752	2.6160	2.2699	0.0190	27.3000
	电器和光学设备制造业	*elec*	2752	3.5958	2.8957	0.0246	34.2000
	制造业回收业	*recy*	2752	4.6446	4.7075	0.0285	74.0800
	电力、水利和煤气供给业	*power*	2752	3.4235	2.4921	0.0138	23.1700
	建筑业	*build*	2752	2.5238	2.6101	0.0170	21.1200
	旅游和零售业	*travel*	2752	3.3346	2.3942	0.0328	19.2200
	交通仓储业	*traff*	2752	2.5738	1.9847	0.0078	17.7800
	金融业	*final*	2752	15.0441	23.7737	0.228	259.6000
	商业服务业	*cs*	2752	1.5285	0.9708	0.0074	9.6100
	其他服务业	*os*	2752	0.4525	0.8914	0.0067	9.1190
高端服务业发展（被解释变量）	多样化集聚	*dag*	2711	0.1674	0.1094	0.0151	1.4030
	专业化集聚	*sag*	2711	3.1532	1.2938	0.825	15.0600
	高端服务业占比	*proportion*	2728	0.1451	0.0498	0.0099	0.4430

注：本表数据由Stata15计算结果整理而得。表中城市数据来源于《中国城市统计年鉴》和EPS数据库；省级数据由《中国统计年鉴》和国研网整理而得；国内价值链长度由投入产出表整理而得，数据来源于国家统计局。

在进行实证分析之前，绘制如下的高端服务业占比年均变化趋势图和高端服务业多样化、专业化集聚变化趋势图（图8-1），以便更直观地分析我国近年来的高端服务业发展情况。由图 8－1 可以看出，我国近年来高端服务业发展较好，高端服务业在服务总行业中的占比总体上呈明显上升趋势。高端服务业的集聚水平方面：高端服务业多样化集聚指数在 0～0.5 波动，整体变化趋势不太明显。相比之下，高端服务业的专业化集聚指数居高，在 3～3.5 波动，2003—2004 年下降约 0.3，2004—2013 年上下波动不明显，2013—2014 年有较大上升趋势，专业化集聚度明显增强。

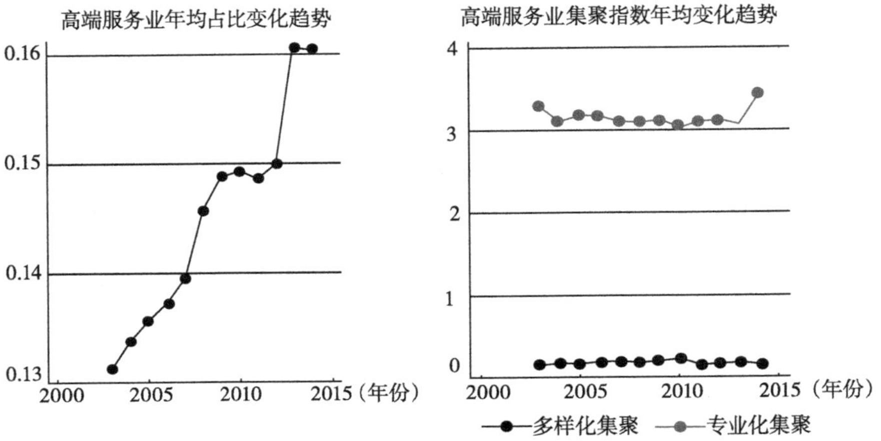

图 8－1　2003—2014 年中国高端服务业发展状况

注：本图由 Stata15 绘制而成，数据来源于《中国城市统计年鉴》和 EPS 数据库。

此外，为了解我国近年来国内价值链的发展情况，本部分进一步绘制了我国 18 个行业的平均上游度指数图（见图 8－2）以及我国 2003—2014 年 18 个行业的年平均上游度指数图（见图 8－3）。由图 8－2 可以看出，我国各行业的平均上游度指数差异较大，金融业的上游度指数较大，价值链长度较长①；除金融业外，采矿业和制造业回收业的上游度指数也较高，分别为 5.24 和 4.64。上游度指数居后三位的分别是农副食品、饮料业、烟草业（2.26），商业服务业（1.53）和其他服务业（1.45）。整体上来看，各行业的上游度指数具有较大差异，且多由行业的“自然属性”所致。目前我国的上游行业多为原材料生产行业以及矿产开采制造业；中游行业集中为工业制造；我国服务业的上游度指数较小，是我国目前的下游行业，在成为最终需求前所要经历的生产阶段数较少，也即该行业在国内价值链中的地位较低。下一步，在稳步提升

① 考虑到金融业的极端值较多，故本书将不对金融业做过多描述。

其他行业上游度的基础上，我国应尤其注重提升服务业在国内价值链的地位，促进服务业多样化发展，努力提升服务业附加值。

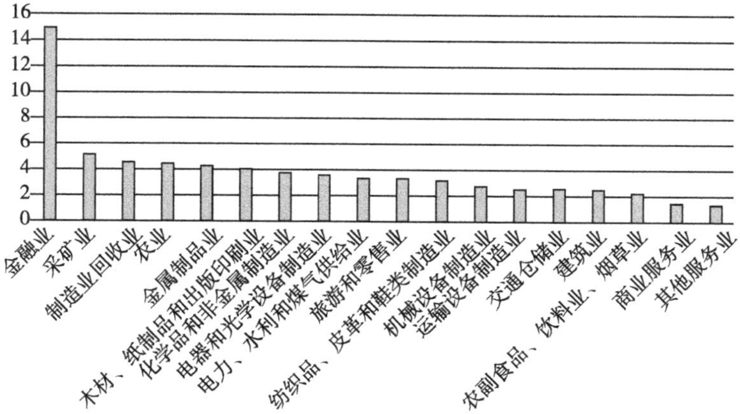

图 8 -2　我国 18 个行业的平均上游度指数

注：本图由 Excel 绘制而成，上游度指数由投入产出表整理而得，数据来源于国家统计局和《中国统计年鉴》。

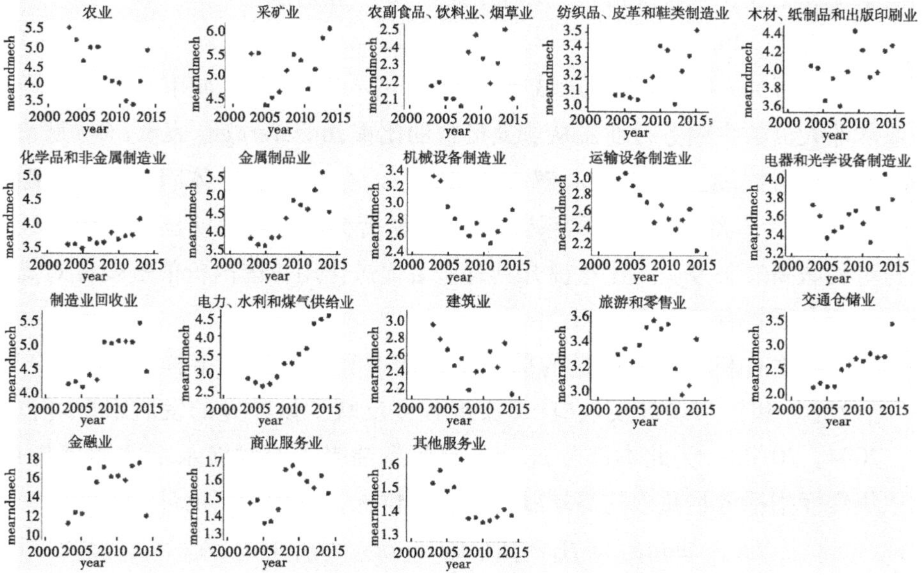

图 8 -3　我国 2003—2014 年 18 个行业的年平均上游度指数

注：本图由 Stata15 绘制而成，上游度指数由投入产出表整理而得，数据来源于国家统计局和《中国统计年鉴》。

图 8 -3 为我国 2003—2014 年 18 个行业的年平均上游度指数的散点分布图，从图中可以详细地了解我国各行业上游度的动态变化情况。可以看出，位

于价值链中上游的采矿业，制造业回收业，金属制品业，木材、纸制品和出版印刷业，化学品和非金属制造业，电力、水利和煤气供给业的上游度指数总体上呈稳健上升趋势；位于价值链下游的农副食品、饮料业、烟草业，商业服务业和其他服务业上游度指数呈波动下降趋势，且以2008年为转折点，考虑是因为受2008年自然灾害和全球金融危机的影响；总的来看，我国的上下游产业向两端延伸，国内价值链的长度有所增加。

三、计量模型构建

本节探讨的核心问题是国内价值链与中国高端服务业发展的关系，也即国内价值链长度提升能否有效促进我国高端服务业发展。实证部分使用2003—2014年230个地级市的面板数据，通过固定个体也即城市层面的变化，采用最小二乘法进行回归分析。国内价值链长度由投入产出表计算的18个行业平均上游度指数衡量，高端服务业发展采用高端服务业占比以及高端服务业多样化集聚度和专业化集聚度衡量。综上，建立如下计量模型：

$$\ln proportion_{it} = \propto_0 + \propto_1 \ln Uaverage_{it} + \gamma_i + \varepsilon_{it} \qquad (8-15)$$

其中，下标 i 和 t 分别表示城市与年份，$\ln proportion_{it}$ 为城市 i 在 t 年高端服务业从业人员数占服务行业总从业人员数的比重；$\ln Uaverage_{it}$ 表示 t 年 i 城市的平均上游度指数，是本节的核心解释变量；γ_i、ε_{it} 分别表示个体固定效应和随机误差项。$\propto_1$ 为本部分最关心的系数，若 $\propto_1$ 显著为正，则表明国内价值链长度提升对我国高端服务业的比重提升具有显著促进作用，国内价值链长度对高端服务业的发展具有正向影响。

产业集聚有利于降低产品的单位生产成本和提升产品多样化程度，产生“价格效应”和“市场规模效应”，集聚程度反映了该产业的发展水平（范剑勇，2004，2010）。为此本部分进一步改变高端服务业发展水平的测度指标，采用集聚度指标考量我国的高端服务业发展情况，设计如下的计量方程：

$$\ln dag_{it} = \beta_0 + \beta_1 \ln Uaverage_{it} + \gamma_i + \varepsilon_{it} \qquad (8-16)$$

$$\ln sag_{it} = \phi_0 + \phi_1 \ln Uaverage_{it} + \gamma_i + \varepsilon_{it} \qquad (8-17)$$

其中，$\ln dag_{it}$ 和 $\ln sag_{it}$ 分别表示高端服务业的多样化集聚水平和专业化集聚水平。下标 i 和 t 与方程（8－15）一致，分别表示城市与年份；$\ln Uaverage_{it}$ 表示 t 年 i 城市的平均上游度指数，与方程（8－1）的含义相同；γ_i、ε_{it} 分别表示个体固定效应和随机误差项。在本模型中，本部分最关心的系数为 β_1 和 ϕ_1，若 β_1 显著为正，则表明国内价值链的长度增加可以促进我国高端服务业的多样化集聚，产生产业集聚的“市场规模效应”；若 ϕ_1 显著为正，则表明国内价值链的长度增加能有效促进我国高端服务业的专业化集聚，发挥产业集聚的“价格效应”。

四、基准回归

表 8－2 为国内价值链与高端服务业发展的基准回归结果。表 8－2 的第（1）列为对高端服务业占比回归的结果，可以看出，国内价值链长度越长，高端服务业从业人数占服务总就业人数的比重越高，高端服务业发展得越好。具体而言，国内价值链每增加一个单位长度，高端服务业从业比重提升约 0.108 个单位。表 8－2 的第（2）列和第（3）列分别为对高端服务业多样化集聚度和专业化集聚度进行回归的结果，可以看出，国内价值链长度增加对高端服务业不同类型的集聚水平存在差异，国内价值链越长，高端服务业的多样化集聚水平越高，但专业化集聚水平将会显著降低。具体来说，国内价值链长度每增加一个百分点，高端服务业多样化集聚度将提升 0.0857 个百分点，与此同时，高端服务业专业化集聚水平将降低 0.0705 个百分点。总体而言，国内价值链长度的提升对我国高端服务业发展具有正向促进作用，能显著提升高端服务业从业比重，并且促进高端服务业的多样化集聚。

表 8－2 国内价值链与高端服务业发展的基准回归结果

项目	高端服务业占比	高端服务业集聚水平	
	(1)	(2)	(3)
	ln*proportion*	ln*dag*	ln*sag*
ln*Uaverage*	0.108***	0.0857***	－0.0705***
	(0.0162)	(0.0299)	(0.0190)
Constant	－2.112***	－2.032***	1.164***
	(0.0195)	(0.0360)	(0.0228)
固定效应	Yes	Yes	Yes
观测值	2720	2703	2703
R^2	0.018	0.003	0.006
面板数	228	228	228

注：本表结果由 Stata15 回归而得，括号中为稳健标准误差，＊＊＊表示在 1% 的水平下显著。表中高端服务业发展数据来源于《中国城市统计年鉴》和 EPS 数据库；省级数据由《中国统计年鉴》和国研网整理而得；国内价值链长度由投入产出表整理而得，数据来源于国家统计局。

五、稳健性检验

由前文的描述性分析可知，我国金融业的上游度指数值较大，金融业的数据存在较多离群点，数据质量较差，回归结果可能存在一定的误差。故本部分将金融业数据剔除，重新计算了剩余17个行业算术平均值（ln*Uaverage*2），将此平均上游度指数作为国内价值链的度量，以检验基准结果的稳健性。稳健性检验结果展示在表8－3的第（1）列至第（3）列，与基准回归一样，第（1）列为对高端服务业从业比重的回归结果，第（2）列和第（3）列分别表示高端服务业的多样化集聚水平和专业化集聚水平。由表8－3的回归结果可知，国内价值链长度与高端服务业的从业占比仍存在显著的正向关系，且系数较基准结果有一定提升（0.120），也即考虑金融业问题后，结果依然稳健。高端服务业的集聚水平方面，结果显示，国内价值链长度越长，高端服务业的专业化集聚水平越低，多样化集聚水平越高，但删除金融业数据后，国内价值链提升对高端服务业多样化集聚度的正向影响不太显著。总体上而言，国内价值链提升能显著促进我国高端服务业发展，结果具有一定的稳健性。

此外，前文的描述性结果显示，各指标的平均变化在2008—2009年前后存在较大波动。考虑到2008年全球金融危机、汶川地震、南方特大雪灾以及北京举办奥运会等一系列外部事件对我国经济发展存在冲击，故在此部分剔除2008年数据后再回归，以检验本部分结果的稳健性。稳健性检验结果展示在表8－3的第（4）列至第（6）列，与前文回归一致，第（4）列为对高端服务业从业比重的回归结果，第（5）列和第（6）列分别表示高端服务业的多样化集聚水平和专业化集聚水平。由回归结果可知，各项系数与显著性均与基准结果保持一致，国内价值链与高端服务业发展存在显著的正向关系，国内价值链长度越长，高端服务业从业比重越高，高端服务业多样化集聚水平越高，专业化集聚水平越低，本部分结果具有较好的稳健性。

表 8－3　国内价值链与高端服务业发展的稳健性检验

项目	剔除金融业数据			剔除 2008 年数据		
	(1)	(2)	(3)	(4)	(5)	(6)
	ln*proportion*	ln*dag*	ln*sag*	ln*proportion*	ln*dag*	ln*sag*
ln*Uaverage2*	0.120 *** (0.0173)	0.0232 (0.0320)	－0.0401 ** (0.0203)			
ln*Uaverage*				0.108 *** (0.0168)	0.0906 *** (0.0311)	－0.0738 *** (0.0196)
Constant	－2.108 *** (0.0182)	－1.954 *** (0.0337)	1.121 *** (0.0214)	－2.112 *** (0.0202)	－2.039 *** (0.0373)	1.169 *** (0.0236)
固定效应	Yes	Yes	Yes	Yes	Yes	Yes
观测值	2720	2703	2703	2492	2479	2479
R^2	0.019	0.000	0.002	0.018	0.004	0.006
面板数	228	228	228	228	228	228

注：本表结果由 Stata15 回归而得，括号中为稳健标准误差，＊＊＊、＊＊分别表示在 1%、5% 的水平下显著。表中高端服务业发展数据来源于《中国城市统计年鉴》和 EPS 数据库；省级数据由《中国统计年鉴》和国研网整理而得；国内价值链长度由投入产出表整理而得，数据来源于国家统计局。

中国地大物博，是世界上人口最多的国家，各城市经济发展水平与发展政策也存在较大差异。考虑到高端服务业发展会受到路径依赖的影响，各城市的高端服务业发展水平与发展特点原本便不尽相同，故本部分在基准回归模型中加入各城市 2003 年高端服务业发展的初始水平值，建立如下计量模型：

$$\ln proportion_{it} = \propto_0 + \propto_1 \ln Uaverage_{it} + \propto_2 \ln P2003_{it} + \gamma_i + \varepsilon_{it} \quad (8-18)$$

$$\ln dag_{it} = \beta_0 + \beta_1 \ln Uaverage_{it} + \beta_2 \ln D2003_{it} + \gamma_i + \varepsilon_{it} \quad (8-19)$$

$$\ln sag_{it} = \phi_0 + \phi_1 \ln Uaverage_{it} + \phi_2 \ln S2003_{it} + \gamma_i + \varepsilon_{it} \quad (8-20)$$

其中，$\ln P2003_{it}$、$\ln D2003_{it}$ 和 $\ln S2003_{it}$ 分别表示 i 城市 2003 年的高端服务业从业比重、i 城市 2003 年的高端服务业多样化集聚水平和 i 城市 2003 年的高端服务业专业化集聚水平。其余符号含义与上文基准模型一致。

表 8 -4　考虑路径依赖后的稳健性检验

项目	高端服务业占比	高端服务业集聚水平	
	(1)	(2)	(3)
	ln*proportion*	ln*dag*	ln*sag*
ln*Uaverage*	0. 0746 *** (0. 0111)	0. 0126 (0. 0203)	-0. 0171 (0. 0142)
ln*P*2003	0. 796 *** (0. 0286)		
ln*D*2003		0. 721 *** (0. 0332)	
ln*S*2003			0. 758 *** (0. 0374)
Constant	-0. 420 *** (0. 0648)	-0. 464 *** (0. 0736)	0. 241 *** (0. 0469)
固定效应	No	No	No
观测值	2720	2703	2703
R^2	0. 018	0. 003	0. 006
面板数	228	228	228

注：本表结果由 Stata15 回归而得，括号中为稳健标准误差，＊＊＊表示在 1% 的水平下显著。表中高端服务业发展数据来源于《中国城市统计年鉴》和 EPS 数据库；省级数据由《中国统计年鉴》和国研网整理而得；国内价值链长度由投入产出表整理而得，数据来源于国家统计局。

表 8 -4 即为加入 2003 年初始数据，考虑路径依赖对本部分结果影响后的回归结果。与基准回归一样，第（1）列为对高端服务业从业比重的回归结果，第（2）列和第（3）列分别表示高端服务业的多样化集聚和专业化集聚。表 8 -4 结果表明，国内价值链与高端服务业从业人员比重提升存在正向关系，国内价值链长度越长，高端服务业从业比重越高；此外，国内价值链提升对高端服务业的多样化集聚存在正向影响，对高端服务业的专业化集聚存在负向影响，虽然该回归结果的显著性较差，但系数符号与基准回归结果一致。整体上来讲，回归结果与基准回归结果基本一致，考虑路径依赖影响后，国内价值链提升对高端服务业发展仍存在显著的正向关系，结果具有一定的稳健性。

第三节 国内价值链与现代化经济体系建设：实证分析

一、指标选取

在本节中，国内价值链的度量与上节一样，采用中国230个地级市18个细分行业的上游度指数表示。现代化经济体系建设的测度指标分为三个部分，即内容体系建设、动力体系建设和供给体系建设。内容体系采用制造业升级表示，使用工企数据库做处理，分为资本密集型、劳动密集型和技术密集型，将工业产值中资本密集型产业产值比重（*cappro*）、工业产值中劳动密集型产业产值比重（*labpro*）、工业产值中技术密集型产业产值比重（*techpro*）作为衡量标准。技术密集型产业产值在工业总产值中的比重越大，表明该城市制造业升级效果越显著，内容体系建设越好。动力体系采用由Deap2.1计算的全要素生产率（*tfp*）衡量，资本投入由永续盘存法（PIM）计算而得，借鉴单豪杰（2008）一文，采用10.96%为固定资产折旧率。此外，本部分也进一步计算了绿色全要素生产率（*gtfp*），作为动力体系的稳健性检验[①]。（绿色）全要素生产率越大，表明该城市越具有发展动力，动力体系建设越好。供给体系采用的是创新供给，使用专利数据衡量，包括专利申请总量（*toalpalent*）、发明专利申请量（*invent*）、外观设计专利申请量（*appearance*）、实用新型专利申请量（*function*），申请的专利越多，表明该城市创新水平越高，供给体系建设越好[②]。变量的描述性统计见表8-5，其中，解释变量国内价值链长度的描述可见表8-1。

二、描述性统计分析

表8-5为本节被解释变量的统计描述。本节的现代化经济体系分为内容

① 借鉴匡远凤（2012）和陈诗一（2009）的做法，本节将污染作为一种投入，与劳动和资本一样纳入生产函数中，采用Deap2.1进行测算。污染投入指标包括单位GDP水污染排放量、单位GDP二氧化硫排放量、单位GDP二氧化碳排放量、单位GDP烟粉尘排放量。其中二氧化碳（CO_2）排放量数据根据省级能源消费量数据进行计算匹配而得，能源消费量数据来源于《中国能源统计年鉴》，其余污染数据由《中国城市统计年鉴》整理而得。

② 专利数据由《中国城市和产业创新力报告》和中国知识产权数据库整理而得。

体系、动力体系和供给体系，表 8 -5 详细地给出了各体系的度量指标、符号、样本量、均值与标准差。

表 8 -5 变量描述性统计

项目	指标	符号	样本量	均值	标准差	最小值	最大值
内容体系（制造业升级）	资本密集型比重	*cappro*	2490	0. 3881	0. 1984	0. 0315	0. 989
	劳动密集型比重	*labpro*	2490	0. 2649	0. 1691	0. 0037	0. 907
	技术密集型比重	*techpro*	2490	0. 3470	0. 1733	0. 0043	0. 938
动力体系（生产率）	全要素生产率	*tfp*	2748	1. 0850	0. 5000	0. 0000	7. 765
	绿色全要素生产率	*gtfp*	2748	1. 114	0. 738	0. 0000	9. 785
供给体系（专利数据）	专利申请总量	*toalpalent*	2760	2944. 144	8911. 593	0. 0000	128298
	发明专利申请量	*invent*	2758	1008. 995	3856. 544	0. 0000	72285
	外观设计专利申请量	*appearance*	1798	878. 672	3341. 774	0. 0000	73610
	实用新型专利申请量	*function*	1798	1110. 477	3319. 507	0. 0000	42715

注：本表数据由 Stata15 计算结果整理而得。内容体系（制造业升级）由工企数据库整理而得；动力体系中能源消费量数据来源于《中国能源统计年鉴》，污染数据由《中国城市统计年鉴》整理而得；供给体系中的专利数据由《中国城市和产业创新力报告》和中国知识产权数据库整理而得。

为进一步了解我国目前现代化体系的建设情况，分别对内容体系、动力体系和供给体系 2003—2014 年的发展动态绘制了折线图。图 8 -4 为内容体系建设情况的分析，分别绘制了劳动密集型、资本密集型和技术密集型产业产值占工业总产值比重的发展动态图。

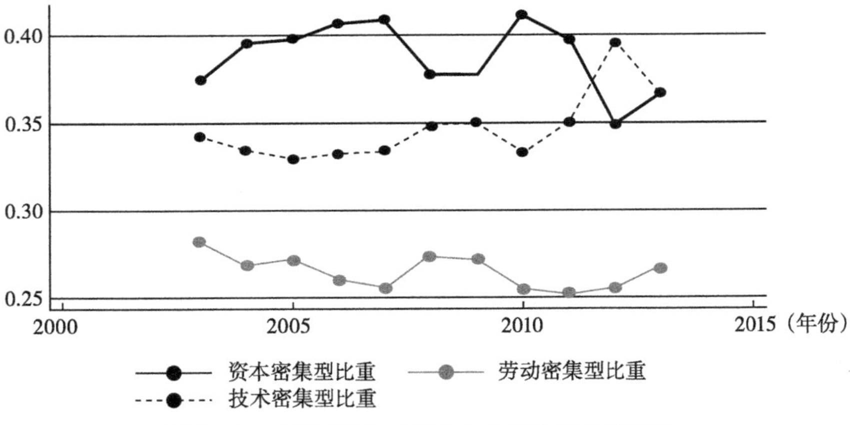

图 8 -4 中国 2003—2014 年内容体系建设情况

注：本图由 Stata15 绘制而成，数据来源于工企数据库。

由图 8 -4 可以看出，我国制造业发展以资本密集型产业为主，技术密集型产业次之，劳动密集型产业在工业总产值中的比重最低。2003—2014 年工业产值中劳动密集型产业产值比重在 0. 25 ~ 0. 30 波动，2014 年所占比重较 2003 年有所下降，总体上呈下降趋势。技术密集型产业产值比重在 0. 325 ~ 0. 4 波动，2008 年至 2010 年有一个短期下降波动，2010 年之后快速回升并突破 0. 35。资本密集型产业产值比重在 2003—2007 年呈上升趋势，2007—2009 年以及 2010—2013 年出现下降波动，2013 年后再回升，但回升比例不及前期下降比例，总体上讲，在 2010 年之后呈下降趋势，与技术密集型产业呈互补状态，也即 2010 年之后，技术密集型产业产值有较大提升，但资本密集型产业产值下降明显。工业产值中资本密集型产业产值比重和技术密集型产业产值比重的变化状况，一定程度上体现了我国制造业由资本密集型产业向技术密集型产业的过渡，制造业升级效果日益显著。我国虽为人口大国，具备一定的“人口红利”，但劳动密集型产业产值占比较低，体现了劳动密集型产业的低效率、低附加值特征，未来我国的工业发展仍应以资本密集型和技术密集型为主，且逐步由资本密集型产业向技术密集型产业过渡。总体来看，我国制造业正处于升级转型阶段，内容体系建设总体趋势向好。

图 8 -5 为我国 2003—2014 年动力体系的建设情况，以全要素生产率（*tfp*）作为衡量指标。由图 8 -5 可以看出，2003—2014 年我国全要素生产率总体上波动较为明显，并有下降趋势。

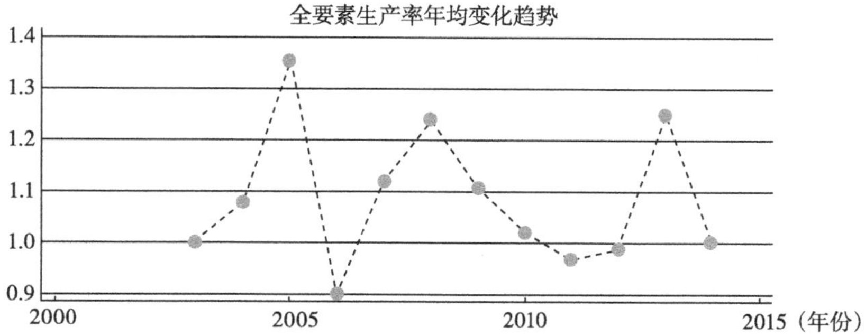

图 8 -5　中国 2003—2014 年动力体系建设情况

注：本图由 Stata15 绘制而成，数据来源于《中国城市统计年鉴》。

对此，作者分析认为，近年来，我国服务业发展迅猛，在三次产业中的比重逐年上升，2013 年服务业增加值首次超越第二产业，成为我国的龙头产业。考虑到“鲍莫尔成本病”模型，服务业为“渐进停滞”部门，相较于工业，服务业的生产率增长较慢，故当服务业增加值超越工业增加值，成为 GDP 的第一大贡献产业后，经济会进入缓慢甚至停滞的增长阶段。因此，我国现代化经济建设缺乏动力、全要素生产率呈下降趋势可以考虑为服务业的快速发展所致。

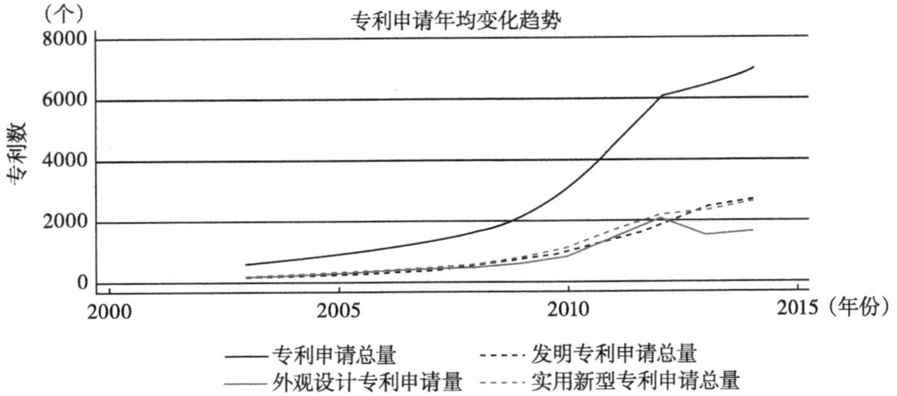

图 8－6　中国 2003—2014 年供给体系建设情况

注：本图由 Stata15 绘制而成，专利数据由《中国城市和产业创新力报告》和中国知识产权数据库整理而得。

图 8－6 为我国供给体系的发展动态图，采用专利申请量作为测度指标。图 8－6 体现了 2003—2014 年来我国供给体系建设情况良好，无论是专利申请总量还是细分下的外观设计专利申请量、发明专利申请量和实用新型专利申请量总体上均呈上升趋势。尤其是 2009 年之后，以实用新型专利申请为主，各类型专利申请量均呈现较快增长，体现了我国的创新技术发展较好，以实用型创新为支撑的供给体系建设效果明显。

三、计量模型构建

本节探讨的核心问题是国内价值链与现代化经济体系建设的关系，也即研究国内价值链长度的增加对我国现代化经济体系建设的影响。实证部分依然使用 2003—2014 年 230 个地级市的面板数据，通过固定个体和时间层面的变化，采用最小二乘法进行回归分析。衡量国内价值链长度的指标与上一节一致，从内容体系、动力体系和供给体系对现代化经济体系进行综合分析。建立的计量模型如下：

$$\ln content_{it} = \propto_0 + \propto_1 \ln Uaverage_{it} + \gamma_i + \varepsilon_{it} \qquad (8-21)$$

$$\ln power_{it} = \beta_0 + \beta_1 \ln Uaverage_{it} + \gamma_i + \varepsilon_{it} \tag{8-22}$$

$$\ln supply_{it} = \phi_0 + \phi_1 \ln Uaverage_{it} + \gamma_i + \varepsilon_{it} \tag{8-23}$$

其中，下标 i 和 t 分别表示城市与年份，$\ln content_{it}$ 为城市 i 在 t 年内容体系的建设情况，采用制造业升级表示，分为劳动密集型（*cappro*）、资本密集型（*labpro*）和技术密集型（*techpro*），使用各类型产业产值占工业产值比重衡量。$\ln power_{it}$ 表示城市 i 在 t 年动力体系的发展情况，采用全要素生产率（*tfp*）衡量。$\ln supply_{it}$ 表示城市 i 在 t 年供给体系的建设情况，供给体系使用专利数据衡量，包括专利申请总量（*toalpalent*）、发明专利申请量（*invent*）、外观设计专利申请量（*appearance*）、实用新型专利申请量（*function*）；$\ln Uaverage_{it}$表示 t 年 i 城市的平均上游度指数，是本节的核心解释变量；γ_i、ε_{it}分别表示个体固定效应和随机误差项。在本模型中，本节最关心的系数为$\propto_1$、β_1 和 ϕ_1，若 $\propto_1$ 显著为正，则表明国内价值链的长度增加有利于促进我国制造业升级，对内容体系建设具有较好的帮助；若 β_1 显著为正，则意味着国内价值链长度的增加对我国全要素生产率具有显著的正向影响，可以为我国经济发展注入动力；若 ϕ_1 显著为正，表明国内价值链长度的增加能有效增加我国专利申请量，提升我国创新水平，对供给体系的建设具有很好的促进作用。

四、基准回归

表 8－6 为国内价值链与现代化经济体系建设的基准回归结果。现代化经济体系建设具体分为内容体系建设、动力体系建设和供给体系建设。表 8－6 的第（1）列至第（3）列为对内容体系建设回归的结果，内容体系采用制造业升级表示，第（1）列至第（3）列分别表示工业产值中资本密集型产业产值比重、工业产值中劳动密集型产业产值比重以及工业产值中技术密集型产业产值比重。可以看出，国内价值链提升，工业产值中资本密集型产业产值比重没有明显变化，劳动密集型产业产值比重显著降低，技术密集型产业产值比重显著提升。具体来讲，国内价值链长度提升 1%，工业产值中劳动密集型产业产值比重降低 8.96%，工业产值中技术密集型产业产值比重提升 8.85%。制造业中劳动密集型产业份额减少，而技术密集型产业份额在增加，表明国内价值链的提升对我国制造业产业结构升级具有显著的促进作用，对内容体系建设具有较大帮助。表 8－6的第（4）列和第（5）列为对动力体系建设回归的结果，动力体系采用生产率表示，第（4）列和第（5）列分别为对全要素生产

率和绿色全要素生产率进行回归的结果。结果显示，无论是采用全要素生产率还是采用绿色全要素生产率，回归系数均不显著，表明国内价值链的提升对我国动力体系建设不具有显著的影响。表8－6的第（6）列至第（9）列为对供给体系建设回归的结果，供给体系采用专利申请数据衡量，第（6）列至第（9）列分别表示专利申请总量、发明专利申请量、外观设计专利申请量和实用新型专利申请量。由回归结果可知，无论是专利申请总量、发明专利申请量、外观设计专利申请量还是实用新型专利申请量，国内价值链长度越长，专利申请量越多，表明国内价值链的提升对我国城市创新水平具有显著的促进作用，能较好帮扶我国供给体系建设。综观各项结果，国内价值链的提升虽然对我国动力体系没有显著影响，但对内容体系建设和供给体系建设均具有明显的推进作用，总体上较好地推动了我国现代化经济体系建设。

表 8-6　国内价值链与现代化经济体系建设的基准回归结果

项目	内容体系建设			动力体系建设		供给体系建设			
	(1)	(2)	(3)	(4)	(5)	(6)	(7)	(8)	(9)
	ln*cappro*	ln*labpro*	ln*techpro*	ln*tfp*	ln*gtfp*	ln*toalpalent*	ln*invent*	ln*appearance*	ln*function*
ln*Uaverage*	0.0126	-0.0896***	0.0885***	-0.0326	0.0247	1.536***	1.699***	1.208***	1.404***
	(0.0222)	(0.0308)	(0.0270)	(0.0405)	(0.0526)	(0.113)	(0.124)	(0.137)	(0.107)
Constant	-1.097***	-1.485***	-1.330***	0.0525	-0.0297	4.381***	2.754***	3.041***	3.665***
	(0.0265)	(0.0367)	(0.0323)	(0.0485)	(0.0629)	(0.135)	(0.148)	(0.161)	(0.125)
固定效应	Yes	Yes	Yes	Yes	Yes	Yes	Yes	Yes	Yes
观测值	2483	2483	2483	2732	2708	2749	2733	1766	1794
R^2	0.000	0.004	0.005	0.000	0.000	0.068	0.069	0.046	0.095
面板数	228	228	228	229	229	230	230	150	150

注：本表结果由Stata15回归而得，括号中为稳健标准误差，***表示在1%的水平下显著。内容体系（制造业升级）由工企数据库整理而得；动力体系中能源消费量数据来源于《中国能源统计年鉴》，城市污染数据和投入、产出数据由《中国城市统计年鉴》整理而得；供给体系中的专利数据由《中国城市和产业创新力报告》和中国知识产权数据库整理而得。国内价值链长度由投入产出表整理而得，数据来源于国家统计局。

五、稳健性检验

与上节一样，本节将从剔除金融业样本、删除 2008 年回归数据和考虑路径依赖影响三个方面进行结果的稳健性检验。金融业数据存在较多离群点，可能导致回归结果存在一定的误差，剔除金融行业数据，重新计算 17 个行业的平均上游度指数（ln*Uaverage*2）进行稳健性检验，回归结果见表 8 - 7。与基准回归表一样，表 8 - 7 的前三列为对内容体系建设回归的结果，第（4）列和第（5）列两列为动力体系建设，后四列为供给体系建设。可以看出，国内价值链提升与劳动密集型产业产值占比仍存在显著的负向关系，与技术密集型产业产值占比存在显著的正向关系，与资本密集型产业产值占比不存在显著的因果关系，结果均与基准回归结果中的系数和显著性保持一致。动力体系建设方面，表 8 - 7 的第（4）列和第（5）列结果显示，国内价值链长度对全要素生产率不存在显著影响，与基准结果保持一致；对绿色全要素生产率在 10% 的水平上显著，且具有一定的正向促进作用。供给体系建设方面，第（6）列至第（9）列结果显示，国内价值链长度对各类专利申请量均存在显著的正向影响，系数符号和显著性与基准结果保持一致。综上所述，考虑金融业问题后，国内价值链提升对内容体系建设和供给体系建设均存在较大的推动作用，总体上可以显著促进我国现代化体系建设，回归结果具有一定的稳健性。

此外，考虑到 2008 年全球金融危机、汶川地震、南方特大雪灾以及北京举办奥运会等一系列外部事件对我国经济发展存在冲击，以下将剔除 2008 年数据后再回归，以检验本部分结果的稳健性。表 8 - 8 为剔除 2008 年数据后的稳健性检验结果。与前文回归一致，前三列为对内容体系建设回归的结果，第（4）列和第（5）列为动力体系建设的回归结果，第（6）列至第（9）列为对供给体系建设的回归结果。前 3 列的结果显示，考虑 2008 年一系列外部事件冲击后，工业总产值中资本密集型产业产值占比系数仍不显著，劳动密集型产业产值占比系数显著为负，技术密集型产业产值占比系数显著为正，动力体系的生产率系数均不显著，各项专利申请量的系数均显著为正，所有系数的符号和显著性均与基准回归结果保持一致。综上所述，剔除 2008 年数据后，本部分结果依然具有稳健性。

表 8-7　剔除金融业后的稳健性检验

项目	内容体系建设			动力体系建设		供给体系建设			
	(1)	(2)	(3)	(4)	(5)	(6)	(7)	(8)	(9)
	lncappro	ln*labpro*	ln*techpro*	ln*tfp*	ln*gtfp*	ln*toalpalent*	ln*invent*	ln*appearance*	ln*function*
lnUaverage2	0.0126	-0.107***	0.0934***	0.0158	0.0939*	1.574***	1.719***	1.316***	1.555***
	(0.0236)	(0.0327)	(0.0287)	(0.0433)	(0.0562)	(0.121)	(0.132)	(0.147)	(0.115)
Constant	-1.095***	-1.481***	-1.321***	-0.00246	-0.0973*	4.569***	2.985***	3.161***	3.781***
	(0.0246)	(0.0341)	(0.0299)	(0.0453)	(0.0587)	(0.126)	(0.138)	(0.146)	(0.113)
固定效应	Yes	Yes	Yes	Yes	Yes	Yes	Yes	Yes	Yes
观测值	2483	2483	2483	2732	2708	2749	2733	1766	1794
R^2	0.000	0.005	0.005	0.000	0.001	0.063	0.063	0.047	0.100
面板数	228	228	228	229	229	230	230	150	150

注：本表结果由Stata15回归而得，括号中为稳健标准误差，***、*表示在1%和10%的水平下显著。内容体系（制造业升级）由工企数据库整理而得；动力体系中能源消费量数据来源于《中国能源统计年鉴》，城市污染数据和投入、产出数据由《中国城市统计年鉴》整理而得；供给体系中的专利数据由《中国城市和产业创新力报告》和中国知识产权数据库整理而得。国内价值链长度由投入产出表整理而得，数据来源于国家统计局。

表 8 - 8　剔除 2008 年样本后的稳健性检验

项目	内容体系建设			动力体系建设		供给体系建设			
	(1)	(2)	(3)	(4)	(5)	(6)	(7)	(8)	(9)
	ln*cappro*	ln*labpro*	ln*techpro*	ln*tfp*	ln*gtfp*	ln*toalpalent*	ln*invent*	ln*appearance*	ln*function*
ln*Uaverage*	0.0160	-0.0921***	0.0955***	-0.0295	0.0199	1.596***	1.759***	1.246***	1.455***
	(0.0228)	(0.0319)	(0.0283)	(0.0398)	(0.0531)	(0.119)	(0.131)	(0.142)	(0.112)
Constant	-1.097***	-1.486***	-1.339***	0.0450	-0.0367	4.344***	2.713***	3.043***	3.641***
	(0.0271)	(0.0381)	(0.0337)	(0.0476)	(0.0634)	(0.142)	(0.156)	(0.166)	(0.131)
固定效应	Yes	Yes	Yes	Yes	Yes	Yes	Yes	Yes	Yes
观测值	2255	2255	2255	2503	2480	2519	2504	1619	1644
R^2	0.000	0.004	0.006	0.000	0.000	0.073	0.074	0.050	0.102
面板数	228	228	228	229	229	230	230	150	150

注：本表结果由Stata15回归而得，括号中为稳健标准误差，*** 表示在1%的水平下显著。内容体系（制造业升级）由工企数据库整理而得；动力体系中能源消费量数据来源于《中国能源统计年鉴》，城市污染数据和投入、产出数据由《中国城市统计年鉴》整理而得；供给体系中的专利数据由《中国城市和产业创新力报告》和中国知识产权数据库整理而得。国内价值链长度由投入产出表整理而得，数据来源于国家统计局。

受各地区经济发展水平存在差异的影响，各城市的现代化经济体系建设水平不尽相同，考虑现代化经济体系建设水平存在路径依赖，本部分将在基准回归模型中加入各城市 2003 年现代化经济体系建设的初始水平值，建立如下计量模型：

$$\ln Content_{it} = \propto_0 + \propto_1 \ln Uaverage_{it} + \propto_2 \ln Content2003_i + \gamma_i + \varepsilon_{it} \quad (8-24)$$

$$\ln Supply_{it} = \phi_0 + \phi_1 \ln Uaverage_{it} + \phi_2 \ln Supply2003_i + \gamma_i + \varepsilon_{it} \quad (8-25)$$

其中，$\ln Content2003_i$ 和 $\ln Supply2003_i$ 分别表示城市 i 的内容体系初始发展水平和供给体系初始发展水平，本部分使用 2003—2014 年的城市层面数据进行回归，故初始值采用各指标 2003 年数据表示。内容体系中资本密集型、劳动密集型和技术密集型的初始产值比重分别采用符号 ln*Cap*2003、ln*Lab*2003 和 ln*Tec*2003 表示。供给体系中专利申请总量、发明专利申请量、外观设计专利申请量和实用新型专利申请量的初始值分别采用符号 ln*T*2003、ln*I*2003、ln*A*2003 和 ln*F*2003 表示。此外，由于动力体系的全要素生产率和绿色全要素生产率采用 Deap2. 1 计算而得，初始年份（也即 2003 年）的数值均为 1，故在此不考虑动力体系的路径依赖问题。其余符号含义与前文一致。

表 8－9　考虑路径依赖后的稳健性检验

项目	内容体系建设			供给体系建设			
	(1)	(2)	(3)	(4)	(5)	(6)	(7)
	lncappro	ln*labpro*	ln*techpro*	ln*toalpalent*	ln*invent*	ln*appearance*	ln*function*
ln*Uaverage*	0. 00285 (0. 0157)	－0. 0739 *** (0. 0242)	0. 0504 *** (0. 0182)	0. 434 *** (0. 0543)	0. 610 *** (0. 0661)	0. 342 *** (0. 0832)	0. 369 *** (0. 0526)
ln*Cap*2003	0. 824 *** (0. 0235)						
ln*Lab*2003		0. 850 *** (0. 0271)					
ln*Tec*2003			0. 820 *** (0. 0223)				
ln*T*2003				0. 866 *** (0. 0228)			
ln*I*2003					0. 817 *** (0. 0280)		

续表

项目	内容体系建设			供给体系建设			
	(1)	(2)	(3)	(4)	(5)	(6)	(7)
	lncappro	ln*labpro*	ln*techpro*	ln*toalpalent*	ln*invent*	ln*appearance*	ln*function*
ln*A*2003					0.812 *** (0.0339)		
ln*F*2003						0.911 *** (0.0253)	
Constant	-0.151 *** (0.0368)	-0.225 *** (0.0479)	-0.243 *** (0.0389)	1.431 *** (0.116)	1.356 *** (0.107)	1.388 *** (0.152)	0.990 *** (0.115)
固定效应	No	No	No	No	No	No	No
观测值	2453	2453	2453	2739	2607	1677	1773
R^2	0.000	0.004	0.005	0.068	0.071	0.038	0.095
面板数	225	225	225	229	218	141	148

注：本表结果由Stata15回归而得，括号中为稳健标准误差，＊＊＊表示在1%的水平下显著。内容体系（制造业升级）由工企数据库整理而得；动力体系中能源消费量数据来源于《中国能源统计年鉴》，城市污染数据和投入、产出数据由《中国城市统计年鉴》整理而得；供给体系中的专利数据由《中国城市和产业创新力报告》和中国知识产权数据库整理而得。国内价值链长度由投入产出表整理而得，数据来源于国家统计局。表中所有结果保留小数点后4位有效数字。

表8-9为考虑各指标初始年份值后的回归结果。第（1）列至第（3）列为对内容体系各变量回归的结果，第（4）列至第（7）列为对供给体系各变量回归的结果。从表8-9可以看出，国内价值链的提升对工业总产值中资本密集型产业产值占比的影响仍不显著，对劳动密集型产业产值占比的影响显著为负，对技术密集型产业产值占比的影响显著为正；对各项专利申请量的影响均显著为正；所有系数的符号和显著性均与基准回归结果保持一致。故综上所述，考虑路径依赖对本部分结果的影响后，回归结果与基准结果一致，本部分结果具有较好的稳健性。

第四节　国内价值链、高端服务业发展与现代化经济体系建设：实证分析

一、计量模型构建

由前文分析可知，国内价值链长度越长，高端服务业从业占比越高，且国内价值链可显著促进高端服务业的多样化集聚，但对高端服务业的专业化集聚具有负向影响。此外，有关国内价值链与现代化经济体系建设关系的研究结论为：国内价值链长度越长，工业总产值中劳动密集型产业产值占比越低、技术密集型产业产值占比越高，专利申请量越多，但全要素生产率和绿色全要素生产率并不会有明显变化。也即，国内价值链提升对我国内容体系建设和供给体系建设具有较好的促进作用，对动力体系建设效果并不明显。综合现有结论：国内价值链提升对高端服务业发展具有正向促进作用，对现代化经济体系具有显著的推动作用。本部分将此三个变量相结合，进一步研究国内价值链视角下高端服务业发展与现代化经济体系建设的关系。首先，建立如下计量模型，以研究高端服务业发展与现代化经济体系建设间的关系：

$$\ln content_{it} = \propto_0 + \propto_1 \ln proportion_{it} + \propto_2 \ln dag_{it} + \propto_3 \ln sag_{it} + \gamma_i - \varepsilon_{it} \tag{8-26}$$

$$\ln power_{it} = \beta_0 + \beta_1 \ln proportion_{it} + \beta_2 \ln dag_{it} + \beta_3 \ln sag_{it} + \gamma_i - \varepsilon_{it} \tag{8-27}$$

$$\ln supply_{it} = \phi_0 + \phi_1 \ln proportion_{it} + \phi_2 \ln dag_{it} + \phi_3 \ln sag_{it} + \gamma_i - \varepsilon_{it} \tag{8-28}$$

其中，下标 i 和 t 分别表示城市与年份，被解释变量 $\ln content_{it}$、$\ln power_{it}$ 和 $\ln supply_{it}$ 的含义与上节相同，分别表示城市 i 在 t 年的内容体系、动力体系和供给体系建设情况；$\ln proportion_{it}$、$\ln dag_{it}$ 和 $\ln sag_{it}$ 分别为城市 i 在 t 年高端服务业从业人员数占服务行业总从业人员数的比重、高端服务业多样化集聚水平和高端服务业专业化集聚水平；γ_i、ε_{it} 分别表示个体固定效应和随机误差项。$\propto_1$、β_1 和 ϕ_1 为本部分最关心的系数，若 $\propto_1$ 显著为正，则表明在国内价值链视角下，高端服务业发展对内容体系建设具有促进作用；若 β_1 显著为正，则意味着在国内价值链视角下，高端服务业发展对动力体系建设具有帮助作用；

若 ϕ_1 显著为正，表明在国内价值链视角下，高端服务业发展对供给体系的建设具有很大的促进作用。

二、基准回归

表 8-10 为高端服务业发展与现代化经济体系建设的基准回归结果，前三列为对方程（8-26）的估计结果，第（4）列和第（5）列为对方程(8-27)的估计结果，方程（8-28）的回归结果展示在后四列。由表 8-10 的第（1）列至第（3）列可以看出，服务行业中高端服务业的从业比重越高，劳动密集型产业产值在工业总产值中所占份额越小，技术密集型产业产值在工业总产值中所占份额越大，资本密集型产业产值在工业总产值中所占份额不变。具体来讲，高端服务业从业占比每提高一个百分点，工业产值中劳动密集型产业产值占比将降低 0.224 个百分点，技术密集型产业产值占比将提高 0.282 个百分点，高端服务业发展显著促进了工业的生产总值由劳动密集型产业向技术密集型产业转变，较好地促进了我国制造业结构升级。

动力体系方面，由表 8-10 的第（5）列和第（6）列可以看出，服务行业中高端服务业的从业比重与绿色全要素生产率之间不存在明显的因果关系，但高端服务业的多样化集聚水平对生产率的提升具有一定的正向促进作用，多样化集聚水平越高，全要素生产率和绿色全要素生产率越高。表 8-10 的最后四列结果表明，高端服务业从业比重的提升，无论是对专利申请总量，还是对发明专利、外观设计专利抑或是实用新型专利申请量均有显著的正向影响，高端服务业的发展对供给体系建设水平的提高具有较好的促进作用。综上所述，在国内价值链视角下，高端服务业发展对内容体系建设和供给体系建设均具有一定的推动作用，对动力体系建设的促进作用不明显。总体上讲，在国内价值链视角下，高端服务业的发展对现代化经济体系建设具有较大的推动作用。

表 8－10　高端服务业发展与现代化经济体系建设的基准回归结果

项目	内容体系建设			动力体系建设		供给体系建设			
	(1)	(2)	(3)	(4)	(5)	(6)	(7)	(8)	(9)
	ln*cappro*	ln*labpro*	ln*techpro*	ln*tfp*	ln*gtfp*	ln*toalpalent*	ln*invent*	ln*appearance*	ln*function*
ln*proportion*	0. 0191	－0. 224***	0. 282***	0. 0125	0. 108	4. 328***	4. 751***	3. 601***	3. 387***
	(0. 0331)	(0. 0458)	(0. 0401)	(0. 0620)	(0. 0803)	(0. 155)	(0. 171)	(0. 208)	(0. 167)
ln*dag*	0. 00657	0. 00146	－0. 137***	0. 0714*	0. 116**	－0. 410***	－0. 441***	－0. 148	0. 0348
	(0. 0203)	(0. 0280)	(0. 0245)	(0. 0376)	(0. 0490)	(0. 0937)	(0. 103)	(0. 152)	(0. 122)
ln*sag*	－0. 0931**	0. 328***	－0. 315***	0. 0436	0. 0450	－2. 995***	－3. 347***	－1. 974***	－1. 654***
	(0. 0376)	(0. 0520)	(0. 0455)	(0. 0683)	(0. 0890)	(0. 170)	(0. 187)	(0. 253)	(0. 203)
Constant	－0. 925***	－2. 392***	－0. 586***	0. 130	0. 389*	17. 24***	16. 96***	13. 46***	13. 91***
	(0. 0878)	(0. 121)	(0. 106)	(0. 164)	(0. 213)	(0. 411)	(0. 453)	(0. 563)	(0. 451)
固定效应	Yes	Yes	Yes	Yes	Yes	Yes	Yes	Yes	Yes
观测值	2466	2466	2466	2695	2671	2705	2690	1735	1759
R^2	0. 007	0. 028	0. 032	0. 002	0. 003	0. 244	0. 245	0. 159	0. 204
面板数	228	228	228	227	227	228	228	148	148

注：本表结果由Stata15回归而得，括号中为稳健标准误差，＊＊＊、＊＊、＊分别表示在1%、5%和10%的水平下显著。内容体系（制造业升级）由工企数据库整理而得；动力体系中能源消费量数据来源于《中国能源统计年鉴》，城市污染数据和投入、产出数据由《中国城市统计年鉴》整理而得；供给体系中的专利数据由《中国城市和产业创新力报告》和中国知识产权数据库整理而得。高端服务业发展数据来源于《中国城市统计年鉴》和EPS数据库。表中所有结果保留小数点后4位有效数字。

三、稳健性检验

与前文分析类似，以下将从剔除2008年回归样本和考虑路径依赖影响两个方面考虑基准结果的稳健性问题。表8-11为考虑2008年外部事件影响剔除2008年样本后的回归结果，表中各列含义与表8-10一致，前三列为对内容体系回归的结果，第（4）列和第（5）列为动力体系回归结果，后四列为供给体系回归结果。从表8-11的回归结果可以看出，与基准回归结果一致，服务行业中高端服务业的从业比重与工业产值中劳动密集型产业产值比重呈反向关系，与工业总产值中技术密集型产业产值比重呈正向关系，与工业总产值中资本密集型产业产值比重不存在显著的关系。具体来讲，高端服务业从业占比每提高一个百分点，工业产值中劳动密集型产业产值占比将降低0.223个百分点，技术密集型产业产值比重将提高0.292个百分点，较基准结果有所提升，系数符号和显著性与表8-10结果均保持一致。高端服务业占比对动力体系建设的影响仍不显著，但高端服务业的多样化集聚可以促进我国（绿色）全要素生产率的提升。供给体系方面，高端服务业比重提升对各类专利申请量的增加均有显著的正向作用。综上所述，剔除2008年回归样本后的结果均与基准回归结果一致，在国内价值链视角下，高端服务业发展能显著推进现代化经济体系建设，结果具有较好的稳健性。

考虑到我国各城市经济发展水平差异较大，为排除各城市现代化经济体系建设的初始水平对本部分结果的影响，与前文稳健性检验一样，以下分别将解释变量的初始数值作为解释变量，放入模型，设立如下方程：

$$\ln Content_{it} = \propto_0 + \propto_1 \ln proportion_{it} + \propto_2 \ln dag_{it} + \propto_3 \ln sag_{it} + \propto_4 \ln Content2003_i + \gamma_i + \varepsilon_{it} \tag{8-29}$$

$$\ln Supply_{it} = \phi_0 + \phi_1 \ln proportion_{it} + \phi_2 \ln dag_{it} + \phi_3 \ln sag_{it} + \phi_4 \ln Supply2003_i + \gamma_i + \varepsilon_{it} \tag{8-30}$$

其中，$\ln Content_{it}$和$\ln Supply_{it}$分别表示城市i的内容体系初始发展水平和供给体系初始发展水平，初始值采用各指标2003年数据表示。此外，与上节的稳健性检验一样，不考虑动力体系的路径依赖问题。括号或其余符号含义均与前文一致。结果汇报于表8-12中，其中第（1）列至第（3）列为内容体系建设，第（4）列至第（7）列为供给体系建设。

表 8－11　高端服务业发展与现代化经济体系建设的稳健性检验（剔除 2008 年）

项目	内容体系建设			动力体系建设		供给体系建设			
	(1)	(2)	(3)	(4)	(5)	(6)	(7)	(8)	(9)
	ln*cappro*	ln*labpro*	ln*techpro*	ln*tfp*	ln*gtfp*	ln*toalpalent*	ln*invent*	ln*appearance*	ln*function*
ln*proportion*	0. 0176	－0. 223 ***	0. 292 ***	0. 00546	0. 0906	4. 474 ***	4. 892 ***	3. 686 ***	3. 488 ***
	(0. 0340)	(0. 0476)	(0. 0419)	(0. 0610)	(0. 0811)	(0. 162)	(0. 179)	(0. 214)	(0. 173)
ln*dag*	0. 00220	0. 00490	－0. 146 ***	0. 0668 *	0. 129 **	－0. 410 ***	－0. 442 ***	－0. 146	0. 0542
	(0. 0210)	(0. 0295)	(0. 0260)	(0. 0375)	(0. 0502)	(0. 0992)	(0. 109)	(0. 159)	(0. 128)
ln*sag*	－0. 105 ***	0. 339 ***	－0. 333 ***	0. 0314	0. 0602	－3. 085 ***	－3. 438 ***	－2. 055 ***	－1. 712 ***
	(0. 0389)	(0. 0544)	(0. 0480)	(0. 0677)	(0. 0907)	(0. 180)	(0. 198)	(0. 264)	(0. 213)
Constant	－0. 921 ***	－2. 398 ***	－0. 564 ***	0. 117	0. 350	17. 67 ***	17. 37 ***	13. 77 ***	14. 25 ***
	(0. 0899)	(0. 126)	(0. 111)	(0. 162)	(0. 215)	(0. 429)	(0. 475)	(0. 581)	(0. 469)
固定效应	Yes	Yes	Yes	Yes	Yes	Yes	Yes	Yes	Yes
观测值	2242	2242	2242	2471	2448	2481	2466	1592	1613
R^2	0. 008	0. 030	0. 035	0. 002	0. 004	0. 258	0. 256	0. 171	0. 218
面板数	228	228	228	227	227	228	228	148	148

注：本表结果由 Stata15 回归而得，括号中为稳健标准误差，＊＊＊、＊＊、＊分别表示在 1%、5% 和 10% 的水平下显著。内容体系（制造业升级）由工企数据库整理而得；动力体系中能源消费量数据来源于《中国能源统计年鉴》，城市污染数据和投入、产出数据由《中国城市统计年鉴》整理而得；供给体系中的专利数据由《中国城市和产业创新力报告》和中国知识产权数据库整理而得。高端服务业发展数据来源于《中国城市统计年鉴》和 EPS 数据库。

表 8-12　高端服务业发展与现代化经济体系建设的稳健性检验（考虑路径依赖）

项目	内容体系建设			供给体系建设			
	(1)	(2)	(3)	(4)	(5)	(6)	(7)
	ln*cappro*	ln*labpro*	ln*techpro*	ln*toalpalent*	ln*invent*	ln*appearance*	ln*function*
ln*proportion*	-0.0212 (0.0291)	-0.184 *** (0.0422)	0.269 *** (0.0345)	2.852 *** (0.127)	3.240 *** (0.141)	2.786 *** (0.182)	2.242 *** (0.140)
ln*dag*	-0.00250 (0.0192)	0.0121 (0.0270)	-0.106 *** (0.0230)	-0.258 *** (0.0839)	-0.307 *** (0.0952)	-0.0778 (0.143)	-0.0666 (0.106)
ln*sag*	-0.0543 (0.0342)	0.283 *** (0.0488)	-0.267 *** (0.0408)	-1.848 *** (0.141)	-2.114 *** (0.160)	-1.552 *** (0.227)	-1.081 *** (0.166)
ln*Cap*2003	0.828 *** (0.0230)						
ln*Lab*2003		0.870 *** (0.0263)					
ln*Tec*2003			0.810 *** (0.0222)				
ln*T*2003				0.700 *** (0.0260)			
ln*I*2003					0.703 *** (0.0296)		
ln*A*2003						0.713 *** (0.0368)	
ln*F*2003							0.757 *** (0.0306)
Constant	-0.133 (0.0815)	-0.928 *** (0.125)	0.422 *** (0.0978)	9.912 *** (0.389)	10.56 *** (0.401)	9.163 *** (0.519)	7.573 *** (0.422)
固定效应	No	No	No	No	No	No	No
观测值	2442	2442	2442	2695	2575	1646	1744
R^2	0.005	0.028	0.032	0.242	0.242	0.160	0.201
面板数	225	225	225	227	216	139	146

注：本表结果由Stata15回归而得，括号中为稳健标准误差，＊＊＊表示在1%的水平下显著。内容体系（制造业升级）由工企数据库整理而得；动力体系中能源消费量数据来源于《中国能源统计年鉴》，城市污染数据和投入、产出数据由《中国城市统计年鉴》整理而得；供给体系中的专利数据由《中国城市和产业创新力报告》和中国知识产权数据库整理而得。高端服务业发展数据来源于《中国城市统计年鉴》和EPS数据库。

由表 8－12 的回归结果可以看出：内容体系建设方面，资本密集型比重为负，但不显著，劳动密集型比重显著为负，技术密集型比重显著为正；供给体系方面，四项专利申请指标均显著为正；各指标系数符号和显著性均与基准结果一致，表明本节结果是稳健的。

四、异质性讨论

中国幅员辽阔，各城市经济发展水平与发展特点各不相同。为进一步探索在不同地区和不同城市规模下，高端服务业发展对现代化经济体系建设影响的异质性，本部分按照国家统计局对地区的划分，将城市分为东部地区、中部地区和西部地区。参考 2014 年国务院印发的《关于调整城市规模划分标准的通知》的划分标准，将城市划分为三类四档①。在不同地区和城市规模下分别回归，进行本节结果的异质性讨论。表 8－13、表 8－14 和表 8－15 分别为对东部地区、中部地区和西部地区回归后的结果。与前文一样，第（1）列至第（3）列为对内容体系三个指标的回归结果，第（4）列和第（5）列为动力体系回归结果，最后四列为供给体系回归结果。从回归结果可以看出，东部地区的回归结果与全样本回归结果（见表 8－10）的系数和显著性基本保持一致，高端服务业占比对内容体系中的劳动密集型产业产值比重显著为负，对技术密集型产业产值比重显著为正，对资本密集型产值比重无影响；对动力体系的影响并不显著；对供给体系下各类专利申请量均具有较好的促进作用。整体上，在国内价值链视角下，东部地区高端服务业对现代化经济体系建设水平具有显著的推动作用，且其推动效果较全样本结果更好。

---

① 人口小于 50 万的城市为小城市，50 万以上 100 万以下的城市为中等城市，由于本部分样本中 50 万人以下的小城市数量较少，故在回归中将小城市与中等城市合并为一类，命名为中小型城市；大城市人口区间为 100 万到 500 万，其中大于 300 万小于 500 万的为Ⅰ型大城市，大于 100 万小于 300 万的为Ⅱ型；特大城市人口数量为 500 万以上 1000 万以下，大于 1000 万的则为超大城市，由于样本限制，将人口大于 500 万的合并为一类，命名为特大型及以上城市。

表 8－13　分地区的异质性讨论——东部地区

项目	内容体系建设			动力体系建设		供给体系建设			
	(1)	(2)	(3)	(4)	(5)	(6)	(7)	(8)	(9)
	ln*cappro*	ln*labpro*	ln*techpro*	ln*tfp*	ln*gtfp*	ln*toalpalent*	ln*invent*	ln*appearance*	ln*function*
ln*proportion*	-0.0169 (0.0449)	-0.488*** (0.0575)	0.442*** (0.0536)	-0.0125 (0.104)	0.0549 (0.126)	6.189*** (0.199)	7.014*** (0.226)	5.468*** (0.278)	5.625*** (0.233)
ln*dag*	0.0218 (0.0247)	0.00880 (0.0316)	-0.0749** (0.0295)	0.0588 (0.0577)	0.0976 (0.0696)	0.00880 (0.111)	-0.0758 (0.125)	0.0490 (0.169)	0.338** (0.142)
ln*sag*	-0.0064 (0.0454)	0.350*** (0.0581)	-0.296*** (0.0543)	0.0395 (0.102)	0.0572 (0.123)	-3.380*** (0.196)	-4.030*** (0.222)	-3.154*** (0.263)	-2.779*** (0.220)
Constant	-1.059*** (0.109)	-2.895*** (0.140)	-0.0851 (0.130)	0.0611 (0.256)	0.258 (0.308)	22.50*** (0.490)	23.02*** (0.556)	19.58*** (0.686)	20.63*** (0.575)
固定效应	Yes	Yes	Yes	Yes	Yes	Yes	Yes	Yes	Yes
观测值	1078	1078	1078	1172	1166	1176	1174	744	744
R^2	0.003	0.083	0.068	0.001	0.002	0.485	0.487	0.392	0.489
面板数	98	98	98	98	98	98	98	62	62

注：本表结果由 Stata15 回归而得，括号中为稳健标准误差，＊＊＊、＊＊分别表示在 1%、5% 的水平下显著。内容体系（制造业升级）由工企数据库整理而得；动力体系中能源消费量数据来源于《中国能源统计年鉴》，城市污染数据和投入、产出数据由《中国城市统计年鉴》整理而得；供给体系中的专利数据由《中国城市和产业创新力报告》和中国知识产权数据库整理而得。高端服务业发展数据来源于《中国城市统计年鉴》和 EPS 数据库。

表 8－14　分地区的异质性讨论——中部地区

项目	内容体系建设			动力体系建设		供给体系建设			
	(1)	(2)	(3)	(4)	(5)	(6)	(7)	(8)	(9)
	ln*cappro*	ln*labpro*	ln*techpro*	ln*tfp*	ln*gtfp*	ln*toalpalent*	ln*invent*	ln*appearance*	ln*function*
ln*proportion*	－0.0611	0.129	0.420 ***	－0.0269	0.127	6.112 ***	6.485 ***	5.945 ***	5.056 ***
	(0.0806)	(0.104)	(0.0930)	(0.117)	(0.168)	(0.343)	(0.373)	(0.640)	(0.433)
ln*dag*	－0.0312	0.000366	－0.185 ***	0.0858 *	0.109	－1.013 ***	－0.973 ***	－0.393	－0.142
	(0.0339)	(0.0436)	(0.0391)	(0.0508)	(0.0735)	(0.147)	(0.160)	(0.301)	(0.204)
ln*sag*	－0.0835	0.124	－0.493 ***	0.103	0.0285	－4.868 ***	－5.091 ***	－3.129 ***	－2.475 ***
	(0.0753)	(0.0968)	(0.0869)	(0.110)	(0.159)	(0.319)	(0.346)	(0.630)	(0.427)
Constant	－1.175 ***	－1.445 ***	－0.241	0.0200	0.428	21.31 ***	21.03 ***	18.12 ***	17.35 ***
	(0.217)	(0.279)	(0.250)	(0.315)	(0.451)	(0.920)	(1.002)	(1.696)	(1.147)
固定效应	Yes	Yes	Yes	Yes	Yes	Yes	Yes	Yes	Yes
观测值	965	965	965	1063	1050	1064	1059	545	556
R^2	0.008	0.019	0.042	0.003	0.003	0.258	0.247	0.161	0.227
面板数	90	90	90	90	90	90	90	47	47

注：本表结果由 Stata15 回归而得，括号中为稳健标准误差，＊＊＊、＊分别表示在 1%、10% 的水平下显著。内容体系（制造业升级）由工企数据库整理而得；动力体系中能源消费量数据来源于《中国能源统计年鉴》，城市污染数据和投入、产出数据由《中国城市统计年鉴》整理而得；供给体系中的专利数据由《中国城市和产业创新力报告》和中国知识产权数据库整理而得。高端服务业发展数据来源于《中国城市统计年鉴》和 EPS 数据库。

表 8－15　分地区的异质性讨论——西部地区

项目	内容体系建设			动力体系建设		供给体系建设			
	(1)	(2)	(3)	(4)	(5)	(6)	(7)	(8)	(9)
	ln*cappro*	ln*labpro*	ln*techpro*	ln*tfp*	ln*gtfp*	ln*toalpalent*	ln*invent*	ln*appearance*	ln*function*
ln*proportion*	0.111 *	−0.209 **	0.0850	0.0565	0.157	1.539 ***	1.555 ***	1.719 ***	1.471 ***
	(0.0594)	(0.0984)	(0.0788)	(0.116)	(0.149)	(0.280)	(0.301)	(0.321)	(0.272)
ln*dag*	0.0986	−0.0365	−0.238 **	0.0666	0.213	−0.311	−0.453	−0.195	−0.319
	(0.0707)	(0.117)	(0.0937)	(0.132)	(0.170)	(0.318)	(0.342)	(0.371)	(0.309)
ln*sag*	−0.199 *	0.524 ***	−0.214	−0.0572	0.0972	−0.344	−0.438	−0.370	−0.369
	(0.120)	(0.199)	(0.160)	(0.225)	(0.289)	(0.543)	(0.585)	(0.630)	(0.529)
Constant	−0.428 **	−2.687 ***	−1.494 ***	0.315	0.582	8.297 ***	6.885 ***	7.299 ***	7.422 ***
	(0.185)	(0.306)	(0.245)	(0.360)	(0.462)	(0.868)	(0.934)	(0.997)	(0.844)
固定效应	Yes	Yes	Yes	Yes	Yes	Yes	Yes	Yes	Yes
观测值	418	418	418	460	455	460	452	446	459
R^2	0.043	0.045	0.024	0.003	0.007	0.084	0.081	0.077	0.081
面板数	39	39	39	39	39	39	39	39	39

注：本表结果由 Stata15 回归而得，括号中为稳健标准误差，＊＊＊、＊＊、＊分别表示在 1%、5% 和 10% 的水平下显著。内容体系（制造业升级）由工企数据库整理而得；动力体系中能源消费量数据来源于《中国能源统计年鉴》，城市污染数据和投入、产出数据由《中国城市统计年鉴》整理而得；供给体系中的专利数据由《中国城市和产业创新力报告》和中国知识产权数据库整理而得。高端服务业发展数据来源于《中国城市统计年鉴》和 EPS 数据库。

从表 8 – 14 的中部地区回归结果可以看出，中部地区的动力体系和供给体系的回归系数符号及显著性与全样本回归结果（见表 8 – 10）保持一致，高端服务业发展对动力体系的影响不显著，对供给体系下各类专利申请量均具有较好的促进作用，且促进效果较全样本结果更好。但对内容体系建设而言，与全样本回归结果相比，高端服务业发展对工业产值中的资本密集型和劳动密集型产业产值比重均不存在负向影响，对技术密集型产业产值比重的提升效果仍显著为正。也即，在中部地区不降低资本和劳动密集型产值的基础上，高端服务业发展较大地促进了技术密集型产业的发展。整体上，在国内价值链视角下，中部地区高端服务业对现代化经济体系建设具有较好的推动作用。

表 8 – 15 为西部地区的异质性检验结果。可以看出，与全样本回归结果（见表 8 – 10）一样，西部地区的高端服务业发展对动力体系建设的影响并不显著，对供给体系建设下的各指标具有显著的促进作用，但供给体系的各指标系数较东部和中部地区回归结果中的系数小些，促进效果不及东部和中部地区。但内容体系回归结果较全样本回归结果而言差异较大。表 8 – 15 的前三列结果显示，高端服务业从业占比越高，资本密集型产业产值在工业总产值中的比重越大，劳动密集型产值比重越小，对技术密集型产业的比重提升无显著影响。也即，西部地区的高端服务业发展整体上对内容体系的推动作用仅体现于提升资本密集型产业产值比重，这与西部地区的经济发展较为落后、制造业较为薄弱、发展主要依靠劳动密集型产业有关。整体上，在国内价值链视角下，西部地区高端服务业发展对我国现代化经济体系建设具有一定的推动作用，但效果不及东部和西部地区。

表 8 – 16、表 8 – 17 和表 8 – 18 分别为分城市规模进行异质性讨论的结果。由于现代化建设的衡量指标较多，本节的城市规模异质性检验仅选取每类体系建设中的代表性指标。内容体系建设中，技术密集型产业产值比重为本部分最为关心的变量，若技术密集型比重有所提高，则表明内容体系建设水平有一定提升，故本节内容体系建设的城市规模异质性讨论选取技术密集型产值比重作为被解释变量。经济发展不仅要速度更要质量，故动力体系建设选取了考虑环境污染后的绿色全要素生产率。供给体系建设选取数据质量较高、综合性较强的专利申请总量。表 8 – 16 为关于内容体系建设的城市规模异质性讨论，可以看出，高端服务业发展对内容体系建设在各类规模城市中均具有一定的推动作用，但效果在大型城市中更为显著，且在年末户籍人口介于 100 万与 300 万之间的二类大型城市最为明显。具体而言，高端服务业从业比重每提高 1 个百分

点，可以带动技术密集型产业产值比重提高 0.505 个百分点。

表 8 - 16　城市规模的异质性讨论——内容体系建设（技术密集型产业产值比重）

项目	(1)	(2)	(3)	(4)	(5)
	中小型城市	大型城市	二类大型城市	一类大型城市	特大型及以上城市
	低于 100 万	高于 100 万	[100 万，300 万]	[300 万，500 万]	高于 500 万
ln*proportion*	0.0722 *	0.283 ***	0.505 ***	0.403 ***	0.197 ***
	(0.0232)	(0.0402)	(0.137)	(0.0776)	(0.0359)
ln*dag*	0.0955 *	-0.137 ***	-0.221 ***	-0.0781 *	-0.0927 ***
	(0.0223)	(0.0245)	(0.0503)	(0.0431)	(0.0328)
ln*sag*	0.0128	-0.315 ***	-0.485 ***	-0.311 ***	-0.283 ***
	(0.0279)	(0.0455)	(0.117)	(0.0802)	(0.0587)
Constant	0.0707	-0.587 ***	-0.392	-0.199	-0.551 ***
	(0.0381)	(0.106)	(0.351)	(0.203)	(0.0997)
固定效应	Yes	Yes	Yes	Yes	Yes
观测值	6	2，460	704	802	954
R^2	0.983	0.032	0.044	0.039	0.045
面板数	1	228	71	86	97

注：本表结果由 Stata15 回归而得，括号中为稳健标准误差，* * *、* 分别表示在 1%、10% 的水平下显著。内容体系（制造业升级）由工企数据库整理而得；高端服务业发展数据来源于《中国城市统计年鉴》和 EPS 数据库。

表 8 - 17　城市规模的异质性讨论——动力体系建设（绿色全要素生产率）

项目	(1)	(2)	(3)	(4)	(5)
	中小型城市	大型城市	二类大型城市	一类大型城市	特大型及以上城市
	低于 100 万	高于 100 万	[100 万，300 万]	[300 万，500 万]	高于 500 万
ln*proportion*	13.43 ***	0.107	0.227	0.387 **	-0.00279
	(0.842)	(0.0804)	(0.204)	(0.185)	(0.0981)
ln*dag*	-8.347 ***	0.116 **	0.0474	0.0603	0.275 ***
	(0.811)	(0.0490)	(0.0764)	(0.105)	(0.0881)
ln*sag*	-12.79 ***	0.0465	-0.0727	-0.142	0.270 *
	(1.011)	(0.0891)	(0.168)	(0.192)	(0.154)
Constant	18.25 ***	0.385 *	0.594	1.033 **	0.252
	(1.384)	(0.213)	(0.518)	(0.485)	(0.273)
固定效应	Yes	Yes	Yes	Yes	Yes

续表

项目	(1) 中小型城市 低于100万	(2) 大型城市 高于100万	(3) 二类大型城市 [100万, 300万]	(4) 一类大型城市 [300万, 500万]	(5) 特大型及以上城市 高于500万
观测值	6	2665	759	865	1041
R^2	0.992	0.003	0.003	0.006	0.011
面板数	1	227	71	86	96

注：本表结果由Stata15回归而得，括号中为稳健标准误差，***、**、*分别表示在1%、5%、10%的水平下显著。动力体系中能源消费量数据来源于《中国能源统计年鉴》，城市污染数据和投入、产出数据由《中国城市统计年鉴》整理而得；高端服务业发展数据来源于《中国城市统计年鉴》和EPS数据库。

动力体系建设方面，本节采用绿色全要素生产率作为动力体系发展水平的衡量指标。由表8-17的回归结果可以看出，高端服务业发展对动力体系建设仅在中小型城市和一类大型城市存在显著的促进作用，但由于中小型城市的样本量较少，估计结果存在一定的误差。故准确来说，高端服务业发展对动力体系建设水平的提升仅在一类大型城市显著。与基准结果一致，高端服务业的多样化集聚对动力体系建设存在一定的推进作用，主要体现于大型城市中，且对500万以上人口的特大型及以上城市中最为明显。整体上，高端服务业发展对动力体系建设的效果不太明显。

对供给体系建设的城市规模异质性讨论结果展现于表8-18中，供给体系建设水平采用专利申请总量衡量。从表8-18的回归结果中可以看出，高端服务业发展对供给体系建设的影响在中小型城市中不显著，在大型城市中均显著为正，且大型城市中的一类大型城市影响最大。整体上看，高端服务业发展越好，大型城市的专利申请量越多，供给体系建设水平越高。

表8-18　城市规模的异质性讨论——供给体系建设（专利申请总量）

项目	(1) 中小型城市 低于100万	(2) 大型城市 高于100万	(3) 二类大型城市 [100万, 300万]	(4) 一类大型城市 [300万, 500万]	(5) 特大型及以上城市 高于500万
ln*proportion*	1.866	4.321***	3.640***	7.101***	3.383***
	(1.020)	(0.155)	(0.379)	(0.297)	(0.201)
ln*dag*	4.952**	-0.412***	-0.493***	-0.351**	-0.224
	(0.983)	(0.0938)	(0.141)	(0.167)	(0.178)

续表

项目	(1)	(2)	(3)	(4)	(5)
	中小型城市	大型城市	二类大型城市	一类大型城市	特大型及以上城市
	低于100万	高于100万	[100万，300万]	[300万，500万]	高于500万
ln*sag*	3.672 *	-3.001 ***	-2.522 ***	-4.606 ***	-2.060 ***
	(1.226)	(0.171)	(0.311)	(0.306)	(0.313)
Constant	16.80 ***	17.23 ***	14.38 ***	24.45 ***	15.49 ***
	(1.678)	(0.411)	(0.962)	(0.779)	(0.559)
固定效应	Yes	Yes	Yes	Yes	Yes
观测值	6	2699	769	873	1057
R^2	0.973	0.243	0.124	0.428	0.230
面板数	1	228	71	86	97

注：本表结果由Stata15回归而得，括号中为稳健标准误差，***、**、*分别表示在1%、5%、10%的水平下显著。供给体系中的专利数据由《中国城市和产业创新力报告》和中国知识产权数据库整理而得；高端服务业发展数据来源于《中国城市统计年鉴》和EPS数据库。

五、进一步讨论

由前面分析可知，国内价值链的提升可显著促进高端服务业占比和高端服务业多样化集聚水平，降低专业化集聚水平。在本节研究中我们发现，高端服务业发展能显著提升现代化经济建设水平，具体而言，高端服务业从业比重越高，内容体系和供给体系建设越好。此外，分析表8-10的基准回归结果可以发现，高端服务业的多样化集聚水平和专业化集聚水平似乎对现代化经济建设具有一定的抑制作用。为此，本部分猜测在国内价值链视角下，高端服务业从业占比提升对现代化经济体系建设作用显著为正，高端服务业多样化集聚对现代化经济体系建设作用显著为负，高端服务业专业化集聚对现代化经济体系建设作用显著为正。故本部分将在模型中加入交互项，分三个方面进一步研究国内价值链视角下高端服务业发展对我国现代化经济体系建设的影响。

首先，为验证国内价值链视角下高端服务业从业比重对我国现代化经济体系建设的影响，本部分建立如下计量模型：

$$\ln content_{it} = \propto_0 + \propto_1 \ln Uaverage_{it} + \propto_2 \ln proportion_{it} + \propto_3 \ln Uaverage_{it} \times \ln proportion_{it} + \gamma_i + \varepsilon_{it} \quad (8-31)$$

$$\ln power_{it} = \beta_0 + \beta_1 \ln Uaverage_{it} + \beta_2 \ln proportion_{it} + \beta_3 \ln Uaverage_{it} \times \ln proportion_{it} + \gamma_i + \varepsilon_{it} \quad (8-32)$$

$$\ln supply_{it} = \phi_0 + \phi_1 \ln Uaverage_{it} + \phi_2 \ln proportion_{it} + \phi_3 \ln Uaverage_{it} \times \ln proportion_{it} + cv + \gamma_i + \varepsilon_{it} \quad (8-33)$$

其中，$\ln Uaverage_{it}$ 表示 t 年 i 城市的平均上游度指数，$\ln proportion_{it}$ 为城市 i 在 t 年高端服务业从业人员数占服务行业总从业人员数的比重；变量 $\ln Uaverage_{it} \times \ln proportion_{it}$ 为平均上游度指数（国内价值链长度）与高端服务业从业人员数占比（高端服务业发展）的交互项，是本节的核心解释变量；其余符号含义与上节相同。在此模型中，本节最关心的系数为$\propto_1$、β_1 和 ϕ_1，若$\propto_1$ 显著为正，则表明在国内价值链视角下，高端服务业发展有利于促进我国制造业升级，对内容体系建设具有较好的帮助作用；若 β_1 显著为正，则意味着国内价值链视角下，高端服务业发展对我国（绿色）全要素生产率具有正向促进作用，可以为我国经济发展注入动力；若 ϕ_1 显著为正，表明国内价值链视角下，高端服务业发展能有效增加我国专利申请量，提升我国创新水平，对供给体系的建设具有很好的促进作用。

其次，为验证国内价值链视角下高端服务业的集聚水平对我国现代化经济体系建设的影响，本部分建立如下计量模型：

$$\ln content_{it} = \propto_0 + \propto_1 \ln Uaverage_{it} + \propto_2 \ln dag_{it}(\ln sag_{it}) + \propto_3 \ln Uaverage_{it} \times \ln proportion_{it} + \gamma_i + \varepsilon_{it} \quad (8-34)$$

$$\ln power_{it} = \beta_0 + \beta_1 \ln Uaverage_{it} + \beta_2 \ln dag_{it}(\ln sag_{it}) + \beta_3 \ln Uaverage_{it} \times \ln proportion_{it} + \gamma_i + \varepsilon_{it} \quad (8-35)$$

$$\ln supply_{it} = \phi_0 + \phi_1 \ln Uaverage_{it} + \phi_2 \ln dag_{it}(\ln sag_{it}) + \phi_3 \ln Uaverage_{it} \times \ln proportion_{it} + \gamma_i + \varepsilon_{it} \quad (8-36)$$

其中，$\ln dag_{it}$ 和 $\ln sag_{it}$ 分别表示高端服务业的多样化集聚水平和专业化集聚水平，括号的含义为“或”，其余符号的解释与上文一致。

表 8-19 为对方程（8-31）、方程（8-32）和方程（8-33）的回归结果，结果分别展示于表 8-19 的前三列、中间两列和后四列。分析表中结果可以发现，国内价值链长度与高端服务业从业比重的交互项对资本密集型产业产值比重的回归系数显著为负，对劳动密集型产业产值比重的回归系数显著为正，对技术密集型产业产值比重的回归系数显著为正。也即在国内价值链视角下，高端服务业从业比重的提升对以劳动和技术为主的产业发展具有一定的推动作用。动力体系方面，交互项系数均不显著，表明在国内价值链视角下，高端服务业从业比重

的提升对全要素生产率的提升不存在显著影响。供给体系下，交互项系数在专利申请总量、发明专利申请量和外观专利申请量下均显著为正，对实用新型专利申请量的回归系数不显著。故整体上，在国内价值链视角下，高端服务业从业比重的提升对供给体系建设具有较好的推动作用。总的来说，高端服务业从业比重的提升在一定程度上可以促进现代化经济体系的建设，结果符合预期。

表8－20为对方程（8－34）、方程（8－35）和方程（8－36）中高端服务业多样化集聚（ln*dag*）的回归结果，结果分别展示于表8－20的前三列、中间两列和后四列。由第（1）列至第（3）列内容体系建设的回归结果可以发现，国内价值链长度与高端服务业多样化集聚水平的交互项对资本密集型产业产值比重的回归系数显著为正，对劳动密集型产业产值比重的回归系数显著为负，对技术密集型产业产值比重的回归系数显著为负。也即，在国内价值链视角下，高端服务业的多样化集聚促进了资本密集型产业的发展，但抑制了劳动密集型和技术密集型产业的升级，总体上对内容体系建设水平的提升效果较差。动力体系方面，交互项系数在全要素生产率下显著为负，但显著水平不高，在绿色全要素生产率下不显著，表明在国内价值链视角下，高端服务业的多样化集聚对动力体系不存在明显的促进作用。供给体系下，交互项系数在各项专利申请量下均显著为负，表明在国内价值链视角下，高端服务业的多样化集聚对供给体系建设具有一定的抑制作用。总体上看，国内价值链视角下，高端服务业的多样化集聚对现代化经济体系的建设不具有较好的促进作用，结果符合预期。

表8－21为对方程（8－34）、方程（8－35）和方程（8－36）中高端服务业专业化集聚（ln*sag*）的回归结果。可以看出，国内价值链长度与高端服务业专业化集聚水平的交互项在资本密集型产业产值比重和技术密集型产业产值比重下回归系数并不显著，在劳动密集型产业产值比重下的回归系数显著为正。表明在国内价值链视角下，高端服务业的多样化集聚提升了劳动密集型产业产值在工业产值中所占比重，但对资本密集型产业和技术密集型产业的发展不具有很好的促进作用，故总体上对内容体系下制造业升级不具促进效果。动力体系方面，交互项系数在全要素生产率下显著为正，在绿色全要素生产率下为正但不显著，表明在国内价值链视角下，高端服务业的专业化集聚对动力体系具有一定的促进作用，但结果的稳健性不高。供给体系下，交互项系数在各项专利申请量下均显著为正。表明在国内价值链视角下，高端服务业的专业化集聚对供给体系建设具有一定的促进作用。总体上看，国内价值链视角下，高端服务业的专业化集聚对现代化经济体系的建设具有一定的促进作用，结果符合预期。

表 8－19　国内价值链、高端服务业占比与现代化经济体系建设的进一步讨论

项目	内容体系建设			动力体系建设		供给体系建设			
	(1)	(2)	(3)	(4)	(5)	(6)	(7)	(8)	(9)
	ln*cappro*	ln*labpro*	ln*techpro*	ln*tfp*	ln*gtfp*	ln*toalpalent*	ln*invent*	ln*appearance*	ln*function*
ln*Uaverage*	-0. 577 ***	0. 488 ***	0. 290 **	0. 112	0. 115	1. 701 ***	2. 069 ***	0. 643	0. 712 **
	(0. 110)	(0. 157)	(0. 130)	(0. 0735)	(0. 0966)	(0. 300)	(0. 314)	(0. 433)	(0. 321)
ln*proportion*	0. 343 ***	-0. 905 ***	0. 503 ***	-0. 0766	-0. 0513	2. 253 ***	2. 216 ***	3. 016 ***	3. 195 ***
	(0. 0776)	(0. 111)	(0. 0915)	(0. 0523)	(0. 0688)	(0. 214)	(0. 224)	(0. 321)	(0. 238)
交互项	-0. 363 ***	0. 475 ***	0. 170 ***	0. 0586	0. 0669	0. 676 ***	0. 744 ***	0. 392 *	0. 222
	(0. 0541)	(0. 0774)	(0. 0639)	(0. 0363)	(0. 0477)	(0. 148)	(0. 155)	(0. 214)	(0. 159)
Constant	-0. 545 ***	-2. 887 ***	-0. 178	-0. 137	-0. 0861	10. 20 ***	8. 409 ***	10. 50 ***	11. 26 ***
	(0. 164)	(0. 234)	(0. 193)	(0. 110)	(0. 145)	(0. 450)	(0. 471)	(0. 668)	(0. 494)
固定效应	Yes	Yes	Yes	Yes	Yes	Yes	Yes	Yes	Yes
观测值	2479	2479	2479	2704	2680	2717	2701	1743	1767
R^2	0. 045	0. 179	0. 118	0. 001	0. 001	0. 359	0. 379	0. 274	0. 438
面板数	228	228	228	227	227	228	228	148	148

注：本表结果由 Stata15 回归而得，括号中为稳健标准误差，* * *、* *、* 分别表示在 1%、5%、10% 的水平下显著。国内价值链长度由投入产出表整理而得，数据来源于国家统计局。内容体系（制造业升级）由工企数据库整理而得；动力体系中能源消费量数据来源于《中国能源统计年鉴》，城市污染数据和投入、产出数据由《中国城市统计年鉴》整理而得；供给体系中的专利数据由《中国城市和产业创新力报告》和中国知识产权数据库整理而得。高端服务业发展数据来源于《中国城市统计年鉴》和 EPS 数据库。交互项为 ln*Uaverage* 和 ln*proportion* 的交互。

表 8 - 20　国内价值链、高端服务业多样化集聚与现代化经济体系建设的进一步讨论

项目	内容体系建设			动力体系建设		供给体系建设			
	(1)	(2)	(3)	(4)	(5)	(6)	(7)	(8)	(9)
	ln*cappro*	ln*labpro*	ln*techpro*	ln*tfp*	ln*gtfp*	ln*toalpalent*	ln*invent*	ln*appearance*	ln*function*
ln*Uaverage*	0.914***	-1.603***	-0.391***	-0.0896*	-0.108	-1.148***	-1.192***	-2.189***	-1.370***
	(0.0733)	(0.106)	(0.0885)	(0.0509)	(0.0672)	(0.236)	(0.240)	(0.359)	(0.283)
ln*dag*	-0.441***	0.790***	-0.0559	0.0615*	0.0798*	0.453***	0.407**	0.421*	0.151
	(0.0493)	(0.0714)	(0.0595)	(0.0342)	(0.0452)	(0.158)	(0.162)	(0.249)	(0.196)
交互项	0.398***	-0.549***	-0.232***	-0.0425*	-0.0482	-1.017***	-1.155***	-1.255***	-1.051***
	(0.0360)	(0.0521)	(0.0434)	(0.0249)	(0.0329)	(0.115)	(0.117)	(0.173)	(0.136)
Constant	-2.094***	0.561***	-1.396***	0.141**	0.171*	6.108***	4.318***	4.913***	4.757***
	(0.0988)	(0.143)	(0.119)	(0.0688)	(0.0909)	(0.318)	(0.325)	(0.513)	(0.403)
固定效应	Yes	Yes	Yes	Yes	Yes	Yes	Yes	Yes	Yes
观测值	2462	2462	2462	2690	2666	2700	2685	1734	1758
R^2	0.070	0.195	0.090	0.001	0.001	0.169	0.235	0.111	0.211
面板数	228	228	228	227	227	228	228	148	148

注：本表结果由 Stata15 回归而得，括号中为稳健标准误差，***、**、* 分别表示在 1%、5%、10% 的水平下显著。国内价值链长度由投入产出表整理而得，数据来源于国家统计局。内容体系（制造业升级）由工企数据库整理而得；动力体系中能源消费量数据来源于《中国能源统计年鉴》，城市污染数据和投入、产出数据由《中国城市统计年鉴》整理而得；供给体系中的专利数据由《中国城市和产业创新力报告》和中国知识产权数据库整理而得。高端服务业发展数据来源于《中国城市统计年鉴》和 EPS 数据库。交互项为 ln*Uaverage* 和 ln*dag* 的交互。

表 8－21　国内价值链、高端服务业专业化集聚与现代化经济体系建设的进一步讨论

项目	内容体系建设			动力体系建设		供给体系建设			
	(1)	(2)	(3)	(4)	(5)	(6)	(7)	(8)	(9)
	ln*cappro*	ln*labpro*	ln*techpro*	ln*tfp*	ln*gtfp*	ln*toalpalent*	ln*invent*	ln*appearance*	ln*function*
ln*Uaverage*	－0.0131	－0.203***	0.0370	－0.210**	－0.0778	1.107***	1.201***	0.605*	0.625**
	(0.0504)	(0.0697)	(0.0616)	(0.0927)	(0.121)	(0.256)	(0.283)	(0.330)	(0.260)
ln*sag*	－0.104**	0.0809	－0.0713	－0.210**	－0.123	－0.707***	－0.858***	－0.516	－0.653**
	(0.0525)	(0.0726)	(0.0642)	(0.0970)	(0.126)	(0.267)	(0.294)	(0.344)	(0.275)
交互项	0.0117	0.103**	0.0435	0.147**	0.0833	0.337*	0.383*	0.483**	0.632***
	(0.0374)	(0.0518)	(0.0458)	(0.0693)	(0.0901)	(0.191)	(0.210)	(0.244)	(0.195)
Constant	－0.963***	－1.575***	－1.246***	0.299**	0.116	5.227***	3.783***	3.685***	4.474***
	(0.0673)	(0.0932)	(0.0823)	(0.124)	(0.161)	(0.342)	(0.378)	(0.446)	(0.353)
固定效应	Yes	Yes	Yes	Yes	Yes	Yes	Yes	Yes	Yes
观测值	2462	2462	2462	2690	2666	2700	2685	1734	1758
R^2	0.006	0.023	0.006	0.002	0.000	0.073	0.074	0.048	0.101
面板数	228	228	228	227	227	228	228	148	148

注：本表结果由 Stata15 回归而得，括号中为稳健标准误差，＊＊＊、＊＊、＊分别表示在 1%、5%、10% 的水平下显著。国内价值链长度由投入产出表整理而得，数据来源于国家统计局。内容体系（制造业升级）由工企数据库整理而得；动力体系中能源消费量数据来源于《中国能源统计年鉴》，城市污染数据和投入、产出数据由《中国城市统计年鉴》整理而得；供给体系中的专利数据由《中国城市和产业创新力报告》和中国知识产权数据库整理而得。高端服务业发展数据来源于《中国城市统计年鉴》和 EPS 数据库。交互项为 ln*Uaverage* 和 ln*sag* 的交互。

第九章 全球价值链视角的高端服务业引领现代化经济体系建设

第一节 全球价值链与高端服务业发展的实证分析

一、全球价值链的度量及分析

（一）测算方法

目前，已有不少研究基于不同角度对全球价值链嵌入度进行了测算，综合来看主要包括区域层面、产业层面和企业层面。如盛斌、赵文涛（2020）通过匹配微观数据库对中国31个省份的全球价值链嵌入度进行了测算；黄慧萍等（2020）基于跨国投入产出表识别生产性服务业贸易结构，对中国生产性服务业全球价值链嵌入度进行了测算；吕越、邓利静（2020）考虑了中间投入、间接进口和国内投入（含有国外成分）等因素，构建了制造业企业的全球价值链嵌入度测算指标。但已有文献中缺少基于城市层面对全球价值链嵌入度进行测算的研究，对城市的全球价值链嵌入的探讨和分析不足。为此，本部分借鉴邵朝对、苏丹妮（2017）测算省级全球价值链嵌入度的方法，基于2002—2013年海关微观数据测算中国230个地级市的全球价值链嵌入度，试图对城市层面全球价值链的研究进行补充。

具体测算过程如下：①基于三个阶段对进出口贸易的生产或消费地区进行识别。基于消费地进口或生产地出口、企业位置、邮政编码进行识别；对于未能识别的利用电子地图定位方式补充识别；在此基础上依旧未能识别的予以删除。②对中间投入品的进口进行识别。加工贸易的进口品均可视为中间投入品的进口，而其他贸易的进口品需要通过海关编码对照，进而识别中间投入品的进口。③对各地的实际进出口活动进行识别。考虑到中间贸易代理商可能导致各地区出现过度进口或过度出口的现象，本部分借鉴张杰等（2013）的做法对各地的实际进出口进行识别。具体做法为区分不同贸易方式，基于中间贸易代理商进出口中间产品占全部进出口中间商品的比例，替代不同贸易方式下通过中间贸易代理商进出口的比例，将中间贸易代理商的活动从记录中剔除。在综合考虑了生产或消费地区、中间投入品和贸易代理商等问题后，各城市全球价值链嵌入度的计算公式如下：

$$GVC = \frac{M_{itp}^{total}\mid_{BEC} + [E_{ito}^{total}/(D_{it} + E_{ito}^{total})]M_{ito}^{total}\mid_{BEC}}{E_{itp}^{total} + E_{ito}^{total}} \quad (9-1)$$

其中，下标 p 和 o 分别表示加工贸易和一般贸易。$M_{itn}^{total}\mid_{BEC}$（$n=p$，$o$）表示剔除了中间贸易代理商进出口中间产品后，地区 i 实际进口的中间品，n 表示贸易方式；E_{itn}^{total}（$n=p$，o）表示剔除了中间贸易代理商进出口中间产品后，地区 i 实际出口额，（$D_{it}+E_{ito}^{total}$）为地区 i 的国内销售与其一般贸易实际出口额之和。

（二）测算结果分析

基于上面的测算方法，可以计算 2003—2013 年中国 230 个地级市的全球价值链嵌入程度。为了更为全面地反映中国当前全球价值链嵌入情况，本部分从国家和区域两个层面进行考察。另外还在处理过程中加入了 GDP 权重，以便消除 GDP 带来的误差等的影响，更为精确地刻画中国目前全球价值链嵌入度的整体情况。

首先，图 9－1 绘制了 2002—2013 年中国全球价值链嵌入整体状况。从图中我们可以看出，虽然 2003—2013 年中国全球价值链嵌入度上下波动，但都处于 0.40～0.65 的区间范围内。也就是说 2003—2013 年中国的全球价值链嵌入指数整体上，而是在 0.40～0.65 的范围内交替变动。这种情况说明中国目前重点关注价值链的攀升而不是全球价值链嵌入指数的提高。出现这种情况主要有以下四个方面的原因：①与全球的经济形势有很大关联。受 2008 年全球性金融危机的影响，世界范围内经济增长停滞或下降、市场需求严重不足，进而导致国际贸易滞缓，进出口总额明显下滑。在这样的大环境下，中国在全球价值链分工体系中的前后向联系遭到严重破坏，直接导致全球价值链嵌入度的下滑。②国家政策也在一定程度上影响中国的全球价值链嵌入指数。自“创新驱动”“自主创新”战略推进以来，中国开始逐步摆脱对国外技术的依赖，重视自主创新和研发。创新形式的变化使得中国对国外高新技术的引进在一定程度上有所减少，这就直接影响了技术有关方面的贸易量，因此全球价值链嵌入度有所下滑。③伴随着中国经济的转型升级，某些依靠劳动密集型、资源密集型的高污染高耗能产业发展的城市经济难以为继，落后产能不断被淘汰，使得中国全球价值链嵌入指数有所降低。④受多重因素影响，2010 年以来，中国经济下行压力加大，中国的经济增长速度放缓，由高速增长转入中高速增长。中国自身的经济发展状况直接影响中国的国际贸易，使得全球价值链嵌入度出现下滑现象。

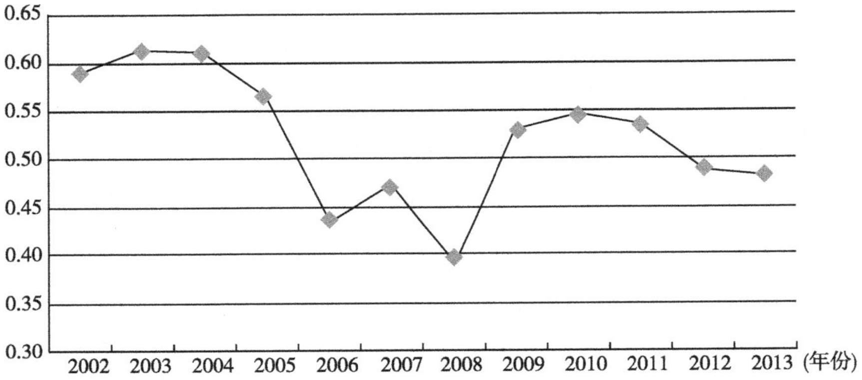

图 9－1　2002—2013 年中国 230 个地级市的全球价值链嵌入度加权值

其次，考虑到东中西区域的经济发展水平存在较大差异，分东部、中西部两个区域对全球价值链嵌入度进行了比较分析。图 9－2 绘制了中国东部地区和中西部地区全球价值链嵌入度变化情况，整体来看，东部地区、中西部地区全球价值链嵌入度的变动趋势大致与全国全球价值链嵌入度的变动趋势保持一致；再对比观察东部地区和中西部地区的全球价值链嵌入度，我们发现东部地区的全球价值链嵌入度明显较高，说明全球价值链嵌入度在中国不同区域确实存在着异质性。出现这种情况可能的原因主要有以下两个方面：一方面，东部地区经济发展水平较高、技术进步率较高、产业结构相对合理、市场制度相对完善，因此对外贸易更为发达，全球价值链嵌入指数更高。另一方面，从地理位置来看，东部沿海地区具有得天独厚的对外贸易条件优势。东部沿海地区往往拥有大型港口，而这些作为对外贸易的有利条件，对全球价值链嵌入度具有深刻影响。这也符合临海临港地区全球价值链嵌入度往往较高的事实。

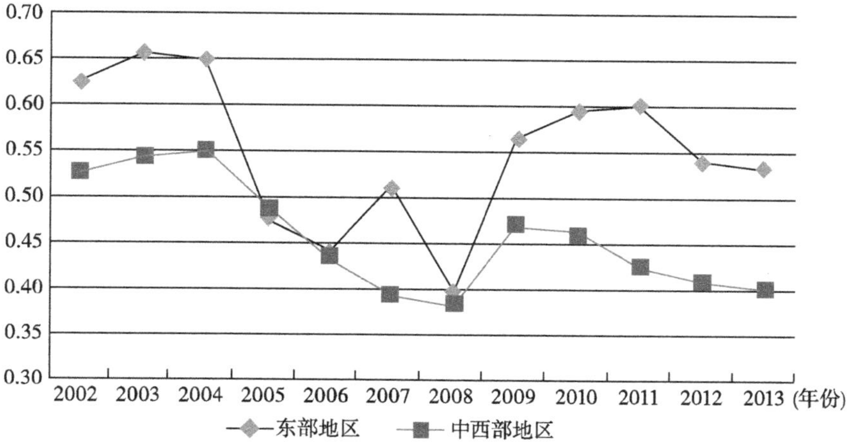

图 9－2　2002—2013 年中国东部地区、中西部地区的全球价值链嵌入度

（三）全球价值链嵌入度的空间外溢效应

从自然地理角度来看，相邻城市往往在自然环境、历史文化、要素禀赋、制度环境等方面存在相关性，那么在分工互联作用下，相邻城市的全球价值链嵌入度存在一定的空间外溢性，会对周边城市的全球价值链嵌入度的提高产生正向促进作用，为了检验这一外溢性，本部分使用以下三个矩阵进行测算。其中，邻接矩阵为（0，1）矩阵。经济距离矩阵的计算综合了经济因素与地理因素，形式见式（9－2）。其中，W_{ij}^{e} 为空间距离权重矩阵，$\bar{Y}_1 = 1/(t_1 - t_0 + 1)\sum_{t_1}^{t_0} Y_{ij}$，为观察期内第 i 地区的 GDP 均值，$\bar{Y}_1 = 1/n(t_1 - t_0 + 1)\sum_{t=1}^{n}\sum_{t_1}^{t_0} Y_{ij}$，为总观察期内 GDP 均值。

$$W_{ij}^{e} = W_{ij}^{d} diag(\bar{Y}_1/\bar{Y}, \bar{Y}_2/\bar{Y}, \cdots, \bar{Y}_n/\bar{Y})$$

$$W'^{e}_{ij} = \frac{W_{ij}^{e}}{\sum_j W_{ij}^{e}}, i \neq j \quad (9-2)$$

地理距离矩阵的形式见式（9－3）：W_{ij} 为第 i 行和第 j 列的矩阵元素。d_{ij} 为空间单元 i 和 j 之间的地理距离，采用各个城市之间的直线欧氏距离来表示。对于城市内部距离，参照 Head 和 Mayer（2000）的方法设定，即 $d_{ij} = (2/3)\sqrt{area_i/\pi}$。其中 $area_i$ 为第 i 个城市的面积。为了简化模型和使得结果易于解释，空间权重矩阵常被标准化为每行元素之和为 1，记标准化后的权重为：

$$W_{ij}^{d} = e^{-aa_{ij}}; W'^{d}_{ij} = \frac{W_{ij}^{d}}{\sum_j W_{ij}^{d}}, i \neq j \quad (9-3)$$

测算结果如表 9-1 所示。可以看出在三个矩阵下，全区价值链嵌入度的莫兰指数均在 1% 的显著性水平下为正，验证了前文观点，也就是说全球价值链嵌入度确实存在正外溢效应，即会对周边城市的全球价值链嵌入度带来正向促进作用。

表 9-1　2002—2013 年全球价值链嵌入度的莫兰指数检验

年份	2002	2003	2004	2005	2006	2007
邻接矩阵	0.347*** (7.324)	0.365*** (7.709)	0.383*** (8.077)	0.303*** (6.420)	0.286*** (6.078)	0.345*** (7.037)
经济距离矩阵	0.184*** (6.815)	0.188*** (6.945)	0.191*** (7.056)	0.150*** (5.578)	0.156*** (5.820)	0.168*** (6.220)
地理距离矩阵	0.442*** (9.893)	0.447*** (10.008)	0.448*** (10.017)	0.397*** (8.901)	0.418*** (9.381)	0.420*** (9.425)
年份	2008	2009	2010	2011	2012	2013
邻接矩阵	0.296*** (6.271)	0.382*** (8.059)	0.384*** (8.105)	0.366*** (7.728)	0.366*** (7.733)	0.316*** (6.700)
经济距离矩阵	0.160*** (5.925)	0.177*** (6.543)	0.175*** (6.462)	0.153*** (5.694)	0.154*** (5.715)	0.148*** (5.498)
地理距离矩阵	0.398*** (8.937)	0.417*** (9.346)	0.418*** (9.365)	0.400*** (8.959)	0.397*** (8.915)	0.402*** (9.022)

注：*** 表示在 1% 的水平下显著。括号内为 Z 值。

二、全球价值链嵌入度对高端服务业发展影响的模型设定

本部分主要检验的是全球价值链嵌入度对高端服务业发展的影响，因此设定如下的基本回归模型：

$$DAG_{it} = \alpha_0 + \alpha_1 GVC_{it} + \lambda_j \sum_{j=1}^{n} Z_{jit} + \varepsilon_{it} \tag{9-4}$$

$$SAG_{it} = \alpha_0 + \alpha_1 GVC_{it} + \lambda_j \sum_{j=1}^{n} Z_{jit} + \varepsilon_{it} \tag{9-5}$$

上述模型中，i 表示城市，t 表示年份，被解释变量 DAG 代表高端服务业多样化集聚程度，SAG 代表高端服务业专业化集聚程度，解释变量 GVC 代表全球价值链嵌入度，Z 代表其他一些控制变量集合。其中，在控制变量选择方面，为了解决一部分因为遗漏变量而产生的内生性问题，本部分还在模型中加

入了城市经济水平、创新水平以及市场化程度等城市特征变量进行控制。以下选取了2003—2013年中国230个地级市的面板数据，数据主要来自各地级市公开网站和地方年鉴。相关变量的描述性统计如表9－2所示：

表9－2　变量描述性统计

项目	变量符号	变量名称	处理方法	均值	标准差	最小值	最大值
因变量	*dag*	高端服务业多样化集聚（%）	按照宣烨等（2019）的方法	0.170	0.112	0.015	1.403
	sag	高端服务业专业化集聚（%）	按照宣烨等（2019）的方法	3.126	1.264	0.825	14.21
自变量	*gvc*	全球价值链嵌入度（对数）	借鉴Hummels等（2001）的思路	0.432	0.321	0.000	1.000
控制变量	*patent*	创新	地级市专利申请数（件/万人）	6.436	22.923	0	453.671
	information	信息化	人均邮电	6.332	0.869	3.144	10.522
	market	市场化指数	参见《中国市场化指数》	6.587	1.578	3.320	10.920
	agdp	人均GDP	地级市人均生产总值的对数（万元）	10.166	0.733	7.828	13.056
	fd	财政自主权	财政预算内收入/财政预算内支出	0.608	0.241	0.022	2.200

三、全球价值链嵌入度对高端服务业发展影响的结果分析

（一）基本回归结果

表9－3汇报了全球价值链嵌入度对高端服务业发展影响的OLS基本回归结果。回归结果显示无论是在加入控制变量还是不加入控制变量，全球价值链嵌入度都会显著促进高端服务业多样化集聚以及高端服务业专业化集聚，表现为影响系数为正，且在5%的水平下显著。这表明，如果一个城市的全球价值链嵌入度较高，不仅其高端服务业多样化集聚程度较高，其专业化集聚程度往往也较高。但值得注意的是，通过对比模型（2）与模型（4）的影响系数大小，可以发现，全球价值链的嵌入对一个城市高端服务业专业化集聚的促进作用更大一些。这说明，全球价值链嵌入度不仅有利于城市高端服务业的多样化

发展，更有利于城市高端服务业的专业化分工。其他变量的回归结果也基本符合预期。

表9－3　全球价值链嵌入度对高端服务业发展影响的基本回归结果

项目	*dag*		*sag*	
	(1)	(2)	(3)	(4)
gvc	0.016** (0.007)	0.017** (0.008)	0.151** (0.067)	0.131** (0.067)
patent		0.000 (0.000)		0.003*** (0.001)
information		0.007** (0.004)		－0.040 (0.027)
market		－0.005* (0.003)		0.027 (0.023)
agdp		0.002 (0.002)		－0.015 (0.017)
fd		0.007 (0.007)		－0.046 (0.049)
常数项	0.141*** (0.006)	0.125*** (0.036)	3.258*** (0.038)	3.312*** (0.267)
城市固定效应	YES	YES	YES	YES
年份固定效应	YES	YES	YES	YES
观测值	2398	2151	2398	2151
R^2	0.047	0.048	0.019	0.021

注：***、**、*分别表示在1%、5%和10%的水平下显著。括号内为稳健标准误。

（二）异质性分析

1. 分地区检验

根据上文的基本回归结果，全球价值链嵌入显著促进了高端服务业多样化集聚程度和专业化集聚程度的提高，但是这种促进作用是否会因为城市间的区域差异而存在异质性？尤其在幅员辽阔的中国，不同地区的经济发展水平、人口密度、资源禀赋、地理环境等均存在显著差别，因此，不同地区在生产价值链上的分工地位不同，进而导致不同地区的全球价值链嵌入度对高端服务业多样化集聚程度和专业化集聚程度的影响也不同。鉴于此，为了验证可能存在的区域差异性，本部分将样本中的230个城市分为东部地区和中西部地区两个组别，考察了不同区域的全球价值链嵌入度对高端服务业多样化集聚程度和专业化集聚程度影响的异质性差异。

表9－4报告了分地区下全球价值链嵌入度对高端服务业多样化集聚程度的影响结果。总体来看，无论是在经济发展水平相对较高的东部地区还是在经济发展水平相对较低的中西部地区，全球价值链嵌入度都会促进高端服务业多样化集聚程度的提升。更进一步地，通过对比模型（2）和模型（4）的回归结果我们发现，模型（4）的显著性水平明显高于模型（2）且系数更大一些，这说明全球价值链嵌入对高端服务业多样化集聚程度的影响存在着明显的区域性差异，即在中西部地区，全球价值链嵌入度对高端服务业多样化集聚程度的提升作用更为明显。出现这种差异可能的原因是：一方面，东部地区经济发展水平较中西部地区显然更高，产业结构更为合理，因此全球价值链嵌入度基数更大。高端服务业多样化集聚程度也较高，这就意味着东部地区参与全球价值链的边际效应较中西部地区更低。另一方面，东部地区在全球价值链分工中所处地位较高，在发展过程中，容易受到来自发达国家的阻碍（张少军和刘志彪，2013），这就使得东部地区想要在全球价值链环节往上游攀升难度更大。而中西部地区处于全球价值链较低水平环节，受到的阻碍作用较小，因此在全球价值链向上攀升较为顺利。

表9－4　全球价值链嵌入度对高端服务业多样化集聚程度影响

项目	东部地区		中西部地区	
	(1)	(2)	(3)	(4)
gvc	0.028 * (0.014)	0.015 (0.016)	0.014 * (0.008)	0.016 * (0.008)
控制变量	NO	YES	NO	YES
城市固定效应	YES	YES	YES	YES
年份固定效应	YES	YES	YES	YES
观测值	1056	952	1324	1199
R^2	0.084	0.059	0.040	0.054

注：* 表示在10%的水平下显著。括号内为稳健标准误。

表9－5报告了分地区下全球价值链嵌入度对高端服务业专业化集聚程度的影响结果。总体来看，无论是在经济发展水平相对较高的东部地区还是在经济发展水平相对较低的中西部地区，全球价值链嵌入度都会促进高端服务业专

业化集聚程度的提升。更进一步地，通过对比模型（2）和模型（4）的回归结果我们发现，模型（2）的显著性水平明显高于模型（4）且系数更大一些，这说明全球价值链嵌入度对高端服务业专业化集聚程度的影响存在着明显的区域性差异，即在东部地区，全球价值链嵌入度对高端服务业专业化集聚程度的提升作用更为明显。出现这种差异可能的原因是：东部地区经济发展水平相对较高，在全球价值链中的地位相对较高，且在高端服务业多样化集聚程度发展到一定水平的条件下逐渐趋向于专业化集聚的发展，使其参与全球价值链的边际效用较高；而中西部地区经济发展水平相对较低，处于生产价值链的低端环节，如上文所述中西部地区尚处于多样化集聚程度提升的阶段，因此其参与全球价值链的边际效应较低。

表 9－5　全球价值链嵌入度对高端服务业专业化集聚程度影响

项目	东部地区		中西部地区	
	(1)	(2)	(3)	(4)
gvc	0.361*** (0.111)	0.255** (0.107)	−0.016 (0.085)	0.039 (0.086)
控制变量	NO	YES	NO	YES
城市固定效应	YES	YES	YES	YES
年份固定效应	YES	YES	YES	YES
观测值	1063	952	1335	1199
R^2	0.043	0.049	0.013	0.023

注：***、**分别表示在1%、5%的水平下显著。括号内为稳健标准误。

2. 分城市等级检验

根据前文的基本回归结果，全球价值链嵌入显著促进了高端服务业多样化集聚程度和专业化集聚程度的提高，但是这种促进作用是否会因为城市等级差异而存在异质性？尤其在幅员辽阔、疆域广大的中国，不同层级城市的经济发展水平、人口密度和城市职能等均存在显著差别，因此，不同级别城市在生产价值链上的分工地位不同，进而导致不同地区的全球价值链嵌入程度对高端服务业多样化集聚程度和专业化集聚程度的影响也不同。鉴于此，为了验证可能存在的城市级别差异性，以下将样本中的230个城市分为一线城市和二三线城市两个组别，考察了不同层级城市的全球价值链嵌入程度对高端服务业多样化集聚程度和专业化集聚程度影响的异质性差异。

表 9－6　全球价值链嵌入度对高端服务业多样化集聚程度影响

项目	一线城市		二三线城市	
	(1)	(2)	(3)	(4)
gvc	0.016 (0.015)	0.003 (0.013)	0.017 ** (0.008)	0.018 ** (0.008)
控制变量	NO	YES	NO	YES
城市固定效应	YES	YES	YES	YES
年份固定效应	YES	YES	YES	YES
观测值	191	173	2189	1978
R^2	0.199	0.193	0.049	0.058

注：* * 表示在5%的水平下显著。括号内为稳健标准误。

表 9－6 报告了分城市层级下全球价值链嵌入度对高端服务业多样化集聚程度的影响结果。总体来看，无论是在经济发展水平相对较高的一线城市还是在经济发展水平相对较低的二三线城市，全球价值链嵌入度对高端服务业多样化集聚程度的提升都呈正向影响。更进一步地，通过对比模型（2）和模型（4）的回归结果我们发现，模型（4）的回归系数在 5% 的水平下显著为正，显著性水平明显高于模型（2）且系数更大一些，这说明全球价值链嵌入度对高端服务业多样化集聚程度的影响存在着明显的城市层级间差异，即在二三线城市，全球价值链嵌入度对高端服务业多样化集聚程度的提升作用更为明显。出现这种差异可能的原因是：一方面，一线城市的经济发展水平已然较高，在全球价值链中的地位相对较高且高端服务业多样化集聚程度相对较高，使得其参与全球价值链的边际效应较低；另一方面，在向价值链高端环节攀升的过程中，会受到来自发达国家的双重阻碍作用（张少军和刘志彪，2013）。而二三线城市由于经济发展处于相对较低的水平，处于生产价值链的低端环节且高端服务业多样化集聚程度相对较低，使得其参与全球价值链能够获得更高的边际效应。

表 9－7 报告了分城市层级下全球价值链嵌入度对高端服务业专业集聚程度的影响结果。总体来看，无论是在经济发展水平相对较高的一线城市还是在经济发展水平相对较低的二三线城市，全球价值链嵌入度对高端服务业多样化集聚程度的提升都呈正向影响。更进一步地，通过对比模型（2）和模型（4）的回归结果我们发现，模型（2）的回归系数在 5% 的水平下显著为正，显著性水平明显高于模型（4）且系数更大一些，这说明全球价值链嵌入度对高端

服务业专业化集聚程度的影响存在着明显的城市层级差异，即在一线城市，全球价值链嵌入度对高端服务业专业化集聚程度的提升作用更为显著。出现这种差异可能的原因是：一线城市经济发展水平已然较高，具有更为优越的发展高端服务业的条件。一线城市在全球价值链中的地位相对较高，且在高端服务业多样化集聚程度发展到一定水平的条件下逐渐趋向于专业化集聚的发展，使其参与全球价值链的边际效用较高；而二三线城市经济发展水平相对较低，处于生产价值链的低端环节，如上文所述二三线城市尚处于多样化集聚程度提升的阶段，使得其参与全球价值链仅获得较低的专业化提升促进效应。

表 9-7　全球价值链嵌入度对高端服务业专业化集聚程度影响

项目	一线城市		二三线城市	
	(1)	(2)	(3)	(4)
gvc	1.240*** (0.418)	0.987** (0.392)	0.104 (0.065)	0.061 (0.065)
控制变量	NO	YES	NO	YES
城市固定效应	YES	YES	YES	YES
年份固定效应	YES	YES	YES	YES
观测值	191	173	2189	1978
R^2	0.199	0.193	0.049	0.058

注：***、**分别表示在1%、5%的水平下显著。括号内为稳健标准误。

（三）稳健性检验

为了保证结果的稳健性，对基本回归结果进行了稳健性检验，结果如表9-8所示。

表 9-8　稳健性检验回归结果

项目	(1)	(2)	(3)	(4)
	排除直辖市	滞后一期	控制时间趋势	控制初始特征
gvc	0.017** (0.008)	0.025*** (0.009)	0.017** (0.008)	0.018** (0.008)
控制变量	YES	YES	YES	YES
城市固定效应	YES	YES	YES	YES
年份固定效应	YES	YES	YES	YES

续表

项目	(1)	(2)	(3)	(4)
	排除直辖市	滞后一期	控制时间趋势	控制初始特征
观测值	2124	1946	2151	2151
R^2	0.049	0.048	0.048	0.079

注：①括号内数值为稳健标准误，＊＊、＊＊＊分别表示在5%、1%的水平下显著；②稳健性检验部分的被解释变量为城市高端服务业多样化集聚水平。

本部分的稳健性检验主要从以下四个方面展开：

第一，排除直辖市。考虑到北京、天津、上海和重庆四个直辖市行政级别高于一般的地级市，其特殊性可能会对回归结果产生影响，因此本部分在样本中剔除了直辖市进行回归，回归结果见表9－8第（1）列。可以看出，排除直辖市后全球价值链嵌入度的估计系数依然在5%的显著性水平下为正，说明前文基本回归结论稳健。

第二，解释变量滞后一期。本部分将所有解释变量滞后一期进行回归分析，以缓解反向因果关系导致的内生性问题，回归结果如表9－8第（2）列所示。观察发现，对全球价值链嵌入度和所有控制变量一起进行回归后，全球价值链嵌入度的估计系数依然在5%的显著性水平下为正，说明前文基本回归结论稳健。

第三，控制时间趋势。本部分基本回归分析中控制了个体效应和时间效应，但是不同城市随时间变化的异质性差异也可能对回归结果产生影响，因此本部分在回归模型中加入城市和年份的交互项以控制各城市异质性的时间趋势，回归结果如表9－8第（3）列所示。可以看出，控制城市异质性的时间趋势后，全球价值链嵌入度的估计系数依然在5%的显著性水平下为正，说明前文基本回归结论稳健。

第四，控制初始特征。进一步地，为了避免城市间初始特征不同可能产生的不可比较性，本部分在回归模型中纳入2005年的绿色专利申请量与时间趋势的交互项，回归结果如表9－8第（4）列所示，可以看出控制城市初始特征后，全球价值链嵌入度的估计系数依然在5%的显著性水平下为正，说明前文基本回归结论稳健。

第二节　全球价值链与现代化经济体系建设的实证分析

一、全球价值链嵌入度对现代化经济体系建设的动力体系影响的实证分析

（一）模型设计

1. 模型设定与变量说明

本节主要检验的是全球价值链嵌入度对现代化经济体系建设的影响，因此设定如下的基本回归模型：

$$Y_{it} = \alpha_0 + \alpha_1 GVC_{it} + \lambda_j \sum_{j=1}^{n} Z_{jit} + \varepsilon_{it} \tag{9-6}$$

其中，i 表示城市，t 表示年份，解释变量 GVC 代表全球价值链嵌入度，Z 代表其他一些控制变量集合，变量定义与前文一致。另外在控制变量选择方面，为了解决一部分因为遗漏变量而产生的内生性问题，本节还在模型中加入了城市经济水平、实际利用外资情况以及财政自主权等城市特征变量进行控制。被解释变量 Y 代表现代化经济体系建设相关变量，如前文理论部分所述，现代化经济体系包括动力体系、供给体系、内容体系和制度体系四个方面，变量说明如下：

（1）动力体系：党的十九大报告提出，以“坚持质量第一、效益优先”为原则和要求，通过供给侧改革完成“三大变革”，进而完成动力转化，形成现代动力体系，而最终目标正是“提高全要素生产率”。全要素生产率是除劳动、资本和土地三要素之外的一个重要要素，构建现代化经济建设体系就要让全要素生产率成为经济增长的主要贡献。因此本节选取全要素生产率作为现代化经济建设动力体系的代理变量。

（2）供给体系：创新是引领发展的第一动力，是建设现代化经济体系的战略支撑。建设创新引领、协同发展的产业体系，首先要依靠科技创新来提高实体经济发展的质量和效益。创新要素的供给是经济发展的重要驱动力，专利指标能够较好地衡量一个地区的科技研发实力和原始创新能力，在目前的研究中常被用于度量地区技术创新水平。专利包括发明、实用新型和外观设计专利

三部分，其中发明专利更能体现地区专利的质量（刘凤朝、潘雄锋，2006）。因此本节选取专利申请总量和发明专利申请量作为现代化经济建设供给体系的代理变量。

（3）内容体系：现代化经济建设的内容体系主要是产业体系。我们一般将产业分为农业、工业和服务业，所谓产业现代化就是指农业、工业和服务业的现代化，质量高、效益高以及技术驱动是其主要特征。实现产业现代化就是要提高产业的技术含量，利用前沿科技推动产业高质量发展，促进产业结构优化升级，提高技术进步率。鉴于此，本节选取技术密集型工业企业产值所占比重作为现代化经济建设内容体系的代理变量。

（4）制度体系：我们一般将现代经济制度划分为现代产业制度、现代产权制度、现代财政制度和现代金融制度。为了实现经济高质量发展，我们必须着力构建市场机制有效、微观主体有活力、宏观调控有度的经济体制。在较好的制度环境背景下，我国经济创新力和竞争力才能不断增强。鉴于此，本节选取市场化程度指标作为现代化经济建设制度体系的代理变量。

本节选取了2003—2013年中国230个地级市的面板数据，数据主要来自各地级市公开网站以及地方年鉴。相关变量的描述性统计如表9－9所示：

表9－9　变量描述性统计

项目	变量符号	变量名称	处理方法	均值	最小值	最大值
因变量	*tfp*	全要素生产率	SFA	1.382	－59.426	162.974
	lpatent	专利申请总量	地级市专利申请数（件/万人）对数	1.070	0	6.120
	linpatent	发明专利申请量	地级市发明专利申请数（件/万人）对数	0.490	0	4.690
	techprod-cutratioc	技术密集型工企产值占比	技术密集型工企产值占比（%）	0.347	0.004	0.938
	market	市场化指数	详见《中国市场化指数》	6.587	3.320	10.920
自变量	*gvc*	全球价值链嵌入度	借鉴Hummels等（2001）的思路	0.3249	－1.849	20.797

续表

项目	变量符号	变量名称	处理方法	均值	最小值	最大值
控制变量	*agdp*	人均 GDP	地级市人均生产总值的对数（万元）	10.166	7.828	13.056
	fdi	实际利用外资	地级市实际利用外资额的对数（万美元）	10.052	2.485	14.557
	transport	交通基础设施	年末实有道路面积/行政区域面积	1.316	0	19.470
	fd	财政自主权	财政预算内收入/财政预算内支出	0.608	0.022	2.120
	industry	第二产业增加值占比	第二产业增加值占GDP 的比重（%）	38.783	11.050	85.330

2. 内生性与工具变量

内生性作为经济学经验研究中一个不可忽视的问题一直为学者所关注。研究城市层面全球价值链嵌入度与现代化经济体系建设关系的最重要问题是内生性问题。这里产生内生性问题的原因主要体现在联立性和遗漏变量两个方面。首先，联立性。联立性的本质也就是解释变量可能由被解释变量决定，即两者之间存在着反向的因果关系，或者解释变量和被解释变量同时受其他变量的影响等。具体到本节的研究主题，研究表明全球价值链嵌入度与现代化经济体系建设各方面存在着正相关关系，我们可以认为全球价值链的高嵌入度会对现代化经济体系建设的各方面产生推动作用。但是我们不能完全否认经济现代化程度影响全球价值链嵌入度这种情形出现的可能性，可能经济现代化程度越高的城市，其全球价值链嵌入度也越高。这是因为经济现代化程度较高的城市就意味着其具有较高的经济发展水平、全要素生产率、技术进步率和更为高效的市场制度，于是其产品在国际市场中往往具有较强的竞争力，因此这些城市通常具有更高的全球价值链嵌入度，也就是说全球价值链嵌入度和现代化经济体系建设之间可能存在着双向的因果关系。其次，遗漏变量。一个城市现代化经济体系建设各方面的发展水平会受到多种因素的影响，虽然本节在现代化经济体系建设的模型中尽可能地控制了一些影响现代化经济体系建设的重要特征变量，如财政自主权、实际利用外资情况、交通基础设施建设等，但仍无法在理论上将所有与城市现代化经济体系建设有关的变量全部列出，必然存在着遗漏变量。在这种情况下，如果遗漏变量与其他解释变量相关，就会产生内生性问题。鉴于此，本节将采用工具变量法进行估计，以降低存在的内生性问题。

根据工具变量的基本构造思路，一个好的工具变量需要满足两个条件：要与内生变量存在较强的相关性以及与残差项无关的外生性。也就是说，首先，它能解释城市间全球价值链嵌入度的差异；其次，它与城市间现代化经济体系建设的各方面没有直接联系。即寻找一个与全球价值链嵌入度高度相关而与现代化经济体系建设的各方面不相关的变量作为全球价值链嵌入度的工具变量。在以往的研究文献中，关于全球价值链的工具变量主要有两种：第一种是选择滞后期作为工具变量。这是因为通常认为被解释变量的当期值对内生变量的滞后值不会造成影响，通过这种时间上的交错可以有效避免由双向因果关系产生的内生性问题。第二种是对解释变量进行调整。如刘维林（2014）在对全球价值链嵌入对出口技术复杂度的影响研究中，为了进一步验证结果的稳健性，对模型的核心解释变量进行了再估算以减少由度量误差所引起的内生性问题。

考虑到国际贸易是参与全球价值链的一种重要方式，本节试图从国际贸易的角度来寻找全球价值链嵌入度的工具变量，选择一个地理特征变量作为全球价值链的工具变量便是一条重要思路。这是因为，地理特征变量是客观既定的，一个城市的现代化经济体系建设情况对该城市地理特征变量不会造成任何影响，也即相对于现代化经济体系建设，地理特征变量具有严格外生性，满足排他性原则。在既有国际贸易的研究文献中，对于地理特征变量的选择主要有两种方式：一是选择城市到港口距离，二是城市到海岸线距离。如黄新飞等（2014）选择以城市到十大港口的最短公路距离作为工具变量；黄玖立和李坤望（2006）选择各省到海岸线的距离作为工具变量；此外，洪占卿和郭峰（2012）在选择各省省会到海岸线距离作为工具变量的基础上，进一步选择各省省会到香港、上海两大港口的最短距离作为另一工具变量进行稳健性检验。

鉴于此，本节在借鉴以往研究文献的基础上，选择各城市到海岸线的最短距离来作为全球价值链嵌入度的工具变量。这是因为：首先，满足与内生变量较强的相关性。各城市到海岸线的距离也意味着国外市场接近度（黄玖立和李坤望，2006），在实际的贸易过程中距海岸线较近的城市具有对外贸易先天的自然优势，有利于进出口货物的集中并降低运输成本。因此距离海岸线更近的城市货物吞吐量较大，有更高的国际贸易参与度，因此全球价值链嵌入度往往较高。由此选择各城市到海岸线的最短距离作为工具变量满足相关性要求。其次，还满足外生性要求。这是因为城市间的地理特征是客观既定的，本节样本期间为2003—2013年，在此期间，各城市到海岸线的距离保持不变，不会随着时间变动而发生改变。各城市到海岸线的距离是地理特征变量，是完全独立于经济发展的，因此地理特征对于现代化经济建设具有严格外生性。由此，选择各城市到海岸线的最短距离作为工具变量满足外生性要求。此外，考虑到国际贸易在全球价值链中扮演的重要角色，本节还选择全球贸易总额来调整各城市全球价值链的嵌入度，这样能更准确反映全球价值链嵌入度的时变性。因此，本节最终所使用的工具变量是各城市到海岸线的最短距离与当年全球贸易总额的交互项，主要是出于对固定效应回归的考虑，在固定效应回归中，采用非时变的工具变量会导致回归结果没有意义。因而各城市到海岸线的最短距离与当年全球贸易总额的交互项是更合适的工具变量。

上述分析表明，城市到海岸线的最短距离与当年全球贸易总额的交互项和该城市的全球价值链嵌入度密切相关，但在理论上却依然不能排除该工具变量不能通过诸如促进经济发展、提高技术效率等渠道来影响城市的现代化经济体系建设。因此，本节在模型中相应地加入财政自主权、技术创新水平、交通基础设施以及产业结构等一系列控制变量，如果内生变量系数没有发生明显变化，那么间接说明排他性约束满足，进而尽可能地避免工具变量通过其他渠道对现代化经济体系建设造成影响。为此，本节将选择城市到海岸线的最短距离与当年全球贸易总额的交互项来作为当年该城市全球价值链嵌入度的工具变量，应用工具变量法对模型进行估计。数据主要来自历年《中国统计年鉴》及《中国城市统计年鉴》。

（二）基本回归结果

表 9－10　2SLS 第一阶段回归结果

项目	(1)		(2)	
	系数	T 值	系数	T 值
工具变量	0.186 ***	4.38	0.168 ***	3.78
控制变量	不包括		包括	
观测值	2216		2177	

注：＊＊＊表示在 1% 的水平下显著。括号内为稳健标准误。

表 9－10 中第一阶段估计结果显示，无论是加入控制变量还是不加入控制变量，工具变量与全球价值链嵌入度之间关系均在 1% 的显著性水平上为正，这说明各地级市全球价值链嵌入程度与其到十大港口的距离之间存在显著的正相关关系，这也就满足了前文所述工具变量的相关性假设。

表9－11报告了全球价值链嵌入度对全要素生产率的基本回归结果。模型（3）和模型（4）为工具变量回归结果，观察模型（3）和模型（4）的系数，全球价值链嵌入度的影响系数为正。这说明在采用工具变量的情况下，无论是加入控制变量还是不加入控制变量，工具变量2SLS的回归结果均显示全球价值链嵌入度会显著促进全要素生产率的提高。这表明，如果一个城市的全球价值链嵌入度较高，其全要素生产率也往往较高。这说明，我们需要进一步提升全球价值链嵌入度尤其是上游环节的嵌入度，提升全要素生产率，为构建现代化经济体系助力。

表9－11　全球价值链嵌入度对全要素生产率影响的基本回归结果

项目	*tfp*		*tfp*	
	(1)	(2)	(3)	(4)
gvc	-0.028 (0.209)	-0.025 (0.211)	1.886 (1.559)	2.055 (2.017)
agdp		0.241 (0.266)		0.371 (0.278)
ln*sfdi*		0.036 (0.119)		0.039 (0.136)
transport		-0.092 (0.102)		-0.129 (0.119)
fd		0.094 (0.578)		0.451 (0.667)
patent		0.009 (0.019)		0.010 (0.015)
观测值	0.844** (0.419)	-2.205 (2.094)		
固定效应	YES	YES	YES	YES
RKF检验			19.217	14.314
N	2430	2390	2216	2177

注：**表示在5%的水平下显著。括号内为稳健标准误。

（三）异质性分析

根据上文的工具变量基本回归结果，全球价值链嵌入显著促进了全要素生产率的提高，但是这种促进作用是否会因为城市间的区域差异而存在异质性？尤其在幅员辽阔的中国，不同地区的经济发展水平、人口密度、资源禀赋、地理环境等均存在显著差别，因此，不同地区在生产价值链上的分工地位不同，进而导致不同地区的全球价值链嵌入度对全要素生产率的影响也不同。鉴于此，为了验证可能存在的区域差异性，以下将样本中的230个城市分为东部地区和中西部地区两个组别，考察了不同区域的全球价值链嵌入度对全要素生产率的异质性差异。

表9-12报告了分区域下全球价值链嵌入度对全要素生产率的影响结果。总体来看，无论是在经济发展水平相对较高的东部地区还是在经济发展水平相对较低的中西部地区，全球价值链嵌入度对全要素生产率的提升都呈正向影响。更进一步地，通过对比模型（2）和模型（4）的回归结果我们发现，模型（2）的回归系数更大一些，这说明全球价值链嵌入度对全要素生产率的影响存在着一定的区域间差异，即在东部地区，全球价值链嵌入度对全要素生产率的提升作用更为明显。出现这种差异可能的原因是：一方面，东部地区的经济发展水平和技术进步率较高，在全球价值链中的地位相对较高，因此全球价值链的嵌入使得东部地区的全要素生产率水平有所提高；另一方面，中西部地区经济发展水平和技术创新水平较低，处于生产价值链的低端环节，使得其参与全球价值链仅获得更低的边际效应。

表9-12　全球价值链嵌入度对全要素生产率影响的基本回归结果

项目	东部地区		中西部地区	
	（1）	（2）	（3）	（4）
gvc	1.896 (9.654)	2.661 (7.419)	1.885 (1.423)	1.439 (2.090)
控制变量	NO	YES	NO	YES
固定效应	YES	YES	YES	YES
RKF检验	5.345	5.005	16.396	9.860
N	967	951	1249	1226

注：括号内为稳健标准误。

（四）稳健性检验

为了保证前文基本回归结果的稳健性，作了如下的稳健性检验。

表 9-13　稳健性检验回归结果

项目	(1)	(2)	(3)
	排除直辖市	控制时间趋势	控制初始特征
gvc	2.051 (2.087)	4.533 (3.426)	4.467 (3.380)
控制变量	YES	YES	YES
城市固定效应	YES	YES	YES
年份固定效应	YES	YES	YES
RKF 检验	13.446	5.920	6.354
R^2	-0.044	-0.217	-0.210

注：①括号内数值为稳健标准误；②稳健性检验部分的被解释变量为全要素生产率。

本部分的稳健性检验主要从以下三个方面展开：

第一，排除直辖市。考虑到北京、天津、上海和重庆四个直辖市行政级别高于一般的地级市，其特殊性可能会对回归结果产生影响，因此本部分在样本中剔除了直辖市进行回归，回归结果见表 9-13 第（1）列。可以看出，排除直辖市后全球价值链嵌入程度的估计系数依然为正，说明前文基本回归结论稳健。

第二，控制时间趋势。本部分基本回归分析中控制了个体效应和时间效应，但是不同城市随时间变化的异质性差异也可能对回归结果产生影响，因此本部分在回归模型中加入城市和年份的交互项以控制各城市异质性的时间趋势，回归结果如表 9-13 第（2）列所示。可以看出，控制城市异质性的时间趋势后，全球价值链嵌入度的估计系数依然为正，说明前文基本回归结论稳健。

第三，控制初始特征。进一步地，为了避免城市间初始特征不同可能产生的不可比较性，本部分在回归模型中纳入 2005 年的绿色专利申请量与时间趋势的交互项，回归结果如表 9-13 第（3）列所示，可以看出控制城市初始特征后，全球价值链嵌入度的估计系数依然为正，说明前文基本回归结论稳健。

二、全球价值链嵌入度对现代化经济体系建设的供给体系影响的实证分析

（一）基本回归结果

表9-14报告了全球价值链嵌入度对专利申请量和发明专利申请量的基本回归结果。观察模型（2）和模型（4）的系数，全球价值链嵌入度的影响系数为正，且均通过了1%的显著性检验。这说明在采用工具变量的情况下，无论是加入控制变量还是不加入控制变量，工具变量2SLS的回归结果均显示全球价值链嵌入度会显著促进专利申请量和发明专利申请量的提高。这表明，如果一个城市的全球价值链嵌入度较高，不仅其专利申请量较高，其发明专利申请量也往往较高。发明专利申请量作为专利申请量的重要组成部分，更能反映一个城市的技术创新水平。值得注意的是，通过对比模型（2）与模型（4）的影响系数大小，我们发现全球价值链的嵌入度对城市专利申请总量的促进作用更大，对发明专利申请量的促进作用较小。这说明，由于中国在全球价值链的嵌入环节更多是在低端制造环节，这种全球价值链的嵌入对发明专利申请量的促进作用较小，也就是说中国需要进一步提升全球价值链参与高度，进而真正提升全社会技术创新水平。

表9-14 全球价值链嵌入度对技术创新影响的基本回归结果

项目	*lpatent*		*linpatent*	
	(1)	(2)	(3)	(4)
gvc	6.664*** (1.536)	7.471*** (1.986)	3.642*** (0.845)	4.058*** (1.086)
agdp		0.183 (0.254)		0.110 (0.139)
lnsfdi		-0.070 (0.110)		-0.042 (0.060)
transport		-0.095** (0.047)		-0.054** (0.026)
fd		0.437 (0.456)		0.187 (0.250)

续表

项目	lpatent		linpatent	
	(1)	(2)	(3)	(4)
industry		0.009 (0.012)		0.005 (0.006)
固定效应	YES	YES	YES	YES
RKF 检验	19.223	14.313	19.217	14.314
N	2398	2151	2398	2151

注：＊＊＊、＊＊分别表示在1%、5%的水平下显著。括号内为稳健标准误。

（二）异质性分析

1. 分区域检验

根据上文的工具变量基本回归结果，全球价值链嵌入显著促进了专利申请总量和发明专利申请量的提高，但是这种促进作用是否会因为城市间的区域差异而存在异质性？尤其在幅员辽阔的中国，不同地区的经济发展水平、人口密度、资源禀赋、地理环境等均存在显著差别，因此，不同地区在生产价值链上的分工地位不同，进而导致不同地区的全球价值链嵌入度对专利申请总量和发明专利申请量的影响也不同。鉴于此，为了验证可能存在的区域差异性，以下将样本中的230个城市分为东部地区和中西部地区两个组别，考察了不同区域的全球价值链嵌入度对专利申请总量和发明专利申请量影响的异质性差异。

表9－15报告了分区域下全球价值链嵌入度对专利申请总量的影响结果。总体来看，无论是在经济发展水平相对较高的东部地区还是在经济发展水平相对较低的中西部地区，全球价值链嵌入度对专利申请总量的提升都呈正向影响。更进一步地，通过对比模型（2）和模型（4）的回归结果我们发现，模型（4）的回归系数在1%的水平下显著为正，显著性水平明显高于模型（2），这说明全球价值链嵌入度对专利申请总量的影响存在着明显的区域间差异，即在中西部地区，全球价值链嵌入度对专利申请总量的提升作用更为明显。出现这种差异可能的原因是：一方面，东部地区的经济发展水平和技术创新水平已然较高，在全球价值链中的地位相对较高，使得其参与全球价值链获得的边际效应较低；另一方面，在向价值链高端环节攀升的过程中，东部地区会受到来自发达国家的双重阻碍作用。而中西部地区经济发展

水平和技术创新水平较低，对于生产价值链的低端环节，使得其参与全球价值链能够获得更高的边际效应。

表 9 - 15　全球价值链嵌入度对专利申请总量影响的基本回归结果

项目	东部地区		中西部地区	
	(1)	(2)	(3)	(4)
gvc	29.449 ** (12.808)	24.498 ** (10.940)	4.414 *** (1.103)	5.347 *** (1.707)
控制变量	NO	YES	NO	YES
固定效应	YES	YES	YES	YES
RKF 检验	5.345	5.005	16.396	9.860
N	967	951	1246	1223

注：＊＊＊、＊＊分别表示在 1%、5% 的水平下显著。括号内为稳健标准误。

表 9 - 16 报告了分区域下全球价值链嵌入度对发明专利申请量的影响结果。总体来看，无论是在经济发展水平相对较高的东部地区还是在经济发展水平相对较低的中西部地区，全球价值链嵌入度对发明专利申请量的提升都呈正向影响。更进一步地，通过对比模型（2）和模型（4）的回归结果我们发现，模型（4）的回归系数在 1% 的水平下显著为正，显著性水平明显高于模型（2），这说明全球价值链嵌入度对发明专利申请量的影响存在着明显的区域间差异，即在中西部地区，全球价值链嵌入度对发明专利申请量的提升作用更为明显。出现这种差异可能的原因在于：一方面，东部地区的经济发展水平和技术创新水平已然较高，在全球价值链中的地位相对较高，使得其参与全球价值链获得的边际效应较低；另一方面，在向价值链高端环节攀升的过程中，东部地区会受到来自发达国家的双重阻碍作用。而中西部地区经济发展水平和技术创新水平较低，所处的生产价值链环节相对较低，使得其参与全球价值链能够获得更高的边际效应。

表 9 - 16　全球价值链嵌入度对发明专利申请量影响的基本回归结果

项目	东部地区		中西部地区	
	(1)	(2)	(3)	(4)
gvc	18.824 ** (8.299)	15.424 ** (6.962)	2.142 *** (0.539)	2.629 *** (0.845)
控制变量	NO	YES	NO	YES

续表

项目	东部地区		中西部地区	
	(1)	(2)	(3)	(4)
固定效应	YES	YES	YES	YES
RKF 检验	5.345	5.005	16.396	9.860
N	967	951	1249	1226

注：＊＊＊、＊＊分别表示在1%、5%的水平下显著。括号内为稳健标准误。

2. 分城市等级检验

根据前文的基本回归结果，全球价值链嵌入显著促进了专利申请总量和发明专利申请量的提高，但是这种促进作用是否会因为城市等级差异而存在异质性？尤其在幅员辽阔、疆域广大的中国，不同层级城市的经济发展水平、人口密度以及城市职能等均存在显著差别，因此，不同级别城市在生产价值链上的分工地位不同，进而导致不同地区的全球价值链嵌入度对专利申请总量和发明专利申请量的影响也不同。鉴于此，为了验证可能存在的城市级别差异性，以下将样本中的230个城市分为一线城市和二三线城市两个组别，考察了不同层级城市的全球价值链嵌入度对专利申请总量和发明专利申请量的异质性差异。

表9－17报告了分地区下全球价值链嵌入度对专利申请总量的影响结果。总体来看，无论是在经济发展水平相对较高的一线城市还是在经济发展水平相对较低的二三线城市，全球价值链嵌入度都会促进专利申请总量的提升。更进一步地，通过对比模型（2）和模型（4）的回归结果我们发现，模型（4）的回归系数在1%的显著性水平下为正，显著性水平明显高于模型（2），这说明全球价值链嵌入度对专利申请总量的影响存在着明显的城市层级差异，即在二三线城市，全球价值链嵌入度对专利申请总量的提升作用更为明显。出现这种差异可能的原因是：一方面，一线城市经济发展水平相对较高，高素质人才储备较多，技术创新水平相对更高，因此全球价值链嵌入获得的边际效应相对较低；另一方面，二三线城市经济水平较低，技术创新水平正处于提升阶段，因此能够获得更高的边际效应。

表 9－17　全球价值链嵌入度对专利申请总量影响的基本回归结果

项目	一线城市		二三线城市	
	(1)	(2)	(3)	(4)
gvc	47.208 (58.016)	22.566 (14.696)	5.903 *** (1.378)	6.743 *** (1.852)
控制变量	NO	YES	NO	YES
固定效应	YES	YES	YES	YES
RKF 检验	0.663	2.291	18.718	13.367
N	175	172	2038	2002

注：＊＊＊表示在1%的水平下显著。括号内为稳健标准误。

表9－18报告了分地区下全球价值链嵌入度对发明专利申请量的影响结果。总体来看，无论是在经济发展水平相对较高的一线城市还是在经济发展水平相对较低的二三线城市，全球价值链嵌入度都会促进发明专利申请量的提升。更进一步地，通过对比模型（2）和模型（4）的回归结果我们发现，模型（4）的回归系数在1%的显著性水平下为正，显著性水平明显高于模型（2），这说明全球价值链嵌入度对发明专利申请量的影响存在着明显的城市层级差异，即在二三线城市，全球价值链嵌入度对发明专利申请量的提升作用更为明显。出现这种差异可能的原因是：一方面，一线城市经济发展水平相对较高，高素质人才储备较多，技术创新水平相对更高，因此全球价值链嵌入获得的边际效应相对较低；另一方面，二三线城市经济水平较低，技术创新水平正处于提升阶段，因此能够获得更高的边际效应。

表 9－18　全球价值链嵌入度对发明专利申请量影响的基本回归结果

项目	一线城市		二三线城市	
	(1)	(2)	(3)	(4)
gvc	36.169 (44.694)	16.861 (11.113)	3.031 *** (0.712)	3.455 *** (0.954)
控制变量	NO	YES	NO	YES
固定效应	YES	YES	YES	YES
RKF 检验	0.663	2.291	18.712	13.368
N	175	172	2041	2005

注：＊＊＊表示在1%的水平下显著。括号内为稳健标准误。

（三）稳健性检验

为了保证前文基本回归结果的稳健性，作了如下的稳健性检验。

表 9－19　稳健性检验回归结果

项目	(1)	(2)	(3)
	排除直辖市	控制时间趋势	控制初始特征
gvc	2.051 (2.087)	5.177 ** (2.109)	8.101 ** (3.204)
控制变量	YES	YES	YES
城市固定效应	YES	YES	YES
年份固定效应	YES	YES	YES
RKF 检验	13.446	5.955	6.395
R^2	－0.044	－28.060	－69.682

注：①括号内数值为稳健标准误，＊＊表示在5%的水平下显著；②稳健性检验部分的被解释变量为全部专利申请量。

本部分的稳健性检验主要从以下三个方面展开：

第一，排除直辖市。考虑到北京、天津、上海和重庆四个直辖市行政级别高于一般的地级市，其特殊性可能会对回归结果产生影响，因此本部分在样本中剔除了直辖市进行回归，回归结果见表 9－19 第（1）列。可以看出，排除直辖市后全球价值链嵌入度的估计系数依然为正，说明前文基本回归结论稳健。

第二，控制时间趋势。本部分基本回归分析中控制了个体效应和时间效应，但是不同城市随时间变化的异质性差异也可能对回归结果产生影响，因此本部分在回归模型中加入城市和年份的交互项以控制各城市异质性的时间趋势，回归结果如表 9－19 第（2）列所示。可以看出，控制城市异质性的时间趋势后，全球价值链嵌入度的估计系数依然在 5% 的显著性水平下为正，说明前文基本回归结论稳健。

第三，控制初始特征。进一步地，为了避免城市间初始特征不同可能产生的不可比较性，本部分在回归模型中纳入 2005 年的绿色专利申请量与时间趋势的交互项，回归结果如表 9－19 第（3）列所示，可以看出控制城市初始特征后，全球价值链嵌入度的估计系数依然在 5% 的显著性水平下为正，说明前文基本回归结论稳健。

三、全球价值链嵌入度对现代化经济体系建设的内容体系影响的实证分析

（一）基本回归结果

表9－20报告了全球价值链嵌入度对技术密集型产业产值所占比重（即产业结构升级）的基本回归结果。观察模型（3）和模型（4）的回归系数我们可以看出，全球价值链嵌入度的影响系数均显著为正。这说明在采用工具变量的情况下，无论是加入控制变量还是不加入控制变量，工具变量2SLS的回归结果均显示全球价值链嵌入程度会显著促进技术密集型产业产值所占比重的提高。这表明，如果一个城市的全球价值链嵌入度较高，其技术密集型工业企业产值所占比重会有所提高，意味着劳动密集型工业企业产值所占比重以及资本密集型工业企业产值所占比重会有所降低。换言之，全球价值链嵌入度的提升有助于城市产业结构的转型升级，中国目前在全球价值链嵌入环节更多的是低端制造环节，中国需要进一步提升全球价值链参与度来促进产业的转型升级。

表9－20 全球价值链嵌入度对产业结构升级影响基本回归结果

项目	*techprodcutratioc*		*techprodcutratioc*	
	(1)	(2)	(3)	(4)
gvc	0.011* (0.006)	0.011* (0.006)	0.089*** (0.062)	0.126* (0.072)
agdp		−0.004 (0.007)		−0.002 (0.009)
lnsfdi		−0.001 (0.003)		−0.002 (0.004)
transport		0.005* (0.003)		−0.004 (0.003)
fd		0.015 (0.016)		0.024 (0.019)
patent		−0.000 (0.000)		−0.000 (0.000)
观测值	0.349*** (0.011)	0.382*** (0.056)		

续表

项目	techprodcutratioc		techprodcutratioc	
	(1)	(2)	(3)	(4)
固定效应	YES	YES	YES	YES
RKF 检验			18.657	15.472
N	2395	2349	2179	2139

注：* * *、* 分别表示在 1%、10% 的水平下显著。括号内为稳健标准误。

（二）异质性分析

根据上文的工具变量基本回归结果，全球价值链嵌入显著促进了技术密集型产业所占比重的提高，但是这种促进作用是否会因为城市间的区域差异而存在异质性？尤其在幅员辽阔的中国，不同地区的经济发展水平、人口密度、资源禀赋、地理环境等均存在显著差别，因此，不同地区在生产价值链上的分工地位不同，进而导致不同地区的全球价值链嵌入度对技术密集型产业所占比重的影响也不同。鉴于此，为了验证可能存在的区域差异性，以下将样本中的 230 个城市分为东部地区和中西部地区两个组别，考察了不同区域的全球价值链嵌入度对技术密集型产业所占比重影响的异质性差异。

表 9 -21 报告了分区域下全球价值链嵌入度对技术密集型产业所占比重（即产业结构升级）的影响结果。总体来看，在经济发展水平相对较低的中西部地区，全球价值链嵌入度对技术密集型产业所占比重的提升呈正向影响。更进一步地，通过对比模型（2）和模型（4）的回归结果我们发现，模型（4）的回归系数在 5% 的水平下显著为正，显著性水平明显高于模型（2），这说明全球价值链嵌入对技术密集型产业所占比重的影响存在着明显的区域间差异，即在中西部地区，全球价值链嵌入度对技术密集型产业所占比重的提升作用更为明显。出现这种差异可能的原因是：一方面，东部地区的经济发展水平和技术创新水平已然较高，其技术密集型产业所占比重相对较高，在全球价值链中的地位相对较高，使得其参与全球价值链获得的边际效应较低；另一方面，在向价值链高端环节攀升的过程中，东部地区会受到来自发达国家的双重阻碍作用。而中西部地区经济发展水平和技术创新水平较低，以劳动密集型产业和资本密集型产业为主，正处于产业转型升级的过渡时期，处于生产价值链的低端环节，使得其参与全球价值链能够获得更高的边际效应。

表 9－21　全球价值链嵌入度对产业结构升级影响基本回归结果

项目	东部地区		中西部地区	
	(1)	(2)	(3)	(4)
gvc	−0.666 (0.454)	−0.700 (0.517)	0.163 ** (0.068)	0.205 ** (0.086)
控制变量	NO	YES	NO	YES
固定效应	YES	YES	YES	YES
RKF 检验	5.128	4.367	15.927	11.567
N	959	944	1220	1195

注：＊＊表示在5%的水平下显著。括号内为稳健标准误。

（三）稳健性检验

为了保证前文基本回归结果的稳健性，做了如下的稳健性检验，如表9－22所示。

表 9－22　稳健性检验回归结果

项目	(1)	(2)	(3)
	排除直辖市	控制时间趋势	控制初始特征
gvc	0.114 * (0.069)	−0.000 (0.099)	0.028 (0.099)
控制变量	YES	YES	YES
城市固定效应	YES	YES	YES
年份固定效应	YES	YES	YES
RKF 检验	17.081	7.187	8.159
R^2	−0.156	0.005	0.003

注：①括号内数值为稳健标准误，＊表示在10%的水平下显著；②稳健性检验部分的被解释变量为技术密集型工企产值占比。

本部分的稳健性检验主要从以下三个方面展开：

第一，排除直辖市。考虑到北京、天津、上海和重庆四个直辖市行政级别高于一般的地级市，其特殊性可能会对回归结果产生影响，因此本部分在样本中剔除了直辖市进行回归，回归结果见表9－22第（1）列。可以看出，排除直辖市后全球价值链嵌入度的估计系数依然在10%的显著性水平下为正，说明前文基本回归结论稳健。

第二，控制时间趋势。本部分基本回归分析中控制了个体效应和时间效应，但是不同城市间随时间变化的异质性差异也可能对回归结果产生影响，因此在回归模型中加入城市和年份的交互项以控制各城市异质性的时间趋势，回归结果如表9－22第（2）列所示。可以看出，控制城市异质性的时间趋势后，全球价值链嵌入度的估计系数依然为正，说明前文基本回归结论稳健。

第三，控制初始特征。进一步地，为了避免城市间初始特征不同可能产生的不可比较性，本部分在回归模型中纳入2005年的绿色专利申请量与时间趋势的交互项，回归结果如表9－23第（3）列所示，可以看出控制城市初始特征后，全球价值链嵌入度的估计系数依然为正，说明前文基本回归结论稳健。

第三节　全球价值链、高端服务业发展与现代化经济体系建设：实证分析

一、全球价值链、高端服务业发展与现代化经济体系建设：中介效应模型设定

上述基准回归结果显示，全球价值链嵌入度不仅对高端服务业的多样化集聚程度和专业化集聚程度产生正向影响，对现代化经济体系的动力体系、供给体系、内容体系和制度体系的构建也均有显著的推动作用，有助于贯彻党的十九大报告提出的“推进现代化经济体系建设”。在全球价值链嵌入过程中，随着高端服务业多样化集聚程度和专业化集聚程度的提高，全社会全要素生产率、技术创新、产业结构优化升级以及市场化水平等均有了全面提升，为“现代化经济体系建设”提供了动力、要素供给、制度体系等方面的保障。这里我们需要进一步讨论全球价值链嵌入度促进现代化经济体系建设的内在机制是怎样的，探究大国经济视域下高端服务业对现代化经济体系建设的促进作用。根据本书理论分析部分所述内容，以下将进一步从技术创新、产业结构升级和市场化水平三个维度对中间机制进行检验，并重点采用中介效应检验方法（Baron and Kenny，1986）验证。参考温忠麟等（2004）的研究，构造了如下的回归模型：

$$Y_{it} = \alpha_0 + \alpha_1 GVC_{it} + \lambda_j \sum_{j=1}^{n} Z_{jit} + \varepsilon_{it} \tag{9-7}$$

$$W_{it} = \alpha_0 + \alpha_1 GVC_{it} + \lambda_j \sum_{j=1}^{n} Z_{jit} + \varepsilon_{it} \tag{9-8}$$

$$Y_{it} = \alpha_0 + \alpha'_1 GVC_{it} + \alpha_2 W_{it} + \lambda_j \sum_{j=1}^{n} Z_{jit} + \varepsilon_{it} \qquad (9-9)$$

其中，W_{it}表示高端服务业变量，基于前文分析，本节主要从高端服务业多样化集聚和专业化集聚两个维度选择代理变量进行验证。Y_{it}表示能够反映现代化经济建设的相关变量，基于前文分析，主要从技术创新、产业结构和市场化水平三个维度选择代理变量进行验证。模型中其他变量定义与前文一致。

二、全球价值链、高端服务业发展与现代化经济体系建设：实证结果分析

表9-23报告了全球价值链嵌入度对专利申请量的中间机制检验回归结果。模型（1）的影响系数为正且通过了1%的显著性检验，模型（2）和模型（3）的影响系数均为正且通过了5%的显著性检验，与前文基本回归结果一致，说明全球价值链嵌入度不仅能够显著促进高端服务业多样化集聚和专业化集聚，同时也有利于技术创新水平的提升。观察模型（4）的回归结果，*dag* 的影响系数为正且通过了1%的显著性检验，而 *gvc* 的影响系数不显著，满足完全中介效应。这表明，如果一个城市的全球价值链嵌入度较高，全球价值链的嵌入促进了城市高端服务业发展的多样化集聚，服务业的多样化集聚尤其是知识密集型服务业的集聚能够显著促进技术创新从而驱动经济增长。这说明，中国应该提高全球价值链的嵌入度尤其是上游环节的嵌入度，进而通过知识密集型等高端服务业的多样化集聚促进技术创新，实现"创新驱动"发展战略，促进经济的高质量发展。

表9-23　全球价值链嵌入度对技术创新的影响机制

项目	(1)	(2)	(3)	(4)	(5)
	lpatent	*dag*	*sag*	*lpatent*	*lpatent*
gvc	7.471*** (1.986)	0.017** (0.008)	0.151** (0.067)	-0.009 (0.013)	-0.009 (0.013)
dag				0.412*** (0.121)	
sag					-0.057*** (0.016)
控制变量	YES	YES	YES	YES	YES
固定效应	YES	YES	YES	YES	YES

续表

项目	(1)	(2)	(3)	(4)	(5)
	lpatent	*dag*	*sag*	*lpatent*	*lpatent*
观测值	2398	2151	2398	2351	2351
R^2	0.047	0.048	0.019	0.631	0.631

注：***、**分别表示在1%、5%的水平下显著。括号内为稳健标准误。

表9-24报告了全球价值链嵌入度对技术密集型工业企业产值所占比重的中间机制检验回归结果。模型（1）、模型（2）和模型（3）的影响系数均为正且通过了10%的显著性检验，与前文基本回归结果一致，说明全球价值链嵌入度不仅能够显著促进高端服务业多样化集聚和专业化集聚，同时也有利于技术密集型工业企业产值所占比重的提升。观察模型（5）的回归结果，*sag*的影响系数为正，这表明如果一个城市的全球价值链嵌入度较高，则会促进城市高端服务业发展的专业化集聚，服务业的专业化集聚尤其是知识密集型服务业的专业化集聚又能够显著促进技术密集型工业企业产值所占比重的提升从而推动产业结构优化升级。这说明，中国应该提高全球价值链的嵌入度尤其是上游环节的嵌入度，进而通过知识密集型等高端服务业的多样化集聚促进技术密集型产业所占比重提高，实现"创新驱动"发展战略，促进经济的高质量发展。

表9-24　全球价值链嵌入度对产业结构升级的影响机制

项目	(1)	(2)	(3)	(4)	(5)
	techprodcutratioc	*dag*	*sag*	*techprodcutratioc*	*techprodcutratioc*
gvc	0.011* (0.006)	0.017** (0.008)	0.151** (0.067)	0.011* (0.006)	-0.009 (0.013)
dag				-0.545 (0.052)	
sag					0.000 (0.007)
控制变量	YES	YES	YES	YES	YES
固定效应	YES	YES	YES	YES	YES
观测值	2349	2151	2398	2313	2313
R^2	0.005	0.048	0.019	0.006	0.006

注：**、*分别表示在5%、10%的水平下显著。括号内为稳健标准误。

表9-25报告了全球价值链嵌入度对市场化程度的中间机制检验回归结

果。模型（1）、模型（2）和模型（3）的影响系数均为正且通过了10%的显著性检验，与前文基本回归结果一致，说明全球价值链嵌入度不仅能够显著促进高端服务业多样化集聚和专业化集聚，同时也有利于市场化程度的提升。观察模型（5）的回归结果，*sag* 的影响系数为正且通过了10%的显著性检验，*gvc* 的影响系数也在10%的显著性水平下为正，满足部分中介效应。这表明，如果一个城市的全球价值链嵌入度较高，则会促进城市高端服务业发展的专业化集聚，服务业的专业化集聚又会有利于市场制度体系的完善、市场化水平的提高。这说明，中国应该提高全球价值链的嵌入度尤其是上游环节的嵌入度，进而通过知识密集型等高端服务业的专业化集聚促进市场化程度的提升，形成良好的制度环境，促进经济的高质量发展。

表9-25　全球价值链嵌入度对市场化程度的影响机制

项目	(1)	(2)	(3)	(4)	(5)
	market	*dag*	*sag*	*market*	*market*
gvc	0.029* (0.018)	0.017** (0.008)	0.151** (0.067)	0.029* (0.017)	0.029* (0.017)
dag				-0.280* (0.159)	
sag					0.038* (0.021)
控制变量	YES	YES	YES	YES	YES
固定效应	YES	YES	YES	YES	YES
观测值	2388	2151	2398	2352	2352
R^2	0.510	0.048	0.019	0.522	0.522

注：**、*分别表示在5%、10%的水平下显著。括号内为稳健标准误。

中介机制检验结果表明，全球价值链嵌入度将通过影响各城市的高端服务业多样化集聚程度和专业化集聚程度促进城市全要素生产率、技术创新水平、产业结构高级化以及市场化水平的提升，最终推动现代化经济体系的构建。

第四篇

高端服务业引领现代化经济体系建设：实现路径

第十章　高端服务业引领现代化经济体系构建的路径选择

高端服务业具有知识密集、专业密集、高智力性和高引领性的特征，是现代技术、知识生产、产业互动及知识扩散的重要媒介。虽然高端服务业引领现代化经济体系构建是全方位的，但更重要地体现在更高质量的经济增长方式、更高效益的经济水平和经济增速以及更完善的现代化产业体系、空间布局结构和协调程度等方面。在发挥引领作用过程中，高端服务业自身的发展是基础，通过高端服务业的高质量发展，全面提升引领现代化经济体系建设的能力。基于此，本部分从高端服务业引领现代化经济体系建设的国际经验、高端服务业引领现代化经济体系建设的保障机制以及高端服务业引领现代化经济体系建设的政策框架等三个方面，论述高端服务业引领现代化经济体系构建的路径选择。重点在于探讨高端生产性服务业自身发展能力的提升。

第一节　高端服务业引领现代化经济体系建设的国际经验

美欧发达经济体之所以能够获得制造领域的高附加值和强竞争力，是因为建立了现代化经济体系，这其中，科技服务、创意设计、品牌营销等高端服务业发挥了重要的支撑和引领作用。20 世纪 90 年代以来，美国生产性服务业（绝大多数属于高端服务业）占服务业的比重一直维持在 70% 左右，尤其是金融、会计、评估、咨询等生产性服务业高度发达，并向全球输出，为美国构建现代化经济体系、占据全球价值链高端奠定坚实基础。德国作为欧洲发达经济体中具有强大国际竞争力的代表，其生产性服务业占 GDP 的比重多年来维持在 45% ~50%，是支持其率先迈向“工业 4.0 时代”的坚强后盾。德国发达的高端服务业，通过大到航空、汽车、电器，小到卫浴、厨具、服饰等制造业充分体现出来。

发达的高端服务业尤其是生产性服务业造就了美欧经济体先进的技术和良

好的产业生态，构建了从技术研发、工艺设计、产品制造、营销网络到售后服务等价值链环节的“闭环”与“整链”，形成了完善的现代化产业体系、高质量的经济增长方式，从而有效引领制造业转型升级、新产品孵化以及新兴行业培育。

随着经济发展，多数发达国家都呈现明显的服务化趋势，而且金融服务业、信息服务业、商务服务业、研发服务业等高端服务业在全球具有较强的竞争力。此外，印度作为发展中国家，虽然服务业与发达国家相比相对滞后，但其软件和信息服务业、商务服务业、金融服务业等高端服务业出口占印度服务业出口总额的近 70%，在全球具有明显的竞争力。美欧发达经济体通过高端服务业的发展，尤其是生产性服务业的发展引领现代化经济体系建设，既是经济结构自然升级的结果，也与政府的政策支持具有密切关系。

一、美国经验

美国是全球经济较发达的国家之一，也是服务业尤其是高端服务业竞争力较强的国家之一，是全球最大的服务贸易国。虽然美国高端服务业的发展，是其经济结构升级和科技创新的结果，但在美国高端服务业发展过程中，完善的市场环境、超前的政府战略和选择性的财税扶持也发挥了重要的作用。

（一）完善法律法规体系，提供高端服务业发展的完备市场环境

美国是市场经济较成熟的国家之一，市场体系和市场秩序本来就较为完备，在此基础上，为促进高端服务业创新和发展，还制定了一系列消除限制、促进竞争、鼓励创新的法律法规。如在信息服务业的发展方面，美国自 20 世纪 80 年代起就先后制定了 20 多部促进信息服务业技术创新的法律法规，包括《史蒂文森威勒技术创新法》（1980）、《小企业创新发展法》（1982）、《技术转让法》（1986）、《综合贸易与竞争力法》（1988）、《国家竞争技术转让法》（1989）、《国防授权法》（1990）、《电信法》（1996）等，金融服务业方面则有《存款机构放松管制与货币控制法》（1980）、《加恩·圣杰曼法》（1982）、《国际贷款监督法》（1983）、《银行公平竞争法》（1987）、《金融机构改革、复兴与实施法》（1989）、《综合存款保险改革和纳税人保护法案》（1991）、《州际银行法》（1994）、《金融服务现代化法案》（1999）等。这些政策法规不仅维护了市场竞争秩序，限制了不正当竞争，而且构建了高端服务业创新的政策法律体系。

同时，针对高端服务业特征，加强知识产权保护。如 1996 年美国专利局明确了计算机软件发明的收益权，认定存储在计算机上的程序为制成品，也可以申请和获取专利。1999 年美国通过了《域名权保护法案》，认定域名与商标保护一样，任何人不得冒用、非法注册或使用与他人域名十分相似的域名经营网上商业活动，并对域名注册管理进行改革，政府退出域名注册登记，授权网络解决方案公司和互联网域名定名公司共同负责域名的注册登记，降低域名注册管理费用。

（二）制订超前战略规划，引导高端服务业发展

这种做法主要表现在信息服务业的发展方面。由于信息服务业是新兴产业，为充分利用美国的科技优势，尽快在计算机和信息服务业进行布局，美国政府于 1992 年就发布了高性能计算与通信发展计划，鼓励研究机构和高校开发高性能的计算机系统和超高速网络；此后，又制定了信息基础设施和技术法案，拓展高性能计算与通信发展计划的涵盖范围，扩展到学校、医院、企业等，加快信息技术的应用和开发。1993 年，发布“国家信息基础设施行动计划”，宣布计划建立一流的数字化大容量光纤通信网络，连接企业、研究机构、大学和政府部门的计算机，并提出“信息高速公路”建设计划，宣布投资 4000 亿美元用于建设国家信息基础设施。1994 年，发布“全球信息基础设施行动计划”，通过卫星通信和电信光缆搭建全球网络，鼓励企业进行信息化投资，保障普遍服务。1996 年，宣布投资 5 亿美元的政府资金实施“新一代互联网计划”，支持新一代互联网及应用技术的研发。1999 年，发布“21 世纪的信息技术计划”，包括信息技术中长期性研究与开发的发展战略制定、增加信息技术领域的基础性研究投入、提高高等院校和研究机构的信息基础设施水平等。2010 年，发布美国网络与信息技术研发计划，旨在依靠新一代信息基础设施和技术能力，继续保持美国在经济创新、科学研究、国家安全、教育与生活质量等方面的全球领先地位。科学研究主要包括个性化生物遗传医药、可替代能源技术及其供应系统、空间研究等。国家安全主要包括减少战争风险、构建网络安全空间、动态的战场通信等。教育与生活质量主要包括信息获取、通用技术学习、救生运输系统、社交虚拟环境、透明政府、自主生活智能系统等。2017 年，发布联邦信息技术现代化计划，旨在加速云服务使用、整合互联网并聚焦信息技术的关键应用，主要包括网络现代化与整合、使用共享服务以启用未来网络架构、解决联邦网络 IT 现代化等。该计划还包括了信息

技术服务的采购改革，通过实验性采购项目，创建“虚拟街角”，鼓励商业云服务商相互竞争，降低成本。

（三）重视技术创新和应用，推动高端服务业信息化

美国是世界上研发投入最多的国家，美国国家科学基金会公布的《2016年科学与工程指标》显示，2008—2013 年，美国始终保持世界第一的研发投入总量，研发投入年均增长率为 0.8%，2014 年研发投入占世界研发投入总量的 30%。而且服务业是研发投入的主要领域，如美国企业执行研发领域的前三位分别是服务业、制药业和计算机，2015 年分别占企业执行研发总额的 32%、16% 和 20%[①]。特别是 20 世纪 90 年代以来，美国的金融服务、咨询服务、法律服务等高端服务业都经历了一个以信息技术研发和应用为主要特征的技术创新浪潮，这些行业的研发经费增长迅速，也带来了大量新技术的应用。

另外，注重通过财税政策引导服务业企业创新。如企业不需要将与商业活动和高新技术有关的研究支出作为资本支出，而是可以直接作为可扣除费用进行抵扣；若当年 R&D 经费支出总额超过前 3 年 R&D 支出平均值，其增加部分可以享受 25% 的税收抵免，而且该项抵免可以分别向前结转 3 年，向后结转 15 年；创新企业还可以通过加速 R&D 使用仪器设备折旧享受政府的巨额补贴，折旧年限为 3 年，这是所有设备折旧中年限最短的。而且，服务业中的小企业还可以享受特殊的课税规定，避免重复纳税。

（四）促进高端服务业出口，提升高端服务业竞争力

为开拓服务业出口市场，美国积极推进亚太经合组织贸易自由化和北美自由贸易协议进程，而且分别与加拿大、智利、墨西哥、澳大利亚、新加坡等签订双边贸易协定，降低服务贸易成本。同时，对于自身具有明显竞争优势的商务服务、信息服务和金融保险服务等高端服务业，成立由商务部、教育部等相关机构以及行业协会组成的促进出口发展部门，针对各行业发展特征，采取针对性的促进措施。商务部国际贸易管理局内部则设立专门的办公室推动出口贸易发展。此外，注重对国际高端服务业市场的分析和研究，积极开拓服务贸易新兴市场，美国贸易代表办公室还通过谈判为服务企业提供更好的国外市场准入机会。

---

① 程如烟，蔡凯，许诺．中美研发经费对比研究[EB/OL]．http://dy.163.com/v2/article/detail/E-1S404GK0511B355.html.

二、欧盟经验

从总体上看，欧盟已经进入经济服务化阶段，服务业在经济发展中发挥支柱作用。如欧洲统计局发布的数据显示，2017 年，欧盟服务业就业人数占欧盟总就业人数的 74%。其成员国中，荷兰、比利时、塞浦路斯、丹麦、法国、马耳他、卢森堡和英国（脱欧前）的服务业就业人数均占到就业总人数的 80% 以上。而且欧盟的高端服务业为欧盟经济增长和提供就业做出了重要贡献。如 2019 年第 26 期全球金融中心百强排行榜单显示，全球金融中心前 50 强中，欧盟拥有 10 个城市，包括法兰克福、巴黎、卢森堡、阿姆斯特丹、都柏林、斯图加特、马德里、斯德哥尔摩、米兰和汉堡。

（一）推动服务业一体化

欧盟成立的初衷，就是实现区域经济一体化，共同市场建设是欧盟经济一体化的重要内容。共同市场建设也包括服务业的一体化，1957 年签订的《罗马条约》提出的“四大基本自由流动”就包括服务在内，即推动货物、资本、人员和服务的自由流动。其中《罗马条约》第 49 条明确规定了共同体成员国国民（包括自然人和法人）可以自由在共同体内提供服务。但由于当时服务业在欧盟经济中占比较低，服务业市场一体化的推进也非常缓慢。20 世纪 70 年代以后，服务业在欧盟经济体中所占的比重逐渐提高，服务业一体化进程也开始加快。2000 年，欧盟理事会里斯本首脑会议通过了“里斯本战略”，旨在于 2010 年以前将欧盟建设成为全球最具活力和竞争力的以知识经济为基础的经济体。2004 年，欧盟委员会提出了“关于服务业内部市场的指令”，希望通过该指令加快欧盟服务业市场一体化的进程。但由于欧盟各国经济发展和服务业发展不平衡，尤其是 2004 年 5 月欧盟东扩以后，经济发展相对滞后、劳动力成本相对低廉的中东欧十国分享了欧盟市场一体化的好处，而高工资、高福利的相对发达的欧盟成员国担心会因服务业的全面开放遭受中东欧国家低成本劳动力的激烈竞争，使得本国服务业受到冲击，因此，直到 2006 年 12 月，欧盟才颁布了《关于内部市场服务业指令的第 2006/123/ec 号欧洲议会和理事会指令》。除去金融、公证、私人保安、公共卫生、教育、社会服务等领域外，该指令要求欧盟各成员国要保证其境内服务市场的非歧视待遇和自由准入，取消企业在其他成员国经营服务性活动时需要当地政府报批的要求，取消跨境经营服务企业需要在当地营业处设立独立分支机构的要求。

（二）注重服务创新

首先是对服务创新进行系统的调查和准确测度。欧盟创新调查的指导文件是《奥斯陆手册》，该手册对相关内容进行了详细定义和说明，并随着时间推移，在创新调查实践中不断加以完善。《奥斯陆手册》把企业创新类型分为产品创新、工艺创新、营销创新和组织创新四种，强调企业之间，以及企业、高等院校和研究机构合作创新。基于《奥斯陆手册》，欧盟在1993年实施了第一次创新调查，此后基本上每2～4年进行一次常规调查，分别在1997年、2001年、2004年、2006年、2008年、2010年、2012年等。调查对象包括服务产业，但不包括行政、教育、公共管理与国防、家政、健康等行业。目前欧盟委员会定期公布的《欧盟创新指数》报告，就是以创新调查的数据作为重要基础，测度企业和产业的创新行为。

其次是从多个层面促进服务业的R&D和创新活动。这个政策内容主要体现在欧盟的研发框架计划（Framework Programs，FP）中。欧盟自1984年开始实施研发框架计划，到目前为止欧盟共实施了7个研发框架计划，为应对2008年全球金融危机，欧盟委员会又制定了“欧洲2020战略”，也被称为第八框架计划（FP8），该框架计划于2014年正式启动实施。在多个研发框架中都涉及服务业的R&D和创新活动。主要内容有：一是鼓励服务业企业增加R&D投入，强调政府在制定研究议程时要更多关注服务产业的需求；二是支持各成员国推进与服务创新有关的经济和社会研究；三是建立服务研发挑战中心（Service R&D Challenge Call），以R&D和创新项目为平台，推动制造业与服务业以及包含服务业的“混合型”制造业的发展；四是在更大的范围内将服务业创新与相关的研究网络和项目整合起来。

（三）将服务创新边界拓展到制造业活动中

欧盟最初的服务创新政策关注的主要是服务业内部的创新活动，如2012年以前欧盟委员会发布的服务创新研究报告都是以“服务业创新”为主题，但自2012年开始，欧盟的服务创新政策开始关注到服务业与制造业的融合创新活动。2012年欧盟委员会发布的服务创新研究报告明确以“服务创新”为主题，并指出服务创新贯穿了从服务部门到传统制造部门的全部经济社会活动，“服务活动”可以更恰当地突出服务的过程性及其在各产业中的重要性。

（四）加强知识产权保护

欧盟的 CIS（Community Innovation Survey）调查结果表明，创新型服务业企业申请专利的比重要远低于制造业企业，如服务业企业和制造业企业申请专利的比重分别为 8.3% 和 20.4%，申请外观设计专利的比重分别为 16.3% 和 18.8%，申请注册商标的比重分别为 9.8% 和 18.7%。即使是知识产权保护倾向最高的知识密集型商业服务企业，申请专利、外观设计专利和注册商标的比重也仅为 12.0%、17.6% 和 8.7%。为加强服务业领域的知识产权保护，欧盟委员会在 2007 年提出要建立全面的知识产权战略，内容涉及专利权战略、商标战略、著作权战略、综合性战略等。为了强化服务业领域内的众多中小企业的知识产权保护，欧盟于 2009 年成立了一个专门的专家组，为中小型服务业企业提供知识产权领域的咨询、建议及其他支持，并加强成员国政府部门在不同类型服务业要素投入扶持方面的协调性。

三、日本经验

作为世界第三大经济体，日本不仅总体经济规模大，而且人均收入水平高，科技水平和经济结构层次也较高。自 20 世纪 80 年代开始，日本服务业在国民经济中所占比重超过 50%，成为经济发展重要支撑，而且金融服务业、信息服务业、商务服务业等高端服务业也具有很强的竞争力。东京和大阪是著名的全球金融中心，东京的金融、工业设计、总部经济、高端物流、旅游展会等服务业占其 GDP 的 60% 以上。

（一）政府和行业协会深度合作

在政府部门设立产业发展推进部，制定推动服务业发展的相关政策并有效推行，从宏观调控层面引导服务业的发展；行业协会则服务于行业内部的生产和流通调节，促进行业间的技术交流。而且政府部门和行业协会之间进行密切的协调和合作，为高端服务业的发展提供重要支撑。如在信息服务业发展初期，日本政府于 1970 年在通产省新设“信息处理振兴课”，同时引导成立了信息处理振兴事业协会、日本电子机械工业协会、计算机应用协会、信息服务产业协会等一批与信息服务业发展有关的行业协会。20 世纪 90 年代，日本信息服务业发展速度放缓，为推动信息服务业升级，日本内阁在 1994 年又成立了由首相担任部长的“高度信息通讯社会推进对策本部”，并召集各领域专家和相关行业协会研究日本信息化发展战略。

（二）注重推进服务业的商业模式创新

日本政府在制定和实施服务业产业政策时，不仅强调加快服务业的规模扩张和发展速度，引导服务业，而且强调引导服务业构建创新性的商业模式和服务体系，使得服务业能够依据消费者需求变化提供可持续的差异化服务。为促进服务业的商业模式创新，日本政府不仅定期发布商业模式创新的成功案例，还在财政预算中设立专项资金——“服务业创新支持资金”，支持构建具有示范作用的新兴商业模式，重点资助服务业全行业通用的基础设施建设项目，如“服务业能力评价系统”“生产性服务支持系统”和“服务业创业支持项目”等。

（三）注重提高服务业质量和服务业生产率

日本经济产业省成立了产、学、政合作的“服务业生产率协议会”，旨在广泛调研服务业劳动生产率现状和如何制定提高服务业生产率的政策措施及如何进行落实，并且从行业和企业两个层面开展提高服务业生产率的活动，要求每个服务行业必须设定生产率目标并定期公布达标情况，创立“日本服务质量奖”，定期评定颁奖，获奖企业需要公布其获奖的经营方式，以便其他服务企业学习和效仿。同时，设立“服务研究中心”，研究如何准确测度服务业质量和生产率、如何制定合理的服务标准以及如何发掘市场潜在需求引导服务业企业进行商业模式创新，大力引进美国等海外服务业研究学者进行合作研究，制定经济学、管理学、工程学等多学科交叉的“服务业研究图谱”，助力提升服务业质量和劳动生产率。

（四）推进服务业与制造业深度融合

日本政府非常注重高端服务业与其他产业的融合发展。如为了促进信息服务业与制造业的融合，日本成立了由首相牵头和内阁成员参加的 IT 战略本部，定期召开由索尼公司董事长担任委员长的 IT 战略会议，政企合作推进“e－Japan”战略。后期，日本又进一步提出“u－Japan”战略，加快信息服务资源的普及化、个性化和便利化，深化信息服务业的研究与应用，以及信息服务业与制造业和其他产业的融合。在实践层面，则是依托政产学合作平台，通过政府采购和研发资助等多种手段推动信息服务的技术创新和产业化，充分利用信息处理开发协会、电子信息技术产业协会、信息服务产业协会、信息处理振兴事业协会等中介团体，为企业提供技术咨询，促进科学研究成果的产业化，拓展信息技术在制造业全流程的应用，提高生产流畅的信息化、智能化、自动化和精细化水平，减少误差并降低制造成本。

在出口发展中，日本政府也有意识地促进制造业与服务业的加速融合。从民主党的“打包型”出口战略，到安倍政府的“基础设施系统”出口战略，产品和服务的整体打包出口都是战略重点。在原子能发电、上下水道、新干线、再生能源等基础设施设备出口中，不仅注重产品单体的出口，而且强调要将操作系统、维修保养、人才培训、金融支持等附加服务整体打包出口。尤其是对于新兴工业国和发展中国家的出口市场，这一出口模式发展得更为迅速。比如电动汽车领域，车用锂电池不仅价格昂贵、容易老化，而且技术更新快、淘汰率高。如果要吸引消费者购买，就必须建立完善的售后服务体系，解决电池维护和更换问题。因此，日本创新性地允许消费者以租赁形式使用车载电池，由销售产品转变为销售租赁服务，并进一步形成充电、蓄电、回收、二次利用的服务体系。

四、印度经验

作为发展中大国，印度经济总量虽然低于中国，但服务业占 GDP 的比重早在 2003 年就超过了 50%，这主要得益于服务外包产业的快速发展。印度自 20 世纪 70 年代开始出口软件，至 20 世纪 90 年代离岸服务外包已形成规模，凭借良好的资源禀赋和政府的大力支持，印度服务外包开始走在世界前列，并于 2001 年超过爱尔兰成为世界最大的离岸服务外包承接国。而且随着服务外包结构的升级，印度服务外包的内容从信息技术外包（ITO）为主逐渐转变为知识流程外包（KPO）为主，附加价值显著提升。

（一）构建促进信息产业发展的法律法规体系

软件产品具有服务产品的诸多特征，对知识产权保护的要求较高，为满足欧美发包企业的信息安全和知识产权保护要求，印度政府不断建设和修订《信息技术法》《商标法》《专利法》《电子商务支持法》《外观设计法》《版权法》《商品地理标志（登记与保护）法》等法律法规，还构建了电子合同、数字签名和电子文书的法律依据，构建了相对比较完善的信息产业发展的法律法规体系。并且注重法律法规的有效实施，全力打击印度本土出现的软件侵权行为和盗版行为，依法解决由知识产权和信息安全引起的商业矛盾，维护健康的信息产业市场秩序。正是印度在信息产业发展方面拥有相对健全的法律法规体系，使其在国际市场上形成了良好的信誉，也因此吸引了欧美发达国家的发包企业。

（二）大力发展软件产业园区

印度政府于20世纪90年代初就颁布实施了《电信港建设计划》和《软件技术园区计划》，在全国范围建立了若干软件产业园区和电信港。这些软件产业园区和电信港不仅拥有相对较好的R&D基础设施、较集中的研究中心、图书馆和现代化的数据通信网等，政府还优先资助园区的前沿研究项目，通过R&D财政配套、新产品新工艺税收减免、金融优惠等方面的扶持政策，激励园区内的个人、企业和服务机构进行创新。在政府扶持下，印度的诸多软件产业园都成为强有力的服务外包承接基地，其中最广为人知的是班加罗尔软件科技园，目前已成为著名的软件之都，吸引了世界各国的著名软件企业，带来了显著的集群效应。

（三）注重发挥行业组织的中介作用

印度软件服务外包产业的发展中，印度全国软件与服务企业协会（NASSCOM）发挥了重要作用。NASSCOM成立于1988年，拥有2000多家企业会员，其中有250多家来自中国、日本、美国、欧洲、英国。作为企业、政府和市场的中间桥梁，NASSCOM不仅帮助企业低成本融资、加强企业的知识产权保护，而且和政府合作，优化企业所需的人才培养和培训服务。NASSCOM在印度国内代表企业与政府各机构部门谈判，为企业争取更多权益，在国际市场上则代表印度政府与世界贸易组织及其他发包企业组织谈判，帮助印度本土企业开拓国际市场。

（四）构建人才培养和发展的良好环境

虽然英语是印度服务外包产业发展的重要语言优势，降低了人才培养成本，但在政府有效引导和企业积极投入下所形成的良好的人才发展环境，也是印度服务外包人才大量涌现的重要原因。在软件人才培养上，印度政府一贯强调政、企、校三方合作，鼓励大学直接和企业联合设置相关课程和专业，培养定向专业人才。学校还结合自身优势，为本校毕业生提供科研创新平台和创业启动资金。另外，印度政府注重高等职业教育的发展，对高等职业教育进行投资倾斜，并鼓励企业在职员工返校参加中短期职业培训，与时俱进，提升创新能力和专业技术能力。为防止人才外流，企业在人力资源管理方面积极创新，在为技术人员提供优厚报酬的基础上，通过提供优先认股权、绩效奖励、提供出国学习机会等增强员工黏性。印度政府则通过创建科学人才库、实施联合国Tokten计划、设立海外印裔科技专家联络中心、设立海外印度人节、长期资助研究项目等方式吸引大量海外人才回国创业就业。

（五）多种方式促进软件出口

在国际贸易中，服务出口通常有三种方式（跨境交付、人员跨国流动和外国人境内消费）。对于可以跨境交付的服务，印度政府一方面积极鼓励本土企业主动承接国际服务外包，并且鼓励国外企业与国内优秀软件企业强化合作，积极参与国际软件展会，大力推销本国软件服务和产品；另一方面对于人员跨国提供服务，政府则积极利用外交手段，减少发达国家的签证障碍。而对于外国人在印度境内服务消费，政府则通过制定相应的法规政策或条例，解决不同区域差异化的技术标准与资格认证问题，帮助本土服务供应商获得外国政府和监管机构的认可。

第二节 高端服务业引领现代化经济体系建设的保障机制

发挥高端服务业的引领作用，首先需要高端服务业本身的充分发展和竞争力提升，其次需要强化高端服务业与其他产业的融合和互动。因此，加快高端服务业发展，引领现代化经济体系构建的政策目标可以归结为三个：一是实现高端服务业的规模提升；二是实现高端服务业的效率提升；三是实现高端服务业对其他产业的融合引领。要实现这三个目标，不仅需要引入更多要素到高端服务业领域，而且需要通过持续创新改变高端服务业的供给模式和引领模式。在实践中，各国促进产业发展的政策侧重点多是成本和要素投入，如日本产业政策的实施手段主要是通过政策性银行和商业银行给予扶持产业大量的信贷资金支持，或允许企业加速折旧以及给予设备更新的税收优惠，或通过优先配给外汇以大量进口设备和成套技术等（白玉和黄宗昊，2019）。美国在20世纪中期也通过税收减免、财政补贴、政府采购等手段支持民用核能、计算机、生物科技等产业发展（Block，2008）。但对于高端服务业来说，要充分发挥其对现代化经济体系建设的引领作用，仅关注成本和要素投入明显不够，需要一个更完备的政策框架。高端服务业具有较强的外溢性、无形性、异质性等特征，因此，其发展对市场的完备性要求更高，尤其是对正处于特色社会主义阶段性建设的中国来说，政策不仅要弥补市场失灵，而且要努力提高市场的完善程度。因此，如何建设完善的高端服务业发展的市场环境应成为政策的重要目标之一；同时，要充分发挥高端服务业的引领作用，就需要在强化高端服务业知识性、智力性和互动性等功能的基础上，使高端服务业成为经济创新的源泉，不仅创新其服务产品，而且通过创新其生产体系和生产模式，引导其他产业效率提升。因此，如何加快高端服务业创新，构建激励高端服务业发展的创新体系也应成为政策的重要目标之一。因此，加快中国高端服务业发展的政策框架应包含三个基本内容：增强市场完备性、推进服务创新和强化财税扶持。

一、增强市场完备性

产业政策实施的前提是市场的不完善性（Aghion et al.，2015）。经典的经济学已经证明，虽然市场机制是配置资源的最优方式，但由于外部性、信息不完全、规模经济等因素的存在，市场机制在某些领域会出现失灵，无法通过价格、交易合约等实现最优的资源配置，因此，需要政府通过政策干预资源配置，提高经济效率。从这个意义上说，市场配置机制和政府政策配置机制之间存在着替代性。在市场机制能够发挥作用的地方，就应该坚持市场在资源配置中的决定性作用，让市场成为经济的基础性制度（林毅夫，2012）。而在市场机制缺失的地方，更多地由政府配置资源，但是如果市场机制严重缺失，直接结果就是市场运行效率低下，经济活动受到较强的效率约束（韩永辉等，2017）。大量的跨国实证研究文献表明，市场效率是政府政策作用积极发挥的基础（Johnson，1982；青木昌彦，1998；Lin and Rosenblatt，2012）。政府对经济的干预不是替代市场机制，而是通过市场建设、制度创新和政策推进，支持各类市场主体之间的相互协调。政府政策追求的目标应是以市场增进为前提，通过完善市场达到提高资源配置效率的目的。

高端服务业具有高附加值、高知识密集、高人力资本密集的特征，因此，其生产过程更多的是依赖于知识、信息和人力资本，而对土地、资本、劳动力等传统要素的依赖较少，因此，传统要素成本价格对高端服务业的影响较小，而能否低成本地快速获得相关知识、人才、信息等，成为高端服务业发展和布局的重要影响因素。另外，高端服务业的很多产出都是无形的，而且具有知识密集型特征，对知识产权保护和有效市场秩序的要求更高，因而高端服务业的发展对市场交易环境更为敏感。市场交易成本较低、知识和信息充裕、市场交易秩序良好的区域，往往成为高端服务业的优先布局区域。在实践中我们也可以看到，高端服务业往往布局在大城市核心区的黄金地段，如纽约曼哈顿的金融服务业、专业服务业和传媒业，伦敦金融城的金融服务业、商务服务业、创意服务业和科技服务业，巴黎拉德芳斯的金融服务业、文化创意服务业和商务服务业，东京新宿的金融服务业、信息通信业和物流服务业，北京的商务服务业、金融服务业、文化传媒业和信息服务业等。因此，对于高端服务业来说，完备的市场体系和市场秩序更为重要。

二、推进服务创新

创新的外部性和公共物品性受到了学者们的广泛关注（Arrow，1962；Kaiser，2006；Dodgson，2011）。他们指出，创新活动具有较强的溢出效应，因此追求利润最大化的企业行为会导致行业特别是新兴行业研发投入不足，从而影响社会福利，因此政府需要对创新进行积极干预，扶持或引导企业增加研发投入。近年来在产业政策的理论演进中，也纳入了动态技术创新的新理论，强调产业政策的实施前提是解决创新过程中的经济系统失灵问题，主要涉及基础设施、制度建设、技术锁定、路径依赖、公平接入网络、动态学习等问题（Metcalfe，1995；Dodgson and Hughes，2002；O'Sullivan et al.，2013）。Smith（2000）把经济的系统性失灵概括为基础设施失灵、转变失灵、锁定失灵与制度失灵等四种类型。基础设施失灵是指缺乏与自然基础或知识基础相关的基础设施所产生的失灵（贾诗月，2018），转变失灵是指企业无法快速适应技术变革所产生的失灵，锁定失灵是指在经济系统中新技术的采用和新技术经济范式的变革受到既有技术体系和技术经济范式的阻碍所产生的失灵，制度失灵是指制度变革不能与广泛的技术变革相匹配所产生的失灵。系统失灵有可能会影响整个社会及其企业的创新能力，需由政府通过改进国家创新体系和实施相应的创新政策加以纠正。

高端服务业虽然是新知识产生和应用的重要载体，但从创新来看，不仅仍然存在着上述学者所提到的失灵问题，而且在某些方面可能还更为严重，如由于高端服务业的主要资产是知识、信息和人才等非实物资产，较难通过抵押资产进行贷款，进而增加了银行贷款和外部融资的难度。加上高端服务业很多创新形式是商业模式创新，较难通过专利和知识产权进行保护，增加了创新的外溢效应，进一步降低了创新激励。而且高端服务业的投入要素主要是知识信息和高级人才，这些要素的稀缺性也进一步提高了创新成本。

三、强化财税扶持

在产业政策作用对象的选择上，一些学者强调产业政策应以具有比较优势的产业为对象，通过结构性财税支持，充分发挥这些产业的比较优势，进而带动整体经济增长，而不是去选择不符合本国比较优势的产业和企业（Stiglitz et al. ,2013；林毅夫，2012；Lazzarini，2015）。另外一些学者认为无论在发达国家还是发展中国家，产业政策的作用对象都包括幼稚产业（Andreoni and Chang，2016），为了激励幼稚产业的企业扩大生产和发展创新能力，在关税保护和规制外国直接投资的同时，对企业的设备投资、工人培训和 R&D 等活动进行补贴。日本汽车、电子产业的兴起，欧洲空中客车的发展等都是典型的例子。还有学者强调了产业政策对中小企业扶持的必要性（马祖卡托，2017）。中小企业由于规模和资金限制，自身无法提供某些具有不可分性的投入，如测试平台、大型 R&D 和工人培训等，这时政府就可以通过提供公共 R&D、提供共性工人培训、加快技术推广、提供新技术信贷担保等为中小企业创新提供基础。典型的是美国的"小企业创新研究计划"和"小企业技术转移计划"，这些计划的主要手段是为创新性小企业提供贷款和赠款，康柏、微软、英特尔和戴尔等跨国公司在早期发展过程中都得到过资助。还有学者指出产业政策实施对象应是某些通用的基础技术或特大技术环节，从而保持创新的领先地位（Wade，2017）。如美国互联网产业的许多创新发展都有政府公共资助的影子。

对经济发展具有引领性的高端服务业要发挥引领作用，就需要保持强劲的创新激励，而从高端服务业创新过程的特征来说，则需要特定的财税政策扶持。具体来说，作为知识密集型的高端服务业，其创新过程具有资金投入大、创新风险大和可复制性强等特点（董蕾，2013）。首先，高端服务业创新对资金投入量有较高要求，如 OECD 曾对其 17 个成员国服务业各行业的 R&D 投入进行调查，结果表明，服务业中 R&D 投入最多的行业分别是计算机及相关活动、研发服务业、商务服务业（咨询、审计、技术测试与分析等服务业）和金融服务业，这些行业占全部服务业 R&D 总投入的比例分别为 40%、23.7%、4.2%、3.8%（赵明霏，2013）。仅凭企业自有资金难以满足大量资金投入的需求，因此需要政府的资金支持。其次，高端服务业创新主要是知识创新，而知识创新的不确定性导致高端服务业创新风险较高（Jones and Tilley, 2007），这些创新风险如果全部由企业自身承担，就会带来创新不足。因此，需要政府进行相应财税支持，降低创新风险，提高创新企业从事创新活动的主动性。而且在实践中，运用财税支持降低企业创新风险、激励企业创新活动是世界各国政府普遍的做法。最后，高端服务业创新具有较强的可复制性。虽然很多高端服务业创新是针对特定客户问题的解决方案，但它的一些创新要素也能够被复制和应用（Drejer，2004），而且高端服务业的某些创新还较难进行知识产权保护，易于模仿，就可能出现创新企业一旦成功地推出某种创新型服务，就会迅速被竞争对手模仿，强化创新的外溢效应，创新企业的私人收益就会低于社会收益，私人成本就会高于社会成本，此时政府就需要通过财政补贴的方式弥补创新成本。

另外，对于高端服务业尤其是新兴高端服务业的发展来说，达到一定临界值的需求是服务创新的必要条件，而且很多服务创新都是在差异化、个性化客户需求的基础上，逆向寻找问题的解决方案。在这个过程中，客户在新服务概念设计、过程创新和界面创新等方面都具有很高的参与度，具有明显的“客户驱动”特征。因此，与产品创新相比，客户需求对新服务的发展更为重要。如欧盟和美国的服务创新调查都表明，新服务需求的缺乏是阻碍服务创新的重要因素，因此，为加速新服务的普及和量化生产，通过政府采购提供服务需求也是实践中政府支持高端服务业发展的手段之一。如欧盟为推动新服务的发展，在鼓励个人消费者或私人企业购买新服务的基础上，扩大新服务在政府采购中的比例。据学者估算，欧洲的政府采购约占经济总量的16%，政府采购的价值中大约2/3是服务。

第三节　高端服务业引领现代化经济体系建设的政策框架

高端服务业在我国现代化经济体系构建中发挥着引领作用，但与其重要地位相比，我国高端服务业的发展还相对比较滞后，需要通过政策扶持来加快发展。美、欧、日、印等体量较大的经济体的发展经验也表明，政府可以也应该通过采取一定的政策措施推动高端服务业发展。因此，我们应该在借鉴国际经验的基础上，结合中国经济发展的阶段性特征，采取切实合理的措施加快我国高端服务业发展，引领现代化经济体系构建。

一、优化高端服务业市场环境

经过改革开放40多年的发展，我国社会主义市场经济主体框架基本确立，中国特色社会主义进入了新时代，但还未构建起系统完备、科学规范、运行有效的制度体系，产权制度改革和要素市场化配置还处于进程之中，与高端服务业发展相关的要素流动、市场准入、行政垄断、市场监管和法规体系等方面都还存在不少问题，需要通过深化改革和市场建设来进一步完善。

（一）放宽市场准入

我国改革开放的过程其实也是一个市场准入逐步放宽的过程，尤其是加入WTO后，市场准入放宽的步伐加快。2016年4月，国家发展改革委和商务部联合发布了《市场准入负面清单草案（试点版）》，允许在天津等地开展现代服务业先行先试，明确对于市场准入负面清单以外的行业、领域和业务等，各类市场主体皆可自由依法进入，不需政府审批。2018年12月，国家发展改革委和商务部联合发布了《市场准入负面清单（2018年版）》，我国全面实施市场准入负面清单制度，只要是负面清单之外的行业、领域和业务等，是否自由进入的决定权完全掌握在各类市场主体手中，由其依法选择（于凤霞，2018）。市场准入负面清单制度的全面实施，加快了政府“放管服”改革进程，市场准入门槛大大降低，但在服务业领域尤其是高端服务业领域，如金融、信息服务、商务服务等行业，还存在着一定的行政进入壁垒和隐形限制，阻碍了相关竞争者自由平等进入，影响了服务的供给和效率。比如检测检验、节能环保、融资租赁等商务服务行业，虽然政企已经脱钩，但仍存在着市场准入行政许可，民营资本进入还面临不少行政障碍，而列入清单的服务行业市场准入环节的行政管理措施依然很多。所幸的是，国家发展改革委和商务发布的《市场准入负面清单（2019年版）》明确提出要“紧密围绕国家重大战略，选取部分地区以服务业为重点开展进一步放宽市场准入限制试点”。2019年12月，中共中央和国务院发布《关于营造更好发展环境支持民营企业改革发展的意见》对于市场准入条件进一步放宽，对行业、领域以及参股形式做了进一步明确，尤其是民营企业被允许进入以往只有国有企业才可以进入的行业、领域。“在电力、电信、铁路、石油、天然气等重点行业和领域，放开竞争性业务，进一步引入市场竞争机制。支持民营企业以参股形式开展基础电信运营业务，以控股或参股形式开展发电配电售电业务……在基础设施、社会事业、金融服务业等领域大幅放宽市场准入。”（王晨婷，2019）。

为适应新时代发展需要，国家应尽快放宽金融服务、信息服务、研发服务和商务服务等高端服务业领域的市场准入，实施准入前国民待遇和负面清单制度，并根据现实经济发展需要，及时对市场准入负面清单进行动态调整，清理修改不符合新发展理念、阻碍现代服务业尤其是高端服务业高质量发展的市场准入条件，缩减清单事项，构建起规范有序、公平开放、自由平等竞争的市场准入管理体系。包括加快对垄断行业尤其是行政性垄断行业的改革进程，有效而又合理引导民间资本积极融入国有服务业企业垄断领域的改造进程，完善各类资本同台竞争的市场环境，消除生产性服务业领域的所有制“藩篱”及行业垄断、地方保护等隐形“壁垒”；公布服务业市场准入的负面清单，鼓励优质资源进入生产性服务业领域。

（二）健全市场监管体系

高端服务业的市场准入管理改革要有相应的市场监管相配套，因为市场的开放、潜在竞争者的进入、技术的进步等会带来一系列的服务创新，如果相应的市场监管不能适时跟上，就会出现监管真空，带来市场的混乱和退步；反之，如果对于新的经济现象和服务活动，仍采用旧的市场监管理念和方式，则会抑制服务创新活动。比如，共享经济的发展就给原有的监管制度和监管体系带来了极大的挑战，传统的线下法律条文不能直接适用于线上业务，在诚信体系不健全和平台责任界定不清的情况下，出现了“监管难、取证难、维权难”的三难现象。而且传统的市场监管体系实施的是属地管理、行业管理、科层管理，很难与共享经济发展的跨区域、跨部门、跨行业特征相匹配。如在网约车管理方面，各地出台的网约车管理措施基本上都是延续了出租车的管理体制，网约车平台企业要按照属地管理要求，在本地设立分公司才能取得行政许可。如果网约车平台企业要获得全国300多个地级市的行政许可，因申报材料中包含营业执照、线上能力认证函、法人身份证和公章的原件，很难异地同步办理，这就意味着企业需要携带几乎相同的材料跑遍这300多个城市，如果一个城市的申报需要3天时间，300多个城市就是近3年。如果全国2800多个县级单位也要求办证，时间长度更是不可想象，企业合规成本极高①。

目前我国服务业的市场监管体系建设要滞后于经济转型和市场化改革进

① 于凤霞．共享经济如何规范发展：从政府监管走向协同治理[EB/OL]．人民论坛网，http://www.rmlt.com.cn/2018/0823/526648.shtml.

程，市场监管体制改革还处在探索起步阶段。尤其是高端服务业发展过程中出现的数字经济、共享经济、平台经济等，给现行的市场监管带来了巨大的挑战，出现了“监管缺位”和“监管过度”并存问题。因此，要加快高端服务业发展，必须深化服务业的市场监管体制改革。要综合考虑服务业线上、线下市场的统一监管，明确区分服务业受监管的业务和竞争性业务。同时，充分利用现代信息手段创新监管机制和监管方式，整合12315（工商）、12331（食药监）、12358（发改委价格监管）和12365（质监）平台，打造全国统一的综合市场监管平台，全面承担不同市场监管领域的咨询、举报和投诉工作，明确监督、受理分流、处置等各环节的责任并落实到位。

同时，完善透明公正政策体系。对于研发、设计、创意等企业，只要认定其科技含量高，均可以认定其为高科技企业，同时享受国家给予高科技企业的政策优惠。对于第三方物流或第四方物流企业，使用国产设备或行业内外物流技术设施时，可享受所得税减免优惠（张为付，2019）。建立公开透明、高效规范的市场监管体制，推行分类监管，重点加强对工业设计、物流、中介等重点生产性服务业，银行、电信、通信产品等信息技术型服务行业的监管。同时，构建全产业链监管模式，进一步理顺监管环节，明确监管职责，杜绝监管空白。

（三）推动标准体系建设

近年来，服务业标准化已经成为影响服务业发展的重要因素，国际标准化组织ISO也制定发布了服务业标准化的国际指南，服务业标准的覆盖范围也在不断扩展。在参考国际服务标准的基础上，结合中国国情开展高端服务标准创新，建立具有自主知识产权并且能够与国际标准接轨的高端服务先进标准，是规范我国高端服务业发展、提升我国在国际服务标准体系中的主动权和话语权、增强我国高端服务业国际竞争力的重要途径。

虽然早在2007年国家标准化管理委员会、国家发展和改革委员会、民政部、商务部、国家体育总局、国家旅游局等六部委就印发了《关于推进服务标准化试点工作的意见》（国标委农联〔2007〕7号），但由于当时高端服务业发展还较为缓慢，在经济中所占比重较低，虽然这个文件里提到要推进商务和专业服务标准化，但只涉及会展和中介服务。总体来看，我国服务业在行业标准化方面远远落后于制造业，存在着大量缺乏标准或标准混乱的现象。2020年1月19日，国家市场监管总局副局长田世宏在全国标准化工作会上指出我国现代服务业国家标准目前仅占总量的15%左右①。因此，要在追踪国际高端服务业现有标准的基础上，制定我国高端服务业的国家标准，并鼓励行业协会和企业制定高于国家标准的行业标准、企业标准。鼓励高端服务业企业自主公开服务标准，全面开展服务标准和服务认证示范工作，并监督标准的落地实施。

（四）强化知识产权保护

总体上看，我国知识产权保护体系建设起步较晚，但改革开放后发展很快。2019年3月美国商会发布的《国际知识产权指数报告》显示，中国在网络销售环境改善、药品专利执法等方面有很大进步。中国欧盟商会发布的《商业信心调查（2019）》显示，受访的585家在华欧盟企业中，大约有六成企业认为中国知识产权行政与司法保护力度明显加强。但是，与发达国家高水准的知识产权保护程度相比，我国知识产权保护仍存在着诸多需要改进的地方。如现有法律规定的侵权赔偿额较低，难以起到应有的威慑作用；执法机构的执法水平和能力有限，只有少数法院具备较高的知识产权专利案件审理能力；部分地区执法不严，很多地区甚至存在较大程度的地方保护现象。特别是对于高端服务业来说，由于其本身所具备的服务特征和知识的溢出性，对知识产权保护的要求更高，也意味着较弱的知识产权保护所带来的负面效应会更大。

要加强知识产权保护，第一，要大力增强全社会的知识产权意识。一方面，加强对企事业单位管理人员、科技人员的知识产权保护宣传培训，增强其对知识产权保护的主动性，自觉有意识保护本单位或本人的知识产权。另一方面，加强对公众的知识产权宣传，在全社会营造尊重知识产权、保护知识产权的良好氛围。第二，要深化美国、欧盟、日本等国高端服务业知识产权保护变化情况的跟踪研究，及时准确了解国际知识产权发展动向与竞争态势，结合中国经济发展阶段和现实国情，全面分析高端服务业知识产权竞争的正面和负面效应，制定具有中国特色的知识产权战略，并把知识产权战略落实为政策，纳入高端服务业的发展战略中；同时，要加大知识产权保护执法力度，以司法途径为主导、行政途径为补充，及时有效处理知识产权侵权纠纷，严厉打击冒充专利、假冒商标等侵犯知识产权的行为，全力维护知识产权人的正当利益，改

---

① 国家市场监管总局：进一步加大标准有效供给[EB/OL]．新华社，https://baijiahao.baidu.com/s?id=1656213624051445479&wfr=spider&for=pc.

善高端服务业发展软环境。

（五）完善社会诚信体系

高端服务业的产出是一种典型的经验品，在消费者购买之前，无法了解服务的质量和水平，而且由于高端服务产出的专业性和知识密集性，在某些情况下，即使消费者购买和消费了服务，也不具备专业知识去判断服务的质量和水平。因此，在高端服务市场交易中，信誉和诚信发挥着举足轻重的作用。虽然我国社会诚信体系建设起步较晚，但发展很快，目前中国人民银行的征信系统已成为世界上收录人数最多、覆盖范围最广、数据规模最大的征信系统。截至2019年12月，我国已有2/3以上的省区市出台或正在研究出台地方信用法规，已有26部法律、28部行政法规中包含信用条款，为信用立法奠定了坚实的法治实践基础①，而且国家发展改革委正在酝酿提案《中华人民共和国社会信用法（部门起草稿）》，信用法规建设逐步完善。但征信体系仍存在条块分割问题，如目前除中国人民银行征信中心的“全国统一的企业和个人征信系统”包括了所有企业和个人的信贷信息外，其他行业和部门的信用信息都只局限于本行业或部门执法层面，地方信用资源和信用数据分割，信用体系建设存在多重标准，降低了社会信用体系服务效率。而且失信惩戒和守信激励机制不完善，失信惩罚成本过低，起不到应有的震慑作用。因此，与高端服务业发展的需求相比，我国社会诚信体系还需进一步完善。

第一，要打造统一的社会诚信数据平台，这是诚信体系建设的基础，特别是随着大数据时代的到来，数据的采集和管理成本大幅度下降。当前的关键是要加强对海量数据的挖掘和分析，分步骤实现诚信数据的共享，构建统一有效的成形数据平台。第二，要加大全社会对商务诚信的监督力度。政府可以通过对诚实守信的企业和社会组织给予适当优惠和激励的方式，引导企业坚守诚信底线。而对于违诺失信企业和社会组织，则要实施限制性制裁措施，提高企业和社会组织的失信成本，使其自觉约束自身的行为。第三，要培育以契约精神为核心的社会主义市场经济诚信文化。诚信文化不仅可以通过诚信价值观的构建内化为诚信行为规范，而且可以自觉引导和约束诚信行为，降低社会诚信体系建设成本。我国拥有丰富的传统诚信文化，特别是儒家的诚信伦理为我们提供了大量可供借鉴的文化资源，通过“要深入挖掘和阐发中华优秀传统文化

---

① 天眼查柳超：我国诚信体系建设进入新历史阶段[EB/OL]．新京报经济新闻，https://baijiahao.baidu.com/s?id=1652042338944417629&wfr=spider&for=pc.

讲仁爱、重民本、守诚信、崇正义、尚和合、求大同的时代价值"，融入诚信文化建设中。当然，我们也要积极借鉴西方社会伦理中的现代信用文化和市场经济契约精神，实现诚信伦理与契约精神的互动融合，优化诚信文化环境。

二、推动高端服务业创新发展

要充分发挥高端服务业对现代化经济体系构建的引领作用，高端服务业就必须不断创新，不断吸收最新的自然科学和社会科学创新成果，提高附加价值和竞争力。近年来，我国高端服务业虽然发展较快，竞争优势也不断加强，但与国外特别是发达国家相比，无论是发展规模还是发展效率，都有不小的差距。因此，加快高端服务业发展，不仅要注重扩张规模，还要注重加快创新，通过创新来引导资源和要素集聚，提升高端服务业的竞争力和引领力。

（一）扩充高端服务业知识库

基础理论研究是创新的前提和基础。服务创新在国际上也是一个新兴的研究领域，20 世纪 90 年代以后在发达国家快速兴起。目前我国对于服务创新的相关研究还处于起步阶段，特别是基础研究数据的匮乏导致缺少针对中国本土服务创新实践的针对性研究。目前大量的研究都是对国外理论的引进和介绍，创新性结合中国国情的研究相对较少。因此，应借鉴发达经济体的经验，开展全面的服务创新调查，增加对服务创新基础研究的支持，吸引更多优秀的学者和企业投入服务创新理论研究中，构建适合中国国情和特色的服务创新理论。另外，在新一代信息技术飞速发展的背景下，高端服务业也必然会出现信息化、智能化、知识化的发展趋势。因此，在对接当前经济发展重大专项、重点工程和重要需求的基础上，大力发展与高端服务业发展相关的云计算平台、控制软件、研发设计软件、数据分析软件等基础软件，加强对关键平台、基础算法和重点软件等信息技术产业核心技术和底层基础技术的研发，提升高端芯片、基础硬件等产品的自主开发能力，拓展智能设备的研发和应用，加强智能产品和自主可控的智能装置的产学研联合攻关和产业化。

（二）打造高端服务业创新网络

创新网络是高端服务业知识生产和知识转移的重要途径。在高端服务业中，创新主要来源于无形知识和隐性知识的开发，而且由于服务创新的特性，创新过程不仅需要供应链上各环节企业的合作，而且很多时候需要客户参与进来，因此，良好的创新网络应是涵盖了供应商、客户和本地创新系统的高效率合作网络。尤其是对于部分细分服务市场的中小企业来说，创新网络和合作尤为重要。因此，一方面，应以共性技术和重要标准为纽带，打造高端服务业产业发展联盟。大量的实践表明，产业联盟组织是推动市场资源快速流动、实现企业资源优势互补的桥梁、纽带，对良性发展现代产业的促进作用非常明显。应以共性技术和重要标准为纽带，基于优化组合各种创新要素的高端服务业组织，打造“企业主体、政府引导、专业服务机构协调”的现代产业联盟，鼓励各厂商积极参与，提升高端服务业自主创新能力。另一方面，应充分发挥高端服务业产业集群的创新网络效应。以集群骨干企业为核心，充分发挥集群中不同层级企业分工协作和优势互补效应，定期组织企业交流研讨、协同发展。集群网络中的每个节点都储备了不同形式的显性知识和隐性知识，各节点之间的知识存在不同程度的差异。集群内企业通过交流学习，可以广泛汲取互补性知识，进而提高自我繁衍、自我改造知识的能力，并进一步促进知识在知识节点间转移和升级，形成良性互动循环。

（三）加快高端服务业创新成果产业化

创新成果转化一直是我国创新驱动战略的痛点，高端服务业领域也不例外。从创新成果源头看，创新活动主要由实力雄厚的高校、科研单位承担，国家财政资助的科研设施和科技成果在内部封闭运行，导致科研人员对成果的市场应用性重视不够。加上现行考核体系的制约，“重研发、轻转化”“重论文、轻专利”等现象仍然存在；从创新成果转化中间环节看，专业科技中介服务机构的匮乏则直接制约科技成果转化成功率；从创新成果转化的终端企业看，则表现为承接能力不强，没有足够多的具备识别技术、加工技术、运用技术能力的企业。

创新成果的转化，涉及技术、资本、信息、市场、组织等多个方面因素，因此，构筑完善的创新链、产业链、信息链、金融链、政策链等多链互动融合的创新—转化—推广的科技成果转化生态就成为关键。第一，完善创新成果转化的相关法规。建立健全创新成果转化过程中的无形资产管理办法，并制定相应的配套文件、流程指导和实施细则等，精简行政备案审批程序。第二，要推动构建多市场主体合作的创新成果转化机制。积极破除创新成果转化的体制障碍，通过适当的制度安排，完善科技成果类无形资产定价机制，将创新成果转化的使用权、经营权和收益权等权利充分赋予进行创新转化的相关研发团队。

并鼓励创新单位将内部科技研发人员绩效考核体系与创新成果转化相挂钩。第三，打造针对高端服务业企业发展的专业孵化器，引导和扶持高端服务业新业态和新模式发展。鼓励大众创业、高校人才及大企业高管创业，探索实行首单补贴。减少高端服务业重点领域前置审批和资质认定项目，由先证后照改为先照后证。

三、增加高端服务业要素供给

要素是产业发展的基础，包括资金、土地、科技、人才等要素。任何产业的发展都是以要素投入的增加为基础。对于知识和技术密集型的高端服务业，虽然劳动生产率较高的特征使其能够支付较高的要素价格，吸引高质量的人才和资金，以及能够布局在交通方便、知识信息交流频繁的区域，但要加快高端服务业的发展，尤其是在我国市场经济体系还不够完善的情况下，仅仅依靠市场机制本身的作用，难以促使高端服务业迅速扩大规模，充分发挥对现代化经济体系的引领作用。因此，应该通过财政支持、土地政策和融资创新、人才体系完善等手段增加高端服务业的要素供给。

（一）加大高端服务业财税支持力度

支持财政资金预算安排更多地向高端服务业倾斜，整合各类服务业专项资金，建立高端服务业引导股权投资基金，主要用于支持高端服务业发展。在国家和省级两个层面设立高端服务业引导资金，引入专业的资金管理团队，重点支持高端服务业重点领域和重大项目建设，落实国家、省、市推进生产性服务业尤其是高端服务业的扶持政策，引导高端服务企业集聚化、集群化发展，全面提升行业配套水平及对其他产业的专业化服务能力。同时，针对高端服务业企业人力成本比重较大、支出较高的特征，可以允许其如实列支职工工资，扩大应纳税所得额的抵扣项目，减少个人所得税的实际税负，帮助其吸引优秀的高端服务业人才。

（二）保证高端服务业土地供给

高端服务业对土地要求量虽然不如一般服务业，但必要的土地供应必不可少。应为高端服务业发展用地提供政策扶持：一方面，鼓励以划拨方式取得土地的单位，利用工业厂房、仓储用房、传统商业街等存量房产、土地资源兴办信息服务、科技服务、金融服务、服务外包等高端服务业（张为付、李逢春，

2018)。另一方面，出台政策允许符合条件的未开发房地产用地依法变更用途，包括可以发展科技服务、软件信息、服务外包、金融服务等高端服务业。此外，政府在做城市规划时，单独预留高端服务业发展用地，尤其是为先进制造业发展提供服务的金融、科技、软件信息等高端服务业用地。

（三）降低高端服务业企业融资成本

完善现有贷款抵押机制，尝试将无形资产纳入抵押范围，并试点信用担保和商标担保，构建符合中国经济发展阶段和发展特色的知识产权质押贷款模式；鼓励各类金融机构创新金融产品，在信贷期限、审批流程等方面进行调整，向高端服务业中小企业倾斜，在信贷资金方面给予更多的支持；建立高端服务业重点领域企业信贷风险补偿机制，推动保险机构积极为高端服务业企业设计针对性的保险产品和服务，探索一揽子保险解决方案（张为付、李逢春，2018)；建立政府引导、多市场主体参与的政策性创业投资基金，支持初创期高端服务业中小企业创业和服务创新，增加对种子期、起步期高端服务业中小企业的投资，满足新兴高端服务业发展的资金需求。

（四）建设高端服务业人才体系

人才是高端服务业发展的内在驱动力，同时，也是高端服务业有效引领现代化经济体系建设的前提和基础。强化党对人才的领导、管理、培育机制的创新，加快构建更加适应新时代高端服务业发展的培育体系、管理体系。依据我国高端服务业发展、现代化经济体系建设的需要，构建培育、使用、提升等系列体系，出台有利于各类人才发挥聪明才智的生态，为各类人才脱颖而出营造环境。支持高等院校、科研机构、用人单位以及社会机构等进行合作，培训高端服务业人才。

四、推进与先进制造业深度融合

先进制造业与高端服务业深度融合，是以大企业、骨干企业为主体，以需求为导向，基于大数据、云计算、物联网、移动互联网、人工智能等新一代信息技术，通过制造的服务化和服务的制造化等路径，延伸和提升价值链，实现从生产型制造向服务型制造转变的过程。要充分发挥高端服务业对现代化经济体构建的引领作用，在高端服务业充分发展的基础上，还必须强化高端服务业与制造业的融合。我国也发布了多个推动制造业和服务业融合的政策文件，

2018年12月，中共中央政治局在分析2019年经济工作时强调，要推动制造业高质量发展，推进先进制造业与现代服务业深度融合，坚定不移建设制造强国。2019年11月，由国家发展改革委、工业和信息化部等15个部委联合发布的《关于推动先进制造业和现代服务业深度融合发展的实施意见》，提出到2025年，建设一批创新活跃、效益显著、质量卓越、带动效应突出的深度融合发展企业、平台和示范区，提高企业生产性服务投入。因此，落实促进服务业与制造业融合的系列政策，充分发挥高端服务业推动制造业升级创新的作用，应成为加快高端服务业发展的一项重要内容。

（一）建设高端服务业和先进制造业协同发展的生态系统

一是进一步放宽现代服务业市场准入，从行业市场准入、项目审批、事中事后监管、权益保障等方面，保障先进制造业与现代服务业政策的一致性。如，放宽制造企业开展现代服务业务及涉足生产性服务领域的准入门槛，消除不必要的前置审批和资质认定，减少结构性政策，建立平等、规范的市场准入和退出机制。

二是消除“两业”深度融合政策壁垒。①支持制造业企业利用存量房产、土地资源发展制造业与服务业融合的新业务、新业态。鼓励有条件的地方因地制宜出台支持政策，盘活闲置的工业厂房、企业库房和物流设施等资源，并对办公用房、水电、网络等费用给予补助（张为付、李逢春，2018）。②统一服务业和制造业在税收、金融、科技、价格要素等方面的政策，以降低“两业融合”交易成本。③如果制造企业享受高新技术企业待遇，即使开展服务业的业务收入低于企业营业收入的50%，企业仍然享受高新技术企业待遇，并落实扩大企业增值税抵扣范围及软件集成电路企业、科技企业孵化器、研发费用加计扣除和高新技术企业所得税等税收优惠政策。④探索实施高新技术企业和科技型中小企业在“两业”融合中对科研人员科技成果转化股权激励的个人所得税的递延纳税政策。

此外，还要着重解决阻碍高端服务业和先进制造业协同发展的体制机制问题，特别是不同层次政府、不同区域之间的协调和利益共享，推进高端人才、技术、资本等要素在不同产业和不同区域之间自由流动，促进产业融合，打造高端服务业与先进制造业协同发展的良好生态系统。

（二）推进高端服务业和先进制造业协同集聚

加工贸易工业园区是我国制造业发展的优质载体，也是我国经济发展的成功经验。第一，在总结现有加工贸易工业园区经验的基础上，结合高端服务业特点，加快发展高端服务业产业集群，鼓励金融服务业、审计和会计业入驻高端服务业产业园区，加强高端服务业产业内部的融合；第二，加强传统制造业集群、先进制造业集群和高端服务业集群的互动，充分利用新一代信息技术，完善集群之间的信息、交通等基础设施建设，缩短制造业集群和高端服务业集群的虚拟空间距离，加快集群之间信息交流；第三，成立专项资金，试点高端服务业和制造业混合集群，将制造业和高端服务业产业园糅合在一起，具体布局要充分考虑不同行业之间的合作关系，寻找到最优的协同节点，最大化产业之间的溢出效应。

（三）鼓励发展高端服务业与制造业融合的新型业态

目前蓬勃发展的共享经济、数字经济、平台经济、创意经济等本质上都是高端服务业与制造业及服务业的融合，在线办公、在线医疗、在线教育、在线娱乐等新业态发展的背后，都是多个服务行业和制造行业通过信息技术融合的结果。因此，要鼓励具有优势的制造业企业和服务业企业充分运用现代信息技术，整合研发、设计、生产与服务全流程，开发网络业务和产品，突破企业市场空间局限。通过专项扶持，鼓励企业依托知识网络、信息网络和交通网络，加快推进线上线下一体化、软硬件一体化，突破固有流程、方式、渠道，创新企业管理、生产、营销等商业模式。

五、扩大高端服务业出口贸易

虽然我国高端服务业与国外发达国家相比，总体竞争力相对较弱，但印度的发展经验表明，通过有意识的培育，在高端服务业的细分行业是可以形成竞争优势的。另外，目前“一带一路”倡议已经从良好愿景变为客观现实，丰硕成果惠及沿线各个国家，达到了多方共赢。这为我国高端服务业出口提供了良好的发展机遇，因此，我们应在支持服务外包继续扩大规模和持续升级的基础上，积极拓展“一带一路”沿线国家市场，扩大高端服务业出口。

（一）提升高端服务外包承接能力

产业园区是我国承接服务外包的重要载体，要对不同的园区进行良好的层级分工、优化布局。可以将承接知识流程外包的研究开发等高端服务业务的企业布局到一线城市的产业园区，将承接业务流程和信息技术外包业务的企业向二三线城市的产业园区转移。同时，还应积极推动现有产业园区升级，特别是现有服务外包示范城市的产业园区，要通过优化园区内基础设施建设、园区管理能力和技术服务能力等率先实现升级。另外，在云计算、大数据、物联网、移动互联、人工智能、区块链等技术快速发展的基础上，要积极开拓云服务、互联网反欺诈、大数据征信、供应链金融服务、工业物联网应用、场地智能化设计、知识产权管理服务、新能源汽车服务、空间地理信息服务、创意设计等领域的新兴服务外包业态，培育新的服务外包优势。

（二）发挥行业协会桥梁纽带作用

作为企业和外部市场合作交流的中间桥梁，行业协会组织可以在出口中发挥重要作用，如建立行业信息交流平台、为行业内企业提供政策咨询服务和管理信息服务、制定统一的行业标准等。第一，在出口中，基于行业协会平台，出口企业可以在自愿的基础上采取生产、定价、销售、售后服务等出口各环节的联合行动，争取更大的话语权和定价权，而且可以避免国内企业的过度竞争，保障出口服务在国际市场上的合理价格，减少国际服务贸易摩擦；第二，行业协会还应秉承产业国际认证的理念，优化国际化的行业管理方法，形成严格的质量保证信誉，对服务出口企业的生产经营进行管理和认证，督促其达到国际质量标准并积极申请国际认证，有效降低企业出口的交易成本；第三，针对高端服务业行业存在众多中小企业的市场结构特征，行业协会应通过行业公共服务平台的建设，为中小企业开展国内外经济技术交流与合作提供服务，通过收集海外市场信息、在海外设立分支机构等为中小企业提供针对性服务。

（三）开拓“一带一路”沿线国家市场

随着“一带一路”建设的不断推进和涉及领域的不断延伸，我国与沿线国家间的贸易交流日益频繁，通信、技术、专业服务等高端服务业领域的服务贸易合作也不断增加。2018 年中国与“一带一路”沿线国家和地区服务贸易进出口总额达到 1217 亿美元，占中国服务贸易总额的 15.4%。但与货物贸易相比，服务贸易存在明显的竞争劣势。因此，要增加对“一带一路”沿线国家的服务出口。首先，需要提升服务贸易在“一带一路”经贸合作中的战略认识。将货物贸易与高端服务贸易同等重视，强化中国与“一带一路”沿线国家高端服务贸易深度合作，加大推进力度，尤其要选择我国居于相对竞争优势的重点服务贸易领域。其次，注重以货物贸易优势带动服务贸易。可以通过提升货物贸易附加值，或是加快货物贸易与服务贸易的融合，成体系成套出口。再次，通过我国地方省区与周边毗邻国家建立合作示范区，与周边毗邻国家进行服务贸易合作。包括推进云南、广西与越南在数字服务、运输服务、医疗服务等领域的深度合作，推进新疆与哈萨克斯坦、黑龙江与俄罗斯、内蒙古与蒙古国等在运输服务、医疗服务等领域的深度合作，依托中国—东盟“10+1”以及中国与中东欧“16+1”合作框架，积极拓展高端服务领域的贸易合作。最后，发挥我国软件、互联网、云服务、金融等领域的优势，深化数字服务贸易和金融服务贸易合作。在深入调研重点国别的基础上，对国内相关软件和信息系统进行本地化改造和应用。创造条件，引导国内金融机构在“一带一路”沿线国家推进人民币结算、国际化及支付体系等业务的布局。

通过构建高端服务业引领现代化经济体系建设的保障机制、优化高端服务业的政策环境，形成对现代化经济体系的内容体系、动力体系、产业体系、制度体系的有效促进，进而推动现代化经济体系的建立。

参考文献

[1]白清.生产性服务业促进制造业升级的机制分析——基于全球价值链视角[J].财经问题研究,2015(4).

[2]白玉,黄宗昊.产业政策研究的现状与展望——新分析框架的提出[J].经济社会体制比较,2019(6).

[3]曹东坡,于诚,徐保昌.高端服务业与先进制造业的协同机制与实证分析——基于长三角地区的研究[J].经济与管理研究,2014(3).

[4]曹虹剑,吴红霞,杨妮,王艳.大国视角下中印两国产业体系比较研究[J].经济数学,2017(3).

[5]程大中.中国生产者服务业的增长、结构变化及其影响——基于投入—产出法的分析[J].财贸经济,2006(10).

[6]程大中.中国服务业与经济增长:一般均衡模型及其经验研究[J].世界经济,2010(10).

[7]程大中.中国生产性服务业的水平、结构及影响——基于投入—产出法的国际比较研究[J].经济研究,2008(1).

[8]程大中,郑乐凯,魏如青.全球价值链视角下的中国服务贸易竞争力再评估[J].世界经济研究,2017(5).

[9]陈国亮,陈建军.产业关联、空间地理与二三产业共同集聚——来自中国212个城市的经验考察[J].管理世界,2012(4).

[10]陈建军,陈国亮,黄洁.新经济地理学视角下的生产性服务业集聚及其影响因素研究——来自中国222个城市的经验证据[J].管理世界,2009(4).

[11]陈杰.金融服务业的体制改革与产品创新探讨[J].现代经济信息,2014(7).

[12]陈启斐,刘志彪.生产性服务进口对我国制造业技术进步的实证分析[J].数量经济技术经济研究,2015(3).

[13]陈诗一.能源消耗、二氧化碳排放与中国工业的可持续发展[J].经济

研究,2009(4).

[14]陈艳莹,原毅军,袁鹏,中国高端服务业的内涵、特征与界定[J].大连理工大学学报(社会科学版),2011(3).

[15]陈玉宝,谢泗薪,吴叶兵.多重视角下高端服务业战略发展模式研究[J].中国商贸,2010(26).

[16]陈争平.经济史与经济现代化研究[J].政治经济学评论,2016(5).

[17]崔鑫.嵌入全球价值链:生产性服务业发展路径选择分析与对策研究[J].前沿,2009(5).

[18]单豪杰.中国资本存量K的再估算:1952—2006年[J].数量经济技术经济研究,2008(10).

[19]董蕾.促进我国知识密集型服务业创新的财税政策研究[J].当代经济研究,2013(12).

[20]董志勇.科技创新与现代化经济体系[J].经济科学,2018(6).

[21]杜创,王佰川.基于文献计量分析的“现代化经济体系”研究[J].北京工业大学学报(社会科学版),2019(4).

[22]杜鹏.中国制造业产业升级研究[D].武汉:武汉大学,2012.

[23]杜人淮.发展高端服务业的必要性及举措[J].现代经济探讨,2007(11).

[24]范红忠.有效需求规模假说、研发投入与国家自主创新能力[J].经济研究,2007(3).

[25]范剑勇.产业集聚与地区间劳动生产率差异[J].经济研究,2006(11).

[26]范剑勇.市场一体化、地区专业化与产业集聚趋势——兼谈对地区差距的影响[J].中国社会科学,2004(6).

[27]付保宗,周劲.协同发展的产业体系内涵与特征——基于实体经济、科技创新、现代金融、人力资源的协同机制[J].经济纵横,2018(12).

[28]冯柏,温彬,李洪侠.现代化经济体系的内涵、依据及路径[J].改革,2018(6).

[29]冯泰文.生产性服务业的发展对制造业效率的影响——以交易成本和制造成本为中介变量[J].数量经济技术经济研究,2009(3).

[30]高传胜,刘志彪.生产者服务与长三角制造业集聚和发展——理论、实证与潜力分析[J].上海经济研究,2005(8).

[31]高帆.中国走向大国经济面临的挑战[J].中国国情国力,2007(3).

[32]高建昆.建设现代化经济体系实现高质量发展——为纪念改革开放40周年而作外国经济学说与中国研究报告(2019)[R].中华外国经济学说研究会,2019.

[33]高觉民,李晓慧.生产性服务业与制造业的互动机理:理论与实证[J].中国工业经济,2011(16).

[34]高培勇,杜创,刘霞辉,袁富华,汤铎铎.高质量发展背景下的现代化经济体系建设:一个逻辑框架[J].经济研究,2019(4).

[35]格鲁伯·沃克.服务业的增长:原因和影响[M].上海:上海三联书店,1993.

[36]耿雪,卢长利.上海国际航运中心核心竞争力培育:高端服务业全球资源配置综论[J].江苏商论,2014(3).

[37]顾乃华,毕斗斗,任旺兵.生产性服务业与制造业互动发展:文献综述[J].经济学家,2006(6).

[38]顾乃华.我国城市生产性服务业集聚对工业的外溢效应及其区域边界——基于HLM模型的实证研究[J].财贸经济,2011(5).

[39]顾乃华.生产性服务业对工业获利能力的影响和渠道——基于城市面板数据和SFA模型的实证研究[J].中国工业经济,2010(5).

[40]郭庆旺,吕冰洋,张德勇.财政支出结构与经济增长[J].经济理论与经济管理,2003(11).

[41]郭威,杨弘业,李明浩.加快建设现代化经济体系的逻辑内涵、国际比较与路径选择[J].经济学家,2019(4).

[42]过晓颖,朱菲.营商软环境对生产性服务业转移的影响——基于30个省级横截面数据的经验研究[J].产业创新研究,2019(9).

[43]韩峰,阳立高.生产性服务业集聚如何影响制造业结构升级?——一个聚集经济和熊彼特内生增长理论的综合框架[J].管理世界,2020(2).

[44]韩冬芳.高端服务业发展运行机制构建[J].中国流通经济,2012(8).

[45]韩永辉,黄亮雄,王贤彬.产业政策推动地方产业结构升级了吗?——基于发展型地方政府的理论解释与实证检验[J].经济研究,2017(8).

[46]洪银兴.建设现代化经济体系的内涵和功能研究[J].求是学刊,2019(2).

[47]侯为民.建设现代化经济体系的中国语境与理论内涵[J].晋阳学刊,2019(1).

[48]胡鞍钢,周绍杰. 习近平新时代中国特色社会主义经济思想的发展背景、理论体系与重点领域[J]. 新疆师范大学学报(哲学社会科学版),2019(2).

[49]黄刚伟,陈晓君. 珠海市发展高端服务业存在的问题及对策[J]. 经济纵横,2009(3).

[50]黄玖立,黄俊立. 市场规模与中国省区的产业增长[J]. 经济学(季刊),2008(3).

[51]黄玖立,李坤望. 出口开放、地区市场规模和经济增长[J]. 经济研究,2006(6).

[52]黄晓凤. 在形成陆海内外联动、东西双向互济的开放格局上率先取得突破[N]. 光明日报,2019-09-18.

[53]胡乐明,宁阳. 论完善中国特色社会主义经济制度体系[J]. 青海社会科学,2014(5).

[54]胡霞. 集聚效应对中国城市服务业发展差异影响的实证研究[J]. 财贸研究,2007(1).

[55]贺俊. 产业政策批判之再批判与"设计得当"的产业政策[J]. 学习与探索,2017(1).

[56]贺俊,吕铁. 从产业结构到现代产业体系:继承、批判与拓展[J]. 中国人民大学学报,2015(2).

[57]胡霞,魏作磊. 中国城市服务业发展差异的空间经济计量分析[J]. 统计研究,2015(2).

[58]何德旭,姚战琪. 中国金融服务业的产业关联分析[J]. 金融研究,2006(5).

[59]惠炜,韩先锋. 生产性服务业集聚促进了地区全要素生产率了吗?[J]. 数量经济技术经济研究,2016(10).

[60]侯高岚. 后发优势理论分析与经济赶超战略研究[D]. 北京:中国社会科学院研究生院,2003.

[61]胡汉昌,郭熙保. 后发优势战略与比较优势战略[J]. 江汉论坛,2002(9).

[62]黄繁华,姜悦,黄嘉雯. 服务业对全球价值链分工影响和异质性研究[J]. 世界经济与政治论坛,2019(5).

[63]洪仁婧,孔凯歌,宣烨. 参与国际分工对生产性服务业效率的影响[J]. 经济师,2019(3).

[64]黄永明,何伟,聂鸣.全球价值链视角下中国纺织服装企业的升级路径选择[J].中国工业经济,2006(5).

[65]黄永春,郑江淮,杨以文,祝吕静.中国"去工业化"与美国"再工业化"冲突之谜解析——来自服务业与制造业交互外部性的分析[J].中国工业经济,2013(3).

[66]黄速建,李倩,王季.我国不同所有制工业企业效率比较评价——基于熵权法和灰色关联分析法的分析[J].河北经贸大学学报,2017(3).

[67]贾根良,刘书瀚.生产性服务业:构建中国制造业国家价值链的关键[J].学术月刊,2012(12).

[68]蒋伏心,华冬芳,刘利平.论我国科技服务业的体制改革与机制创新[J].现代经济探讨,2015(9).

[69]蒋华雄,蔡宏钰,孟晓晨.高速铁路对中国城市产业结构的影响研究[J].人文地理,2017(5).

[70]姜荣春,刘绍坚.后危机时代中国服务外包产业发展的机遇、挑战及路径选择[J].国际贸易,2010(7).

[71]江小涓.服务业增长:真实含义、多重影响和发展趋势[J].经济研究,2011(4).

[72]江小涓,李辉.服务业与中国经济:相关性和加快增长的潜力[J].经济研究,2004(1).

[73]江波,李江帆.政府规模、劳动—资源密集型产业与生产服务业发展滞后:机理与实证研究[J].中国工业经济,2013(1).

[74]江静,刘志彪.生产性服务发展与制造业在全球价值链中的升级——以长三角地区为例[J].南方经济,2009(10).

[75]江静,刘志彪.商务成本:长三角产业分布新格局的决定因素考察[J].上海经济研究,2006(11).

[76]江静,刘志彪,于明超.生产者服务业发展与制造业效率提升:基于地区和行业面板数据的经验分析[J].世界经济,2007(8).

[77]金晓雨.城市规模、产业关联与共同集聚——基于制造业与生产性服务业产业关联和空间互动两个维度[J].产经评论,2015(6).

[78]匡远凤,彭代彦.中国环境生产效率与环境全要素生产率分析[J].经济研究,2012(7).

[79]孔群喜,王晓颖,彭丹.对外直接投资规模扩大是否提升了中国经济增

长质量？——基于“生产率悖论”的经验检验[J]. 河南师范大学学报(哲学社会科学版),2019(1).

[80]廖楚晖. 政府教育支出区域间不平衡的动态分析[J]. 经济研究,2004(6).

[81]李跟强,潘文卿. 国内价值链如何嵌入全球价值链:增加值的视角[J]. 管理世界,2016(7).

[82]李海舰.《中国高端服务业发展研究》评介[J]. 中国工业经济,2012(4).

[83]李江帆,杨振宇. 中国地方政府的产业偏好与服务业增长[J]. 财贸经济,2012(12).

[84]李强,魏巍. 制度变迁对中国经济增长质量的非线性效应分析[J]. 经济与管理研究,2015(12).

[85]李建平. 认识和掌握社会主义市场经济三个层次的规律[J]. 经济研究,2016(3).

[86]李佳洺,张文忠,孙铁山,张爱平. 中国城市群集聚特征与经济绩效[J]. 地理学报,2014(4).

[87]李君华,欧阳峣. 大国效应、交易成本和经济结构——国家贫富的一般均衡分析[J]. 经济研究,2016(10).

[88]林毅夫,李永军. 比较优势、竞争优势与发展中国家的经济发展[J]. 管理世界,2003(7).

[89]林毅夫,蔡昉,李周. 比较优势与发展战略——对“东亚奇迹”的再解释[J]. 中国社会科学,1999(5).

[90]林毅夫. 新结构经济学[M]. 北京:北京大学出版社,2012.

[91]林毅夫,蔡昉,李周. 对赶超战略的反思[J]. 战略与管理,1994(6).

[92]李平,付一夫,张艳芳. 生产性服务业能成为中国经济高质量增长新动能吗？[J]. 中国工业经济,2017(12).

[93]李太淼. 中国特色社会主义经济制度论[M]. 北京:人民出版社,2009.

[94]李伟军,陈启斐,邢芳. 服务业发展对制造业生产率的空间外溢效应[J]. 经济与管理研究,2015(8).

[95]李文秀,夏杰长. 基于自主创新的制造业与服务业融合:机理与路径[J]. 南京大学学报(哲学·人文科学·社会科学版),2012(2).

[96]李晓,张建平. 东亚产业关联的研究方法与现状——一个国际/国家间

投入产出模型的综述[J]. 经济研究,2010(4).

[97]李勇坚. 高端服务业与流通产业价值链控制力——基于中国本土零售企业的研究[J]. 中国流通经济,2012(8).

[98]李勇坚,夏杰长. 高端服务业:维护和促进国家经济安全的战略产业[J]. 国际贸易,2012(6).

[99]李由. 大国经济论[M]. 北京:北京师范大学出版社,2000.

[100]李兆辰,袁富华. "现代化经济体系"研究新进展及展望[J]. 北京工业大学学报(社会科学版),2019(4).

[101]李文胜,陈春生. 以创新为动力建设现代化经济体系[J]. 河北大学学报(哲学社会科学版),2018(3):85 -91.

[102]刘春生,王泽宁. 全球价值链视角下我国服务外包的定位与路径选择——基于北京市服务外包升级发展的分析[J]. 管理世界,2017(5).

[103]刘洪愧,刘霞辉. 构建开放型经济新空间布局:理论基础、历史实践与可行路径[J]. 改革,2019(1).

[104]刘洪愧,谢谦. 新兴经济体参与全球价值链的生产率效应[J]. 财经研究,2017(8).

[105]刘明宇,芮明杰. 全球化背景下中国现代产业体系的构建模式研究[J]. 中国工业经济,2009(5).

[106]刘丽萍. 基于空间模型的生产性服务业集聚与经济增长关系研究[J]. 审计与经济研究,2013(6).

[107]刘胜,陈秀英. 生产性服务业与制造业协同集聚对全球价值链分工定位的影响——基于中国工业企业数据和贸易上游度视角[J]. 当代经济管理,2020(1).

[108]刘胜,顾乃华,陈秀英. 制度环境、政策不连续性与服务业可持续性增长——基于中国地方官员更替的视角[J]. 财贸经济,2016(10).

[109]刘胜,李文秀,陈秀英. 生产性服务业与制造业协同集聚对企业创新的影响[J]. 广东财经大学学报,(3).

[110]刘书瀚,贾根良,刘小军. 出口导向型经济:我国生产性服务业落后的根源与对策[J]. 经济社会体制比较,2011(3).

[111]刘维林,李兰冰,刘玉海. 全球价值链嵌入对中国出口技术复杂度的影响[J]. 中国工业经济,2014(6).

[112]刘奕,夏杰长,李垚. 生产性服务业集聚与制造业升级[J]. 中国工业

经济,2017(7).

[113]刘永焕.德国产业结构调整及其经验借鉴[J].对外经贸实务,2014(1).

[114]刘顺忠.知识密集型服务业在创新系统中作用机理研究[J].管理评论,2004(3).

[115]刘志彪. 建设现代化经济体系:新时代经济建设的总纲领[J]. 山东大学学报(哲学社会科学版),2018(1):1-6.

[116]柳天恩,曹洋.二维开放条件下大国产业分工模式研究——以美国为例[J].产业经济评论,2015(2).

[117]刘伟.坚持新发展理念,推动现代化经济体系建设——学习习近平新时代中国特色社会主义思想关于新发展理念的体会[J].管理世界,2017(12).

[118]刘伟.坚持新发展理念建设中国特色社会主义现代化经济体系[J].中国高校社会科学,2017(6).

[119]刘友金,胡黎明.产品内分工、价值链重组与产业转移——兼论产业转移过程中的大国战略[J].中国软科学,2011(3).

[120]刘志彪.论现代生产者服务业发展的基本规律[J].中国经济问题,2006(1).

[121]刘志彪,张杰.从融入全球价值链到构建国家价值链:中国产业升级的战略思考[J].学术月刊,2009(9).

[122]刘志彪.生产者服务业及其集聚:攀升全球价值链的关键要素与实现机制[J].中国经济问题,2008(3).

[123]刘志彪.建设现代化经济体系:基本框架、关键问题与理论创新[J].南京大学学报(哲学·人文科学·社会科学版),2018(3).

[124]陆德明.世纪之交的中国对国企改革攻坚的战术方案和战略动员[J].探索与争鸣,1999(10).

[125]卢进勇.自由贸易区:中国的大国经济[J].商务周刊,2005(14).

[126]罗荣渠.东亚跨世纪的变革与重新崛起——深入探讨东亚现代化进程中的历史经验[J].北京大学学报(哲学社会科学版),1995(1).

[127]罗斯托.经济增长的阶段:非共产党宣言[J].中国社会科学出版社,2001.

[128]陆大道.京津冀城市群功能定位及协同发展[J].地理科学进展,2015(3).

[129]吕薇. 创新驱动:建设现代化经济体系[J]. 新经济导刊,2018(12).

[130]吕炜,靳继东. 国家治理现代化框架下中国财政改革实践和理论建设的再认识[J]. 财贸经济,2019(2).

[131]吕越,罗伟,刘斌. 异质性企业与全球价值链嵌入:基于效率和融资的视角[J]. 世界经济,2015(8).

[132]吕越,吕云龙. 全球价值链嵌入会改善制造业企业的生产效率吗——基于双重稳健—倾向得分加权估计[J]. 财贸经济,2016(3).

[133]吕政,刘勇,王钦. 中国生产性服务业发展的战略选择——基于产业互动的研究视角[J]. 中国工业经济,2015(8).

[134]马健. 产业融合识别的理论探讨[J]. 社会科学辑刊,2005(3).

[135]马耀鹏. 制度与路径社会主义经济制度变迁的历史与现实[M]. 北京:人民出版社,2010.

[136]马鹏,李文秀. 高端服务业集聚效应研究——基于产业控制力视角的分析[J]. 中国软科学,2014(4).

[137]玛丽安娜·马祖卡托. 企业家型国家 2015 年美国版前言[M]//王中华,译. 政治经济学报:第 8 卷,北京:经济文献出版社,2017.

[138]马立政,彭双艳,李正图. 基本经济制度指标体系研究[J]. 上海经济研究,2017(9).

[139]欧阳峣. 后发大国的制度创新、改革与经济增长[J]. 大国经济研究,2011(3).

[140]欧阳峣. 大国经济发展理论[M]. 北京:中国人民大学出版社,2014.

[141]欧阳峣. 新时代视域下大国经济的规模与结构[N]. 光明日报,2018-01-10.

[142]欧阳峣,刘智勇. 发展中大国人力资本综合优势与经济增长——基于异质性与适应性视角的研究[J]. 中国工业经济,2010(11).

[143]欧阳峣,张亚斌,易先忠. 中国与金砖国家外贸的"共享式"增长[J]. 中国社会科学,2012(10).

[144]欧阳峣,汤凌霄. 大国创新道路的经济学解析[J]. 经济研究,2017(9).

[145]欧阳峣. 大国经济发展理论的研究范式[J]. 经济学动态,2012,(12):48-53.

[146]潘文卿,范庆泉,周县华. 消费性财政支出效率与最优支出规模:基于

经济增长的视角[J].统计研究,2015(11).

[147]彭亮.产业互动模式的背景及其现实因应[J].改革,2010(10).

[148]彭向,蒋传海.产业集聚、知识溢出与地区创新——基于中国工业行业的实证检验[J].经济学(季刊),2011(3).

[149]裴长洪.中国公有制主体地位的量化估算及其发展趋势[J].中国社会科学,2014(1).

[150]钱学锋,梁琦.本地市场效应:理论和经验研究的新近进展[J].经济学(季刊),2007(3).

[151]钱学锋,王胜,黄云湖.进口种类与中国制造业全要素生产率[J].世界经济,2011(5).

[152]青木昌彦.政府在东亚经济发展中的作用:比较制度分析[M].北京:中国经济出版社,1998.

[153]任毅,丁黄艳.我国不同所有制工业企业经济效率的比较研究——基于规模效率、管理水平和技术创新视角[J].产业经济研究,2014(1).

[154]邵朝对,苏丹妮.全球价值链生产率效应的空间溢出[J].中国工业经济,2014(4).

[155]邵朝对,李坤望,苏丹妮.国内价值链与区域经济周期协同:来自中国的经验证据[J].经济研究,2018(3).

[156]邵宜航,李泽扬.空间集聚、企业动态与经济增长:基于中国制造业的分析[J].中国工业经济,2017(2).

[157]沈坤荣,耿强.外国直接投资、技术外溢与内生经济增长——中国数据的计量检验与实证分析[J].中国社会科学,2001(5).

[158]申静,周青.北京市高端服务业的内涵和外延[J].技术经济,2015(9).

[159]沈开艳,李双金,张晓娣,詹宇波,张申.基于国际比较的现代化经济体系特征研究[J].上海经济研究,2018(10).

[160]盛丰.生产性服务业集聚与制造业升级:机制与经验——来自230个城市数据的空间计量分析[J].产业经济研究,2014(2).

[161]盛斌,陈帅.全球价值链如何改变了贸易政策:对产业升级的影响和启示[J].国际经济评论,2015(1).

[162]石建勋,张凯文,李兆玉.现代化经济体系的科学内涵及建设着力点[J].财经问题研究,2018(2).

[163] 宋立. 为实体经济提供高质量金融服务[N]. 人民日报, 2018-01-10.

[164]宋怡茹,魏龙,潘安. 价值链重构与核心价值区转移研究——产业融合方式与效果的比较[J]. 科学学研究,2017(8).

[165]苏丹妮,盛斌,邵朝对. 国内价值链、市场化程度与经济增长的溢出效应[J]. 世界经济,2019(10).

[166]苏红键,魏后凯,邓明. 城市集聚经济的多维性及其实证检验[J]. 财贸经济,2014(5).

[167]孙畅. 中国高端服务业与先进制造业互动效应的非平衡性——基于要素分解视角的实证研究[J]. 山西财经大学学报,2020(5).

[168]孙晓华,翟钰,秦川. 生产性服务业带动了制造业发展吗?——基于动态两部门模型的再检验[J]. 产业经济研究,2014(1).

[169]孙鹏博,宣烨. 中国式分权、要素扭曲与生产性服务业发展[J]. 产业经济评论,2019(6).

[170]唐海燕,张会清. 产品内国际分工与发展中国家的价值链提升[J]. 经济研究,2009(9).

[171]唐家龙. 经济现代化与现代产业体系的内涵与特征[J]. 天津经济, 2011(5).

[172]陶长琪,周璇. 产业融合下的产业结构优化升级效应分析——基于信息产业与制造业耦联的实证研究[J]. 产业经济研究,2015(3).

[173]谭洪波,郑江淮. 中国经济高速增长与服务业滞后并存之谜——基于部门全要素生产率的研究[J]. 中国工业经济,2012(9).

[174]谭洪波. 中国要素市场扭曲存在工业偏向吗?——基于中国省级面板数据的实证研究[J]. 管理世界,2015(12).

[175]田玉忠. 制度体系的结构与耦合[J]. 科学经济社会,2010(3).

[176]魏江,朱海燕. 集群创新系统的创新桥梁:知识密集型服务业[J]. 浙江大学学报(人文社会科学版),2007(2).

[177]魏江. 宏观创新系统中知识密集型服务业的功能研究[J]. 科学学研究,2004(1).

[178]王冠凤,曹键. 中国高端服务业发展水平的国际比较——基于 24 国的实证研究[J]. 中国流通经济,2019(9).

[179]王冠凤. 中国高端服务业发展创新驱动实证研究[J]. 当代经济管理,

2017(8).

[180]汪德华,江静,夏杰长.生产性服务业与制造业融合对制造业升级的影响——基于北京市与长三角地区的比较分析[J].首都经济贸易大学学报,2010(2).

[181]王君,周振.从相关论争看我国产业政策转型[J].经济社会体制比较,2017(1).

[182]王琼.现代化经济体系下的城乡协调发展[J].人民论坛,2018(36).

[183]王恕立,胡宗彪.中国服务业分行业生产率变迁及异质性考察[J].经济研究,2012(4).

[184]王晓红,王传荣.产业转型条件的制造业与服务业融合[J].改革,2013(9).

[185]王小平,许永兵.探索经济规律 促进经济发展方式转变——中国经济规律研究会第20届年会观点综述[J].管理学刊,2010(6).

[186]王玉燕,林汉川,吕臣.全球价值链嵌入的技术进步效应——来自中国工业面板数据的经验研究[J].中国工业经济,2014(9).

[187]魏后凯.比较优势、竞争优势与区域发展战略[J].福建论坛(人文社会科学版),2004(9).

[188]魏守华,陈扬科,陆思桦.城市蔓延、多中心集聚与生产率[J].中国工业经济,2016(8).

[189]卫兴华.对中国经济发展的历史与现实的经济学思考[J].经济研究,2001(7).

[190]文嫮,曾刚.全球价值链治理与地方产业网络升级研究——以上海浦东集成电路产业网络为例[J].中国工业经济,2005(7).

[191]吴俊杰.论现代化经济体系:一个整体性视角[J].宏观经济管理,2018(12).

[192]吴远仁.我国高端服务业集聚形成机理与集聚效应研究[D].泉州:华侨大学,2016.

[193]吴远仁,沈利生,李淑燕.高端服务业集聚形成机理空间计量分析[J].商业研究,2015(10).

[194]吴敬琏.确立竞争政策基础性地位的关键一步[J].中国价格监管与反垄断,2016(7).

[195]夏杰长,李文秀.基于经济控制力的高端服务业发展研究[J].浙江树

人大学学报(人文社会科学版),2012(6).

[196]夏杰长.打破垄断和完善规制:深化现代服务业改革的关键所在[J].北京工商大学学报(社会科学版),2013(3).

[197]谢泗薪.高端服务业发展的战略模式与机理——基于“热点”园区、产业链和新知识经济三大视角[J].中国流通经济,2011(9).

[198]习近平.决胜全面建成小康社会 夺取新时代中国特色社会主义伟大胜利——在中国共产党第十九次全国代表大会上的报告[M].北京:人民出版社,2017.

[199]习近平.深刻认识建设现代化经济体系重要性 推动我国经济发展焕发新活力迈上新台阶[J].紫光阁,2018(2).

[200]熊晓琳,任瑞姣.以共享发展理念引领我国收入分配制度改革[J].思想理论教育导刊,2019(1).

[201]宣烨.基于创新驱动的我国高端服务业国际竞争力提升研究[J].中国经济出版社,2016.

[202]宣烨,杨青龙.依托大国经济构建自主可控的价值链[N].中国社会科学报,2019-05-29.

[203]宣烨,余泳泽.中国生产性服务业发展战略与路径研究[M].北京:中国经济出版社,2020.

[204]宣烨,陆静,余泳泽.高铁开通对高端服务业空间集聚的影响[J].财贸经济,2019(9).

[205]宣烨.生产性服务业空间集聚与制造业效率提升——基于空间外溢效应的实证研究[J].财贸经济,2012(4).

[206]宣烨,余泳泽.生产性服务业集聚对制造业企业全要素生产率提升研究——来自230个城市微观企业的证据[J].数量经济技术经济研究,2017(2).

[207]宣烨.完善全省示范引领生产性服务业体系[J].新华日报,2020-7-14.

[208]许和连,成丽红,孙天阳.离岸服务外包网络与服务业全球价值链提升[J].世界经济,2018(6).

[209]许和连,成丽红.制度环境、创新与异质性服务业企业TFP——基于世界银行中国服务业企业调查的经验研究[J].财贸经济,2016(10).

[210]许宪春.90年代我国服务业发展相对滞后的原因分析[J].管理世界,2000(6).

[211]孙学敏,王杰.全球价值链嵌入的“生产率效应”——基于中国微观企业数据的实证研究[J].国际贸易问题,2016(3).

[212]孙军.地区市场潜能、出口开放与我国工业集聚效应[J].数量经济技术经济研究,2009(7).

[213]杨德才,郭婷婷,唐悦.新制度经济学与中国改革的推进[J].华东经济管理,2014(3).

[214]杨仁发.产业集聚与地区工资差距——基于我国269个城市的实证研究[J].管理世界,2013(8).

[215]杨小凯,张永生.新兴古典经济学和超边际分析[M].北京:中国人民大学出版社,2000.

[216]杨小凯,张永生.新贸易理论、比较利益理论及其经验研究的新成果:文献综述[J].经济学(季刊),2001(1).

[217]杨青龙,宣烨.推动我国城市群产业联动发展[N].中国社会科学报,2020-03-08.

[218]姚远,李帅梅,卢玥.生产性服务业发展对环境污染的影响——基于省级面板数据的实证研究[J].区域金融研究,2019(12).

[219]姚战琪.工业和服务外包对中国工业生产率的影响[J].经济研究,2010(7).

[220]英英,高昌林.欧盟国家服务业创新现状及对中国的政策建议[J].中国科技论坛,2011(8).

[221]尹燕霞.“黄三角”高效生态经济区发展高端服务业的途径[J].东岳论丛,2015(5).

[222]原小能,石奇.服务外包与产业结构升级研讨会综述[J].经济研究,2008(2).

[223]原毅军,陈艳莹.中国高端服务业发展研究[M].北京:科学出版社,2011.

[224]袁志刚,饶璨.全球化与中国生产服务业发展——基于全球投入产出模型的研究[J].管理世界,2014(4).

[225]于世海,张玲瑜,李晓庆,黄定轩.先进制造业与生产性服务业共生状态分析——基于改进的Logistic模型对长江经济带的实证研究[J].桂林理工大学学报,2019(3).

[226]余泳泽,刘大勇.我国区域创新效率的空间外溢效应与价值链外溢效

应——创新价值链视角下的多维空间面板模型研究[J].管理世界,2013(7).

[227]余泳泽,孙鹏博,宣烨.地方政府环境目标约束是否影响了产业转型升级[J].金融研究,2020(8).

[228]余泳泽,刘大勇,宣烨.生产性服务业集聚对制造业生产效率的外溢效应及其衰减边界——基于空间计量模型的实证分析[J].金融研究,2016(2).

[229]余泳泽,潘妍.中国经济高速增长与服务业结构升级滞后并存之谜——基于地方经济增长目标约束视角的解释[J].经济研究,2019(3).

[230]余泳泽,等.中国城市全球价值链嵌入程度与全要素生产率——来自230个地级市的经验研究[J].中国软科学,2019(5).

[231]曾艺,韩峰,刘俊峰.生产性服务业集聚提升经济增长质量了吗?[J].数量经济技术经济研究,2019(5).

[232]赵伟,郑雯雯.生产性服务业—贸易成本与制造业集聚:机理与实证[J].经济学家,2011(2).

[233]湛军."再工业化"背景下欧盟现代服务业创新及发展我国高端服务业研究[J].上海大学学报(社会科学版),2015(1).

[234]湛军,王照杰.供给侧结构性改革背景下高端服务业创新能力与绩效——基于整合视角的实证研究[J].经济管理,2017(6).

[235]张杰,陈志远,刘元春.中国出口国内附加值的测算与变化机制[J].经济研究,2013(10).

[236]张占斌,周跃辉.从经济大国迈向经济强国[J].经济研究参考,2015(4).

[237]张少军.全球价值链与国内价值链——基于投入产出表的新方法[J].国际贸易问题,2009(4).

[238]张少军,刘志彪.国内价值链是否对接了全球价值链[J].国际贸易问题,2013(2).

[239]张辉.建设现代化经济体系的理论与路径初步研究[J].北京大学学报(哲学社会科学版),2018(1).

[240]张辉.全球价值链动力机制与产业发展策略[J].中国工业经济,2006(1).

[241]张文武,徐嘉婕,欧习.生产性服务业集聚与中国企业出口生存——考虑异质性和传导机制的分析[J].统计研究,2020(4).

[242]张向阳,朱有为.基于全球价值链视角的产业升级研究[J].外国经济

与管理,2005(5).

[243]张月友,刘志彪.替代弹性、劳动力流动与我国服务业"天花板效应"——基于非均衡增长模型的分析[J].财贸经济,2012(3).

[244]张玉珍.知识密集型服务业在知识创新系统中的功能研究[J].情报杂志,2006(10).

[245]张振刚,陈志明,胡琪玲.生产性服务业对制造业效率提升的影响研究[J].科研管理,2014(1).

[246]张培刚.论工业化与现代化的涵义及其相互关系[J].经济学家,1992(4).

[247]赵明霏.知识密集型服务业的概念、特征及其对我国的启示[J].未来与发展,2013(1).

[248]中央宣传部(国务院新闻办公室),中央文献研究室．中国外文局习近平谈治国理政[M].北京:外文出版社,2014.

[249]周军,刘冲.新时代中国共产党绿色发展理念的基本逻辑及实践价值[J].理论探讨,2019(5).

[250]周圣强,朱卫平.产业集聚一定能带来经济效率吗:规模效应与拥挤效应[J].产业经济研究,2013(3).

[251]周文,包炜杰.国家主体性、国家建构与建设现代化经济体系——基于西欧、美国与中国的现代化发展经验[J].经济社会体制比较,2018(5).

[252]Adam S. An inquiry into the nature and causes of the wealth of nations (1776) [M]. University of Chicago Press, UK ed. Edition, 1977.

[253]Aghion, P. Cai, J. Dewatripont, M. Du, L. Harrison, A. and Legros, P. Industrial policy and competition[J]. American Economic Journal: Macroeconomics, 2015, 7(4):1 -32.

[254]Aghion, P. and Howitt, P. Endogenous technical change - the schumpeterian perspective[M]. Fondazione ENI Enrico Mattei, 1993.

[255]Alan, MacPherson. The role of producer service outsourcing in the innovation performance of New York state manufacturing firms[J]. Annuals of the Association of American Geographers,1997,87(1): 52.

[256]Alfonso, G. and Salvatore, T. Does technological convergence imply convergence in markets? Evidence from the electronics industry[J]. Research Policy,1998(27):445 -463.

[257] Amin, M. and Mattoo, A. Do institutions matter more for services? [M]. The World Bank, 2006.

[258] Amiti, M. and Shang – Jin, Wei. Service offshoring and productivity: Evidence from the United States[J]. World Economy, 2009, 32(2):203 – 220.

[259] Andreoni, A. and Chang, H. J. Industrial policy and the future of manufacturing[J]. Economia E Political Industriale, 2016, (43):497 – 498.

[260] Antràs, P. and Chor, D. Organizing the global value chain[J]. Econometrica, 2013, 81 (6) :2127 – 2204.

[261] Antras, Pol. Chor, D. Fally, T. and Hillberry, R. Measuring the upstreamness of production and trade flows [J]. The American Economic Review. 2012, 102 (3):12 – 416.

[262] Arrow, K. J. The Economic implication of learning by doing[J]. Review of Economic Studies, 1962(2):155 – 173.

[263] Banri, I. Eiichi, T. and Ryuhei, W. Offshore outsourcing and productivity: Evidence from japanese firm – level Data disaggregated by tasks[J]. Review of International Economics, 2011, 19(3):555 – 567.

[264] Block, F. Swimming against the current: The rise of a hidden developmental state in the United States[J]. Politics & Society, 2008, 36(2) :169 – 206.

[265] Boettke, P. J. Calculation and coordination: Essays on socialism and transitional political economy[M]. Routledge, 2000.

[266] Burgess, R. and Venables, A. Toward a microeconomics of growth[R]. World Bank Policy Research Working Paper, 2004.

[267] Cabigiosu, A. Innovation in Knowledge intensive business services: The digital era[M]. Routledge, 2019.

[268] Castellani, D. Serti, F. and Tomasi, C. Firms in international trade: Importers' and exporters' heterogeneity in italian manufacturing industry[J]. The World Economy, 2010, 33(3):424 – 457.

[269] Chandler, A. D. Scale and Scope: The dynamics of industrial capitalism [M]. Cambridge: Harvard University Press, 1990.

[270] Chenery H. B. Robinson, S. and Syrquin M. Industrialization and growth: A comparative study[M]. New York: Oxford University Press, 1986.

[271] Cooke, P. and Leydesdorff, L. Regional development in the

knowledge – based economy: The construction of advantage[J]. Journal of Technology Transfer, 2006,31(1):5 – 15.

[272]Chikan, A. Kovacs, E. and Tátrai, T. Macroeconomic characteristics and inventory investment: A multi – country study[J]. International Journal of Production Economics, 2005(93):61 – 73.

[273]Clapp, J. M. The Intrametropolitan location of office activities[J]. Journal of Regional Science,1980,120(3):387 – 399.

[274]Coffey, W. J. Drolet, R. and Polèse, M. The intrametropolitan location of high order services: Patterns, factors and mobility in montreal[J]. Papers in Regional Science, 1996, 75(3): 293 – 323.

[275]Czarnitzki, D. and Spielkamp, A. Business services in germany: Bridges for innovation[J]. The Service Industries Journal, 2003, 23(2): 1 – 30.

[276]Dathe, D. and Schmid, G. Determinants of business and personal services: Evidence from west – german regions[M]. Berlin: Wissenschaftszentrum Berlin for Social for Schung,2000.

[277]Desmarchelier, B. Djellal, F. and Gallouj, F. Knowledge intensive business services and long – term growth[J]. Structural Change and Economic Dynamics, 2013(25): 188 – 205.

[278]Dekle, R. and Eaton, J. Agglomeration and land rents: Evidence from the prefectures[J]. Journal of Urban Economics,1999.

[279]DiMaggio, P. J. and Powell, W. W. The iron cage revisited: Institutional isomorphism and collective rationality in organizational fields[J]. American Sociological Review,1983(48):147 – 160.

[280]Diromualdo, A. and Gurbaxani, V. Strategic intent for IT outsourcing [J]. Sloan Management Review, 1998, 5(13):67 – 80.

[281]Dodgson, M. and Hughes, A. Systems thinking, market failure and the development of innovation policy: The case of australia[J]. Research Policy, 2011, 40(9):1145 – 1156.

[282]Drejer, I. Identifying Innovation in surveys of services: A schumpeterian perspective[J]. Research Policy, 2004(33):551 – 562.

[283]Eggertsson, T. Imperfect institutions: Possibilities and limits of reform [M]. New York: Cambridge University Press, 2005.

[284]Elliott, J. Using Narrative in social research: Qualitative and quantitative approaches[M]. Sage Publications, 2005.

[285]Eswaran, M. and Kotwal, A. The role of the service sector in the process of industrialization[J]. Journal of Development Economics,2002,68:401 -420.

[286]Eswaran, M. and Kotwal, D. Why are capitalists the bosses? [J]. The economic journal,1989,99(3) : 162 -176.

[287]Fai, F. M. and Tunzelmann, N. industry - specific competencies and converging technological systems: Evidence from patents[J]. Structural Change and Economic Dynamics,2001,12(2):141 -170.

[288]Fujita, M. Krugman, P. R. and Venables, A. The spatial economy: Cities, Regions and international trade[M]. MIT Press, 1999.

[289]Feenstra, R. C. Markusen, J. A. and Rose, A. K. Understanding the home market effect and the gravity equation: The role of differentiating goods[J]. National Bureau of Economic Research, 1998.

[290]Francois, J. F. and Woerz, J. Producer services and returns Due to specialization under monopolistic competition[J]. Canadian Journal of Economics,2008 (23):109 -124.

[291]Francois, J. Trade in producer services and returns due to specialization under monopolistic competition[J]. Canadian Journal of Economics, 1990, 23(1): 109 -124.

[292]Grossman, G. and Helpman, E. Innovation and growth in the global economy[M]. The MIT Press,Cambridge, Massachusetts, 1991.

[293]Grossman, G. and Helpman, E. Outsourcing versus FDI in industry equilibrium[J]. Journal of the European Economic Association, 2003, 1 (23): 317 -327.

[294]Guerrieri, P. Maggi, B. Meliciani, V. and Padoan, P. Technology diffusion, services and endogenous growth in europe: Is the lisbon strategy useful? [R]. IMF Working Paper, 2005.

[295]Hacklin, F. Marxt, C. and Fahrni, F. An evolutionary perspective on convergence: Inducing a stage model of inter - industry innovation[J]. International Journal of Technology Management,2010,49(1):220 -249.

[296]Harris, C. The Market as a factor in the localization of industry in the U-

nited States[J]. Annals of the Association of American Geographers,1954,64:315 - 348.

[297]Head, K. and Mayer, T. Non - Europe: The magnitude and causes of market fragmentation in the EU[J]. Weltwirt - schaftliches Archive, 2000(136): 285 -314.

[298]Helpman, E. and Krugman, P. R. Market structure and foreign trade: Increasing returns, imperfect competition and the international economy[M]. MIT press, 1985.

[399]Hertog, P. Knowledge - intensive business services as co - producers of innovation[J]. International Journal of Innovation Management, 2000, 4(4): 491 - 528.

[300]Huiban, J. P. and Musolesi, A. Augmenting the production function with Knowledge Capital to test the porter hypothesis: The case of french food industries[R]. Working Papers,2012.

[301]Harrington. J. W. Producer services research in US regional studies [J]. The Professional Geographer,1995,47(1) : 87 -96.

[302]Humphrey, J. and Schmitz, H. Developing country firms in the world economy: Governance and upgrading in global value chains[R]. INEF Report,2002 (61).

[303]Hummels, D. Ishii, J. and Yi, K. M. The nature and growth of vertical specialization in world trade[J]. Journal of International Economics,2001, 54(1): 75 -96.

[304]Heilbroner, R. L. The nature and logic of capitalism[M]. WW Norton & Company, 1986.

[305]Heilbroner, R. L. The worldly philosophers: The lives, Times and ideas of the great economic thinkers[M]. Simon and Schuster, 2011.

[306]Ireland, P. N. and Scott, S. Productivity and US macroeconomic performance: interpreting the past and predicting the future with a Two - sector real business cycle model[J]. Review of Economic Dynamics,2008 (11):473 -492.

[307]Jabbour, L. Offshoring and firm performance: Evidence from french manufacturing industry[J]. The World Economy, 2010, 507 -524.

[308]Jin, J. and Zou, H. F. fiscal decentralization and economic growth in

china[R]. Working paper, Development Research Group, The World Bank, 2005.

[309]Johnson, C. MITI and the japanese miracle: The growth of industrial policy: 1925 – 1975[M]. Stanford University Press,1982.

[310]Jones, O. and Tilley, F. Competitive advantage in SMES: Organizing for innovation and change[M]. John Wiley & Sons, 2007.

[311]Kaiser, U. Private R&D and Public R&D subsidies: Micro – econometric evidence for denmark[J]. National Akonomisk Tidskrift, 2006(144):1 –17.

[312]Karaomerlioglu, D. and Carlsson, B. Manufacturing in decline? A Matter of definition[J]. Economics Innovation of New Technology,1999(8):175 –196.

[313]Keeble, D. and Nacham, L. Why do business service firms cluster? Small consultancies clustering and decentralization in london and southern england [R]. ESRC Centre for Business Research, University of Cambridge, Working Paper, 2001.

[314]Kremer, M. Population growth and technological change: One million B. C. to 1990[J]. The Quarterly Journal of Economics,1993,108(3):681 –716.

[315]Krugman, P. Scale economies, product differentiation and The pattern of trade[J]. The American Economic Review, 1980, 70(5): 950 –959.

[316]Kuznets, S. Quantitative aspects of the economic growth of nations[J]. Economic Development and Culture Change, 1957(4):3 –111.

[317]Kuznets, S. Economic growth and structure, Selected essays [M]. New York: W. W. Norton, 1965.

[318]Kuznets, S. Level and variability of rates of growth, In economic growth of nations: Total output and production structure, Chapter Ⅰ [M]. Cambridge, M A: Harvard University Press,1971:1 –50.

[319]Kucza, G. and Gunther, H. Global approaches to the service business in manufacturing companies[J]. Journal of Business & Industrial Marketing,2011,26(7):472 –483.

[320]Lacity, M. Hirschheim, R. and Willcocks, L. Realizing outsourcing expectations incredible expectations, Credible putcomes[J]. Information Systems Management, 1994, 11(4):7 –18.

[321]Lazzarini, S. G. Strategizing by The Government: Can industrial policy create firm – level competitive advantage? [J]. Strategic Management Journal,2015,

36(1):97 - 112.

[322]Lee, H. and Miozzo, M. Which types of knowledge - intensive business services firms collaborate with universities for innovation? [J]. Research Policy, 2019, 48(7): 1633 - 1646.

[323]Leontief, W. W. Quantitative input and output relations in the economic system of the United States[J]. Review of Economics and Stastics,1936(18):105 - 125.

[324] Leontief, W. Input - output economics [M]. Oxford University Press, 1986.

[325]Lin, J. Y. and Rosenblatt, D. Shifting patterns of economic growth and rethinking development[J]. Journal of Economic Policy Reform, 2012, 15(3): 171 - 194.

[326]Lo, C. P. Business service, International outsourcing, and wage inequality[J]. The Singapore Economic Review, 2018, 63(5): 1175 - 1182.

[327]Low, P. The role of services in global value chains[J]. Global Value Chains in a Changing World, 2013: 61 - 81.

[328]Marius, B. and Federica S. Agglomeration and growth: Cross - country evidence[J] . Journal of Urban Economics, 2008 (1).

[329]Markusen, J. R. Trade in producer services and other specialized intermediate inputs[J]. American Economic Review,1989,79(1): 85 - 95.

[330]Marshall, A. Principles of economics (1890) [M]. London: Macmillan,1961.

[331]Malerba, F. Sectoral Systems of innovation and production[J]. Research Policy,2002,31(2):247 - 264.

[332]Metcalfe, J. S. Technology systems and technology policy in an evolutionary framework[J]. Cambridge Journal of Economics, 1995,19(1):25 - 46.

[333]Miles, I. Patterns of innovation in service industries[J]. IBM Systems Journal, 2008,47(1): 115 - 128.

[334]Miles, I. Kastrinos, N. and Bilderbeek, R. Knowledge - intensive business services: Their role as users, carriers and sources of innovation[R]. Report to the EC DE XIII Sprint EIMS Programme,1995.

[335]Miller, R. E. and Blair, P. D. Input - output analysis: Foundations and

extensions[M]. Cambridge university press, 2009.

[336]Muller, E. and Doloreux, D. What we should know about knowledge – intensive business services[J]. Technology in Society,2009,31(1):64 –72.

[337]Muller, E. and Zenker, A. Business services as actors of knowledge transformation: The role of KIBS in regional and national innovation systems[J]. Research Policy, 2001,30(9):150 –1516.

[338]Muuls, M. and Pisu, M. Imports and exports at the level of the firm: Evidence from belgium[J]. The World Economy,2009,32(5):692 –734.

[339]Nicoletti, G. and Scarpetta, S. Regulation, Productivity and growth: OECD evidence[J]. Economic Policy,2003,18(36):9 –72.

[340]Noteboom, B. Innovation,learning and industrial organization[J]. Cambridge journal of economics, 1999, 23(2): 127 –150.

[341]North, D. C. Institutions, Institutional change and economic performance [M]. Cambridge: Cambridge University Press,1990.

[342]O' Sullivan, E. Andreoni, A. and Lopez – Gomez, C. What Is new In the new industrial policy? A manufacturing systems perspective[J]. Oxford Review of Economic Policy, 2013, 29(2):432 –462.

[343]Pandit, N. R. and Cook, G. The benefits of industrial clustering: Insights from the british financial services industry at three locations[J]. Journal of Financial Services Marketing,2003, 7 (3) :230 –245.

[344]Pappas, N. and Sheehan, P. The new manufacturing: Linkages between production and service activities [A]. P. Sheehan, and G. Tegart(eds.). Working for the Future[M]. Melbourne: Victoria University Press,1998:127 –131.

[345]Porter, M. E. The competitive advantage of nations[M]. New York: Macmillan,1990.

[346]Porter, M. E. The economic performance of regions[J]. Regional Studies,2003(37):549 –578.

[347]Powell, W. W. and DiMaggio, P. J. The new institutionalism in organizational analysis [M]. Chicago: University of Chicago Press,1991,1 –38.

[348]Raddats, C. Kowalkowski, C. and Benedettini, O. Servitization: A contemporary thematic review of four major research streams[J]. Industrial Marketing Management, 2019(83):207 –223.

[349]Riddle, D. Service – led Growth: The Role of the Service Sector in the World Development[J]. Praeger Publishers,1986:46 – 50.

[350]Romer, P. Endogenous technological change[J]. Journal of Political Economy,1990(98):71 – 102.

[351]Rowthorn, R. and Ramaswamy, R. Growth, Trade and deindustrialization[R]. IMF Staff Papers, 1999, 46(1): 18 – 41.

[352]Sassen, S. Cities in a world economy. 2nd ed. Thousand oaks[M]. CA: Pine Forge Press, 2000.

[353]Schiffbauer, M. and Ospina. S. Competition and Firm Productivity: Evidence from Firm – level Data[Z]. International Monetary Fund,2010.

[354]Scott, A. J. Flexible production systems and regional development: the rise of new industrial spaces in north america and western europe[J]. International journal of urban and regional research, 1988, 12(2): 171 – 186.

[355]Strambach, S. Innovation processes and the role of knowledge – intensive business services (KIBS)[M]. Innovation Networks,Physica – Verlag HD, 2001: 53 – 68.

[356]Scott, W. R. Institutions and organizations[M]. Thousand Oaks, CA: Sage,1995.

[357]Smith, K. Innovation as a systemic phenomenon: Rethinking the role of policy[J]. Enterprise & Innovation Management Studies, 2000, 1(1) :73 – 102.

[358]Stiglitz, J. E. Lin, Y. F. and Mong, C. The rejuvenation of industrial policy[Z]. The world bank,policy research working paper series, 2013.

[359]Upward, R. Wang, Z. and Zheng, J. Weighing China's export basket: The domestic content and technology intensity of Chinese Exports[J], Journal of Comparative Economics, 2013, 41(2):527 – 543.

[360]Wade R. H. The american paradox:Ideology of free markets and the hidden practice of directional thrust[J]. Cambridge journal of economics,2017,41(3): 859 – 880.

[361]Yoffie D. B. Competing in the age of digital convergence[J]. California management review, 1996, 38(4): 31 – 53.